빌 게이츠의 기부가 세상을 바꿨을까?

No Such Thing as a Free Gift by Linsey McGoey
Copyright © 2015 Verso, New Left Books Ltd.
All rights reserved.
This Korean edition was published by Arche Publishing House in 2016 by arrangement with Verso, New Left Books Ltd.
이 책의 한국어판 저작권은 Verso, New Left Books Ltd.와 독점 계약한 도서출판 아르케에 있습니다.
저작권법에 의해 한국 내에서 보호를 받는 저작물이므로 무단전재와 복제를 금합니다.

빌 게이츠의 기부가 세상을 바꿨을까? ― 이 세상에 공짜 선물은 없다

1판 1쇄 인쇄 2017년 8월 25일
1판 1쇄 발행 2017년 8월 31일
지은이 린지 맥고이
옮긴이 윤승희
편집/감수 이형진
펴낸이 이형진
펴낸곳 도서출판 아르케
출판등록 1999. 2. 25. 제2-2759호
주소 강원도 홍천군 내촌면 와야리 300-4
대표전화 (02)336-4784~6 | 팩스 (02)6442-5295
E-Mail arche21@gmail.com | Homepage www.arche.co.kr

값 19,000원

ⓒ 아르케, 2017

ISBN 978-89-5803-157-4   93330

빌 게이츠의 기부가 세상을 바꿨을까?
― 이 세상에 공짜 선물은 없다

No Such Thing as a Free Gift: The Gates Foundation and the Price of Philanthropy

린지 맥고이 지음
윤승희 옮김
이형진 편집/감수

일러두기

- 원주는 미주로, 역자주는 * 표시 후 각주로 표기했다.
- 외래어 고유명사는 음역을 원칙으로 하되, 이미 번역되어 통용되고 있는 명칭은 이를 준용했다.
- 독자들의 가독성을 높이기 위해 각 장마다 필요한 부분에 소제목과 그림을 추가했다.

생각 있는 부자들이 빈곤문제라고 부르는 일들을
생각 있는 빈자들은 풍요의 문제라고 부르며,
거기에는 나름의 타당한 이유가 있다.

― R. H. 토니 R.H.Tawney

■ 차례

편집자 서문 _9

서문: 부자가 천국에 가는 방법 _15

1 빅맨 Big Man _45
빠져나올 수 없는 '쿨라'Kula의 덫 _52
조직화된 자선의 등장과 카네기 _57
록펠러와 포드, 그리고 정치권력을 둘러싼 논쟁 _61

2 테드헤드 TED Heads _83
사회적기업과 사회적기업가정신 _86
사회적 자본 은행 _94
사회적기업과 사회적 가치 _98
정부·재단 지원과 사회적기업 _103

3 맨더빌 Mandeville 의 사생아들 _109
공유가치 창출 _114
선택과 집중 _118
지식 헤지 hedge _122
개입과 이해관계의 충돌 _124
세금 대 자선 _128

4 사소한 이익에 목매는 사람들 : 교육정책 _135
'빌&멜린다게이츠재단'의 시작 _138
'아동낙오방지법'과 성취도 평가 _141
교육계의 숨은 실세들 _145

세 상 을   바 꿨 을 까 ?

    차터스쿨에 대한 믿음 _146
    가난한 아이들이 돈벌이의 기회? _151
    빌 게이츠 자신은 어떤 책임을 지는가? _157

5 신이 부여한 사명 : 게이츠재단과 세계보건의료정책 _171
    게이츠재단의 국제적 영향력 _175
    자궁경부암 백신과 임상시험 _183
    개도국의 공공보건의료제도 _192
    게이츠재단의 기금 투자 정책과 지원 이슈 _196

6 바스티아, 저들을 용서하길 : 특허권 분쟁 _205
    남아프리카를 제소하다 _211
    특허 분쟁 _222
    해외 원조의 브랜드 이미지 _227

7 언제나 코카콜라 _231
    세계곡물시장과 몬산토, 골드만삭스 그리고 게이츠재단 _233
    코카콜라와 게이츠재단 _246
    기부자 다스리기 _252

결론 : 이기적인 선물 _259

    감사의 말 _273
    미주 _275
    색인 _301

■ 편집자 서문

 이 책은 2015년에 영국의 버쏘우$_{Verso}$ 출판사가 출간한 린지 맥고이$_{Linsey}$ $_{McGoey}$의 *No Such Thing As a Free Gift : The Gates Foundation and the Price of Philanthropy*를 번역한 것이다. 이 책의 제목을 직역하자면 '세상에 공짜 선물은 없다: 게이츠재단과 필란트로피의 대가' 정도가 되겠지만, 이를 다소 도전적으로 '빌 게이츠'라는 상징적 인물을 앞에 내세워 '빌 게이츠의 기부가 세상을 바꿨을까? ― 이 세상에 공짜 선물은 없다'라고 의역을 했다. 그 이유는 소위 '필란트로캐피털리즘'$_{(philanthrocapitalism)}$과 이들 흐름의 선두 주자라 할 수 있는 빌 게이츠의 필란트로피 실천이 실제 어떤 영향을 미치고 있는지 비판적 안목을 통해 살펴보고자 하는 것이 필자의 집필 목적이기 때문이다. 필자의 표현을 빌리자면, 첫째로는 현대의 '필란트로캐피털리즘'의 역사적인 배경을 알아보면서, 빌 게이츠와 같은 오늘날의 필란트로피스트$_{(philanthropist)}$, 즉 자선가와 카네기, 록펠러로 대표되는 과거의 자선가 사이의 유사성을 살펴보는 것, 둘째로는 이들의 기부금이 어떻게 사용되는지, 그 파급효과는 어떠한지를 살펴보고자 하는 것이다. 한마디로 다시 정리하자면, 이 책은 좌파적 시각에 의해 쓰인 '필란트로캐피털리즘'에 대한 비판서다.
 '필란트로캐피털리즘'이라는 용어는 2008년 비숍$_{M.\ Biship}$과 그린$_{M.\ Green}$이 쓴 *Philanthrocapitalism*이라는 책 제목으로부터 유래한다. 두 저자는 이윤을 추구하는 자본주의 세계의 기업 경영 방식을 자선$_{(philanthropy)}$ 부문에 응용함으로써 새로운 제품, 나은 품질, 저렴한 가격 등의 혁신을 주도하게 되고, 그 결과는 궁극적으로 모두에게 이익이 된다는 소위 신세대 새로운 자선가들의 주장과 사례를 소개했다. 이에 기반하여 이러한 논리와 흐름을 '필란트로캐피털리즘'이라 명명했고, 새로운 시대에 새로운 트렌드가 될 것임을 강조했다. 이 책이 한국어로 번역되는 과정에서 'philanthropy'를 '박애'로, 'capitalism'을 '자본주의'로 번역, 단순하게 합성해 '박애자본주의' 라고 번역되었다. '박애'와 '자본주의'라는 사전적 뜻을 기계적으로 결합시킴으로써 서로 어울리지 않는 단어의 단순 결합이라는 느낌을 지우기는 어려울 듯싶으나, 아무튼 그 뜻은 자본주의형 자선, 시장 지향적 자선, 비즈니스 친화적 자선 정도의 뜻이 될 듯싶다.

'필란트로캐피털리즘'이라는 용어와 개념이 2008년 비숍과 그린의 책 출간을 통해 널리 알려지는 계기가 되기는 했지만, 그 이전부터 이러한 흐름은 '벤처필란트로피'(venture philanthropy), '전략적 필란트로피'(strategic philanthropy), '새로운 필란트로피'(new philanthropy) 등의 다양한 이름으로 표현되곤 했다. 이들은 약간씩 서로 다른 내용을 포함하고는 있지만, 공통적으로 시장 지향, 결과 지향, 효율성 지향이라는 자본주의 시장 경제가 갖는 특징을 지닌다. 이러한 흐름과 주장에 대해서는 일찍부터 비판과 반비판이 이뤄져 왔다. 비판적인 입장을 견지하는 대표적인 인물로는 마이클 에드워즈(Michael Edwards)가 있다. 그는 2010년 *Small Change: Why Business Won't Save the World* (번역본, 『왜 기업은 세상을 구할 수 없는가』)라는 책을 통해 비숍과 그린의 '필란트로캐피털리즘'을 통렬히 비판했다. 주된 논점은 기업적 사고, 시장의 메커니즘이 시민사회의 그것과는 다르며, 사회변혁과 민주주의의 진화는 결코 시장의 힘이나 그 메커니즘, 더구나 일부 부유한 자선가의 기분과 손에 맡길 수 있는 일이 아니라는 것이다.

이러한 에드워즈의 비판이 시의적절한 것이기는 하나, 그 근거, 특히 역사적, 문화적 맥락에 대한 입론의 근거가 비숍과 그린에 비해 양적으로나 질적으로 독자들을 충족시키기에는 다소 미흡한 감이 없지 않았다. 물론 비판이라는 것이 타이밍이 중요하다는 점에서는 에드워즈의 비판은 그 역할을 충실히 수행했다. 이 책의 저자인 맥코이의 비판은 그런 한계점을 훌쩍 뛰어 넘는다. 역사적, 문화적 맥락의 이해와 성찰은 물론, 인류학과 사회학을 중심으로 한 사회과학의 성과를 넘나들며 제시하는 지식의 해박함과 풍요로움은 이 책이 갖는 크나큰 미덕일 것이다. 특히 당대 문학 작품 속에서 나타난 다양한 관점과 통찰은 읽는 이로 하여금 필란트로피를 둘러 싼 맥락을 이해하는 데 많은 시사점을 준다. 필란트로피에 대한 좌와 우의 관점과 해석을 떠나 역사적 사실에 접근하고자 하는 필자의 시도와 노력 또한 우리의 이해 수준을 한 단계 업그레이드하는 데 큰 기여를 했다고 평가할 만하다. 혹자는 빌게이츠와 그의 재단에 대해 서술하면서 재단의 내부 구성원과 적극적으로 접촉하지 않았다는 점을 한계로 지적하기도 하지만 이는 하고자 했어도 실현하기 쉽지 않았을 것으로 짐작된다.

이 책의 구성은 크게 전반부는 필란트로피에 대한 일반적 이해와 이를 둘러싸고 전개된 '필란트로캐피털리즘,' 후반부는 빌게이츠, 정확히는 '빌&멜린다게이츠재단'Bill & Melinda Gated Foundation에 대해 다룬다. 제1장은 '선물'이 갖는 의미와 그 근원, 필란트로피의 역사적 맥락과 현대적 의미에 대해, 제2장과 3장은 '필란트로캐피털리즘'의 특징과 비교사적 고찰에 대해, 제4장부터 제7장까지는 게이츠재단의 교육, 보건의료, 특허권 등 사업과 그 파급효과에 대해 다룬다. 책의 주 제목, 'No Such Thing as a Free Gift'라는 문구에서 보듯이, '이 세상에 공짜 선물은 없다'는 명제 아래, 기부하는 자는 자기 과시욕보다는 무심함 — 즉, 말 그대로 개입하거나 간섭하지 않고 주기 — 그리고 받는 자 역시도 홀로 일어설 자격이 있음은 물론이거니와, 이들에 대한 동정은 더더구나 가당치 않다는 것이다. 따라서 필자는, "타인을 종속과 의무로 계속 옭아매려는 의도가 아니라면, 진정한 선물은 스스로 뭔가를 할 수 있도록 여유와 시간을 주는 것"이라는 사실을 다시 한 번 상기시키면서 글을 마감한다.

이 책은 도서출판 아르케가 '필란트로피 & 시민사회'라는 주제로 기획한 두 번째 번역서다. 첫 번째로 기획된 번역서, 『필란트로피란 무엇인가?』

(Understanding Philanthropy, Payton & Moor)에서 저자들은 필란트로피를 '공익을 위한 자발적 행동'으로 정의하고, 자발적 기부(giving), 자발적 봉사(service), 자발적 결사체(association) 등의 구성요소로 이뤄진 자발적 행동(action)이라고 광범위하게 해석한다. 그러나 '필란트로피'에 대해 떠올릴 때, 우리는 일반적으로 기부와 나눔, 자선과 박애 등의 협의의 뜻에 더 익숙하다. 또한 '채러티'(charity)라는 서구의 말과 개념도 '필란트로피'와 흔히 비교하여 언급되기도 한다. 전자가 개인적 차원의 측은지심과 관련이 있다면, 후자는 인류의 삶의 질의 향상과 같은 사회적, 구조적 변화 등 좀 더 광범위하고 적극적인 의미를 갖는다. 이와 관련하여 이 책의 제3장에서는 '세금 대 자선'(이 곳에서는 '필란트로피'를 '자선'으로 번역함)을 둘러싼 이슈가 제기된다. 즉 세금을 더 낼 것인지, 아니면 자선과 기부를 더 할 것인지에 대한 이슈로 재해석할 수 있다. 그리고 그 근저에는 '강제성'과 '자발성'이라는 두 개념이 대치하고 있다. 단순화의 위험을 염두에 두면서, 세금 대 자선의 이슈를 국가 대 시민사회, 혹은 문맥과 관점에 따라서는 국가 대 시장, 시민사회 대 시장으로 치환해서 생각 볼 수 있는 주제이기도 하다. 특히 이들 주제는 최근 국내에서 논의가 활발하게 진행되고 있는 '기본소득'(basic income)에 대한 담론과도 맞닿아 있다. "물고기 잡는 법을 가르치려 들지 말고 물고기를 주라"(Give a Man a Fish, J.Perguon, 번역본, 『분배정치의 시대』)라는 선언이 이러한 논의의 단초를 보여준다. 어느 하나가 절대적 우위를 점할 것이라고 예측하기는 어렵지만, 관점에 따라서는 또 다른 대척점의 설정과 논쟁을 예고한다. 어떤 설정, 어떤 정책, 어떤 법과 제도가 미래의 안녕과 복지, 모든 사람의 행복을 담보할 것인지 사회적 논의와 합의가 필요한 시점에 가까워져 가고 있다 해도 과언은 아닐 것이다.

'기부'와 '모금'은 동전의 양면과 같다. 동일한 현상이지만 자원의 공급자 눈에서 보자면 '기부'(donation)고, 자원의 수요자의 눈에서 보면 '모금'(fundraising)이다. 기부와 모금이라는 주제가 소개되고 통용되기 시작한 이래, 지나치게 기술적이고 공학적인 것에 치우치지는 않았는지 하는 반성이 이 책의 번역을 기획하게 된 또 다른 이유이기도 하다. 물론 기부와 모금을 둘러싼 이들 접근 방법과 기술이 현장의 활동가들에게 지극히 필요하다는 사실은 누구도 부정하지 않을 것이다. 그러나 그것이 갖는 철학적 의미, 역사적 맥락, 문학적 상상을 통해 대화하고 인식하고 전망하면서 우리의 맥락으로 끌고 들어와 응용하고 적용할 수 있어야 한다는 가르침은 아무리 강조해도 지나치지 않을 것이다. 매사가 그러하듯이 적절한 균형을 찾아가는 일은 무엇보다 중요하다. 이 번역서가 현장의 활동가들에게, 이를 준비하는 예비 활동가들에게 풍부한 논의를 위한 조금의 도움이라도 되었으면 하는 바람이다.

2017년 8월 중순
이형진

■ 서문

부자가 천국에 가는 방법

2012년 어느 날. 존 E. 마하마John E. Mahama는 이스트 레곤의 한 카페에서 스타 맥주를 마시고 있다. 이스트 레곤은 아크라 중심부에서도 부유한 지역으로, 가나에서 활동하는 십여 개의 구호기관 소속 외국인들이 많이 거주하는 곳이다.

4월 중순, 가나는 우기에 접어들고 있다. 구름이 쉴 새 없이 머리 위로 모여드는 동안 하늘은 흐렸다 개기를 반복한다. 아크라는 인구 200만의 도시지만 캔톤먼츠와 이스트 레곤같이 부유한 지역의 초저녁 거리는 눈에 띄게 한산하다.

카페 안에는 평면TV가 있다. 잠시 후, 첼시 대 바르셀로나의 축구 중계가 예정되어 있다. 말라깽이 10대 소년 두 명이 건들거리며 카페 테라스 쪽으로 걸어온다. 두 사람은 의자를 당겨 창문에 바싹 붙어 앉는다. 밖에서 창문을 통해 경기를 보려고 자리를 잡는 모양이다. 가게 안으로 들어가면 돈이 든다는 것을 아는 것이다. 카페 안에서는 샌드위치 하나에 15세디, 영국 돈으로 5파운드(약 7,500원)나 한다. 런던 시내와 비교해도 결코 싸지 않다.

집세도 만만치 않다. 캔톤먼츠나 이스트 레곤에서 방이 한두 개 딸린 아파트를 구하려면 월세로 1,500달러에서 2,000달러는 줘야 한다니 런던, 뉴욕, 시카고 등과 맞먹는 수준이다. 가나의 수도 아크라에서 근무하는 대다수의 가나 직장인들은 아크라 시내에 집을 구할 형편이 못 된다. 아크라에서 청소부, 보모, 사무원으로 일하는 가나인들은 7시 30분에서 8시 사이에 출근하려고 새벽 4시 30분에 일어나 비좁은 트로트로(Tro-Tro)에 몸을 구겨 넣는다. 낡은 미니 밴 내부를 뜯어내고 긴 의자를 채워 만든 간이 교통수단 트로트로는 한 번에 열여덟 명에서 스무 명의 승객을 태운다. 현지인들은 활발한 구호 사업 때문에 집세만 비싸졌다고 투덜댄다.

수년간 사하라이남에서 우수한 경제 성적표를 자랑하던 가나는 2011년 중간소득 국가의 지위를 획득했다. 세계은행World Bank은 수십 년 묵은 (시대에 뒤떨어졌다는 평도 간간이 들리는), 1인당 국민소득 기준의 평가 체계를 통해 국가 순위를 매긴다. 금, 다이아몬드 호황에 이어 유전이 개발되면서 가나인들은 최근 수년간 부유해졌다. 동시에 불균형도 급속도로 심화되었다.[1]

부유한 가나인들이 축구 경기를 보려고 자리를 잡는 동안 가나 보건국 Ghana Health Service 소속 공무원들은 최근 수도에 창궐한 콜레라와 사투를 벌이고 있다. 4월 초에 아크라에서 열여덟 명이 콜레라로 사망했다. 필자가 존 마하마와 카페 테라스의 조용한 그늘에 마주 앉아 이야기를 나누는 동안에도 사망자는 계속 늘어나고 있다.

"작년 꼭 이맘때에도 아크라에 콜레라가 돌았습니다. 가나의 위생 상태는 아프리카에서 최저 수준입니다. 제대로 허가를 받은 화장실을 사용할 수 있는 사람들은 가나 인구의 13퍼센트뿐입니다." 마하마는 잠시 말을 멈추었다가 "30퍼센트가 아니라 13퍼센트"라고 다시 한 번 힘주어 말했다.

마하마는 젊고 예의 바르고, 대부분의 가나인보다 더 많은 혜택을 누린 사람이다. 그의 진중한 행동거지는 일종의 연기다. 사실 그는 본인이 자각하는 것보다 훨씬 화가 나 있고, 지쳐 있다. 그는 런던 유니버시티 칼리지University College, London에서 국제보건학 이학 석사과정을 마친 후 최근까지 가나에이즈커미션Ghana Aids Commission에서 근무했다. 영국 유학 전까지만 해도 가나의 학계가 가나인 대다수가 겪고 있는 보건문제를 다루는 최신 연구 흐름에서 얼마나 뒤처져 있는지 그도 미처 깨닫지 못했다.

마하마의 삶은 가나 역사의 축소판 같다. 괄목할 성과를 거둔 민간경제

부문 덕분에 가나는 세계 경제 순위표에서 상승세를 기록했고, 외국인 투자도 점점 늘어났다. 하지만 가나 빈민층은 이런 변화에서 소외되어 있다. 워싱턴이나 제네바에서 아무리 그럴싸한 보고서를 발표해도 그들의 삶은 달라질 것이 없다. 소득이 아예 없는 사람들에게 '중간소득 국가' 진입은 아무 의미 없는 이야기일 뿐이다.

유학을 마치고 돌아온 마하마의 눈에 학술 연구를 지원하기에는 재원이 턱없이 부족한 현실이 확연히 드러났다. 마찬가지로, 전과 다르게 부유해진 가나에 기본적인 생활 시설이 얼마나 열악한지가 여과 없이 드러난다. 화장실도, 상수도 시설도 부족하다. 아크라 일부 지역에서는 열 명에서 열두 명이나 되는 온 가족이 슬레이트 지붕을 얹은 방 한 칸짜리 판잣집에서 다닥다닥 붙어 자야 한다. 이스트 레곤에서 차로 15분밖에 안 떨어진 곳이지만 찢어지게 가난한 사람들이 모여 사는 제임스타운에는 지하 하수도 시설도 화장실도 없다. 사람들은 길거리에서 대소변을 해결한다.

"일부 분야에서는 긍정적인 변화가 보입니다. 가나의 민간부문은 크게 성장했습니다. 금광 산업이 좋은 예입니다. 금 채굴에 많은 민간 사업자가 참여하고 있고, 최근에는 석유와 가스 사업으로도 이런 흐름이 확대되고 있습니다. 이 사업자들이 수도와 위생시설같이 부족한 인프라를 구축하는 데 관심을 뒀더라면, 상황이 지금과는 많이 달라졌을 겁니다."

한 세기 전 석유 개발로 유사 이래 전례가 없는 부를 축적한 이후 바다 건너 대륙에서 제기되었던 의문을 지금 마하마가 다시 던진다. **국민 소득 증가로 가장 큰 이득을 보는 것은 누구일까? 나라가 부유해질 때 가난한 사람들도 그 혜택을 누릴 수 있게 하는 가장 좋은 방법은 무엇일까? 규제**(regulation)**? 세금**(taxes)**? 자선**(philanthropy)**?***

---

* (역주) 'philanthropy', 'charity'는 '자선', '박애' 등으로 번역된다. 이들 용어는 서로 별다른 구분 없이 사용하기도 하지만 역사적, 문화적 의미를 함축하고 있어 서로 구별하여 사용되기도 한다. 이 책에서는 문맥에 따라 '자선' 혹은 '박애'로 번역하되, 각각의 개념과 정의, 역사에 대해 언급하거나 서로 비교해서 언급하는 경우, 원어를 괄호에 넣어 표기하거나, 원어 발음을 한글표기법에 따라 표기하기로 한다. 이에

존 D. 록펠러John D. Rockefeller는 빈곤에 맞서는 최선의 방법은 규제를 줄이고 자선을 확대하는 것이라고 믿었다. 그는 록펠러재단Rockefeller Foundation 설립을 위한 법적 근거 마련을 위해 수년간 애썼다. 미국 의회는 번번이 그의 교섭에 퇴짜를 놓았다. 공공복지를 저해하리라는 우려와 록펠러가 그동안 재산을 모은 방식에 대한 반감을 이유로 들었다. 1900년대 초 『맥클루어스 매거진』McClure's Magazine에 실린 아이다 타벨Ida Tarbell의 기사들은 수십 년간 자행된 기업 스파이 활동, 가격 담합, 뇌물 수수, 불법활동을 덮기 위한 유령회사 설립과 같은 행위들을 폭로했다. 1909년 미 법무부Department of Justice는 록펠러의 스탠더드오일Standard Oil에 대해 반독점 소송을 제기했다. 로버트 라폴레트Robert La Follette 상원의원은 록펠러를 "이 시대 최악의 범죄자"라고 불렀다.[2]

당시 자선재단(philanthropic foundation)은 이윤만을 추구하는 거대 기업의 전초기지로서 재단의 모태가 된 사업체와 외양만 달리 꾸몄을 뿐, 거대기업이 국내외 시장으로 세를 확장하기 위한 편리한 도구로 여겨졌다. 당시 미국 법무장관이었던 조지 위커셤George Wickersham은 자선재단이 단지 "막대한 부를 고착화하기 위한 계략에 불과하며, 공공의 이익에 전혀 부합하지 않는다"고 말했다.[3]

하지만 록펠러는 자선활동과 기부 규모를 확장시키기 위해 재단 설립 의지가 확고했고, 법무부가 스탠더드오일을 제소하기 오래전에 이미 재단 설립에 착수한 상태였다. 1901년 록펠러는 아들의 강력한 권유에 힘입어 록펠러의학연구소Rockefeller Institute for Medical Research를 설립했다. 지금의 요크애비뉴 인근, 맨해튼 어퍼이스트사이드의 버려진 농지를 70만 달러에 사들여 연구소 부지로 사용했다. 연구소는 곧바로 최고 수준의 국제의학연구소로 부상했다.[4]

세 살 난 손자를 성홍열로 잃은 지 불과 몇 개월 후였기 때문인지, 록펠러는 의학 연구부문 투자에 더욱 박차를 가했다. 유럽에서의 연구 성과에

대한 자세한 내용은 『필란트로피란 무엇인가?』(아르케, 2017) 참조.

힘입어 '세균이론' 즉, 사람 눈에는 안 보이고 현미경으로만 보이는 아주 작은 유기물질이 질병 감염의 원인이라는 주장이 공기 감염론을 대체하기 시작했다. 공기 감염론, 즉 미애즈마(miasma)는 그리스어로 '오염'을 뜻하는 단어에서 유래했는데, '나쁜 공기'가 건강을 악화시킨다는 이론이다. 지금 생각해 보면 아주 틀린 말도 아니다.

베를린과 파리에 각각 1891년과 1887년에 설립된 코흐연구소Koch Institute와 파스퇴르연구소Pasteur Institute는 이미 20년 가까이 쌓아온 세균이론연구에 대한 데이터를 보유하고 있었다. 록펠러의학연구소는 미국 최초로 코흐, 파스퇴르연구소의 뒤를 잇게 되었다.

극심한 가난을 딛고 록펠러의학연구소의 선임 연구원이 된 일본 태생의 세균학자 노구치 히데요Hideoy Noguchi는 암컷 모기에 물려서 전염되는 황열병의 원인균을 특정해 냈다고 확신했다. 그의 연구 결과를 토대로 록펠러재단은 백신과 면역 혈청을 아프리카 중남부와 프랑스 식민지 지역에 배포했다. 노구치는 백신의 가치에 대해 확신했지만, 다른 사람들은 그렇지 않았다. 노구치는 자신이 옳다는 것을 증명하겠다는 일념으로 영국령 골드코스트의 중심인 아크라로 갔다. 하지만 결국 자신도 황열병에 걸려 병원에서 사망하고 말았다. 록펠러재단은 쓸모없어진 백신 보급을 조용히 중단했다.5)

2013년, 아크라에서 북쪽으로 차를 달려 1시간 거리에 있는 아헨시아 마

록펠러와 록펠러 Jr

빌 게이츠

을의 한 진료소에 잘 다려진 파란색 옥스퍼드 셔츠와 베이지색 면바지를 입은 빌 게이츠Bill Gates가 간호사와 환자들 틈에 서 있다. 그를 알아보는 사람은 별로 없다. 양철 지붕을 얹은 작은 진료소 건물 안은 백신을 접종하느라 분주하다.

빌 게이츠는 현지인 간호사로부터 접종 절차에 대한 설명을 듣는다. 어머니들은 자녀의 접종 내역을 기록한 수첩을 들고 다닌다. 모든 접종 내역은 커다란 장부에 기록된다. 한 달에 한 번 보건당국의 지역 공무원이 하위 지역 담당자를 불러 모아 접종 기록을 검증한다. 데이터는 명령체계를 따라 서서히 퍼져 나가고 가나 보건국은 전국적인 접종 현황을 지역별로 명확하게 파악할 수 있다. 새로운 시스템은 효과를 발휘했다. 지난 10년간 가나에서는 소아마비 발병이 한 건도 없었고, 2002년 이후 홍역에 의한 어린이 사망도 기록된 바 없다.[6]

간호사나 환자들이 빌 게이츠를 알아보지 못하는 것 같다는 어느 기자의 지적에 빌 게이츠가 대답한다. "이 지역에서는 나도 유명인이 아닙니다. 나를 아는 사람이 아무도 없다고 해도 과언이 아니죠. 수도에서라면 사정이 달랐을지도 모르지만 … 하지만 유명해지는 것은 우리의 목적과 전혀 무관합니다."[7]

그렇다면 그의 목적은 무엇일까? 세계에서 가장 영향력 있는 자선기관, 빌&멜린다게이츠재단Bill and Melinda Gates Foundation의 기부 규모가 록펠러가 평생 기부한 돈을 지금의 달러가치로 환산한 금액보다 더 많아진 지금, 반복적으로 제기되는 질문이다. 100년 전 록펠러가 의회의 곱지 않은 시선을 받았던 것과 달리, 게이츠재단은 유명인들의 찬사에 힘입어 상당한 대중적 지지를 누리고 있다. 심지어 전혀 예상치 못한 인물까지 재단에 대한 애정을 드러내기도 한다.

빌 게이츠와 P. 디디P. Diddy의 만남이 좋은 예다. 빌 게이츠는 다들 아는 것처럼 세계 컴퓨터 업계의 혁명을 주도하여 수십억 달러를 벌었다. 숀 콤스Sean Combs 또는 퍼프 대디Puff Daddy로 알려진 랩 스타 출신의 패션 사업가 P. 디디는 애초에 음악으로 큰돈을 벌었다. 빌 게이츠와 P. 디디는 우연히 마주치기도 어려운 전혀 다른 부류의 사람들이다. 그래서 그들의 전설적인 첫 만남은 사람들의 기억에 깊은 인상을 남겼다.

뉴욕에서 벌어진 일이었다고 한다. 게이츠가 유투의 보노Bono를 비롯한 몇몇 친구들과 바에서 시간을 보내고 있는데 P. 디디가 그들의 테이블로 다가왔다. 그는 게이츠 앞에 와서 서더니 고개를 한 번 끄덕이고 말했다. "이 미친놈!"

게이츠의 시선이 눈앞의 남자에게 꽂혔다. 세계에서 가장 많은 돈을 기부하는 자선가(Philanthropist)가 자주 들을 만한 말은 아니다. 더군다나 면전에서.

디디는 이어서 속사포처럼 말을 쏟아 놓았다. "너 이 자식, 보츠와나에서 예방접종으로 또 한 건 했잖아! 완전 미친놈."

게이츠는 그제야 긴장을 풀고 몸을 뒤로 젖혔다. 디디의 욕설이 사실은 찬사임을 깨달은 것이다.

두 사람의 만남은 매슈 비숍Matthew Bishop과 마이클 그린Michael Green의 『박애자본주의』(Philanthrocapitalism: How the rich save the World,* 사월의책, 2010)에 등장한다. 이 책은 자선재단을 영리기업과 동시에 경영함으로써 세상을 바꾸어 보겠다고 벼르는 신세대 자선사업가들에게 필독서로 통한다. 그들의 세계에서 빌 게이츠는 신개념 자선의 영웅으로 칭송받는다. 비숍과 그린은 보노의 말을 인용, 빌 게이츠를 이렇게 표현하고 있다. "제이지Jay-Z를 비롯해 모든 힙합

---

* (역주) 'philanthrocapitalism'은 philanthropy와 capitalism을 합성해서 만든 단어. 즉 자선 혹은 박애와 자본주의를 결합해서 만든 단어이므로 '자선자본주의,' '박애자본주의,' 혹은 그 의미를 바탕으로 '자본주의형 자선,' '자본주의형 박애' 등으로 번역할 수 있다. 이 책에서는 독자들의 혼란을 줄이기 위해 기왕에 번역, 통용되는 '박애자본주의'를 사용하기로 한다.

음악가들이 빌 게이츠를 흠모해요. 아마 그가 로맨틱한 인물로 비치지 않아서겠죠. 닐 암스트롱Neil Armstrong만큼이나 로맨틱과는 거리가 멀죠. 그는 과학자이지, 시인은 아니에요. 그는 마음먹은 대로 이루어내는 사람이죠."8)

마음먹은 대로 이루어내는 것(Getting Shit Done). 다양한 표현 방식이 있겠지만 의미는 모두 같다. 신세대 자선가들은 과거의 선배들보다 더 결과 지향적이고 효율적임을 자부한다. 그들은 무한 경쟁과 이윤 지향으로 대변되는 금융자본주의의 영향이 아직 미치지 않은 마지막 영역, 바로 자선 기부의 영역을 획기적으로 변화시키고 싶어 한다. 관료주의의 수렁에 빠지지 않고 목표한 대로 이루는 것이 그들의 계획이다.

그렇다면 어떻게 이룰 것인가? 박애자본주의란 무엇인가? '새로운' 자선은 과거의 접근방식과 어떻게 다른가? 비숍과 그린은 박애자본주의를 두 가지 방식으로 정의한다. 첫째, 미시적 관점의 정의다. **박애자본주의는 자선을 실천하는 새로운 방식으로, 이윤을 추구하는 자본주의 세계에서 기업을 경영하는 것과 같이 이를 자선분야에 응용한 것**이다. 둘째, 거시적 관점에서 본 박애자본주의는 자본주의 자체를 의미한다. 즉, **새로운 제품, 나은 품질, 저렴한 가격을 실현할 수 있도록 혁신을 주도하면 결국에 가서는 모두에게 이익이 돌아간다는 논리다.**9)

비숍과 그린의 생각은 영향력 있는 인물들의 지지를 받았다. 반양장본으로 출간된 두 사람의 책에 직접 서문을 쓴 빌 클린턴Bill Clinton 미국 전 대통령은 클린턴재단Clinton Foundation의 사업도 같은 이상을 추구한다고 강조했다. 그는 또, "같은 접근방식이 전 세계에서 힘을 얻고 있다"면서, "노벨평화상 수상자인 무함마드 유누스Muhammad Yunus는 그라민은행Grameen Bank의 소액대출 프로젝트로 전 세계 1억 명이 넘는 사람들을 빈곤으로부터 탈출시켰다. 게이츠재단은 수없이 많은 사람을 말라리아의 고통으로부터 해방하고, 더 나은 HIV/에이즈 예방법을 찾고, 미국의 가난한 지역에서 교육환경을 개선하는 데 같은 접근방식을 활용했다"라고 덧붙였다.10)

박애자본주의, 소액대출, 임팩트투자, 사회적기업가정신과 같은 새로운 트렌드는 비숍, 그린, 클린턴이 개인들을 빈곤으로부터 해방시키고, 생명을 구하며, 교육을 개선하는 효과가 있다고 칭송하는 '비즈니스 지향적' 범주에 속한다. 20년 정도만 지나면 이런 트렌드가 다양한 사회적기업 경영 모듈을 원하는 학생들을 위해 주요 경영대학원 커리큘럼에 등장할 것이다. 또, 사회적 임무를 수행하는 이윤추구 기업에 더 유연한 세제를 적용해야 한다는 압력이 높아지고, 북아메리카, 유럽과 신흥 시장의 투자가와 기업가들은 사업의 손익을 가늠하는 새로운 기준을 갖게 될 것이다.

박애자본주의의 추구가 다보스와 실리콘밸리에서 열렬한 공감을 얻고 있는 반면, 국내와 글로벌 정책 수립에서 지나친 영향력을 행사하는 데 대한 소수의 민간 자선가들의 반발도 만만치 않다.

박애자본주의에 비판적인 사람들의 우려는 크게 세 가지로 요약된다. **첫째는 민간 자선단체의 책임감과 투명성 문제, 혹은 부재에 관한 우려**다. 가령 게이츠재단의 경우 세계보건기구WHO 연간 예산의 10퍼센트를 부담한다. 2013년 게이츠재단은 미국 정부보다도 더 큰 금액을 기부함으로써, 세계보건기구의 최대 단일 후원기관으로 등극했다.[11] 세계보건기구 헌장에 따르면, 세계보건기구는 회원국에 보고할 책임이 있다. 반면 게이츠재단은 재단 이사인 빌과 멜린다 게이츠 부부, 그리고 버크셔해서웨이Birkshire Hathaway의 CEO 워런 버핏Warren Buffett, 이렇게 단 세 사람에게만 책임을 진다. 따라서 세계보건기구의 예산 가운데 막대한 부분이 민간 자선단체로부터 오고, 그 단체가 세계보건기구의 예산이 정확히 어디에 어떻게 쓰이는지 좌지우지할 힘을 갖는 상황에서 많은 시민사회단체는 세계보건기구의 독립성이 저해될 것을 우려하고 있다.

둘째는 공공서비스부문에 대한 민간 자금의 관여와 참여는 정부의 보건 및 교육부문에 대한 지원을 잠식할 수도 있다는 우려다. 포드재단Ford Foundation에서 임원을 역임했던 마이클 에드워즈Michael Edwards 등 비판적인 평자들은 민간 자선기금이 힘든 투쟁을 통해 쟁취한 노동법, 사회보장제도의 대안이 될 수 없다고 지적한다. 민간 기금은 한순간에 발을 뺄 수 있지만, 선거로 선출된 공무원은 적어도 이론적으로나마 국민에 대한 책임감을 갖는다는 것이 중요한 근거다.[12] 민간 자선기금과 공공 지출 간의 대립은 미국 내 공교육을 둘러싼 사태에서 극명하게 드러났다. 미국의 3대 초대형 자선기관인 게이츠재단, 월튼패밀리Walton Family, 브로드재단Broad Foundation은 종종 공조체제를 형성하는데, 미국에서 최고의 고성장 산업으로 부상하게 될 영리 기반의 초중고등학교 설립을 지지하고 있다.

셋째로 우려되는 점은 예나 지금이나 **사회적, 경제적 불평등을 해결하겠다며 떠벌리는 자선가들일수록, 그들이 기업을 운영하고 돈을 버는 방식이 오히려 불평등을 심화시킨다는** 사실이다. 19세기 말에서 20세기 초에 활약한 거대 기업가들은 종종 강도 귀족(Robber Baron)으로 불렸고 악랄한 경영 수단 탓에 사회 전반의 혹독한 비난을 받았다. 오늘날 빌 게이츠, 조지 소로스George Soros 등 세계적 명성을 누리는 자선가들 역시 금융 불안정을 조장하고, 고용불안을 불러일으키며, 세계 경제 불평등을 고착화하는 방식으로 수십억 달러를 벌었다.

빌 게이츠의 경우 미국과 유럽에서 여러 건의 반독점 소송을 통해 마이크로소프트Microsoft의 사업 관행이 위법 판결을 받은 바 있다. 로터스 소프트웨어Lotus Software의 공동 창업자이며 1980년대와 90년대 내내 빌 게이츠와 오랜 경쟁 관계에 있었던 미치 카포Mitch Kapor는 바로 이 점을 강조했다. "빌 게이츠가 이끌었던 마이크로소프트는 독점력을 이용해 불공정하게 경쟁을 막았다. 이것이 미 법무부가 마이크로소프트의 반독점 사건을 조사한 결과 확인한 가장 중요한 사실이다. 현재 게이츠재단을 통해 분배되고 있는 빌 게이츠의 재산 가운데 상당 부분은 불법적인 수단을 통해 벌어들인 것이다."13)

이 책은 크게 두 가지를 다루고 있다. 첫째, 현대의 박애자본주의의 역사적인 배경을 알아보고, 오늘날의 자선가와 카네기, 록펠러 같은 과거의 자선가 사이의 유사성을 짚어보고자 한다. 둘째로는 기부금이 어떻게 사용되는지 살펴보고, 대중에게 잘 드러나지 않는 기부금의 파급효과를 알아보고자 한다. 즉, 자선가들이 어떤 종류의 정치적 영향력을 휘두르고 있으며, 대부분 국가의 국민 총소득보다 더 많은 재산을 보유한 사적 개인이 국내외에서 자신이 원하는 보건, 교육, 농업 정책을 실현하기 위해 더 공격적으로 영향력을 행사하는 현실에 대한 찬반론은 어떤 것들인지 살펴볼 것이다.

박애자본주의를 옹호하는 사람들은 자선에 기업 경영마인드를 적용하는 것이 완전히 새로운 시도라고 주장한다. 가령 1999년 경영학자 마크 크레이머Mark Kramer와 마이클 포터Michael Porter는 『하버드 비즈니스 리뷰』Harvard Business Review에 게재한 논문에서 "주어진 재원으로 어떻게 하면 사회를 위해 최대의 가치를 창출할 수 있는지 전략적으로 고민하는 자선재단은 극히 드물다. 결과를 측정하는 데 별로 노력을 기울이지 않는다. 오히려 결과를 측정하는 것이 재단의 사명과 무관하다고 생각하는 경우가 많다"라고 주장한다.14)

이것은 사실이 아니다. 실제로, 카네기, 록펠러 등의 기업가들이 기업 경영기법을 자선활동에 적용하겠다고 선언한 이래, 기업 경영방식에 기반한 자선활동은 과거 120년 동안 대규모 자선사업의 주류를 이루었다. 록펠러의 자선활동 자문을 담당했던, 전직 침례교 목사 프레더릭 T. 게이츠Frederick T. Gates를 예로 들어 보자. 1888년 게이츠는 침례교 목사직을 그만두고 이후 수십 년간 록펠러 부자 2대에 걸쳐 자선사업에 투입된 막대한 재산을 어떻게 운용할 것인지에 대한 조언을 했다. 게이츠는 테일러의 과학적 관리법(Taylorist Principles)을 모든 사회와 경영 분야에 적용해야 한다고 주장했던 능률증진운동(Efficiency Movement)의 지지자였다. 게이츠는 록펠러에게 가장 눈에 띄는 사업을 지원하도록 조언했다. 일단 걸리면 많은 사람이 죽거나 불구가 되는 질병 퇴치 등이 좋은 예다.

사회학자 니콜라 귀요Nicolas Guillhot에 따르면, 록펠러와 카네기는 당시의 자선활동이 시대에 뒤떨어지고 허점이 많다고 생각했으며, 합리적인 기업 경영 방식을 자선활동에 적용해야 한다고 주장했다.15) 허드슨 연구소Hudson Institute의 브래들리센터Bradley Center for Philanthropy and Civic Renewal의 윌리엄 샴브러William Schambra 소장은 한 인터뷰에서 이렇게 강조했다. "기업을 운영하듯이 자선활동을 운영해야 한다는 발상은 존 D. 록펠러에게서 나온 것으로, 기업과 같은 관료적 체계, 신중한 의사결정 체계를 갖춘 일종의 조직을 설립해야 한다는 의미다. 박애자본주의는 여기서 한 걸음 더 나간 것뿐이다."16)

박애자본주의에 찬성하는 사람들은 '새로운' 자선활동이 과거보다 더 효과 지향적이고 기업적이라고 주장하지만 그것은 자선적 기부활동의 효과를 측정하는 데 집착했던 능률증진운동 등의 존재나 후대에 끼친 영향을 드러내놓고 무시하는 것이다. 역사학자 스탠리 카츠Stanley Katz는 이 점에 대해 다음과 같이 직설적으로 비판했다. "현재 대다수 재단의 홍보 문구나 이와 관련된 미사여구를 보면 미국의 거대 재단의 역사에 대해 그들이 얼마나 무지한지 알 수 있다."17)

조금 더 먼 과거로 눈을 돌려 18세기 상황을 살펴보면, 지금의 박애자본주의자와 과거 세대 간의 유사성이 더욱 분명해진다.

'새로운' 자선활동 옹호자들의 핵심 주장은 시장과 윤리는 결코 상반되는 현상이 아니라 서로 어울리는 상품이며, 시장의 힘을 이용함으로써 박애자본주의는 필연적으로 더 넓은 공동체의 안녕과 복지에 기여한다는 것이다. 매우 강력한 메시지이지만 새롭다고 하기는 어렵다. 오히려 민간 기업활동이 사회적으로 이롭다는 아주 오래된 가설과 일치한다. 즉, 버나드 맨더빌Bernard Mendeville, 제임스 스튜어트James Steuart, 애덤 스미스Adam Smith가 각자의 저서를 통해 개개인의 사적인 경제 목표를 달성하기 위한 노력이 궁극적으로 공동의 이익에 기여한다고 주장한 이후, 현대 정치경제이론을 형성한 핵심 기반이라고 해도 과언이 아니다.18) 비숍과 그린의 『박애자본주의』에는 애덤 스미스의 저서가 딱 두 번 짧게 언급되어 있을 뿐, 이 부분이 깊이 다루어지지 않았다. 아마도 자신들의 독창성을 강조하고 싶었겠지만, 자신들의 개념과 애덤 스미스의 보이지 않는 손이라는 개념 간의 공통점, 즉 "사회의 이익을 증진하려고 의도적으로 노력했을 때보다, 자신의 이익을 추구함으로써 (개인은) 사회의 이익을 더 효과적으로 증진한다"19)는 부분을 대충 얼버무리고 만다.

로이터 기자 출신의 펠릭스 새먼Felix Salmon은 이 같은 역사적 기억상실증에 대해 의구심을 드러낸다. 박애자본주의가 새로운 개념이라는 주장을 비판하면서 새먼은 "기업이 사회적 가치를 무너뜨릴 수도, 창조할 수도 있는 능력을 가졌다는 깨달음이 우리가 알고 있는 '경제학'이고, 그 역사는 적어도 애덤 스미스 시대까지 거슬러 올라간다. 여기에 새로운 것은 없고, 경제학자들이 이러한 직관을 이용해 부자들의 죄책감을 덜어주는 것도 전혀 새롭지 않다."[20] 철학자 슬라보이 지젝Slavoj Žižek은 박애자본주의를 지지하는 이들의 그럴듯한 주장에 이상하게 기시감을 느낀다며 그들의 주된 논리는 "포스트모던화 된 애덤 스미스의 보이지 않는 손 같다. 시장과 사회적 책임은 상반된 것이 아니라 서로의 이익을 위해 재결합했다. … 그들의 목표는 돈을 버는 것이 아니라 세계를 변화시키는 것이다(그리고 부산물로 돈도 벌 수 있다)"라고 말했다.[21]

새먼과 지젝의 지적은 위트와 설득력을 모두 갖추고 있다. 하지만 박애자본주의에는 두 가지 새로운 점이 있다. 그 한 가지는 규모, 다른 한 가지는 공공연함이다. 규모 면에서 구체적인 수치를 확인하기는 어렵지만, 전 세계적으로 지금이 자선활동의 황금기라는 점에는 대체로 확실한 공감대가 형성되어 있다. 미국 8만 5,000개 민간 자선재단의 약 절반이 지난 15년 사이에 생겨났고, 매년 약 5,000개의 새로운 재단이 세워지고 있다.

민간재단의 융성이 과거 수십 년에 비해 전반적인 기부 금액 증가에 중요한 역할을 하는지는 전문가 사이에 의견이 엇갈리고 있다. 보스턴대학 법학과 레이 메이도프Ray Maydoff 교수는 1970년대 이후 미국 내 전체 기부 금액은 국내 총생산의 2퍼센트 내외에 머무르고 있다고 지적하면서, 개인들의 기부액은 지난 40년간 큰 변화 없이 가처분 소득의 2퍼센트 정도에 머물고 있다고 말한다.[22] 국외로 범위를 넓히면 전 세계적으로는 자선 기부의 증가를 더 분명히 확인할 수 있다. 국제비영리법률센터International Centre for Not-for-Profit Law의 데이비드 무어David Moore와 더글라스 루천Douglas Rutzen은 전 세계 기부액이 최근 많이 늘어났고, "이는 브라질, 인도, 중국 및 기타 국가에서 부유한 개인의 수가 늘어난 것과 관련이 있다"[23]고 말한다.

세계적인 기부 증가는 늘어가는 부의 편중 현상에 기인한 것으로, 부가 한쪽으로 쏠리면서 거액 기부도 가능해졌다. 다가올 금융 재난에 대한 불안감이 세계시장을 위협할 무렵인 2007년, 전 세계 부자들에게 금융 위기는 더 없는 '호재'였다. 미국에서는 2009년에서 2012년까지 상위 1퍼센트 부유층의 소득이 31퍼센트나 늘어난 반면, 그 밖의 계층은 겨우 0.4퍼센트 소득 증가에 그쳤다.24) 상위 1퍼센트에 속하는 많은 사람들은 갑작스런 횡재를 이용해 자신들이 운영하는 자선재단에 기부금을 보태고 있다.

그들의 목적은 무엇일까?

지난 20년간의 자선재단 증가가 특이한 점은 경제적 불평등 해소에 전혀 도움이 되지 않았다는 점이다. 오히려 경제적 불평등은 심화되었다. 자선활동 증가와 경제적 불평등의 심화가 함께 일어난다는 점에서 내릴 수 있는 결론은 무엇일까? 자선활동은 결국 부자를 더 부유하게 가난한 사람들을 더 가난하게 만들 뿐인가?

단정적으로 말하기는 힘들다. 하지만 자선활동 증가가 어떻게 불평등과 빈곤의 심화에 기여할 수 있는지 몇 가지 설명이 가능하다. 우선, 자선적 기부로 **부의 재분배를 위한 복지정책에 쓸 세수 기반이 줄어든다**. 둘째, **기부금 대부분은 소득이 낮은 개인들의 경제적 부담을 줄이는 데 사용되지 않는다**. 매년 발행되는 『기빙 유에스에이』Giving USA의 2012년 보고서에 따르면 전년도 전체 기부금 가운데 '공익'(public-society benefit) 사업으로 정의된 항목에 사용된 금액은 7퍼센트밖에 되지 않으며, 훨씬 많은 금액이 종교적·문화적 목적으로 사용되었다. NCRP National Committee for Responsive Philanthropy의 보고에 따르면 미국 재단 예술후원금의 55퍼센트는 예산 규모가 500만 달러 이상인 10만여 개 비영리 문화예술단체 가운데 2퍼센트도 채 안 되는 기관들의 차지가 되었다. 이들 대규모 기관의 주된 이용객은 고소득 백인이다.25)

또 다른 우려는 자선활동이 증세 요구를 잠재움으로써, 결과적으로 부를 재분배하기보다는 부자들의 자산을 보호하고 확대하는 수단이 된다는 점이다. 소비자들에 대한 접근 수단을 확보하고자 게이츠재단 등과 손을 잡은 미국과 유럽 기반의 다국적 기업에 자선활동은 새로운 시장의 문을 열어준다. 더 많이 베푸는 것이 더 많이 얻기 위한 지름길이다. 세계보건기구나 유엔식량농업기구 등 국제기구의 정책 수립 과정에 영향력을 행사할 수 있는 핵심 실세의 울타리는 점점 좁아지고, 그 안으로 부는 더욱 집중되고 있다.

자선활동가들은 자신의 자선활동이 부를 분배하기 위한 것이 아니라 유지하기 위한 것임을 스스로 나서서 인정하곤 한다. 칼로스 슬림Carlos Slim은 그런 부분에 대해 가장 솔직한 사람 중 하나일 것이다. 그는 자선에 대한 자신의 철학을 한 마디로 이렇게 요약한다. "부는 과수원 같은 것이다. 과일만 나누면 되지, 나무까지 나눌 필요는 없다."[26] 그의 숨김없는 태도는 신세대 자선가들의 또 다른 일면을 보여준다. 그들은 자선으로 얻는 사적인 이익에 대해 숨기지 않는다. 자선이 특권 유지의 유용한 수단임을 당당히 인정하고 심지어 옹호하는 것이 과거와 달라진 점이며 신세대 자선가를 과거 세대와 구분 짓는 점이다.

사회학자들은 오랫동안 자선과 선물에 대해 많은 연구를 해왔다. 마르셀 모스Marcel Mauss의 글에 근거하여 자크 데리다Jacques Derrida는 나눔의 선물은 일종의 파르마콘Pharmakon이라고 주장했다. 파르마콘은 치료약, 독약, 부적, 해결책, 해독제 등 여러 가지 의미를 담은 그리스어다.[27] **선물은 양날의 검과 같다.** 선물을 받은 사람은 보답해야 한다는 부담감을 갖는 것이 보통이지만, 언제 어떻게 갚아야 하는지는 다들 점잖게 입을 다물기 때문에 이자와 같이 상세한 부분에 대해 분명하게 명시하는 제대로 된 경제 교환보다 더 부담스럽다. 사회학자 피에르 부르디외Pierre Bourdieu는 이런 모호함이 선물에 내재한 힘이라고 말하며 이렇게 부연한다.

> 선물의 경험이 갖는 가장 큰 특징은 애매모호하다는 것이다. 여기에는 이론의 여지가 없다. 한편으로 선물은 이기적인 이해를 추구하거나 계산하지 않고, 베푸는 즐거움을 체험(또는 의도)하는 것이다. 꼭 필요하기 때문에 주는 것도 아니고, 보답을 바라지도 않는다. 반면, 주고받음의 논리가 완전히 배제된 선물이라는 것은 존재하지 않는다. … 주는 것이 있으면 받는 것이 있다는 논리를 정말로 의식하지 않는 사람은 아무도 없다(이 논리는 가령 누군가가 선물의 가치가 충분히 매겨졌는지 의문을 품거나 할 때 계속해서 표면으로 드러난다). … 하지만 다들 마치 아무것도 모른다는 듯 행동해야 하는 게임의 규칙에 충실히 따르고 있다.[28]

부르디외처럼 안토니오 그람시(Antonio Gramsci) 역시 거액의 선물은 경제적 전략이라고 여겼으며, 전혀 정치적 의도가 없는 것처럼 보임으로써 더 큰 힘을 갖게 된다고 생각했다. 그람시는 국외에서 엘리트들이 경제 외교적 이해가 제 기능을 발휘하도록 자신의 활동을 추진하고 적법화하는 수단으로써 자선(philanthropy)이 기능하고 있다고 주장했다. 현대의 연성권력(soft power)이라는 개념이 등장한 데에는 자선에 관한 그람시의 저술이 일조했다.

부르디외와 그람시의 직관적인 견해는 세금감면, 정치적 특혜, 국외에서 기업 및 정부의 경제적 이해 추구와 같은 암묵적인 동기가 자선활동에 내재한다는 일반적인 믿음과 일치하는 바가 있다. 오늘날 달라진 것은 그런 동기가 더는 암묵적으로 숨어 있지 않다는 점이다. 오히려 자선활동가들이 스스로 나서서 자신들의 동기를 널리 드러내고 있다. 신세대 자선가들은 박애자본주의를 통해 개인의 경제적 부를 창출할 수 있다는 사실에 자부심을 느끼고 심지어 당당히 과시한다. 개인적 이익의 추구를 '위장'하거나 축소할 필요가 더는 없어졌을 뿐 아니라, 이익의 추구가 타인을 도와야 하는 가장 훌륭한 근거로서 추앙받고 있다. 이제 사적 이익의 추구는 이타주의와 서로 대립하며 공존하는 것이 아니라, 이타적 행위의 조건이다. 나는 이런 발상의 전환이 어떤 결과를 가져왔는지 살펴볼 것이다.

이 책의 구조는 단순하다. 전반부에서는 박애자본주의의 발전과정을 탐색·추적하고, 그 정치적 의미와 상업적 목표를 살펴본다. 오늘날 박애자본주의자들은 특히 '사회적'(social)이라는 단어를 두드러지게 사용한다. 그들은 이 단어를 온갖 종류의 상업 활동과 결합하여 사용한다. 마치 그렇게 함으로써 영리 활동에 진보적인 의미가 보태지기라도 하는 듯. 과연 그럴까? 사회적기업, 소액대출, 사회책임투자 같은 새로운 트렌드가 실제로 빈곤을 경감시키고, 더 많은 교육 기회를 창출하며, 보건서비스에 대한 접근성을 높이고 있을까? 생각만큼은 아니다.

책의 후반부에서는 빌&멜린다게이츠재단(Bill and Melinda Foundation)을 집중적으로 다룬다. 게이츠재단이 가나, 미국 등의 국가에서 어떻게 보건 활동가들과 부모들로부터 칭찬과 비판을 모두 받게 되었는지, 이들 국가에서 게이츠재단이 행사하는 영향력을 간단한 사례로 보여 준다. 또 게이츠재단이 불과 10년 남짓한 기간 동안 미국의 공교육을 변화시킨 놀라운 결과에 대해서도 살펴본다. 전 세계 농업에 게이츠재단이 미치는 영향, 특히 몬산토Monsanto 종자와 비료를 아프리카 시장에 수출하려다가 아프리카 국민과 선출직 공직자의 반발을 샀던 사례를 살펴볼 것이다.

왜 조지 소로스, 코크 형제Koch Brothers, 칼로스 슬림도 있는데 굳이 게이츠재단을 물고 늘어지는지 의아할지도 모른다. 이유는 간단하다. 그럴 필요가 있기 때문이다.

게이츠재단 정도의 영향력을 갖춘 대부분의 자선재단은 이미 학계와 언론의 충분한 견제를 받고 있다. 하지만 **자타 공인 오늘날 세계 최고의 영향력을 가진 민간 사립재단인 게이츠재단은 그다지 비판적인 시선을 받지 않고 있다.** 긍정적인 기사들은 거의 매일 등장하지만 재단 활동의 부정적인 면에 대해 다루는 언론 기사나 학술논문은 극히 손에 꼽을 정도다. 석유회사들에 대한 게이츠재단의 어마어마한 지분이 재단의 공공보건사업에 미치는 영향에 대해 의혹을 제기한 『엘에이타임스』LA Times 기사 정도가 몇 안 되는 예다. 한두 해 전, 런던의 의사 데이비드 맥코이David McCoy는 그 당시까지 세계 보건분야에 대한 재단의 기부금 총액을 분석한 결과, 유럽과 북아메리카 이외 지역 연구에 할당되는 금액이 극히 작은 부분에 불과하며, 전 세계 연구개발 능력의 두드러진 불균형을 더욱 가중시키고, 기타 지역 연구자들의 지역 고유의 기술관련 솔루션 개발 능력을 저해하고 있다는 결론을 얻었다. 저명한 교육역사학자인 다이앤 래비치Diane Ravitch는 미국 공교육 분야에서 게이츠재단의 역할을 비판하는 글을 쓰기도 했다.

이들 비판은 매우 중요하다. 하지만 일부 신문이나 학술지에 드문드문 실릴 뿐이다. 왜 좀 더 적극적으로 비판하지 않는 걸까? 한 가지 이유는 타이밍이다. 게이츠재단은 단시일 내에 미국과 국제 정치 무대의 실세로 떠올랐고 학자들은 미처 재단의 성공과 실패를 꼼꼼히 살펴볼 시간적 여유가 없었다.

하지만 속도가 유일한 문제는 아니다.

"어마어마한 돈을 그 돈의 일부라도 만져보고 싶은 사람들이 빼곡히 둘러싸고 있다." 미국 사회 활동가이며 비평가인 드와이트 맥도널드Dwight Macdonald는 포드재단을 이렇게 묘사했었다. 게이츠재단의 모습도 다르지 않다. 자선재단 후원금으로 연명하는 학술연구단체와 신생 NGO의 수는 놀랄 정도로 많다. 재단이 어디에 돈을 쓰든 드러내놓고 불평하는 것보다 입 다물고 있는 편이 안전하다는 것이 그들의 입장이다.29)

물론 게이츠재단은 실제로 많은 선행을 베풀고 있다. 미국 정부가 과거에 내놓은 '글로벌 개그룰'(Global Gag Rule: 정부 지원을 받은 단체가 국외에서 산아제한 수단으로 낙태수술을 제공해서는 안 된다는 규정)의 여파로 미국 정부의 지원을 받는 해외 NGO가 개도국 여성들의 계획 임신을 돕는 데 어려움을 겪는 와중에도 멜린다 게이츠는 피임의 중요성에 대한 공개적 발언을 꺼리지 않는다. 빌 게이츠는 미국에서 자본소득세 인상을 지지한다. 그는 국제 금융시장 외환투기에 대해 종합적인 과세를 해야 한다는 캠페인에도 지지의 목소리를 높였다. 이들에 대한 종합적인 과세를 도입한 국가에서는 수십억의 정부 세수가 늘었다. 게이츠재단의 기금이 거액으로 늘어난 것은 빌 게이츠가 40대 중반에서 50대에 들어설 무렵이었지만, 그가 이미 수십 년 동안 구상해 온 이상을 이제 실현하고 있을 뿐이라는 점을 뒷받침해 주는 수많은 증거가 있다. 2014년 워싱턴 주의 총기 규제 강화 캠페인에 그가 100만 달러를 기부한 사실은 이미 널리 보도되었다. 하지만 그것은 결코 즉흥적인 결정이 아니었다. 거의 20년 전인 1997년에도 강력한 총기규제법을 위한 국민투표 발의를 지지하기 위해 3만 5,000달러를 내놓았었다.

게이츠재단이 대다수의 사람이 공감하는 많은 활동에 자금을 지원한다고 해서 재단이 어떤 비판에서도 자유로워야 한다는 의미는 아니다. 하지만 현재까지는 그래 왔다. 재단의 활동에 대한 활발한 토론이 벌어져야 함에도 다들 침묵으로 일관해 왔다. 대규모 자선의 동기를 제공하는 세금 혜택에 의혹을 품은 사람들이나 자선이 정부의 복지정책이나 노동자 보호 장치를 대신할 수 없다고 믿는 사람들도 빌 게이츠의 노력에는 경의를 표한다. 더욱 위험한 것은 게이츠재단이 코크 형제나 월마트 창업주의 상속자들인 월튼 패밀리를 비롯한 보수 성향 자선가들에 대한 대안으로 이상화될 수 있다는 점이다.

온라인 뉴스 서비스인 올보이스닷컴Allvoices.com 논평란에 실린 배리 엘즈워스Barry Ellsworth의 기사는 이러한 태도의 전형을 보여준다. "찰스와 데이비드 코크 형제가 또 일을 저질렀다"라는 제목의 기사 내용은 다음과 같다.

> 이번에는 자신의 재산으로 게임, 저글링, 칼 던지기, 아크로바트 등을 동원해 오직 오바마케어에 찬성하는 사람들을 겁주려는 의도로만 기획된 오싹한 케어니벌(Creepy Carenival)을 후원했다. … 억만장자 중에는 마이크로소프트를 창업한 빌 게이츠나 페이스북Facebook의 마크 저커버그Mark Zuckerberg처럼 막대한 재산을 인도주의적 목적에 기부함으로써 인류의 대의를 앞당기는 데 기여한 사람도 있다. 반면 석탄을 사랑하는 코크 형제처럼 대다수 미국인에게 혜택을 주는 프로그램을 막고자 바리케이드를 치는 데 돈을 쓰며 보람을 느끼는 부자도 있다.30)

이런 식의 논평이 갖는 문제점은 민주주의가 좋지만, 내가 지지하는 당이 단일 후보로 나와야만 한다고 주장하는 것과 어쩐지 비슷하다. 코크 형제가 미국 정치에 지대한 영향을 미칠 수 있었던 것은 규제 완화와 세금 혜택 때문인데, 좋든 나쁘든 게이츠나 저커버그나 소로스 같은 사람들도 결국 같은 규제 완화와 세금 혜택을 기반으로 친 이민정책을 후원하거나 미국의 교육을 개혁한다. 코크 형제를 견제하려 한다면 게이츠건, 소로스건, 버핏이건 다른 자선가들을 견제하는 데에도 거부감이 없어야 한다.

빌 게이츠와 그의 재단에 집중하는 또 다른 이유는 **최근 수십 년간 그만큼 세계 자선활동의 큰 그림을 변화시키는 데 영향을 미친 유명인사도 없기 때문**이다. 빌 게이츠와 워런 버핏은 빈부격차의 심화가 오늘날 전 세계의 지속가능성에 가장 큰 위협이 될 것이라 강조하면서 기부 서약Giving Pledge 운동을 통해 재산의 최소 50퍼센트를 기부하도록 부자들을 독려하는 동시에, 이를 통해 우후죽순처럼 늘어나는 경제 비관론자의 비판을 일축할 강력한 대안으로 삼으려 한다. 게이츠와 기부를 서약한 부자들은 토마스 피케티Thomas Piketty나 제임스 갤브레이스James Galbraith 같은 경제학자의 비판에 맞서 이렇게 말한다. "물러서, 우리가 나눠 주면 되잖아."

게이츠는 여러 기회를 통해 부자세를 내라는 피케티의 요구에 대한 거부 의사를 분명히 밝혔다. 피케티는 그 중 널리 보도된 바 있는 자신과의 대화를 2015년 초 런던에서 열린 한 회의장에서 회고하면서 사람들에게 게이츠의 말을 이렇게 전했다. "나는 당신이 책에 쓴 내용을 모두 좋아하지만 세금을 더 내고 싶지는 않습니다." 피케티는 이렇게 덧붙였다. "빌 게이츠는 자신이 정부보다 더 잘할 수 있다고 진심으로 믿고 있는 것 같다. 그의 말이 맞을 때도 있을 것이다."

정말 그럴까?

이 책은 해당 이슈에 대해 깊이 다룬 첫 번째 책이다. **빌 게이츠는 기부금을 얼마나 효율적으로 사용하는가? 미국의 초중고등학교에 빌 게이츠가 쓴 수십억 달러가 교육 성과를 높이고 있는가? 국제 보건의료 지원이 인류의 건강을 가장 위협하는 질병을 퇴치하는 데 쓰이고 있는가? 게이츠재단은 많은 사람이 더 저렴하게 의약품을 살 수 있도록 돕고 있는가? 혹시 인권보다 특허권에 더 우위를 두고 있는 것은 아닌가?**

그 어느 때보다 기부가 절실한 시기에 자선활동을 비판하기는 쉽지 않다. 특히 게이츠재단처럼 널리 존경받는 단체에 비판의 잣대를 들이대기는 더욱 어려운 일이다. 다른 자선재단들은 더 공공연하게 비판에 노출된다. 월튼패밀리재단은 수년 동안 좌우 진영 양쪽에서 비난을 받는 희생양 역할을 해왔다. 좌파에서는 월튼 일가가 노조를 향해 불끈 쥔 주먹을 휘두르는 월마트의 이미지를 희석시키는 데 확실히 도움이 될 것 같은 대의명분만을 후원한다고 비난한다. 『더 네이션』The Nation의 리자 페더스톤Liza Featherstone은 "월마트 자선활동의 많은 부분은 정부 정책에 반대하는 활동에 편중되어 있다. 그들은 주로 부자들에게 높은 세금을 부과하지 못하도록 로비를 하거나 공화당 후보, 보수 경향의 두뇌집단, 교육 민영화 등을 후원한다"고 지적했다.31)

보수파도 월튼 패밀리를 비난하는 데 한목소리를 내고 있다. 한 예로,

『포브스』Forbes가 최근 기사로 다룬 『월마트1%』Walmart1%라는 시민단체의 보고서는 월튼 가의 살아있는 구성원들이 개인 재산에서 월튼재단에 기부한 돈은 예상외로 극히 적다는 점을 지적하고 있다. 20억 달러가 채 안 되는 자산을 가지고 월튼패밀리재단은 자선분야의 거물로 군림하고 있다. 게이츠재단의 자산 420억 달러에 훨씬 못 미치지만, 자산 규모 기준 미국 40대 자선재단에 이름을 올리고 있다.[32] 주목할 점은 월튼 가의 2대 상속자들인 롭Rob, 짐Jim, 앨리스Alice, 크리스티Christy가 개인 재산에서 기부하는 금액은 극히 미미하다는 점이다. 재단이 유지되는 것은 작고한 1세대 샘Sam, 헬렌Helen, 존 월튼John Walton의 자산으로 설립된 탈세용 신탁이나 그들이 소유했던 부동산이 있기 때문이다. 짐과 앨리스 월튼은 재단이 설립된 후 23년 동안 한 번도 기부한 적이 없고, 크리스티와 짐 월튼은 그나마 명목상의 금액을 기부했다.[33]

월튼패밀리재단이 지난 23년간 국세청에 신고한 내역을 토대로 산출한 이들 금액은 재단 중심인물 이외의 월튼 가 구성원이 개인적으로 낸 기부금은 반영하지 않았는데, 이 금액이 지금까지 약 50억 달러에 이른다. 그 점을 감안한다 해도 여전히 놀라운 것은 월튼이라는 이름을 단 거대 규모의 막강한 재단이 생존해 있는 월튼 가의 상속인들로부터 받는 기부금이 그들의 순자산을 합친 1,399억 달러의 0.05퍼센트에도 못 미친다는 점이다. 좌우 양 진영에서 볼 때에도 이 금액은 말도 안 되게 적다. 『포브스』 기사를 작성한 클레어 오코너Clare O'Conner는 인색한 재벌에 대해 다루는 기자들이 늘 쓰는 방법을 사용했다. 그녀는 월튼 패밀리를 게이츠재단이나 버핏과 대조하며, 게이츠와 버핏이 각각 재산의 36.2퍼센트와 26.9퍼센트를 자선 목적으로 기부했다는 사실을 높이 평가했다.

그러나 문제는 자선(philanthropy)을 너무 이원론적으로만 바라본다는 점이다. 막무가내로 가장 적게 낸 사람을 몰아세우고, 가장 많이 낸 사람을 치켜세운다. 빌 게이츠와 워런 버핏이 개인 재산을 훨씬 더 많이 내놓은 것은 사실이다. 두 사람은 또 월튼 가 사람들과 달리 각자의 기업 이해와 일치하지 않는 대의를 위해서 열변을 토하고 후원금을 쾌척했다. 여러 가지 면에서 월튼 일가가 노골적으로 사리사욕을 위한 자선활동 및 로비 노력을 펼치는 것과 대조를 이룬다. 버핏의 비서가 연봉 대비 버핏보다 더 많은 비율을 세금으로 내도록 하는 현행 세법의 허점에 대해 버핏이 공개적으로 비판했던 것도 좋은 예다.

하지만 게이츠의 개인적인 이해와 게이츠재단의 우선순위 간의 분리가 명확하게 이루어지지 않는 회색지대가 여러 군데 존재한다. 아마도 **가장 두드러진 예는 국제 특허권 보호**라는 민감한 분야일 것이다. 수십 년간 미국 및 해외 보건의료부문 활동가들은 현재의 특허법이 저렴한 의약품에 대한 접근성을 높이는 데 심각한 장애물이라고 지적해 왔다. 하지만 빌 게이츠는 여기에 동의하지 않는다. 그는 특허에 대한 자신의 의견을 공개적으로 드러내고 있고, 여기에 자신이 선호하는 보건정책에 막대한 현금을 쏟아 부음으로써 제너릭 의약품과의 경쟁을 통해 제약 시장을 개방하려는 움직임을 손쉽게 제어할 수 있다. 권위 있는 보건학자 제임스 러브James Love는 이 문제를 몇 마디로 압축했다. "(게이츠재단은) 이 문제를 다루는 대부분의 언론에 돈을 대고 있고, 이 언론들은 1990년대부터 특허권의 강화를 강경하게 지지해왔다. 이로 인한 문제는 생각보다 심각하다. 왜냐하면 이들이 국제 보건문제를 다루는 언론매체, 대부분의 학계와 NGO들은 말할 것도 없고, 오바마 행정부, 세계보건기구 및 글로벌펀드를 대상으로 영향력을 행사하기 때문이다.34)

또 다른 우려는 게이츠재단과 코카콜라의 협력이다. 코카콜라는 수백만 달러를 들여 설탕이 함유된 음료에 대한 세금 인상 저지를 위해 로비를 해왔다. 세금 인상은 보건활동가들에게는 전 세계적으로 전염병처럼 번지는 비만과의 전쟁에서 중요한 요소다. 게이츠재단과 몬산토와의 협력 이슈는 제7장에서 자세히 다룰 예정이기 때문에 여기서 언급하지는 않겠다. 하지만 게이츠재단에 대해 내가 관심을 두는 것은 보건 및 환경 운동가들의 뒤통수를 치고 분노케 하면서 맺은 일련의 협력관계를 나열하기 위해서가 아니다. 베푸는 자의 주머니를 두둑하게 하는 자선이 진정한 자선이냐 아니냐는 문제를 논하는 것도 이 책의 목적은 아니다. 나의 관심사는 **게이츠재단의 기부에 대한 대중적 호의를 불러일으킨 바로 그 정서다.** 이러한 호의의 일부는 세금이 공제되는 자선 마케팅 노력을 통해서, 또 일부는 눈에는 좀 덜 띄지만, 세속주의자들 안에서조차 기독교적 자선의 중요성을 강조하는, 흔적만 남은 종교적 정서를 건드림으로써 자라난 것이다. 가장 공정한 비평에 대해서조차 인색하고, 편협한 트집으로 몰아세우면서 **자선행위에 대한 어떤 대중적 찬반 토론도 할 수 없게 만드는 것도 역시 그런 정서다.** 해외 원조사업에 대한 비판도 같은 입장에 놓여 있다. 게이츠는 해외 원조에 대한 비판에 강하게 반발했다. 여러 사례를 통해 그는 해외 원조의 가치에 의문을 품는 것은 틀렸다고 지적했다. 게이츠재단을 통해 그는 세액 공제되는 수억 달러의 후원금을 써서 해외 원조의 '효과'를 대중들에게 전달하고자 했다.

불행히도 해외 원조 효과에 대한 믿음은 단순하고, 여러 가지 면에서 잘못된 것이다. 이런 믿음은 세계 최강의 제약회사들이 엉뚱한 분야에 연구 우선순위를 두고 있는 현실로부터 눈을 돌리게 하고, 어떻게 교역법이 국가의 제조와 수입 역량을 저해하는지에 대한 판단을 흐리게 하며, 국제 금융시장이 전 세계 식량불균형에 어떤 역할을 하는지를 분명하게 볼 수 없게 한다.

거대 후원사의 자선 의지를 견제하는 사회적 분위기는 지난 수십 년에 걸쳐 변화를 거듭해왔다. 게이츠재단이 세계 보건과 미국 공교육의 지평을 바꾸어 놓은 사실은 카네기와 록펠러가 주도한 과거의 자선사업을 떠올리게 한다. 카네기와 록펠러의 노력은 국내외 보건의료서비스, 공교육, 문화예술 분야에 더 많은 사람이 접근할 수 있는 획기적인 변화를 가져왔다. 하지만 그들이 휘두른 영향력은 분노와 찬사를 모두 불러일으켰다. 많은 사람에게는 20세기의 3대 거대 재단인 카네기, 록펠러, 포드재단에 대해 자선(philanthropy)이라는 용어를 사용하는 것조차 부적절하게 여겨질 것이다. 문화사학자인 프란체스카 사와야_Francesca Sawaya_는 이렇게 말한다. "전통적으로 자선(philanthropy)이라는 말은 '인류에 대한 사랑'(love of mankind)을 사심 없이 드러내는 것으로 정의되어 왔다. 그런데 왜 이 용어를 카네기나 록펠러재단과 연관시키는가? 좌우 비평가들 눈에 그들의 재산 축적 역사와 이력과 활동은 결코 사심 없는 호의로는 보이지 않는데 말이다."[35]

오늘날, 게이츠재단이 세계적으로 갖는 독보적인 영향력에도 불구하고, 의회는 기부의 부정적 파급효과에 대해 대부분 입을 다물고 있다. 한 소식통에 따르면, 워싱턴 정계의 자선부문에 대한 '개혁의지'가 지난 수십 년을 통틀어 이렇게 약했던 적은 없다. 박애자본주의자들은 비판의 목소리를 억눌러왔다. 문제는 이 침묵이 어떻게, 얼마나 오래 더 지속될 것인가 하는 점이다.

'자선'에 대한 비평

19세기 논평가는 지금의 자선가를 뭐라고 평할까? 빌 게이츠 같은 개인의 후한 인심을 냉소적인 시선으로 바라볼 가능성이 크다.

앤드루 카네기Andrew Carnegie는 초기 자선가들 가운데 가장 영향력 있는 인물 중 하나다. 그는 미국의 방대한 도서관 시스템을 만들었고, 자신이 태어나고 자란 스코틀랜드 던펌린 주민을 위해 거액을 기부했다. 그는 또 아프리카계 미국인의 교육을 혁신하기 위해 부커 T. 워싱턴Booker T. Washington이 설립한 터스키기대학Tuskegee Institute의 초창기 후원자이기도 했다. 그리고 그 당시나 지금이나 그의 기부는 사람들을 분열시켰다. 카네기는 1889년 첫 번째 에세이인 『부』(Wealth, 이후 『부의 복음』Gospel of Wealth으로 제목을 바꿈)를 출간해 짤막한 글을 통해 자선(charity)의 중요성을 칭송했다. 3년 후 그는 미국 역사상 가장 잔혹한 결과를 초래한 노조탄압을 지휘했다.* 1892년 초봄, 카네기 홈스테드 철강공장Homestead Plant의 노동계약이 만료되었다. 35퍼센트 임금 삭감에 분노한 근로자들은 표결을 통해 파업을 결의했다. 카네기는 당시 유럽 여행 중이었는데, 그의 부재는 조만간 벌어질 유혈사태에 대한 비난을 면할 수 있는 좋은 구실이 되어 주었다.

그는 동업자 헨리 클레이 프릭Henry Clay Frick에게 노동쟁의의 진압을 맡겼다. 파업 노동자와의 갈등이 고조되자, 프릭은 길이 약 5킬로미터, 높이 약 3.6미터의 울타리를 쳤다. 울타리에는 철조망을 두르고 발포를 위한 구멍도 뚫었다. 또 핑커톤 탐정사무소Pinkerton Detective Agency 직원들을 고용해 노조 파괴를 위해 배로 투입한 파업 방해자를 호위하도록 했다. 나중에는 파업을 진압하기 위해 주 방위군을 부르기도 했다. 8,000명의 주 정부 소속 민병대가 도착했다. 이어진 대치상황에서 양측 모두 사망자가 나왔다. 파업은 수개월간 계속되었고, 결국 패배한 노동자들은 일터로 돌아가야 했다.36)

프릭은 당시 이탈리아 여행 중이던 카네기에게 한 단어로 된 짤막한 전보를 보냈다. "승리!" 카네기도 지체없이 답신을 보냈다. "전보 수령. 7월 이래 처음 맞는 행복한 아침. 모두에게 축하를." 이어지는 전보에서 프릭은 "우리의 승리는 이제 완벽하고 매우 만족스러움. 다시는 심각한 노동 문제가 발생하지 않을 것으로 보임"이라고 전했고, 카네기는 여기에도 즉각 답했다. "다시 인생이 살 만해짐. 앞으로 오랫동안

---

* (역주) 'HOMESTEAD STRIKE'로 검색하면 이와 관련된 많은 자료를 접할 수 있다. 예를 들면 http://www.history.com/topics/homestead-strike/videos.와 https://www.youtube.com/watch?v=1NIjbZAGk0w와 같은 자료는 당시 상황을 이해하는 데 도움이 된다.

평화와 번영의 시대를 누릴 것임. 전보를 받기 전까지는 마음이 계속 피츠버그에 가 있었는데, 이제는 예술에 관심을 쏟을 수 있음."37)
미국 노동자들과 카네기 같은 거대 기업가들 사이의 불신이 깊어가는 마당에 기업의 자선 제스처가 곱게 보일 가능성은 희박했다. 많은 소설가가 카네기, 록펠러, 그리고 앞선 세대보다 나눔에 인색했던 헨리 포드Henry Ford에 이르기까지 자선가의 "선심"을 풍자하는 작품을 썼다. 1914년에 초판 발행된 로버트 트레셀Robert Tressell의 『떨어진 바지를 입은 자선가』The Ragged-Trousered Philanthropists는 '자선가'라는 사람들의 범주를 고용주의 요구를 만족시키는 데만 급급한 페인트공으로 확장시켰다. 트레셀은 날카로운 위트로 자신의 노동을 기꺼이 싼 값에 제공하는 노동자의 행위야말로 궁극적인 자선행위라고 주장했다.

신학자이며 훗날 다트머스대학Dartmouth College 9대 총장을 지낸 윌리엄 주잇 터커William Jewett Tucker는 카네기의 첫 번째 에세이 『부』Wealth에 대해 "자선을 통해 정의를 실현하겠다는 발상은 생각할 수 있는 최악의 오류이며, 사회에 아니, 적어도 종교가 지향하는 목표에 심각한 결과를 초래할 수 있다"38)고 혹독하게 비난했다.

터커의 서평에서 랠프 월도 에머슨Ralph Waldo Emerson의 초기 저작물로부터 영향 받은 흔적을 엿볼 수 있다. 에머슨은 자신의 에세이, 『자기신뢰』(Self-Reliance, 창해, 2015)를 통해 소위 자선(charity)의 무력화 효과, 즉 기부로 인해 평등과 개성에 대한 존중이 확산되어야 할 곳에 개인 간의 불평등 관계가 고착화되는 것을 경멸했다. 그는 또 기독교적 윤리관을 통렬히 비판하면서 착한 사마리아인으로 대변되는 타인, 형제, 동포에 대한 개인의 의무라는 개념을 비웃는다. 에머슨은 어느 '어리석은 자선가'가 덜 혜택 받은 사람들에 대한 빚을 언급한 부분을 인용하면서, "그들이 내가 돌봐야 할 빈자인가?"라고 질문을 던지고, 단호하게 "아니다"라고 대답한다. 그와 가난한 이들 사이에는 서로 갚을 것이 없다. 사람들은 뭔가를 베풀 때 마치 사죄하는 것처럼, 살아 있는 것이 죄이고 그 원죄에 대해 속죄하는 것처럼 군다. 그런 속죄의 행위야말로 진정한 죄이며, 삶이라는 은총에 대한 부도덕한 배신행위이자, 충만하고 힘차게 살아가는 삶에 대한 그릇된 속죄다. 에머슨은 "나는 속죄하고 싶은 것이 아니라 살아가고 싶다. 나의 삶은 삶 그 자체를 위한 것이지 보이기 위한 것이 아니다"39)라고 쓰고 있다.

에머슨을 숭배했던 오스카 와일드Oscar Wilde는 에머슨의 정신을 이어받아, 자주 인용되는 자신의 에세이, 「사회주의에서의 인간의 영혼」The Soul of Man Under Socialism (『거짓의 쇠락』 은행나무, 2015에 수록됨)에서 그 나름대로 자선을 비판했다. 오스카 와일드는 자선(charity)에 대한 에머슨의 의구심을 1890년대의 맥락에 적용하려 했다. 당시는 만연한 불평등과 경제 공황에 대한 불안감으로 노동자들은 점차 과격화되어 가고 있었으며, 부자들이

던져주는 적선으로 자신들의 요구가 무마되리라는 기대를 보란 듯이 비웃던 시기였다. "가난한 이들 가운데 가장 뛰어난 자는 절대로 고마워하지 않는다. 그들은 감사의 뜻을 표하지 않고, 만족할 줄도 모르고, 복종하지 않으며 반항적이다. 그들이 그렇게 하는 것은 옳다. … 왜 그들이 부자들의 식탁에서 떨어진 부스러기 따위에 고마워해야 하는가? 그들도 의사 결정에 참여해야 한다. 그리고 이제 그들도 그것을 깨닫기 시작한다."40)

19세기 자선(charity)에 대한 비판은 노동 계층의 능력을 무시했다는 점에서, 설령 잔혹하지는 않다고 하더라도, 본질적으로 엘리트적이다. 에머슨은 이렇게 쓴 적이 있다. "자선의 가장 큰 문제점은 지키고 보호해야 하는 삶이 사실은 그럴만한 가치가 없다는 것이다."41)

다른 작가들은 지원을 받는 자의 가치보다 자선가의 동기에 대해 물고 늘어졌다. 샤를 보들레르(Charles Baudelaire)의 인상적인 단편에는 익명의 두 주인공이 거리에서 걸인을 만나는 허구적 상황이 등장한다. 1,000단어 정도밖에 안 되는 짧은 글에서 보들레르는 아주 사소하고 아무 의미도 없어 보이는 자선행위마저 손상시킬 수 있는, 말로 드러나지 않는 갈등상황을 잘 포착해 냈다. 우선 걸인의 태도를 보자. 그는 자신이 받은 적선에 감사하는가? 아니면 불쾌해하는가? 보들레르의 이야기 속 화자는 불쌍한 걸인의 갈등과 무력함을 이렇게 표현한다. "그의 애원하는 눈빛만큼 마음을 어지럽히는 것을 본 적이 없다. 예리한 사람이라면 그 안에 담긴 비굴함과 꾸짖음을 모두 읽을 수 있을 것이다. 거기에는 매를 맞고 있는 개의 눈물 고인 눈에서나 볼 수 있을 것 같은 복잡하고 깊은 감정과 유사한 뭔가가 있다."

그리고 여기에 베푸는 자 또한 갈등을 느낀다. 걸인 앞을 지나치며 화자와 친구는 모두 걸인의 모자에 동전을 넣는다. 그런데 화자는 친구보다 훨씬 적은 돈을 넣는다. 화자는 이를 깨닫고 친구의 너그러움을 칭찬한다. "그 동전은 가짜야"라고 조용히 말하는 친구는 전혀 미안해하는 기색도 없이 그저 담담하다. 마치 적선한 동전이 가짜라는 사실이 왜 그렇게 큰 금액을 걸인에게 주었는지를 설명하고 동시에 정당화하기라도 하는 것 같았다.

화자는 아연실색한다. 그는 할 말을 잊은 채 친구를 바라보다가 뭔가를 깨닫는다. 그리고 자신의 깨달음에 다시 한 번 충격을 받는다. 지금 자신의 친구는 불쌍한 걸인을 속였다는 사실을 자축하며 심지어 자랑스러워 한다는 사실이다. 친구의 만족감은 걸인이 아직도 자신이 속았음을 모른다는 데 기인한다. 그 순간 화자는 분명히 깨닫는다. 친구의 목적은 선행을 베풀면서 동시에 거래를 유리하게 성사시키는 것, 즉 40센트도 벌고 신의 마음도 얻는 것이었다. 천국에 가는 비용을 아끼는 것, 다시 말해 스스로 너그러운 사람이라는 보증을 공짜로 얻는 것이었다.

걸인을 속이는 것은 잔인한 짓이라고 화자는 혼자 생각한다. 하지만 그 '적선'을 용서할 수 없는 가장 큰 이유는 친구가 자신의 행위에 완전히 기만당했다는 점이다. 그는 자신이 걸인에게 보인 그대로, 인심 좋은 사람이라고 믿고 있다. 화자는 마지막으로 이렇게 사유한다. "비열함은 변명의 여지가 없지만, 누군가가 비열하다는 사실을 아는 것은 좋은 일이다. 가장 바로잡을 수 없는 악덕은 어리석음으로 인해 저지르는 악행이다."42)

보들레르의 단편이 오늘날의 자선(philanthropy)이라는 행위에도 유의미한 것일까? 오늘날의 자선가들은 알면서도 '가짜 동전'을 나누어 주는 사람일까? 그들의 의도는 너그러운 사람이라는 증명서를 공짜로 얻는 것일까?

많은 경우에 대답은 "아니다"일 것이다. 자선(charity)은 선한 믿음이고, 해치려는 의도가 아니라 도우려는 목적으로 베푸는 것이며, 그 바탕에는 진정한 자기희생의 정신이 있다. 하지만 점점 증가세에 있는 박애자본주의의 세계에서 "좋은 일도 하고, 손해 안 보는 장사도 하는" 가능성은 잠깐의 유행 이상의 의미가 있다. **선행과 이윤을 결합한다는 발상은 새로운 박애자본주의를 정의하는 중요한 특징으로** 널리 칭송되고 있다. **오늘날 부족한 것은 바로 그런 발상에 대한 대중의 견제다.** 자선이 사회정의를 대신할 수 있다는 주장에 코웃음을 치던 윌리엄 주잇 터커 같은 인물은 이제 없는 걸까?

박애자본주의에 비판적인 인물이 소수 존재하긴 하지만 그들의 목소리는 자선활동을 열렬히 예찬하는 이들의 요란스러운 함성에 묻혀 버리곤 한다. 나는 그런 예찬자들을 테드헤드TED° Head라고 부른다. 세계 곳곳에서 열리는 테드TED 행사에 터무니없이 비싼 참가비를 마다치 않고 날아가고, 언론의 관심을 차지할 것 같은 행사(권력이동을 위한 혁신, 올바른 브랜드 마케팅 등)에 어김없이 모여드는 모습이 다섯 번째 투어에 나선 그레이트풀 데드헤드**만큼이나 열정적이기 때문이다.

데드헤드는 개인적인 보상이나 금전적 잇속을 노리지 않는다는 점에서, 순수한 선행을 위해 움직일 때도 있다. 하지만 기업 브랜드의 보호나 빈국에서 시장 확대를 노리는 등 상업적인 의도를 노골적으로 드러내기도 한다. 인비저블 칠드런Invisible Children

---

* (역주) TED: 비영리 새플링재단(Sapling Foundation)이 운영하는 연례 강연회. 1984년 Technology(기술), Entertainments(연예), Design(디자인)의 융합을 목적으로 한 일회성 행사로 시작, 1990년부터 연례행사로 자리 잡았다. 캐나다 밴쿠버에서 매년 열리는 메인 행사인 TED 컨퍼런스는 각계 유명인사들이 다양한 주제에 대해 18분 이내의 짧막한 강연을 하는 TED Talks로 구성되며 인터넷을 통해 전 세계로 생중계된다.

** (역주) 그레이트풀 데드헤드(Grateful Deadhead) 또는 데드헤드: 1965년 결성된 미국의 락밴드 그레이트풀 데드(Grateful Dead)의 팬클럽. 소수의 열정적인 팬들이 밴드의 전국 공연 투어를 따라다니던 것이 점차 수가 늘어나면서 자체적인 규정, 언어, 네트워크를 지닌 공동체로 성장했다. 회원 가운데에는 빌 클린턴, 앨 고어, 토니 블레어, 우피 골드버그 등 유명인들이 다수 포함되어 있다.

의 2012 코니 비디오는 인터넷을 통해 급속도로 확산되면서 큰 반향을 불러일으켰지만, 여러 가지 문제점 가운데 특히 2006년에 이미 우간다에서 대부분 축출된 조셉 코니Joseph Kony의 주의 저항군Lord`s Resistance Army을 마치 우간다의 현 지배 세력인 양 묘사한 것 때문에 조롱거리가 되었다.* 이처럼 테드헤드의 행보는 어쩐지 좀 어리석어 보일 때가 있다.43) 보들레르가 말했듯 그런 어리석음이 어쩌면 그들이 베푸는 선행의 가장 위험한 요소인지도 모른다.

---

* (역주) 인비저블 칠드런(Invisible Children): 어린이들을 유괴해 전쟁터에 내보내는, 기독교 근본주의 군사집단인 주의 저항군(Lord's Resistance Army)과 지도자 조셉코니의 악행을 세상에 알리고자 설립된 비정부기구. 2012년 내에 조셉 코니 체포를 목표로 하는 '코니 2012' 캠페인의 일환으로 제작된 동영상이 논란을 일으켰다.

1. 빅맨 Big Man

인턴들을 함부로 대하지 말라는 대중적인 격언이 있다. 언젠가 그들이 우리의 연봉을 정하게 될 테니 말이다. 연봉을 정하지는 않는다 해도, 한몫 끼고 싶은, 아니면 무슨 일이 있어도 피하고 싶은 사업 계약을 체결할 사람들이 바로 그들이 될 수도 있다. 빌 클린턴도 이 점을 잊지 않았다. 우리가 다 아는 '그' 인턴하고는 끝이 좀 안 좋았지만, 클린턴 팀의 오랜 일원이자 클린턴이 21세기의 가장 존경 받는 자선계의 거물로 변신하는 데 큰 공을 세운 더그 밴드Doug Band와는 꽤나 돈독한 관계를 유지했다.

밴드는 스물일곱 살 때 클린턴의 개인 보좌관, 일명 바디맨(body man)으로 채용되면서부터 클린턴 곁에서 일했다. 훌륭한 바디맨은 비굴함과 뻔뻔함을 모두 갖추어야 한다. 공손하게 커피를 갖다 바치는가 하면, 권력자의 뒤에 바싹 붙어 천장 높은 연회장 안을 제집인 양 누비고 다닐 줄도 알아야 한다. 클린턴의 개인 보좌관으로서 밴드는 많은 일을 했다. 대통령을 위해 대필도 하고, 가방도 나르며, 긴장도 풀어주고, 사람들이 많을 때는 누가 중요한 인물이고, 누가 무시해도 되는 하찮은 민원인인지 교통정리도 도맡아 했다. 아무리 잘 해봐야 티가 나지 않는 지루하고 고된 임무였다.

클린턴의 보좌관으로 임명될 당시, 밴드는 인문학 석사와 법학 학위를 소지하고 있었다. 두 학위 모두 조지타운대학Georgetown University에서 취득했다. 바디맨이 법학 학위 소유자일 필요는 없다. 그래서 2000년에 그가 백악관에 처음 자리를 잡았을 때 그를 미심쩍게 바라보는 시선들이 있었다. 보잘것없는 직책인 데다가 타이밍도 좋지 않았기 때문이다. 당시는 클린턴의 두 번째 임기 막바지였고, 결국 그로부터 일 년도 되지 않아 클린턴은 백악관을 떠나 할렘에 사무실을 열었다. 컨설팅 업무의 정확한 성격은 그때까지 분명히 정해지지는 않았지만, 밴드는 클린턴의 카운슬러로 계속 남았고 당시 "사무실 전화는 별로 울리지 않았다."[1]

알렉 맥길리스Alec MacGillis는 『뉴리퍼블릭』New Republic 최신호에서 클린턴 사무소에서 밴드의 업무에 대해 기술했다. 맥길리스에 따르면 당시 어떻게 하면 전화벨이 더 많이 울리게 할지 정확히 꿰뚫어 본 사람은 밴드였다. 밴드는 다보스 세계경제포럼에 갔다가 재벌들과 국가 수장들이 클린턴과 악수 한번 해 보겠다고 서성대는 것을 보고 기발한 생각이 떠올랐다고 한다. 클린턴을 흠모하는 팬들의 길게 늘어선 줄을 보면서 밴드는 클린턴의 스타 파워를 자선활동에 활용할 수 있겠다는 생각이 들었다. 물론 전통적 방식의 자선은 아니었다.

2001년에 설립된 클린턴의 자선재단은 당시 이미 활동 중이었다. 윌리엄 J. 클린턴재단William J. Clinton Foundation은 여러 가지 활동을 후원했는데 특히 국제 보건과 경제 개발에 중점을 두고 있었다. 밴드는 새로운 것을 착안했다. 그는 영향력 있는 엘리트들이 한자리에 모여 국제 문제 해결을 목표로 협력관계를 조성하려면 다보스 같은 연례행사가 필요하다고 생각했다. 이렇게 해서 2005년 클린턴 글로벌 이니셔티브Clinton Global Initiative (CGI)의 첫 모임이 열렸고 규모는 해를 거듭할수록 확장되었다. 참여 기관은 매년 2만 달러를 회비로 냈다(이 중 1만 9,000달러에 대해서는 세금이 공제된다). 회비를 내면 뉴욕에서 열리는 CGI 연례회의에 참가할 수 있고, 클린턴재단으로부터 소위 '언론 지원과 쇼케이스 기회'를 제공받는다. 연례회의는 'CGI 회원사의 업적을 취재하기 위해 매년 참석하는 1,000명에 육박하는 언론 관계자들' 앞에서 각 기관의 자선활동을 널리 알릴 수 있는 기회라고 홍보되었다. 2만 달러의 회비는 입장료에 불과했다. 회원사들은 연례회의를 후원하기 위해 수십만 달러를 추가로 내곤 했다. 일단 안으로 들어가 보면 행사는 일종의 자선 경매처럼 진행되었다. 하지만 후원자들이 기부한 스파 일일 사용권, 아스펜 휴양지 1주일 숙박권 등의 경품에 입찰하는 대신,

참석자들은 누가 미래에 더 많은 돈을 기부하기로 약속하는지를 놓고 경쟁을 벌였다.2)

창립이래 10년간 CGI는 1,030억 달러의 기부 서약을 받았다고 주장했다. 게이츠재단이 당시까지 출자한 금액의 세 배에 달하는 거금이었다. 게이츠재단이 출자금을 어디에 사용했든, 적어도 게이츠재단은 실제로 돈을 썼다.

반면 CGI는 일종의 중개소였다. 호화로운 행사를 열어 회원들이 거액의 기부를 약속하도록 기회를 마련해 준다. 어차피 구속력이 없음을 아는 회원들은 안심하고 기부를 약속한다. 약속대로 기부를 하는지 안 하는지 끝까지 추적하는 비밀결사 따위는 없다. 버진 그룹Virgin Group 리처드 브랜슨Richard Branson 회장은 지구온난화 방지를 위해 향후 10년에 걸쳐 30억 달러를 기부하겠다고 약속했다. 약속한 기일까지 1년밖에 안 남았지만, 이제껏 그는 겨우 3억 달러를 기부했다. 맥길리스가 강조하듯 CGI 귀빈들의 행사장 밖에서의 행보는 엄밀히 말해 클린턴이 상관할 바가 아니다.3)

2013년 맥길리스의 『뉴리퍼블릭』 기사로 인해 워싱턴 권력 서클 내에 심상치 않은 기류가 흘렀다. 맥길리스가 제기한 문제는 단순하면서도 쉽게 답할 수 없는 것들이었다. 클린턴의 자선 제국으로부터 누가 가장 큰 이익을 보았는가? 후원금을 받은 가난한 나라 사람들인가, 클린턴인가, 아니면 더그 밴드인가?

2009년 밴드는 테네오Teneo라는 홍보 및 기업 컨설팅 회사를 공동 설립했다. 클린턴재단 관계자들은 더그 밴드가 CGI를 통해 얻은 인맥을 개인 사업에 이용하자 심기가 불편해졌다. 『뉴욕타임스』New York Times는 장문의 비판 기사를 통해 클린턴재단이 후원자들로부터 적지 않은 기부금을 받았는데도 불구하고 수년간 재정 적자 상태임을 상세히 다루었다. 테네오와의 관계 역시 "클린턴 측근들과 재단 직원들이 재단과 테네오 간의 경계가 불확실한 점으로 인해 혼란스러워 하기 시작"하면서 골칫거리가 되었다. 빌 클린턴은 마침내 테네오의 유급 자문위원 자리에서 물러났다. 힐러리 클린턴이 테네오의 부정적인 언론 노출에 대해 분개하고 있음을

시사한 『뉴욕포스트』New York Post의 기사가 나온 직후의 일이다.4)

문제는 개인적인 스캔들에 그치지 않았다. 테네오같이 영리를 추구하는 기업의 목표와 클린턴재단 같은 비영리단체의 목표가 서로 조화를 이룰 수 있느냐는 점이 논란이 되었다. 최근 테네오의 웹사이트에 올라온 보고서가 좋은 예다. '활동가 종합 대응책'Integrated Activiest Defense이라는 이 웹 문서는 "상장 기업이 점점 더 부담스러워 하는" 주주들의 단체 행동을 약화시키기 위한 단계별 대응책을 소개하고 있다. 문서에 따르면, "미국에만 연간 100여 건의 대규모 대리전이 벌어지고 있으며, 현직 CEO와 이사회에 대한 소송이 급격히 늘고 있다."5) CEO의 고액연봉, 구분이 모호한 CEO와 회장의 역할 등에 대해 주주들의 우려가 높아지고, 경영 학자들과 분노한 메인스트리트 투자가들이 경영진에 대한 견제를 촉구하고 있는 마당에 테네오 같은 기업이 주주를 따돌려 주는 대가로 큰돈을 받아 챙기고 있었던 것이다.

더그 밴드가 사람들을 클린턴에게 소개해 준 대가로 수수료를 챙겨 개인 재산을 불린 것이 그렇게 새로운 사건은 아니다. 그보다 5년 앞서 클린턴의 또 다른 자선사업 동료 프랭크 지우스트라Frank Giustra는 클린턴이 남미와 카자흐스탄을 시찰하기 위해 떠난 호사스러운 여행에 동반한 후 푼돈을 챙겼다. 지우스트라의 배경을 보면 신세대 박애자본주의자의 전형을 볼 수 있다. 사업적 순발력을 자선의 영역에 적용하고, 투자형식의 자선적 기부금을 통한 이윤 추구에 대해 거리낌이 없으며, 공들여 쌓은 인맥을 적극적으로 활용해 원하는 바를 얻는다는 점에서다.

지우스트라는 캐나다 온타리오 주 북부 서드배리라는 탄광촌에서 전직 니켈 광부의 아들로 태어났다. 아버지는 어린 시절부터 시장에 대한 눈을 키우도록 그를 금융 브로커와 만나게 해 주었다. 1980년대 초, 지우스트라는 메릴린치Merrill Lynch를 떠나 인지도가 낮은 요크턴 시큐리티즈Yorkton Securities로 이직하는 모험을 감행하면서 유럽으로 건너가 회사의 자원개발부문을 총괄하게 되었다. 앤디 호프먼Andy Hoffman 기자에 따르면, 지우스트라가 그 자리에 있는 동안 요크턴은 고객에게 돈이 될 만한 광산개발 입찰권을 보장하는 획기적인 방법을 개발했다. 가령, 요크턴이 칠레의 전임 재무장관을 영입해서 구소련 국가의 새로운 광산법 초안 작성을 도와야 한다는 식의 건의가 그런 것이었다. 지우스트라가 호프먼에게 직접 묘사한 대로, "우리는 아프리카에서도, 남아메리카에서도 같은 방식을 사용했다. 신용을 얻는 기막힌 방법이었다." 주니어 마이닝 금융은 아직 초기단계였고, 지우스트라 덕분에 요크턴은 급성장하는 분야를 공략할 수 있었다.6)

지우스트라는 1995년 요크턴을 떠났다. 캐나다 광산 업계가 일련의 스캔들에 휩싸이기 직전이기도 했다. 인도네시아 부탕에 금광이 있다는 거짓 정보로 시작된 브렉스$_{Bre-X}$ 사건도 같은 시기에 일어났다. 광산 투자 관련 브렉스의 주가가 치솟은 후 사기임이 드러났는데, 퀘벡 공공부문 연금 펀드(7,000만 달러), 온타리오 교사 연금 기금(1억 달러) 등 캐나다 공공기관 투자자들은 수억 달러의 손해를 보았다. 실제로 개발할 금이 아예 없었는데도 왜 아무도 알아차리지 못했는지 의문이 제기되었다. 세계 최대의 금광 개발업체인 배릭 골드$_{Barrick\ Gold}$의 CEO 피터 멍크$_{Peter\ Munk}$ 같은 인물도 그런 사람 중 하나였다(부탕에서 처음 금광 붐이 일어났을 때, 멍크는 정확한 금 매장 위치가 파악되는 대로 브렉스가 배릭 골드와 함께 개발권을 따내도록 당시 인도네시아 수하르토$_{Suharto}$ 대통령에게 적극적으로 로비를 벌였다). 심지어 배릭 골드의 이사회 멤버인 조지 H. W. 부시$_{George\ H.\ W.\ Bush}$도 인도네시아 독재자와 조용히 환담을 하기 위해 명단에 이름을 올렸다. 이후 멍크는 자신의 노력이 수포로 돌아간 것에 감사했다. 큰 손해는 막을 수 있었기 때문이다. 캐나다의 시사 잡지 『맥클린스』$_{Maclean's}$와의 인터뷰에서 멍크는 "실패했던 것에 대해 신에게 감사한다. 때때로 운이 재능보다 더 중요할 때가 있다"라고 말했다.7)

지우스트라는 타이밍을 포착하는 데 남다른 재주가 있다. 광산업계의 스캔들에 엮이지 않은 것도 적절한 시기에 요크턴을 떠난 덕분이다. 공백기는 길지 않았다. 2001년 그는 당시 300달러 미만에 거래되던 금값이 급등할 것임을 감지하고 동업자와 함께 휘턴리버미네랄스$_{Wheaton\ River\ Minerals}$라는 회사를 2,000만 달러에 샀다. 4년 후 휘턴은 골드코프$_{Godcorp}$와 합병함으로써 세계에서 가장 비싼 금광 개발 회사가 되었다.

2007년 지우스트라와 빌 클린턴은 민간부문 및 정부가 지역 단체와 시장 주도 협력을 통해 경제 발전에 박차를 가하는 데 목적을 둔 클린턴 지우스트라 지속가능 성장계획Clinton Giustra Sustainable Growth Initiative을 발족했다. 당시 MD-87 제트기를 소유한 지우스트라와, 여행 중에 타고 다닐 비행기가 필요했던 클린턴의 결합이 특히 격렬한 비난의 원인이 되었다. 클린턴의 측근들은 지우스트라에게 전 대통령이 남아메리카 여행을 앞두고 있는데 비행기가 필요하다고 알렸고, 클린턴과 지우스트라는 2005년 6월 제트기에 함께 탔다. 3개월 후, 클린턴과 지우스트라는 또다시 함께 비행기를 탔다. 첫 번째 목적지는 세계 석유 매장량의 20퍼센트를 비롯, 풍부한 광물 자원을 보유한 카자흐스탄이었다. 국영 광산 회사인 가자톰프롬Gazatomprom은 자사가 추진하는 개발 프로젝트에 외국인 투자를 유치하고 싶다는 의향을 비쳐왔었다. 그런데 우연치 않게 카자흐스탄이 CGI의 HIV/에이즈 퇴치를 위한 3개국 방문 계획의 첫 번째 국가였으니 지우스트라 입장에서는 좋은 기회였다. 지우스트라와 클린턴은 20년째 장기 집권 중이던 누르술탄 나자르바예프Nursultan Nazarbayev 카자흐스탄 대통령과의 만찬에 초대되었다. 만찬 도중 지우스트라와 나자르바예프는 가벼운 환담을 나누었고, '지나가는 말'로 지우스트라가 카자흐스탄의 광산 개발에 관심이 있다는 이야기도 오가게 되었다. 3일 후, 지우스트라가 1년간 공을 들여왔던 가자톰프롬과의 협상이 마무리 되었다. 카자흐스탄의 우라늄 개발권이 지우스트라의 회사에 4억 5,000만 달러에 팔렸다. 이 계약에서 지우스트라의 개인적 지분은 4,500만 달러 이상으로 평가되었다.

『뉴욕타임스』에 따르면, "광산 업계를 들썩일 만한 거대 계약으로 무명의 석유회사가 세계 최대 우라늄 생산업체로 변신하고, 지우스트라에게도 수천만 달러를 벌게 해 주었다." 뒤이어 언론이 들끓었다. 매체들은 앞다투어 클린턴이 지우스트라와 나자르바예프 대통령의 만남을 주선했을 뿐 아니라, 지우스트라를 콜롬비아의 알바로 우리베Álvaro Uribe 대통령에게도 소개했으며, 그 직후 지우스트라와 연관된 석유회사가 콜롬비아 석

유 개발 사업권을 2억 5,000만 달러에 사들였다는 점을 지적했다.[8]

클린턴의 친구들이 자선활동을 돈벌이 기회에 이용한 것인지에 대한 논란이 일었고, 결국 클린턴에게 재단 기부 내역을 공개하라는 압력이 가해졌다. 처음에는 버티던 클린턴은 결국 2008년 명단을 공개했다. 하지만 이후에도 달라진 것은 별로 없었다. 지우스트라의 활동에 불법 요소는 없었고, 기부를 많이 한 후원자일수록, 대중적으로 좋은 평을 받았다. '너그러움은 늘 먹히는 전략'이라고 지우스트라는 호프먼과의 인터뷰에서 밝혔다. "기부는 늘 큰 이득을 가져다줍니다." 많은 돈을 기부한 나라에서 어쩌다 보니 사업기회를 잘 잡아 돈까지 벌었는데, "나쁠 것 있습니까?"[9]

지우스트라나 클린턴의 자선활동이 이타심에서 비롯된 것인지, 사리사욕을 채우기 위한 것이었는지, 아니면 그때 그때 두 가지가 적절히 맞물린 것인지 분명치 않다는 점에서 두 사람을 리미널 파이오니어(liminal pioneer)라고 부를 수 있겠다. 경계선을 뜻하는 라틴어에서 나온 리미널리티(liminality)는 인류학자 빅터 터너Victor Turner가 두 개의 분리된 의식 또는 육체적 발달 단계에 동시에 존재하거나, "이곳에도 저곳에도 존재하지 않는" 행위의 의미로 사용했는데, 공공의 이익과 개인적 이익 모두에 걸쳐있는 자선활동의 애매한 성격을 나타낸다. 자선의 제스처가 베푸는 사람과 받는 사람 어느 쪽의 이해에 가장 부합하는지를 규정하는 어려움은 오래전부터 자선과 선물을 주고받는 행위의 사회적·경제적 기능을 이해하기 위한 인류학자들의 노력에서 핵심적인 부분을 차지했다. 지우스트라는 20세기 초 인류학자들이 '**빅맨**'Big Man이라고 불렀던 사람들의 계보를 잇는다. 빅맨은 **부족의 지도자로서 선물을 주는 행위를 통해 좋은 인맥을 쌓고, 교역 관할을 넓히고, 앞으로 선물을 되돌려 받을 가능성이 있는 관계를 늘려갔다.** 과거의 빅맨들도 지우스트라처럼 선물을 주는 것이 뭐가 나쁘냐고 반문했을 것이다.

빠져나올 수 없는 '쿨라'Kula의 덫

'빅맨'이라는 용어는 '중요한 사람'을 뜻하는 빅펠라 맨bikpela man에서 유래하는데, 이 말은 파푸아 뉴기니 일대에서 통용되는 크레올 언어 계통의 여러 톡피신 방언에 공통적으로 나타난다. 이 용어는 1차 세계 대전 이후 인류학자들 사이에서 유행했는데, 멜라네시아 지역을 연구하던 인류학자들이 선물을 능숙하게 활용하여 개인과 부족의 부를 늘리고 권위를 유지한 부족의 남성 지도자들을 일컫는 말로 사용했다.10)

폴란드계 영국인 인류학자 브로니슬라프 말리노프스키Bronisław Malinowski는 빅맨을 처음으로 연구한 학자 중 하나다. 1914년 멜라네시아로 현장 조사를 나갔는데, 하필 그가 현지에 도착할 무렵 전쟁이 발발했다. 영국 거주자였지만 오스트리아 헝가리 제국 시민이었던 말리노프스키는 영국 입국이 거부되었다. 그에게는 두 가지 선택지밖에 없었다. 억류된 채 전쟁이 끝나기를 기다리거나, 뉴기니 앞바다의 트로브리안드 군도에서 망명생활을 해야 했다. 그는 정치적 망명을 선택했고 망명 기간 동안 트로브리안드 섬 사람들의 관습을 조사했는데, 그 곳에는 쿨라Kula라고 불리는 복잡하게 얽히고 설킨 선물 교환 관습이 있었다.

트로브리안드 제도를 비롯한 열여덟 군데 섬에 걸쳐 나타나는 쿨라의 관습은 주로 값진 물건을 서로 교환하는 방식으로 이루어졌다. 진주, 붉은빛이 도는 투명 조가비 목걸이, 하얀 조가비 팔찌 같은 장식품이 주요 교환 물품이었다. 귀중품을 교환하기 위해 사람들은 수백 마일을 여행했는데, 힘들고 소모적인 과정은 유용한 정치 책략으로서 선물 교환이 얼마나 중요한지를 방증한다. 이것은 결코 이타적인 희생 행위는 아니었다. 암묵적인 규칙

Kula를 연구한 말리노프스키의 책

말리노프스키와 원주민

에 의해 선물을 준 사람의 너그러움에는 장래에 선물로 직접 혹은 간접적으로 갚아야 한다는 누구나 다 알고 있지만 입 밖에 내지 않는 조건이 따랐다. "한 번 쿨라의 고리에 엮이면, 영원히 빠져나올 수 없다."11) 원주민의 말을 풀어서 옮긴 말리노프스키의 설명에 어쩐지 불길한 기운마저 감돈다.

프랑스 인류학자 마르셀 모스는 1925년에 발표한 유명한 에세이 『증여론』(Gift, 원제 Essai sur le don, 커뮤니케이션북스, 2016; 한길사, 2011)에 말리노프스키의 연구 결과를 인용했다. 마르셀 모스는 증여론에서 시장경제가 발달하지 않은 상황에서 어떻게 선물이 권력의 역할을 하고, 가부장 또는 부족 지도자의 특권과 명성을 가중시킬 수 있는지를 다루었다. '공짜 선물은 없다' 등, 현대에 흔히 입에 오르내리는 여러 가지 문구들도 모스의 책을 통해 알려진 것들이다. 아무리 선의의 몸짓이라도 거기에는 거절하기 힘든 일련의 사회적 의무가 뒤따른다. 즉, 받은 사람은 답례를 하지 않으면 명예를 잃을 각오를 해야 한다. 멜라네시아의 쿨라에서 북아메리카 태평양 북서 해안 원주민의 선물 주고받기 축제인 포틀래치Potlatch까지 여러 관습을 살펴본 모스는 선물을 증정하는 행위가 어떻게 개인과 집단의 이해를 충족시켜 유익한 결과를 가져오는지를 연구했다.

그는 선물을 거부하려는 시도가 종종 매우 위험한 결과를 초래한다는 사실에 주목했다. 선물을 거부하는 것은 "답례를 해야 하는 것, 답례할 때까지 '납작해지는(즉, 체면을 잃는)' 것을 두려워함"을 의미한다. 선물의 거부는 사회적 결례이며 명예를 위협하기 때문에, 선물을 받는 사람은 좋든 싫든 선물 교환에 휘말리게 된다. '베푸는 것이 의무가 된다'고 모스는 적고 있다.12)

모스의 『증여론』은 겉으로는 이타적으로 보이는 자선과 우정의 경제적 유용성에 주목하고 있다. 트로브리안드 제도같이 외부로부터 고립된 사회이건, 인구밀도가 높은 현대 대도시 한가운데 형성된 사회이건, 자선은 사회 경제적 권력의 중요한 원천이다. 인류학자 메리 더글라스Mary Douglas에 따르면 "선물을 주고받는 사이클은 애덤 스미스의 보이지 않는 손을 연상시킨다. 시장이 부재하는 사회에서는 선물이 시장의 역할을 대신한다. 시장과 마찬가지로, 선물은 개인에게 교환의 패턴 안에서 서로 협력해야 하는 개인적 동기를 부여한다."13)

모스, 더글라스와 더불어 최근에 와서는 옥스퍼드대학 경제사학자인 에이브너 오퍼Avner Offer가 자선의 행위가 선물을 주는 쪽에 얼마나 경제적으로 유용한지를 보여주는 연구 결과를 발표했다. 오퍼에 따르면 산업화 이전과 자본주의 경제에서 모두 공통적으로, 부(Wealth)는 소위 '처신의 경제'(Economies of Regard)라는 과정을 통해 축적된다. 이는 배타적인 정치 또는 사회적 인맥을 확장하고, 그런 인맥 안에서 어떻게 행동하고, 어떻게 입고, 어떻게 말할 것인가를 알고, 선물과 경제적 '공짜 혜택'(경기장 특별석, 윔블던 테니스 대회 입장권, 회의 참가자에게 증정하는 기념품 가방 등)에 눈치껏 보답함으로써 호감을 얻는 능력을 말한다.14) '처신의 경제'에 순응하다 보면 한 가지 사실이 분명해진다. 흔히 사람들은 마치 '정실 자본주의'(crony capitalism)가 팽배해지면서 건전한 자본주의의 기능이 훼손되기라도 하듯 개탄한다. 하지만 사실, 정실 자본주의는 평범한 사업 관행의 왜곡이 아니라, 평범한 사업 관행 그 자체다. 지우스트라의 말을 빌자면, "너그러움은 꽤 괜찮은 돈벌이가 될 수 있다."

말리노프스키를 비롯한 초기 인류학자들은 선물을 주고받는 행위가 종종 선물을 받는 사람보다 처음 선물 교환을 시작한 사람의 권력을 증가시키고, 늘어난 권력을 활용하는 증여자의 능력도 따라서 증가한다는 흥미로운 사실을 깨달았다. "'빅맨'의 목적은 자신에게 빚을 진 사람들(선물 채무자)을 되도록 많이 확보하는 것"이라고 인류학자 크리스 그레고리Chris Gregory는 지적한다.15) 말리노프스키는 **선물을 주고받는 행위가 주는 사람과 받는 사람 사이에 평등한 관계를 조성하는 경우는 거의 없다고** 강조했다. 더 **많은 선물을 줄 수 있는 위치에 있는 지도자일수록 더 강력한 힘을 갖게 된다.** 그들이 내주는 '선물'은 받는 이들을 종속의 거미줄에 걸려들게 만들곤 한다. 언뜻 보기에 받는 쪽이 권력을 쥔 것처럼 보이지만 오히려 권력을 잃게 되는 것이다.

오늘날 자선단체나 정부의 대규모 원조 프로그램의 의도치 않은 효과에 대해 비판적인 정치권 좌우 양 진영에서도 비슷한 우려의 목소리가 나오고 있다. 한때 골드만삭스Goldman Sachs에 몸담았던 경제학자 담비사 모요Dambisa Moyo의 초특급 베스트셀러 『죽은 원조』(Dead Aid, 알마, 2012)가 좋은 예이다. 이 책에서 모요는 정부와 자선단체가 경제 성장을 촉진하기 위해 제공하는 원조가 오히려 해당 국가의 성장을 저해한다고 주장한다. 저자는 원조를 받은 정부들은 기금을 거부할 동기를 상실하게 되고, 자본 시장에서 투자기회를 얻으려는 노력도 하지 않으며, 원조가 서구의 보호주의 무역정책을 정당화하고, 원조가 없이는 개도국의 성공적 경제정책 수립이 불가능하다는 허구를 선전한다고 주장한다. 당장 원조를 줄이지 않으면 개도국은 영원히 번영할 수 없다고 모요는 경고한다.16)

그녀의 책은 강한 반발을 샀다. 특히 개도국에 대한 미국의 원조를 적극 지지하는 제프리 삭스Jeffrey Sachs는 하버드와 옥스퍼드에서 학위를 취득한 모요 자신도 장학금의 혜택을 받았는데, 그런 종류의 자선도 모두 폐지해야 하냐며 모요의 주장을 신랄하게 비판했다.17)

모요의 핵심 쟁점 가운데 하나는 서구 구호 기관이 지난 40년간 전후

유럽의 마샬 플랜에서 효과를 발휘했던 개발정책을 아프리카에 적용하려고 시도했다가 실패했으며, 그 이유는 너무나 당연한 사실 한 가지를 이상하게 간과했기 때문이라는 것이다. 바로 아프리카는 유럽이 아니라는 사실이다. 보편적으로 어디에서나 무난한 경제정책을 적용하리라 굳게 마음먹은 정책 입안자들은 아프리카 경제 인프라가 상대적으로 낮은 발달단계에 있음을 간과했다. 아프리카에는 북아프리카에서 진행 중인 인프라 구축 사업으로 성과를 볼만한 기본 메커니즘이 아직 자리잡지 않은 상태다.

좌파 진영에서는 일견 문제점으로 보이는 지금의 상황이 서구에 전략적으로 유용하다는 점을 지적해 왔다. 개발도상국가에게는 불리하지만 서구 국가에게 경제적으로 유리한 조건으로 작용하는 편리한 불균형 상태라는 것이다. 미성숙한 시장이 발달한 시장보다 정치, 경제적으로 유리하다는 점을 드러내는 수많은 문건이 존재한다. 종속이론의 방대한 자료를 근거로 이론가들은 가난한 지역의 경제적 미숙이 부유한 국가로 하여금 세계화의 혜택을 적은 비용으로 손쉽게 활용할 수 있는 조건을 제공한다고 지적해 왔다. 값싼 수입상품, 풍부한 노동력, 광대한 수출시장, 느슨한 보건 및 환경 규제 등은 아프리카를 비롯한 저개발 지역이 부유한 국가에 제공한 수많은 경제적 혜택의 일부분에 불과하다. 타 지역 국민의 불평등은 그것을 겪는 사람들에게 고통을 주는 만큼 또 다른 지역 사람들에게는 경제적 풍요를 가져다준다.[18]

종속이론에 관해서는 수많은 자료가 존재한다. 논란의 여지도 많고, 일부는 시대에 뒤떨어진 것도 있다. 종속이론의 충실한 대변자들이 공통적으로 숭배하는 사상적 스승이 있다. 바로 카를 마르크스Karl Marx와 자본주의 경제는 노동력과 원자재를 구하기 위해 새로운 시장을 지배해야 한다는 그의 이론이다. 『공산당 선언』(Communist Manifesto, 돋을새김, 2010 외 다수)에서 마르크스와 엥겔스Engels는 자본주의라는 경제 생산체제가 "모든 국가로 하여금 소멸되지 않으려면 부르주아 생산체제를 받아들이도록 강요하고, 국가가 그 과정에서, 즉 부르주아가 되어가는 과정에서 소위 문명화라는 것을 받아들이도록 강요한다. 즉, 자본주의는 자신의 형상 그대로 세상을 창조한다"라고 주장했다. 공산당 선언은 자본주의가 어떻게 세계를 하나의 연쇄적인 종속관계로 만드는지 보여준다. 이러한 **연쇄적 종속관계는 인류학자들의 빅맨 연구에서 나타난 종속관계처럼 좀처럼 빠져나올 수 없는 복잡한 관계**이다.

조지 오웰George Orwell도 『위건부두로 가는 길』(The Road to Wigan Pie, 한겨레출판, 2010)에서 이 문제를 명확하게 보여준다. "자본주의 체제에서 영국이 안락한 생활을 누리기 위해서는 1억 명의 인도인들이 아사 직전의 상태로 살아야 한다. 무자비한 소리로 들리겠지만, 택시를 타거나 크림을 얹은 딸기를 한 접시 먹을 때마다 바로 여러분도 그런 현실을 받아들이고 있는 것이다." 이런 문제를 해결하겠다고 나서는 구호기관이나 자선단체는 자신도 모르는 사이에 문제를 더욱 지속시키고 마는 경우가 종종 있다. 언론인 앤디 베킷Andy Beckett의 말처럼, "까놓고 말해서 슈퍼리치가 계속 슈퍼리치로 남아야 그들의 자선단체가 계속 제 기능을 한다."19)

조직화된 자선의 등장과 카네기

"미국인의 삶에 2막이란 없다." F. 스콧 피츠제럴드F. Scott Fitzgerald가 남긴 명언이다. 하지만 피츠제럴드는 틀렸다. 미국에서 가장 선호하는 인생 2막은 투자가와 기업가가 인도주의 자선가(philanthropist)로 다시 태어나 어마어마한 자선 선물로 인류의 삶을 향상시키겠다고 약속하는 것이다. 역사학자 잭슨 리어스Jackson Lears는 "우리는 마치 포르노에 빠져들 듯 성공 신화에 빠져든다"고 말했다. 부자의 자선적 양심이 화려하게 깨어나는 것만큼이나 요란스럽게 성공을 알리는 경우도 드물다.20)

조직화된 자선활동(organized philanthropy)은 미국에서는 새로운 일도 특이한 현상도 아니다. 하지만 20세기 초 미국에서 탄생한 거대 자선재단들은 조직화된 자선 기부의 성격과 목적을 크게 바꾸어 놓았고 세계 자선부문의

카네기

지평을 마르크스와 엥겔스의 표현을 빌자면 "그 자신의 모습대로" 새롭게 변화시켰다. 그 과정에서 초기 일부 기업가들의 경영방식과 노동정책에 대해 사회 전반에 퍼져 있던 불신은 선행에 대한 존경으로 바뀌었다.

　19세기 말에 몇몇 소규모 자선단체들이 생기긴 했지만, 주요 자선재단이 등장한 것은 20세기에 들어와서 카네기와 록펠러가 몇 년의 시차를 두고 재단을 설립할 무렵이었다. 두 사람은 부유한 미국인들이 자선의 의무보다는 인색함을 선택하던 시대에 선구자적 인물이었다. 카네기가 부를 나누는 미덕을 신봉하기 전까지 부자가 힘들게 번 돈을 타인과 자발적으로 나누어야 한다는 생각은 완곡하게 말해서 일반적이지 않았다. 일부 초기 기업가들은 후손들이 유산을 자선 목적으로 사용하지 못하도록 대책을 강구해 놓기까지 했다. 돈이 자선사업으로 빠져나가지 않고 가문 대대로 유지되기를 바란 것이다.21)

　카네기가 자선에 눈을 뜨게 된 계기는 그의 에세이 『부』에 나와 있으며, 이 에세이는 카네기와 동시대인들은 물론 그를 동경하는 빌 게이츠 같은 후세 사람들에게 영감을 주었다. 부자들이 수백만 달러를 게으름뱅이, 술주정꾼, 쓸모없는 인간들에게 쓰느니 바다에 던져 버리는 것이 인류를 위해 더 유익할 것이라는 그의 주장에서 알 수 있듯이, 카네기는 자선이 그 이름값을 하려면 신중하게 선택된 대의를 위해 돈이 쓰여야 한다고 선언했다.[22]

그는 자신의 자선 모델이 실제 효과와는 관계없이 자선을 무조건 미덕으로 보는 기독교적 구호활동과는 다르다는 점을 공공연히 밝혔다. 카네기는 자선을 통해 부자들의 돈이 사회로 재투자되며 이러한 재투자의 채널을 개발하고 관리할 수 있는 가장 적합한 사람이 바로 자선가(philanthropist)라고 생각했다. 그의 말을 옮겨보자.

> 이렇게 해서 빈부의 문제도 해결된다. 축적의 법칙도 분배의 법칙도 더는 문제가 되지 않는다. 개인주의는 여전히 유효하지만 부자들은 가난한 사람들을 위해 사회적 부의 증가분을 일시적으로 위탁받아 관리한다. 사회가 스스로 관리할 때보다 부자들이 훨씬 더 효율적으로 관리할 것이다.[23]

카네기 자신이 철강을 통해 큰돈을 벌게 된 것도 그의 고용주가 제공한 조언과 대출 덕택이었다. 카네기는 스코틀랜드 던펌린의 가난한 방직공의 집에서 태어났다. 카네기 가족은 카네기가 아직 어릴 때 미국 펜실베니아로 이주했다. 카네기는 그곳에서 열세 살 나이에 일을 시작했다. 방직 공장의 보빈보이(방직공장에서 실패를 운반하고, 자잘한 수리 등을 하는 노동자)로 취직했다가 나중에는 보일러실 조수로 일하기도 했다. 이후 펜실베니아 철도회사(Pennsylvania Railroad)의 전보 교환수로 채용된 카네기는 투자의 가치를 재빨리 습득했다. 그는 빌린 돈으로 철도 붐을 노리는 신생 벤처기업 애덤스 익스프레스(Adams Express Company)의 주식을 주당 50달러에 10주 구입했다. 한 달 만에 배당금이 10달러에 육박했다. 처음 배당금으로 받은 수표는 잭슨 리어스의 표현대로라면 카네기에게 자본투자의 위력에 대해 각성하게 해 준 일종의 '계시'였다. "이마에 땀을 흘리지 않고" 얻은 것으로부터 자본을 만들어내는 손쉬운 방법, 그야말로 마법이었다.[24]

카네기의 철강산업이 번창함에 따라 그는 한 가지 굳은 신념을 갖게 되었다. 자신이 부유해지면, 곧 직원들도 부유해진다는 것이다. 자신의 돈을 사회를 위한 프로젝트에 재투자했으니 직원들은 그의 재정이 확대되고 수익이 증가함으로써 직원들의 복지도 향상된다는 사실에 감사할 것이고 또 감사해야 한다고 생각했다. 이런 논리에 따라 그는 철강의 시장 가격이 떨어질 때마다 노동자들의 임금을 삭감했다. 그러면서, "낮은 임금으로 철강 가격을 낮추면 모두에게 득이 되니, 또 한 번 사회 이익의 확대를 구현한 것"이라고 확신했다.[25]

카네기는 자선가의 가장 중요한 의무는 덜 부유한 사람들이 딛고 올라갈 사다리를 만들어 주는 것이라고 생각하면서도, 한편으로는 도움을 줄 대상 선정에 항상 주의를 기울였다. 그의 견해에 따르면, "진정한 개혁가는 도움 받을 가치가 있는 사람들에게만 도움을 줄 뿐만 아니라, 가치 없는 사람에게 도움을 주지 않기 위해" 신중을 기하는 사람이다. 가치 없는 사람들은 음주, 도박 등의 죄에 빠져 자선으로 베푼 것들을 써버리는 사람들이고, 가치 있는 사람들은 인간의 몸과 마음을 고양하기 위한 무료 도서관, 공원, 레크레이션의 수단을 잘 활용하는 사람들이다.[26]

카네기의 제국은 유용한 정치적 인맥을 만들고 재계 인사들과 손을 잡음으로써 더욱 확대되어 갔다. 카네기와 손을 잡은 재계 인사로는 프릭Frick이 대표적이다. 카네기는 1882년 그와 동업을 시작했다. 그로부터 10년간 두 사람이 머리를 맞대고 만들어 낸 노동정책은 직원들의 강한 반발을 샀다. 미국 노동자들은 거대 기업의 부가 쌓이면 결과적으로 자신의 삶도 풍요로워질 수밖에 없다는 논리를 믿지 않았다. 하워드 진Howard Zinn의 표현대로 1892년 미국 전역에 파업의 불길이 번졌다. 뉴올리언스 총파업, 테네시 주 석탄광산 파업, 아이다호 코들레인 구리광산 파업이 연이어 일어났고, 파업은 종종 유혈사태로 번졌다. 코들레인에서는 다섯 명이 죽고 열여섯 명이 병원 치료를 받았다.[27]

홈스테드 파업은 1892년 초여름에 시작되어 찬바람이 불 무렵까지 계속되었다. 프릭과 카네기는 파업을 진압하기 위해 핑커톤 탐정사무소와 주 방위군을 모두 동원하기로 결정함으로써 언론의 집중 비난을 받았다.

노동자들에게 깊이 공감하고 연방 군대 파견에 반대했던 존 알트겔드John Altgeld 일리노이 주지사의 비난에도 불구하고 수천 명의 병력이 파업 현장으로 파견되었다. 1891년 미국 남부 목화농장의 백인 농부들이 주축이 되어 결성한 인민당The People's Party은 "법의 승인도 없이 그들(노동자들)에게 총을 겨누기 위해 결성된, 돈만 주면 무슨 일이든 하는 상비군"이라며 병력 동원을 비난했다.28)

파업은 노동자들이 패배를 인정할 때까지 4개월 동안 지속되었다. 대치 상태가 참담하게 마무리되었을 때 파업 주동자들은 살인죄로 기소되었지만, 동정적인 배심원에 의해 무죄 판결을 받았다. 파업위원회 전원도 국가 반역죄로 체포되었다가 역시 풀려났다. 하지만 동정여론이 가족을 먹여 살리지는 못했다. 가까운 사람들의 죽음이라는 고통과 굶주리는 가족을 위해 살 길을 찾아야 하는 절박함 때문에 공정한 노동 조건을 쟁취하고자 하는 투쟁은 자취를 감추었다. 카네기와 프릭의 승리로 카네기 제철소에서 노동조합은 사라졌고 20세기 들어서 오랜 시간이 흐를 때까지 노조는 결성되지 않았다. 파업 이후 노동자들은 "임금삭감과 노동시간 연장을 어떤 조직적 저항 없이" 받아들일 수밖에 없었다.29) 노조의 무차별 진압으로 카네기 철강은 엄청난 수익을 올렸고, 비숙련 노동자들의 임금은 동결되거나 삭감되었다. 카네기는 한때 수익이 높을 때는 임금을 올리고, 불황기에는 임금을 낮추는 '슬라이딩 스케일'Sliding Scale을 지지했다. 하지만 재산이 늘어나자 마음이 바뀌었다. 역사학자 케빈 필립스Kevin Phillips의 지적에 따르면 "적어도 기술로 얻은 수익을 임금으로 분배하는 대신 그냥 보유하기로 신중하게 결정을 내렸다."30)

록펠러와 포드, 그리고 정치권력을 둘러싼 논쟁

카네기는 대중의 정서가 자신에게 등을 돌렸다는 것을 간파할 만큼 영리했다. 홈스테드 사건 때문만이 아니라 그가 엄청난 수익을 올린 시기에 임금을 높이기로 한 결정을 공공연하게 번복했기 때문이다. 인기가 시들해지고 있음을 깨달은 카네기는 자선 기부를 늘리는 한편, 고위 간부들에게는 고생하는 직원들에게 선물이 위안이 될 것이라는 언질을 주었다. 1892년 12월 카네기는 경영진에게 보낸 크리스마스 카드에 다음과 같은 조언의 글을 덧붙였다. "대중의 정서가 홈스테드와 임금 스케일 조정이라는 직접적인 이슈로 인해 우리에게서 멀어졌습니다. 사람들은 이해하지 못했지만 나는 여론이 몇 가지 친절한 행위에 의해 크게 영향을 받는다는 것을 깨달았습니다. 특히 직원들의 저축을 수익률이 높은 곳에 투자함으로써 가장 우호적인 반응을 얻었습니다. 도서관도 마찬가지였습니다." 그는 또 이렇게 덧붙였다. "회사가 어떻게 하면 직원들의 작업 환경을 개선하고 그들의 아내와 아이들에게도 유익한 일을 해 줄 수 있을지, 새로운 방법을 생각해내는 임원은 내년에 메달을 수여하겠습니다. … 임금에 대해서는 시장의 법칙에 따라야 하지만 직원과 그 가족의 평안과 기쁨을 위한 배려를 보여주는 데 필요한 원칙은 우리 자신이 정할 수 있습니다."31)

카네기의 첫 에세이 『부』는 홈스테드 유혈 사건으로부터 몇 년 전인 1889년에 출간되었다. 책의 출간 일자가 절묘하게 맞아떨어졌다는 느낌이다. 워싱턴 정가의 거물들이 카네기를 비롯한 기업인들에게 제공한 정치적 특혜가 사회 불만으로 이어지는 상황을 의식한 카네기가 자신의 대중적 이미지를 쇄신하려 했던 것은 아닐까?

1884년 대통령 선거에서 그로버 클리블랜드Gover Cleveland의 승리는 언뜻 보기에 대세를 바꾸어 놓을, 노동자의 승리 같아 보였다. 클리블랜드는 민주당 후보였다. 선거 전 클리블랜드는 공화당의 제임스 블레인James Blaine 과는 달리 노동자의 이익을 대변하는 후보로 널리 알려졌다. 하지만 클리블랜드는 당선 즉시 부유한 참모를 영입하고, 기업인에게는 그들의 요구에 세심하게 귀를 기울일 것임을 애써 알리면서, "내가 대통령으로 있는 동안 정부 정책으로 인해 기업이 해를 입는 일은 없을 것"이라고 전했다. 그는 약속을 지켰다. 1887년 대규모 재정 흑자에도 불구하고 텍사스 농부들을 위한 10만 달러의 구제 기금 조성에 필요한 예산안이 대통령에 의해 거부되었다. 예산의 목적은 극심한 가뭄에 시달리는 농부들을 위한 씨앗 매입이었다. 클리블랜드는 연방 흑자를 이용해 액면가 100달러짜리 채권당 28달러를 추가로 채권 소유자들에게 지급했다. 이는 기업 복지를 위한다는 대통령 임기 초의 제스처였으며, 총 4,500만 달러에 달하는 결코 약소하지 않은 선물이었다.32)

1888년 선거에서 클리블랜드는 공화당 후보 벤저민 해리슨Benjamin Harrison에게 패했다. 해리슨은 1887년 열차 파업 당시 파업에 참가한 노동자들을 기소한 검사로도 유명했다. 부유한 유권자들은 새 대통령 임기 중에도 편안한 날들이 계속되리라 기대했고, 어떤 면에서는 기대가 현실이 되었다. 그는 맥킨리McKinley 관세 도입을 주도했는데, 그 결과 수입품에 대한 평균 관세가 거의 50퍼센트까지 부과되어 카네기를 비롯한 국내 철강업자들에게는 좋은 기회를 제공했다. 하지만 다른 부분에서 해리슨의 조치는 기득권층의 이해에 반하는 것이었다. 그는 진보적인 개혁가였고, 비록 실패하긴 했지만 아프리카계 미국인들의 투표권을 보장하기 위한 연방 기금을 확보하려고 시도했다. 또 후대에도 영향을 미친 법안 하나를 어렵게 통과시켰는데, 바로 1890년 통과한 셔먼 반독점법Sherman Antitrust Act이었다. 셔먼법의 입안자인 존 셔먼John Sherman 상원의원은 다음과 같은 말로 입안 이유를 설명했다. "과거에도 독점은 존재했다. … 하지만 현대의 거대 독점 기업은 일찍이 전례를 찾아볼 수 없다. 세심한 주의를 기울이지 않는다면, 사회주의자, 공산주의자, 허무주의자들에 맞서야 할 때가 올 것이다. … 과거 경험해 보지 못한 적들이 지금의 우리 사회를 어지럽히고 있다."33)

카네기도 첫 에세이 『부』에서 비슷한 정서를 드러낸 적이 있다. 그는 재산을 최소한도라도 스스로 내놓을 각오를 하지 않으면 억지로 빼앗으려고 덤비는 사회주의 성향 노동자들의 공격을 받게 될 것이라고 다른 기업가들에게 경고했다. 하지만 카네기가 자선에 뜻을 두게 된 것이 단순히 사회주의에 대한 공포나 경멸 때문은 아니었다. 스스로 돈과 지성을 갖추고 있으며, 카네기 자신의 표현을 빌자면, "사회가 … 스스로 할 수 있는, 또는 하려고 하는" 것보다 훨씬 효과적으로 사회사업에 투자할 수 있는 능력을 갖추고 있다는 다소 가부장적인 태도에서 나온 것이다.

카네기 주변 인물들의 회고에 따르면, 카네기로부터 후원금을 받으려면 그의 아집을 다독여주고 지적인 혜안을 갖고 있다는 자신감을 갖도록 치켜세워 줄 각오를 해야만 했다. 1960년대 초, 흑인 인권운동가 W.E.B. 듀보이스_W.E.B. Du Bois_는 사망하기 몇 달 전 백인이면서 흑인에 대한 인종차별과 분리정책 반대에 앞장섰던 뉴스 에디터 랠프 맥길_Ralph McGill_과 인터뷰를 위해 만났다. 듀보이스는 또 다른 흑인 운동가 부커 T. 워싱턴과 함께 카네기를 비롯한 초기 자선가들의 후원을 얻고자 애썼던 시기를 떠올렸다. 끊임없이 매달리고 비굴하다 싶을 정도로 고개를 숙여야 했는데, 그런 일에는 듀보이스보다는 워싱턴이 더 능숙했다.

잘 알려진 대로 워싱턴과 듀보이스의 정치적 노선은 극명하게 달랐다. 워싱턴은 "분리는 인정하되 기회는 평등하게"라는 주장을 공공연하게 지지했고, 흑인과 백인이 원칙적으로 평등한 사회적 기회와 교육의 기회를 제공받는다면 법적으로 흑인과 백인을 분리하는 정책을 묵인한다는 입장이었다. 반면 듀보이스는 분리정책을 암묵적으로 인정하려는 움직임에 반대했다. 그는 국가 엘리트들에 대한 워싱턴의 타협적인 태도를 맹렬히 비난했다. 그가 저항했던 엘리트는 정치인뿐 아니라 돈을 가진 그 주변 인물들, 즉 공화당 거물을 돈으로 주무르는 카네기 같은 인물을 포함했다. 듀보이스의 눈에 워싱턴은 기업가들로부터 재정 지원을 받기 위해 흑인들이 얌전히 말을 들을 것이라는 약속을 남발하고 다녔다. "워싱턴은 기업가들이 새로 세울 회사에서 흑인들이 행복하고 만족스럽게 일할 것이라고 약속했다. 또 파업도 없을 것이라고 강조했다. … 내가 보기에는 워싱턴의 그런 장담이 주제넘는 것 같았다."[34]

워싱턴과 듀보이스가 그나마 우호적인 관계였을 때, 듀보이스가 워싱턴을 따라 카네기의 사무실을 방문한 적이 있었다(카네기는 흑인 청소년들을 위한 워싱턴의 교육 사업을 일찍부터 후원했었다). "카네기 회장의 책을 읽었나?" 가는 도중 워싱턴이 듀보이스에게 물었다. 카네기의 『부』라는 에세이를 염두에 둔 것이었다.

"아니," 듀보이스가 대답했다.

"읽어야지," 워싱턴이 말했다. "그래야 카네기 회장이 좋아할 텐데."

카네기의 사무실에 도착하자, 워싱턴은 듀보이스를 아래층에 남겨두고 카네기와 대면하는 자리에는 데리고 가지 않았다. "왜 그랬는지는 알 수 없죠." 듀보이스가 맥길에게 말했다. "카네기 회장이 나에 대해 안 좋은 이야기를 했는지, 아니면 내가 고분고분하게 굴지 않으리라는 워싱턴의 판단 때문이었는지, 아마 후자일 것입니다. 그 책은 결국 읽지 않았습니다."35)

자신만이 사회에 도움을 줄 수 있는 특별한 능력을 지녔다는 카네기의 믿음은 매우 흥미로운 역설로 이어졌다. 재산을 나누어 주는 것이 옳다는 확신과 동시에 가능한 많은 재산을 모으는 것이 자신의 도덕적 의무라는 확신이 함께 생긴 것이다. 설령 그 재산을 모으는 과정에서 자신의 직원들에게 더 많은 고통을 요구해야 한대도 상관없었다. 카네기는 한때 노동조합에 대해 공감하는 입장을 취함으로써 자신을 다른 기업가와 차별화한 적이 있었다. 그는 마치 사회주의 선동가 유진 뎁스Eugene Debs 같았다. 유진 뎁스가 1877년 파업 때 한 말처럼, 카네기도 한때는 "자본가와 노동자 간에 분쟁은 필요치 않다"라고 생각했다. 하지만 카네기도 유진 뎁스도 곧 생각을 바꿨다. 뎁스는 노동조합과 사회주의를 받아들였고, 카네기는 자선활동에 대한 자신만의 논리를 창조했다. 그의 사상은 야누스의 얼굴처럼 이중적이었다. 한편으로 카네기는 한없이 너그럽고, 자신의 시간과 어마어마한 후원금을 군비 감축과 인종 간 평등 같은 목적을 위해 사용했다. 하지만 다른 한편으로 자신의 재산이 궁극적으로 더 큰 사회적 이득을 위한 것이라는 확신이 커질수록, 직원들에게 더 가혹하게 굴었다.36)

역사학자 데이비드 나소David Nasaw에 따르면, 카네기의 이타주의는 죄의식이나 과거에 사업을 하면서 저지른 죗값을 치르겠다는 생각에서 나온 것이 아니었다. 자신의 선행이 정의롭다는 신념이 커갈수록 자신의 사업적 성공이 공정하고, 심지어 숭고한 것이라는 확신도 함께 자라났다. 그는 재산을 모으고, 잉여 재산을 사회의 가치 있는 목적에 사용하기 위해서 임금을 인상하지 않는 것이 자신의 의무를 다하는 것이라 믿었다. 재산을 쌓고자 하는 욕심도 자신의 지극히 숭고한 도덕성에서 나온 것이라고 확신했다.37)

이런 믿음은 허버트 스펜서Herbert Spencer의 저서에 대한 숭배에서 생겨났다. 카네기는 자신의 저술을 자랑스럽게 여겼다. 어린 시절부터 그는 셰익스피어Shakespeare와 로버트 번즈Robert Burns의 산문에 빠지곤 했다. 나이가 들어서는 사업에서 손을 떼고 독서와 글쓰기, 그리고 자선사업에 몰두하겠다고 여러 번 맹세했었다. 그는 자주 그 맹세를 어겼다(요즘 기업가들도 그렇듯이 카네기도 여러 번 은퇴를 선언했고, 그럴 때마다 경영 일선에서 물러나겠다고 말만 하고 뒤에서 여전히 결정권을 놓지 않았다). 문인으로서 대중적 이미지를 만들기 위해 그는 허버트 스펜서, 매슈 아놀드 Matthew Arnold 등의 지성인들과 교류했다.

19세기 중후반에 걸쳐 스펜서는 당대 가장 널리 알려진 지식인이었고, 생물학과 심리학의 최신 연구 결과를 사회생활 전반에 적용하고자 하는 그의 노력에 영향을 받은 책, 논문, 선언문이 엄청나게 쏟아져 나왔다. 그는 가장 앞선 세대의 영향력 있는 사회진화론자였고, 과거 그 어느 때보다 복잡해진 산업사회는 인간의 진화론적 진보의 징후라고 설파했다. 스펜서의 이론으로 카네기는 지적인 단비를 만난 듯했고, 자신의 물욕을 인간의 위대함의 원천으로 정당화할 수 있게 되자 도덕적으로도 거리낌이 없어졌다. 스펜서의 철학으로 인해 카네기를 비롯한 기업가들은 불평등의 심화가 도덕적으로 올바른지 더는 의구심을 품지 않게 되었다고 나소는 강조한다. 카네기와 당시 기업가들에게 불평등은 진화의 힘이 그러하듯 인간이 제어할 수 없는, 시장의 "자연스러운" 법칙에 의한 불행한 귀결일 뿐이었다. 인간과 마찬가지로 동물과 환경도 진화하며, 그 과정은 인위적 조작으로 길들여지거나 중단될 수 없고, 경제 문제에 제재를 가하려는 개입 의도는 자연스러운 발전 과정을 왜곡하려는 것으로 보았다.

스펜서의 권위에 힘입어 기업가들은 사회 최빈곤층을 지원하도록 정부에 압력을 가해야 한다는 주장을 비웃었다. 그런 개입은 스펜서가 "선을 지향하는 불가피한 힘"(beneficent necessity)이라고 표현한 개념, 즉 인간의 진보는 단순한 사고나 우연의 결과가 아니라, 인간이 계속해서 위대한 성취를 이루도록 하는 포괄적인 진화의 힘에 의한 것이라는 개념과 대치된다는 것이었다. 인간의 고통이나 죽음과 같은 희생은 불행한 일이지만 역사적 진보를 위해 반드시 필요한 일이다. 따라서 이런 불행을 감사히 여기지는 못하더라도, 적어도 감내는 해야 한다. 스펜서의 명성에 정점을 찍은 것은 1850년에 출판된 『사회 정학』Social Statics이다. 이 책에서 그는 이렇게 말한다. "더 강한 동료들과 경쟁에서 오는 질병으로 불구가 된 노동자가 그 결과 따라오는 생활의 불편을 감수하는 것은 괴로운 일이지만, 그럼에도 불구하고, 그것을 한 사람의 경우에 국한시키지 않고 보편적 인류의 이해라는 맥락에서 본다면 그 가혹한 운명 안에 최고의 선이 충만함을 깨닫게 될 것이다."38)

스펜서 식의 냉혹한 자유방임주의에 대한 카네기의 신념은 자신의 사업에 대해 정부 지원을 얻어낼 때에는 누그러졌다. 수년에 걸쳐 카네기는 정부로부터 유럽산 수입철강에 대한 보호관세를 얻어내려고 시간과 돈을 들여 로비를 했다. 1870년 공화당 정부는 수입 철강에 대해 톤당 28달러의 관세를 부과했다. 이 조치로 그때까지 세계 철강업계의 절대 강자였던 영국에 대해 미국도 경쟁력을 갖게 되었다. 카네기는 이후, 정부의 관세가 애초에 철강산업에 뛰어 들게 된 결정적 동기가 되었다고 말했다. 평생을 공화당원이었던 카네기가 공화당을 숭배했던 가장 큰 두 가지 요인은 첫째가 노예제 반대(그는 열성적인 노예제 폐지론자였다), 둘째가 외국산 철강에 대한 높은 관세였다. 1884년 선거 기간 동안 카네기는 사업 파트너들에게 보낸 편지에서 철강제조업연합Coalition of Steelmakers 회원사들이 공화당 전국위원회에 각각 5,000달러씩을 희사했다는 소식을 전했다. "우리도 같은 금액을 후원하라고 전달받았고, 나는 그것이 매우 공정하다고 생각한다"39)고 카네기는 덧붙였다.

카네기는 수입 관세로 직원들의 임금을 올려줄 수 있으니 노동자들에게도 이득이라며 공공연하게 관세를 옹호했다. 하지만 1890년 수입 철강에 거의 50퍼센트 가까운 관세가 부과된 후에는 자신의 말을 번복했다. 이 부분에 대해서는 널리 호평을 받은 나소의 카네기 전기에도 나와 있다.

> 1880년대에 카네기가 했던 약속에도 불구하고, 노동자들은 회사의 눈부신 번영을 함께 누리지 못했다. 반대로 1890년대에 걸쳐, 회사의 매출 및 이익 동향과 노동자에게 분배된 임금은 반비례했다. 지리학자이자 역사학자인 케네스 워런Kenneth Warren이 조사한 자료에 따르면, 카네기 철강이 출하한 상품의 가치는 1892년 파업 이후 7년간 226퍼센트나 상승한 반면, 임금으로 지급된 돈은 같은 기간 67퍼센트 감소했다.40)

그로부터 20년도 더 흐른 1906년 카네기는 관세에 대한 자신의 입장을 공개적으로 뒤집으면서 공화당 관계자들을 분노케 했다. 거창한 홍보와 함께 보호관세 철폐를 촉구하는 신문기사를 썼는데, 이제 미국이 경제적으로 우위를 점하게 되었다는 점을 지적하면서 자신의 입장 변화를 정당화했다. 자신은 돈을 벌만큼 벌었으니, 자유무역을 저해할 국가적, 개인적 필요를 더는 느끼지 못했던 것이다. "오늘날 [미국 제조업은] 혹시 본인이 모르는 새로운 분야가 아니라면, 어떠한 보호도 필요로 하지 않는다. 철강은 세계 어느 곳보다 미국에서 가장 싸게 생산되고 있기 때문이다."41)

정부 지원에 대한 카네기와 동료 기업가들의 밀고 당기기가 미국 대중의 눈을 피하지는 못했다. 미국사회학협회Americal Sociological Association 초대 회장이며 1930년대 확고히 자리잡은 복지 개혁의 지적 토대를 제공했던 레스터 프랭크 워드Lester Frank Ward는 1895년 출간된 에세이 『금권정치와 가부장제』Plutocracy and Paternalism에서 당시의 분노를 이렇게 표현했다. "정부 개입을 비난하는 자들은 가장 빈번하게 정부 지원을 요구하고 얻어낸 자들이다. 정작 '방임'했다가는 부를 긁어모을 힘조차 금새 잃어버릴 자들이 입으로는 자유방임을 외친다. … 오늘날 자본과 민간기업이 정부의 도움 없이는 제 앞가림을 못할 정도로 무능하다는 점은 너무나도 뻔한 사실이다."42)

카네기와 동료들은 필요할 때마다 군대와 보호관세로 도움을 준 정부에게 감사해야 한다. 카네기의 첫 에세이『부』가 나온 지 20년 후, 존 D. 록펠러의 콜로라도 퓨엘앤드아이언컴퍼니Colorado Fuel and Iron Company에서 노동쟁의가 일어났다. 현재의 러드로Ludlow는 콜로라도 주, 라스 애니머스 카운티의 유령도시다. 아무도 돌보지 않는 버려진 땅은 25번 고속도로를 달려 트리니대드로 가는 운전자들이 그냥 스쳐 지나가는 지점이다. 1세기 전, 1914년 4월 20일, 이곳에서 콜로라도 주 방위군이 1,200명의 파업 광부와 가족이 세운 임시 거주지를 공격하려고 매복 중이었다. 대치 상태는 열네 시간 동안 계속되었다. 주 방위군은 주민에게 기관총을 난사했고 천막에 불을 질렀다. 사망자 가운데는 천막 아래에 구멍을 파고 숨어 있다가 치솟는 불길에 질식하거나 타 죽은 두 명의 여성과 열한 명의 아이들이 포함되어 있었다.[43]

대학살이 벌어지기 몇 개월 전, 1913년 12월 아버지가 세운 석유재벌 회사에서 점점 입지를 굳혀가고 있던 록펠러 주니어는 퓨엘앤드아이언컴퍼니의 경영진이 파업 노동자들에게 강경하게 맞선 점을 치하했다. 그는 "훌륭하게 싸웠고 이는 우리 회사뿐만 아니라 콜로라도의 다른 기업은 물론 미국 전체의 기업 이해에 부합하며 노동 계급에도 이로운 일"이라고 찬사를 보냈다.[44]

진심이 결여된 경영자의 설교가 대부분의 미국 노동자들에게 먹히지 않았던 것도 당연하다. 역사학자 앤드리아 톤Andrea Tone에 따르면 록펠러 가에 대한 대중의 반감은 극에 달했다. 록펠러 사의 뉴욕 본사 앞에서 사람들은 피켓을 들고 시위를 벌였다. 수백 통의 편지가 날아들었다. 그 중 한 통에는, 톤의 표현을 빌자면 "총검에 꿰 찔린" 여성의 삽화와 그 아래 "십자가에 못박히다! 위대한 모성! 죄 없는 동심!"이라는 문구가 적힌 신문기사가 들어 있었다. 그림 옆에는 편지를 보낸 이가 록펠러에게 남긴 메시지가 있었다: "너의 그 재수 없는 머리 저리 치워. 부끄럽지 않느냐?" 노동자를 지지하는 사람들이 가두연설을 했고, 그 중 어느 달변가는 록펠러를 "개처럼" 쏘아 죽여도 시원하지 않다고 열변을 토했다.[45]

빅맨Big Man 69

끓어오르는 불만에 정치 엘리트들은 불안해졌다. 1913년부터 15년 사이, 노동 조건에 대한 대중적 불만에 대응하여 미국 정부는 월시 노사관계위원회Walsh Commission on Industrial Relations를 소집, 미국의 노동 실태를 조사하도록 했다.* 거대 기업과 자선재단에 대한 조사가 필요한 시기가 온 것이다. 취임연설에서 우드로 윌슨 대통령Woodrow Wilson은 "자본을 통제하고, 노동자의 자유와 기회를 제한하며, 국가의 자연 자원을 재생이나 보존 없이 이용한다"며 기업들을 비난했다. 1913년 의회에 보내는 첫 번째 서한에서 대통령은 "어떠한 특혜나 부당한 혜택의 유사한 흔적이라도 모두 뿌리 뽑아야 한다"고 덧붙였다.46)

조사위원회의 의장으로 윌슨 대통령이 임명한 프랭크 월시Frank Walsh 변호사는 "거대 기업을 움직이는 사람들은 잉여 수익을 자선 및 구호 목적에 사용하는 대신 임금으로 분배하거나 기업 생산의 많은 부분을 노동자들에게 우선 나누어 주도록 제도를 만들어야 할 것이라는 점이 여러 번 논의 되었다"라고 위원회가 발족된 계기를 한마디로 요약했다.47)

주요 자선가들이 위원회에 불려 갔다. 자신이 증언할 차례가 되자 록펠러는 "노동자들이 기업의 일원이 될 수 있도록 내가 가진 지분의 일부 또는 전부라도 기꺼이 내놓겠다"고 말했다.48) 그의 제안은 진심이 결여되어 있었다. 노동자들은 결코 스탠더드오일Standard Oil의 공동 소유주가 될 수 없었다. 하지만 그의 입장에서 굳이 변명을 하자면, 증언하는 동안 자신의 발언에 신중을 기해야 했으리라는 점은 이해할 만하다. 그가 소유한 거대 석유재벌은 미국 역사상 가장 악명 높은 반독점 소송에 제소된 상태였다.

---

* (역주) 월시 노사관계위원회의 보고서는 2년 동안의 활동을 거쳐 1916년에 발간되었다. 이후에도 사립재단(private foundation)과 관련하여 다음과 같은 의회의 청문회와 특별조사위원회가 개최되었다. 1952년 재단의 비미국적인 형태와 공산주의 영향력을 견제하기 위해 열렸던 '콕스커미션'(Cox Commission), 1953년 교육, 연구기관 등에 대한 재단의 영향력을 조사하기 위한 '리스커미티'(Reece Committee), 1961년 재단의 기업지배에 대해 조사를 위해 활동했던 '패트맨조사위원회'(Patman Investigation). 이런 일련의 과정은 1965년 '사립재단 재무성보고서'(Treasury Report on Private Foundations)로 결실을 맺는다. 이 보고서는 현재 미국 사립재단과 관련 세법의 원형을 이룬 1969년 세법개정의 기초가 되었다(Hall, Peter Dobkin, 1994).

1909년 미 법무부가 제기한 소송이었다. 2년 후 스탠더드오일의 경영진은 다수의 부당 행위가 인정되어 유죄를 선고받았다. 대법원은 셔먼 반독점법에 의거하여 스탠더드오일사를 서른 네 개의 작은 회사, 일명 '베이비 스탠더드'Baby Standards로 분해하라는 판결을 내렸다. 엑손Exxon과 모빌Mobil이 가장 유명한 베이비 스탠더드다.

아마도 록펠러는 초기 기업가 가운데 청교도적 금욕주의와 자본주의적 과잉이 어떻게 서로 연관될 수 있는지를 몸소 체현함으로써 막스 베버Max Weber의 '프로테스탄트적 자본주의 정신'에 가장 가까이 다가갔던 인물일 것이다. 막스 베버는 장 칼뱅John Calvin, 마틴 루터Martin Luther 그리고 17세기 영국 교회 지도자였던 리처드 백스터Richard Baxter 등 종교개혁 지도자의 저술을 면밀히 분석함으로써 프로테스탄트적 자본주의 정신을 설명하고 있다. 베버는 프로테스탄트의 토양에서 배양된 문화는 "돈을 버는 데 놀라울 정도로, 심지어 바리새인처럼 지나치다 싶을 정도로 양심적이다. … 부르주아 사업가는 올바른 격식에서 벗어나지 않고, 행동을 할 때도 도덕적으로 그르침이 없고, 돈을 사용하는 목적에 비난받을 점이 없는 한, 자신이 의도하는 대로, 또 자신의 의무에 부합한다고 여기는 방식으로 금전적 이해를 추구할 수 있다"고 주장했다.49)

록펠러는 독실한 침례교 신자였으며, 종종 "이 돈은 신이 주신 것"이라고 고백하곤 했다. 그는 첫 봉급의 10퍼센트를 십일조로 헌납했다. 전기작가인 론 처노Ron Chernow에 따르면, 록펠러는 정기적으로 주일학교에서 아이들을 가르치는 자원봉사를 했는데 그때마다 자신의 모토를 반복하곤 했다. "공정하고 정직한 방법으로 최대한 많이 벌고, 최대한 많이 쌓고, 최대한 많이 나누어 주는 것이 종교적인 의무라고 믿는다."50) 교회에서 록펠러는 "눈으로 방 안을 재빨리 훑으며 자선의 대상이 될 만한 곤궁한 사람들을 고른 후, 주머니에서 작은 봉투들을 꺼내 돈을 조금씩 넣고 봉투에 사람들의 이름을 썼다. 그리고 악수하는 척 눈에 띄지 않게 그들의 손에 봉투를 쥐여 주었다." 록펠러는 일찍부터 아프리카계 미국인의 교육을 지원해 왔다. 1882년부터는 흑인 여성을 위한 애틀랜타 여성 침례신학대학~Atlanta Baptist Female Seminary~에 상당한 금액을 기부해 왔다. 아들의 강력한 권유로 1902년에는 "인종, 성별, 사상과 무관하게" 교육 기회의 향상을 도모하는 제너럴 에듀케이션 보드~General Education Board~를 설립했다. 하지만 빈곤 문제에 대한 고심과 인간의 평등에 대한 신념은 결과적으로 그가 혐오했던 사회경제적 불평등을 악화시키는 역할을 하고 말았다.[51]

반독점 소송이 제기된 것은 록펠러의 회사를 깊이 파헤친 아이다 타벨~Ida Tarbell~의 기사가 인기 잡지 『맥클루어스 매거진』~McClures Magazine~에 연재된 후였다. 이 기사는 후에 『스탠더드오일 컴퍼니의 역사』~The History of the Standard Oil Company~라는 한 권의 책으로 출판되어 베스트셀러가 되었다. "사실을 인정하고, 록펠러 회장이 자신의 목적을 위해 힘과 거짓을 동원했다는 사실을 뻔히 알게 되어도, 사람들은 '사업이란 게 다 그렇지 뭐'라는 말로 그를 정당화 한다." 타벨은 책이 출판된 후 이렇게 말했다. "그래도 상대방이 의견을 굽히지 않으면, 록펠러를 감싸는 사람들은 기독교의 선행이라는 교리를 들먹이며, 인간은 불완전한 존재이니 서로의 허물을 용서해야 한다고 말한다!"[52]

타벨은 베스트셀러 출간 이후 록펠러의 내밀한 삶을 취재한 글을 『맥클루어스』에 게재했다. 동료 언론인들은 록펠러의 개인적인 신념에 대한 인신공격성 취재라고 그녀를 비난했다. 『맥클루어스』의 편집자인 새뮤얼 맥클루어~Samuel McClure~는 타벨을 옹호했다. 역사학자 스티브 와인버그~Steve Weinberg~의 말을 빌자면 맥글루어와 타벨은 "한 사람이 일생 동안 쌓은 일은 한 가지로 통하며 서로 분리될 수 없다. 록펠러의 사업 원칙과 록펠러의 종교 원칙 간에는 내밀하고 복잡한 관계가 있기 때문에 대중이 록펠러라는 사람과 그의 영향력에 대해 반드시 알아야 한다"고 굳게 믿었다.[53]

록펠러의 명석한 참모들은 대중의 여론이 록펠러가 아니라 타벨 같은 비판적인 목소리 쪽으로 기우는 것을 알아챘다. 록펠러의 자선활동에서 오른팔 역할을 했던 프레더릭 게이츠~Frederick Gates~는 록펠러에게 상당한 자선 기회를 제공함으로써 대중의 분노를 약화시키려고 했다. 처노우~Chernow~가 기술한 바에 따르면, 게이츠는 록펠러에게 재산을 현명하게 분배함으로써 두 가지 목표를 함께 이루도록 조언했다. 우선 자선활동을 통해 "부자 사업가가 얼마나 영예롭게 재산이라는 멍에를 가벼이 할 수 있는지" 보여줌으로써 록펠러 자신의 양심을 어루만져 주는 것이 첫 번째 목표였다. 또, 록펠러도 게이츠도 "재산을 신중하게 처분하면, 차후 그 재산이 어디서 온 것인지 파고들 조사의 칼날이 무뎌질 수도 있다"는 점을 염두에 두었다.54)

게이츠의 홍보전략 중 가장 중요한 부분은 시선을 끌지 않는 것이었다. 록펠러 가문은 카네기처럼 기부활동에 대해 떠들지 않았다. 록펠러가 카네기의 자선활동을 깊이 동경했던 것은 사실이다. 처노우의 책에 따르면, 록펠러는 피츠버그에 카네기도서관Carnegie Library이 문을 열었을 때 카네기에게 "더 많은 부자들이 당신처럼 돈을 썼으면 좋겠습니다"라는 축하메시지를 전했다. 수많은 언론 기사와 자축 에세이를 미국과 영국 출판사를 통해 발표했던 카네기 식 홍보 방식은 록펠러의 취향이 아니었다. 록펠러는 좀 더 겸손한 방식을 사용했고, 교묘하게 자신을 낮추는 쪽을 택했는데 이는 게이츠의 머리에서 나온 것이었다. 게이츠는 한때 록펠러가 자신의 기부에 대해 인터뷰하는 것을 의도적으로 꺼리는 것이라면서, 선행에 대해 공공연하게 떠들다 보면 "필연적으로 기부가 사리사욕의 추구와 무관하지 않다는 의혹을 부르기 때문"이라고 설명했다.55)

조용한 기부는 록펠러와 같은 예전 자선가들을 오늘날의 테드헤드들과 구별 짓는 가장 중요한 특징이기도 하다. 말 많은 테드헤드들에게 기부를 해서 찬사를 얻는 기회는 기부 그 자체만큼이나 중요한 의미를 지닌다. 이것은 오랜 철학적 고민을 새로운 시각에서 보게 한다. 누군가 자선단체에 막대한 돈을 기부했는데 아무도 그에 관해 칭찬하는 글을 써주지 않는다면, 기부는 실제로 일어난 것일까, 아닐까?

록펠러나 카네기와 달리, 헨리 포드는 처음부터 자선활동의 가치를 신뢰했던 사람이 아니다. 포드재단은 1936년에 설립되었는데, 그때까지 수십 년간 재산을 모으면서 그가 보여 준 사업 관행과 개인적 행보는 카네기나 록펠러보다 더 큰 논란을 불러일으켰다. 일찍부터 고임금을 지지하고 노동조합에 맹렬히 반대했던 포드는 역설적인 인물이었다. 그는 1914년 하루 8시간 근무 기준 5달러 일당제를 도입함으로써 업계를 긴장시켰다. 하루 10시간 근무에 평균 일당 2달러 50센트가 보편적이던 시대였다.

『월즈 워크』World's Work와의 인터뷰에서 포드는 짧은 근무시간과 높은 임금이 종업원들의 생산성을 높인다고 설명했다. 여가시간을 많이 허용할수록 더 많은 가치를 얻을 수 있고, 이것이야말로 "냉정한 비즈니스 세계의 진실"이라고 포드는 주장했다. 직원들에게 매주 이틀을 쉬게 함으로써, 그들로 하여금 더 많은 시간과 돈을 상품에 소모할 수 있는 자유를 주는 것이다. 포드의 표현을 빌자면, "풍족한 임금과 시간적 여유가 더 주어질수록, 노동자들은 더 많은 것을 원하게 된다. 그들이 원하는 것은 곧 수요로 이어진다. … 노동자들이 일터를 '벗어나기' 때문에 사업이 둔화되는 것이 아니라, 오히려 상승세를 탄다. 사람들은 근무시간보다 여유 시간에 더 많이 소비하기 때문이다. 소비하기 위해 사람들은 더 많이 일하

헨리 포드

고, 그러면 더 많은 이익으로 이어진다."56)

포드는 사회의 최고 부유층이 노동자의 요구를 노동자 자신보다 "훨씬 더" 잘 이해한다는 카네기의 주장에 찬성했다. 노동조합에 대한 포드의 강경한 반대 입장은 노조 지도자들이 전반적인 생산성 향상 의욕을 떨어뜨리는 경향이 있다고 생각한 데서 기인한다. 일자리를 지키는 데에만 급급해 전체 경제 성장을 위해 노동 비용을 감소해야 하는 필요성을 보지 못한다는 것이다. 20세기 초 거대 기업가 다수가 개인적인 이해와 집단의 이해는 원래부터 분리할 수 없는 것이라고 보았다.57)

포드의 직원들은 엄격한 감시를 받았다. 금주와 근검절약을 강조했던 포드는 임금 인상을 계기로 자신의 신념을 사회에 널리 각인시키고자 했다. 당시 회사 보도자료에는 "포드 회장이 품은 의도는 단순히 생활에 도움을 주는 데 그치지 않고 삶에 도움을 주려는 것"이라고 나와 있다. 포드 모터컴퍼니Ford Motor Company에는 자체 '조사부'Sociological Department가 있었는데 처음에 50명으로 시작한 이 부서가 이후 총 160명의 '조사원'을 두게 되었다. 조사원들은 지역사회를 돌아다니며 포드 직원들의 가정을 불시에 방문, 직원들이 술에 취해 있지 않은지, 근검절약하고 있는지(은행에 정기적으로 예금을 하고 있는지), 새로운 일당 5달러 보상 체제에 걸맞도록 "깨끗한 사람"인지를 확인했다.58)

그의 사업 방침보다 더 큰 논란이 되었던 것은 그의 개인적인 신념이었다. 1920년대 초부터 포드는 『디어본 인디펜던트』Dearborn Independent라는 소규모 주간지를 후원했는데, 이 신문은 극단적인 반유대주의 매체였다. 신문의 기사를 취합하여 『국제 유태인: 세계의 가장 중요한 문제』The International Jew: The World's Foremost Problem이라는 네 권짜리 출판물이 나왔다. 이 출판물에서 편집 담당자들은 세계의 비유대인들이 단결하여 "부적절하고 위험할 정도로 강력한 힘을 부여받은" 집단이 세계에 미치는 영향력에 맞서 싸워야 한다고 주장했다. 후원 초기인 1921년의 한 논평은 같은 맥락을 보여주는 전형적 논조의 단면을 발견할 수 있다. 여기에는 유대인들은 "이렇다 할 문명도, 숭고한 종교도, 보편적인 언어도, 위대한 업적을 이룬 분야도 없이,

그나마 두드러진 것이라고는 '탐욕'뿐인 민족 … 이들은 색슨의 후예들에게 세상을 제대로 만들려면 무엇이 필요한지 가르치려고 안달한다"라고 적혀 있다.59)

포드의 견해는 당시 히틀러와 급부상 중이던 그의 나치당으로부터 환영받았다. 내셔널 북파운데이션National Book Foundation의 책임 이사를 지낸 역사학자 닐 볼드윈Neil Baldwin은 포드의 반유대주의 출판물과 세계의 반응을 다음과 같이 설명했다. 1922년 겨울 독일 뮌헨으로 날아가 국가사회주의 독일 노동당 본부를 방문한다면, 아마『데어 인터나치오날 유더』(Der International Jude, the International Jew의 독일어 번역본)가 테이블에 수북이 쌓여 있는 모습을 볼 수 있을 것이다. 독일어 번역본 서문은 유대인을 비난한 포드의 '위대한 공로'에 대해 치하하고 있다. 볼드윈은 나치 독일의 청소년 조직인 히틀러유겐트의 전직 간부의 입을 통해 포드가 그들에게 얼마나 중요한 영향을 미쳤는지를 진술한다. "젊은 세대는 헨리 포드와 같은 성공과 번영의 상징을 선망의 눈으로 바라보았다. 헨리 포드가 유대인은 나쁘다라고 말하면, 우리는 그냥 그렇게 믿었다" 뮌헨의 작은 본부 건물 내의 히틀러 개인 사무실 벽에는 포드의 대형 초상화가 보란 듯이 걸려 있었다.60)

어떤 면에서는 포드의 견해가 당시 미국의 주류 정서와 크게 다르지 않았고, 오히려 소설가이자 에세이 작가인 판카지 미슈라Pankaj Mishra가 "20세기 초의 과열된 인종 기후"라고 묘사한 당시 현실을 슬프도록 반영하고 있다. '황화론'(Yellow Peril: 동아시아인들이 서구를 위협할 것이라는 인종주의적 주장)은 현실로 여겨졌고, KKK단이 다시 부활했으며, 시어도어 루스벨트Theodore Roosevelt는 '민족 자멸'(Race-suicide: 출생률이 사망률 아래로 떨어져 특정 인종이 멸종할 것이라는 주장)에 대해 우려의 목소리를 높였던 시기였다. 1917년, 유럽에서 벌어진 전쟁에 참전하는 것을 거부할 구실로 우드로 윌슨은 당시 국무장관에게 "백인 문명과 이의 세계적인 우위는 이 나라를 안전하게 보호할 수 있는 우리의 능력에 의해 크게 좌우된다"고 말했다. 포드의 견해가 당시 전반적인 분위기와 부합했든 아니든, 아니, 어쩌면 포드가 당시 사회 분위기와 닮아 있었고, 백인 우월주의를 그럴듯한 논리로 뒷받침해 줌으로써 비슷한 견해를 가진 엘리트들에게 위안이 되었기 때문에, 포드의 편견은 그 당시, 그리고 현재의 조직화된 자선기관이 직면한 문제점에 대해 시사하는 바가 크다.61)

포드재단을 비롯한 초기 자선재단의 관심은 공립학교, 병원, 미술관 후원 등 대부분 그럴듯한 프로젝트에 집중되어 있었다. 그때까지 개인적인 호사로 여겨졌던 상품에 대해 대중의 접근을 가능하게 한다는 목표가 카네기재단의 이상으로 자리 잡은 것도 사실은 카네기 사후 한참 세월이 지난 후의 일이다. 재단이 원하는 분야면 어디든 후원할 수 있는 자유는 당연한 권리로 여겨졌다. "시카고대학University of Chicago에 기부하려는 내 뜻은 하느님도 막을 수 없다"는 록펠러의 선언은 인류에 대한 사랑을 거침없이 실현하려는 자선가의 자랑스러운 외침 같아 감동적이기까지 하다. 결국, 당연한 일이지만, 록펠러는 자신의 뜻을 이루었다. 그리고 오늘날, 자선가가 자신의 돈을 어디에 어떻게 쓰든 거의 어떠한 견제도 따르지 않는다. 어쨌든 자기들 돈이니 무엇이든 원하는 대로 할 수 있다며 대부분의 사람은 이의를 제기하지 않는다.

자선과 경영분야 전문가인 피터 프럼킨Peter Frumkin의 주장은 이런 태도의 전형을 보여준다. 빌 게이츠가 소수자 학생들을 위한 과학 기금에 투자한 데 대해 칭송하며, 프럼킨은 자선 후원금의 기부에 대해 "재차 고려할 필요 없이," 아무것도 묻지 말고 그냥 받아들여야 한다고 주장한다. "적극적이고 사명감 넘치는 자선가들이 기부를 통해 실현하고자 하는 공공의 선이 설령 남들에게는 난해한, 혼자만의 독특한 이상이라 할지라도, 개인 차원의 이런 기부가 결국 우리 모두에게 혜택을 주게 되어 있다."62)

하지만 록펠러의 선언에서 '시카고대학' 대신 'KKK'를 대입해 본다면, 통제되지 않는 자선적 투자가 어떤 문제를 안고 있는지 더 명확하게 이해할 수 있을 것이다. 포드 같은 인물의 편견은 그냥 유감스러운 사례로, 20세기와 그 이전 사회 지도층 내부에 반유대주의와 인종주의적 정서가 얼마나 팽배했는지 보여주는 씁쓸한 증거로 치부될 수도 있다. 하지만 자선가의 재력과 영향력이 그때나 지금이나 얼마나 대단한지를 고려해 본다면, 선도적인 자선가들의 편견은 단순히 유감스러운 현상 이상의 의미를 갖는다. 자선이 사회적 우려의 대상이 되어 버리는 것이다.

헨리 포드 같은 인물이 계급과 인종에 대한 고정관념에 뿌리를 둔, 사회 분열을 조장하는 정책을 후원한다면 무엇으로 그를 막겠는가? **자선신탁과 그 운영자들에게 정치권력이 부당하게 집중되지 않도록 견제할 장치가 마련되어 있는가?** 이런 질문들은 20세기 내내 거듭 제기되었고, 1950년대와 60년대에는 자선재단의 영향력에 대한 비판의 소리가 높아졌다. 우려는 좌우 진영 모두에서 제기되었다. 역사학자이자 언론인인 마크 도위Mark Dowie의 표현대로라면 "같은 동물을 관찰하고도 그 특징에 대해 전혀 다른 견해를 내놓을 수 있는," 정치 스펙트럼의 양 극단을 대표하는 논평가들이 이 문제에 대해서는 한목소리를 냈다.63)

우익 진영에서는 자선재단의 '사회주의적' 의제들에 대해 유감을 표시했다. 우익 진영을 대표한 인물은 선오일 컴퍼니Sun Oil Company를 설립한 조셉 뉴튼 퓨Joseph Newton Pew의 아들, J. 하워드 퓨J. Howard Pew였다. 퓨는 1912년에서 1941년까지 선오일의 사장으로서 회사를 미국 최대의 유조선 제조사로 키웠다. 그는 뉴딜정책을 격렬히 반대했고, 특히 가격 제한을 두어 유가를 낮추려는 노력에 맞섰다. 프리드리히 하이에크Fridrich Hayek를 비롯한 보수성향의 경제학 거물들과 몽펠르랭 소사이어티Mont Pelerin Society에서 친분을 쌓은 퓨는 곧 몽펠르랭 소사이어티의 열렬한 후원자가 되어 "사회주의자건, 복지국가주의자건, 마르크시스트건, 파시스트건, 어떤 형태로든 정부의 개입을 주장하는 … 예수의 가르침에 반하는 세력이라면 누구와도" 맞서 싸울 것을 결의했다.64)

1954년 복음주의 목사 빌 그레이엄Billy Graham과 만난 퓨는 "성경에 입각한 정치경제" 구축을 위해 함께 할 수 있는 일을 모색하기로 했다. 그는 그레이엄의 사업에 막대한 자금을 투자했다. 처음에는 익명의 후원자였지만, 이후 공공연하게 그레이엄의 사업에 자금을 댔는데 그 가운데는 『크리스처너티 투데이』Christianity Today의 발행도 포함되어 있었다. 미국 역사연구의 권위자인 올리비에 전즈Oliveir Zunz는 퓨와 그레이엄의 동맹을 교묘한 정치적 술수라고 평했다. 퓨로 하여금 "자신의 정치적 입장을 국가를 위한 하느

님의 계획의 일부인 듯 옹호하게 하는" 기막힌 한 수였다는 것이다.65)

한편, 정치 스펙트럼의 반대편, 좌익 진영에서는 자선재단이 엘리트주의와 금권주의를 추구하며, 전횡과 종종 불법 행위를 통해 재산을 모은 기업가의 이미지 회복을 목표로 한다는 비난의 목소리가 거셌다. 카네기, 포드에서 오늘날 게이츠재단에 이르기까지, 거대 재단들은 의례 소규모 비영리기관의 유일한 수입원인 경우가 많다. 재단이 권력을 갖게 되면 도위가 지적한 대로 "비밀스럽고," "경직되고," "사상적 의도가 포함된" 재단의 후원 절차에 대한 수많은 불만이 터져 나온다. 비영리기관은 지원요청 제안서가 거부되어도 대항할 법적 수단이 거의 없고, 따라서 새로 생겨난 비영리단체 사이에는 정치적 무력감이 깊어지고 있다.66)

1970년대 말, 포드의 손자인 헨리 포드 2세가 포드모터컴퍼니Ford Motor Company의 회장 겸 CEO로 취임했다. 그는 할아버지와 같은 정치적 성향을 지니고 있었다. 그는 포드 자동차에 혼다 엔진을 장착하고 싶다는 제안을 거절했다. "내 이름을 후드에 단 차에 일본 놈들이 만든 엔진(Jap Engine) 따위를 넣을 수 없다"는 이유에서였다. 그는 또 자선은 기업 이익에 도움이 되는 한도 내에서만 장려되어야 한다는 할아버지의 신념을 이어받았다. 1977년, 포드는 포드재단의 이사회에서 사임함으로써 미국 여론을 들끓게 했다. 이사회에 보내는 공개서한에서 그는 자신의 불만사항을 나열했다. "포드재단은 포드사의 경제 시스템의 성과에 의해 존재하고 번영한다. … 포드재단의 어떠한 활동에서도 이러한 사실을 인식하고 있음이 느껴지지 않는다. … 포드재단을 가능하게 만드는 시스템이 앞으로도 지속될 만한 가치를 지니도록 해야 하며, 이것이 내가 재단 운영진과 관계자들에게 제안하는 바다."67)

간단히 말해, 포드재단의 지나친 반자본주의 성향이 포드 2세의 취향에 맞지 않는다는 취지였다. 재단 이사진은 정중하지만 냉담한 반응을 보였고, 아마 포드 2세의 신경을 거슬렀을 것이다. "그에게는 사람들이 자신의 편지를 주의 깊게 읽어주기를 기대할 권리가 있지만, 누가 편지 한 통 보냈다고 해서 재단의 정책이 바뀔 수는 없다고 생각한다"고 당시 포드재

단 이사장이었던 맥조지 번디McGeorge Bundy가 말했다.68)

1980년대, 좌파 진영의 분석가들은 새로운 경향에 눈을 뜨기 시작했다. 1940년대 이후부터 나타나기 시작했지만, 로널드 레이건Ronald Reagan이 당선될 때까지 간과되었던 현상이었다. 좌익 성향의 의원들은 우익 씽크탱크의 촘촘한 네트워크가 워싱턴 정계에서 얼마나 큰 힘을 갖게 되었고, 그 결과 레이건의 당선을 굳히고 경제정책과 관련하여 그를 어떻게 조종할 수 있게 되었는지 파악하기 시작했다. 일부 좌익 인사들이 "진보적인" 씽크탱크는 우익 집단만큼 자금을 지원받지 못한다고 불평한 것을 보면, 그들의 불만에는 분명 질투의 요소도 섞여 있었다. 가난한 지역에 새로 생겨난, 서민 자생적인 비영리단체를 지원하는 데 우선순위를 두었던 좌파 진영은 몽펠르랭 소사이어티, 케이토 연구소Cato Institute, 헤리티지재단Heritage Foundation 등에 상응하는 지식인들의 네트워크를 구축하지 못했던 것이다.

좌익이건 우익이건 한 가지 사실에 대해서만큼은 의견이 일치했다. 자선재단들이 지나치게 힘을 가졌다는 점이다. 도위는 자선가들이 **"공공정책이라는 틀 속에서 부를 비민주적인 방식으로 배치하고 있으며, 그 점에 대해 미국의 자유주의 진영은 물론 보수 진영까지 깊이 우려하고 있다"** 고 지적함으로써 이 점을 잘 보여주고 있다.69)

1960년대 정부 개혁은 이러한 우려를 잠재우기 위한 것이었다. 1969년 조세개혁법Tax Reform Act은 재단으로 하여금 모기업에 대해 가진 모든 지분을 처분할 것, 재무 및 회계보고서를 포함 세금보고를 국세청에 할 것, 매년 자산 대비 일정 비율을 자선 목적으로 지출할 것을 요구했다. 이 법은 또한 재단으로 하여금 기부금 내역서를 작성토록 했다.70) 1969년 조세개혁법은 미국 역사상 자선재단의 활동을 규제하는 최후의 법적 조치라고 할 수 있다. 이후로 재단은 1950-60년대와는 또 다른 종류의 도전에 직면하게 된다.71)

20세기 내내 자선재단은 지나친 권력을 휘두르는 집단으로 보였다. 좌익이건 우익이건, 비판적인 목소리는 자선활동이 지나치게 성공적이라는 점을 우려했다. 하지만 새로운 비판의 소리가 정반대의 우려를 표하고 있다. 관찰자들은 자선이 전반적으로 눈에 띄게 비효율적이라고 지적했다. 1980년대 이후, 기업의 손익 분석에 익숙한 신세대 경영학자들은 비영리 부문으로 눈길을 돌렸고 문제점을 발견했다. 전통적인 재단의 문제점은 재단의 경영 목표에 도달하기는 고사하고, 목표가 무엇인지조차 명확하게 정의할 수 없다는 점과 명확한 성과지표를 적용하거나 간접비를 줄이지 못하는 데 있다고 학자들은 말했다.

경영학자들의 이런 의견은 사회혁신, 사회적기업이라는 새로운 흐름의 등장은 물론, 기부와 나눔의 '비즈니스'를 표현하는, 머리가 어지러울 정도로 수많은 신조어가 난무하는 데 결정적인 역할을 했다. 벤처형 자선(venture philanthropy), 촉매적 자선(catalystic philanthropy), 전략적 자선(strategic philanthropy), 박애자본주의(philanthrocapitalism), 자선적 기업가정신(philanthropreneurism) 등 실로 다양하다. 이 용어들이 정확히 무엇을 의미하는 걸까? 다양한 정의가 가능하다 보니, 신세대 자선가 사이에서도 각 트렌드의 정의에 대한 열띤 토론이 벌어지곤 한다. 한 가지 확실한 점은 연례 스콜월드포럼Skoll World Forum에 가면 각각의 트렌드를 열렬히 지지하는 사람이 한 사람씩은 꼭 있다는 점이다.

2. 테드헤드 TED Heads

빌 게이츠의 하버드대학 지원에 관한 일화가 있다. 빌 게이츠는 어느 날 친구에게 자신보다 똑똑한 사람들에게서 배우려고 하버드에 갔다가 실망하고 나왔다고 말했다.1)

매년 3월마다 스콜월드포럼Skoll World Forum에 모이는 900명의 참가자들도 비슷한 희망을 품는다. 훌륭한 사람들로부터, 특히 이 행사의 경우라면 비즈니스, 소액대출, 자선분야의 '사회적기업가들'로부터 자극을 받고 싶어 한다. 매년 옥스퍼드대학 사이드경영대학원에서 열리는 스콜월드포럼 참가자들의 면면을 보면, 2012년에는 조지 소로스, 아리아나 허핑턴Arianna Huffington, 애니 레녹스Annie Lennox 등이 연단과 무대에 섰다. 2011년 폐막 총회는 요르단의 누르Noor 왕비가, 2008년 폐막 연설은 스콜의 고정 참석자인 노벨상 수상자 앨 고어Al Gore가 맡았다.

스콜월드포럼은 제프 스콜Jeff Skoll의 아이디어가 낳은 작품이다. 제프 스콜은 이베이를 설립한 억만장자에서 비즈니스와 자선활동을 결합하여 사회적으로 지속 가능한 자본주의를 추구하는 사회적기업 모델의 대변인으로 변신했다. 2003년 이후 스콜월드포럼은 사회적기업가들의 연간 일정표에서 중요한 행사로 자리 잡았다. 어떤 이들에게는 손꼽아 기다리는 행사지만, 도대체 사회적기업가가 무슨 말인지조차 이해하기 힘든 이들에게 "옥스퍼드 잼"Oxford Jam이라는 장외 축제까지 곁들인 국제회의는 더욱 생소할 것이다. 옥스포드 잼은 스콜월드포럼이 2011년부터 주관하는 야간 행사로 인맥을 넓히고 식사를 하며 공연을 즐길 수 있는 축제 형식으로 진행된다.

TED – 웹사이트

    스콜과 다보스 경제포럼 이외에 헤지스톡Hedgestock 같은 작은 행사들도 열린다. 2006년 하트퍼드셔, 네브워스에서 열린 헤지스톡에서는 4천 명의 헤지펀드 매니저들이 일인당 500파운드씩을 내고 넓은 풀밭 위에서 인맥을 넓히는 동안 한쪽에 설치된 판매대에서 맞춤 골프 클럽과 유럽 별장을 판매했다. 하지만 최근 금융 위기로 참가자들 일부가 특히 심하게 타격을 입었다. 행사장에서 "평화, 사랑, 더 높은 수익률"을 외치며 돌아다니던 DKR 캐피탈DKR Capital도 2008년 43억 달러까지 올라갔던 자산 가치가 2011년 4,000만 달러로 폭락했다. 결국 2006년의 헤지스톡 행사는 일회성으로 끝나 버렸고, 한 치 앞을 내다보지 못한 참석자들은 서서히 다가올 금융 위기의 희생양이 되었다. 그리고는 순식간에 비슷한 행사들이 빈자리를 메웠다.2)

    "행사는 얼마든지 있으니까, 뭐." 구글의 공동 창업자인 에릭 슈밋Eric Schmidt은 언론인 크리스티아 프릴랜드Chrystia Freeland에게 이렇게 말했다. "다보스도 있고, 오스카 시상식도 있고, 칸느 영화제도 있고, 선 밸리도 있고,

TED 총회도 있고 … 직접 가보면 신문에서 읽을 때만큼 재미있는 행사는 아니지요. 사진으로 봤을 때가 실제보다 더 나았으니까. 하지만 스스로 글로벌 시민이라고 생각하는 만큼 반드시 참석합니다."3)

엘리트들의 행사 코스 가운데 밀컨연구소Milken Institute가 주관하는 밀컨글로벌컨퍼런스Milken Global Conference도 빼놓을 수 없다. 밀컨연구소는 마이클 밀컨Michael Milken이 미국 증권거래법 위반과 관련된 다수의 중대 범죄에 대해 유죄를 시인한 이듬해에 설립한 기관이다. 테드헤드들의 세상에서는 "마이클 밀컨이나 이반 보스키Ivan Boesky 같은 월스트리트의 범죄자도 얼마든지 미화된다. 돈 버는 아이디어에 열광하는 이들의 세계에서 금융부문의 이해는 곧 국가의 이해로 쉽게 치부되어 버린다"4)고 한때 테드헤드의 세계에 발을 들여놓은 적이 있는 어떤 이가 말했다.

이런 행사에 참가하려면 상당한 금액을 참가비로 내야 한다. TED 컨퍼런스 입장권은 최고 6,000달러까지 간다. 돈이 있다고 해서 자리가 확보되는 것도 아니다. 스콜월드포럼은 "많은 신청 바랍니다"라는 홈페이지의 문구와는 달리 초청을 받아야 참석할 수 있다.

나는 2008년에서 2010년까지 사이드경영대학원Saïd Business School에서 연구원으로 근무했고, 갖은 수단과 방법을 동원해 2009년 스콜월드포럼의 입장권을 손에 넣었는데, 그 바람에 스콜이나 TED 같은 행사에 초대받지 못한 학교 터줏대감들로부터 곱지 않은 시선을 받았다. "그건 어디서 났나?" 어느 날 오후 선임 교수 한 분이 내가 가진 주황색 스콜패스를 턱으로 가리키며 쏘아붙였다. "우리 같은 사람 중에는 여기서 몇 년을 일한 사람도 있어. 당연히 행사에 초대를 받았을 것이라 생각하겠지만." TED나 스콜 같은 행사가 '글로벌 민주주의', '가난한 사람들을 위한 더 나은 삶' 같은 비전을 입버릇처럼 되뇌면서도 정작 전 세계 대부분의 빈곤층, 아니 세계의 유서 깊은 대학의 경영학자들조차 감당하기 어려울 정도로 터무니없이 비싼 입장료를 받는다는 사실이 행사 관계자에게는 전혀 문제가 되지 않는다. 오히려 그들은 한정된 사람들에게만 허용된다는 사실을 강점으로 내세운다. "으리으리한 성도, 귀족 작위도 없는데 이렇게라도 하지 않으면 스스로 엘리트임을 내세울 방법이 달리 뭐가 있겠는가?" 메인 주 캠던에서 매년 열리는 아이디어 축제 팝테크PopTech를 주관하는 앤드루 졸리Andrew Zolli가 『뉴욕』New York 매거진과의 인터뷰에서 말했다.5)

순진한 눈망울을 반짝이며 원대한 목표에 막연히 가슴 벅차 하는 대부분의 테드헤드 세대가 품은 야망이 졸리의 한마디에 모두 들어있다. '세계 빈곤' 같은 문제를 뿌리 뽑을 수 있는 완벽한 해결책 같은 것을 내놓으라고 하면 국제협력개발부문에서 일 해본 사람이라면 누구나 부담스러워할 것이다. 하지만 테드헤드들은 대부분 국제협력개발과는 털끝만큼도 인연이 없었던 사람들이다. "우리 시대의 누군가가 빈곤문제를 해결하고 노벨 평화상을 받을 것이다." 졸리는 『앙티프레누어닷컴』Enterpreuner.com과의 인터뷰에서 진지하게 말했다. "그 사람은 아마 수십억 달러를 벌 것이다." '사회적기업가정신'의 등장을 염원하는 유명인과 정책 입안자 간의 국제적인 인맥을 구축함으로써, 스콜재단은 돈은 물론, 돈의 가치 이상의 어마어마한 영향력을 갖게 되었다. 개인이 명예, 특권, 또는 대중적 인지도를 기반으로 획득할 수 있는 문화적, 사회적 자원을 프랑스의 사회학자 피에르 부르디외는 '상징적 자본'(symbolic capital)이라고 칭했는데, 스콜재단은 물론 재단설립자인 제프 스콜도 이 '상징적 자본'을 풍족하게 누리게 되었다.

사회적기업과 사회적기업가정신

사회적기업가정신에 관심이 집중되면서 비영리부문과 영리를 추구하는 상업부문의 마인드에 단기간 내에 변화가 생겼다. 그 결과 새로운 세대의 비즈니스 리더들과 박애자본주의자들은 "자선은 죽었다"라고 선언하게 되었다. 이 말은 영국의 언론인 조 윌리엄스Zoe Williams가 스콜재단의 온라인 포럼인 소셜 에지Social Edge의 운영자 빅터 댈런트Victor d'Allant와 가진 인터뷰에서도 등장했다. "모든 것은 사회적기업 활동 대 자선의 대결로 귀결된다"고 댈런트는 말했다. "이제 아무도 자선활동을 하고 싶어하지 않는다.

자선은 효과가 없기 때문이다."6)

　윌리엄스처럼 우리도 의문이 든다. 자선이 정말 죽었다면, 누가, 무엇이 자선을 죽였는가? 박애자본주의? 벤처형 자선? 사회적기업? 사회혁신활동? 이런 용어들이 의미하는 것은 도대체 무엇일까?

　간단히 정의하자면, 사회적기업가정신이란 혁신적인 비즈니스 모델을 통해 여러 가지 사회 문제에 해결책을 제시하고 집단적인 공공의 이익을 증진할 수 있다는 발상을 말한다. 이 용어는 1980대 워싱턴 D.C.를 기반으로 만들어진 비영리단체 아쇼카Ashoka의 설립자 빌 드레이턴Bill Drayton에 의해 대중화되었다. 아쇼카는 사회적인 이익을 위해 창의적으로 일하는 책임감 있는 개인들을 뜻하는 변화주도자(changemakers)를 재정적으로 지원하기 위해 세워졌다. 아쇼카의 정신은 다보스 세계경제포럼을 만든 클라우스 슈바프Klaus Schwab 등의 인물에 의해 계승되었다. 1998년 슈바프는 사회적기업가정신과 혁신을 장려하기 위해 사회적기업가정신을 위한 슈바프재단Schwab Foundation for Social Entrepreneurship을 만들었다. 슈바프가 사회적기업의 장점을 역설할 무렵, 이 분야에는 미묘하면서도 중요한 변화가 일어났다. 드레이턴의 아쇼카는 비영리기관이지만, 현재의 많은 사회기업은 영리를 추구한다. 이러한 변화의 결과로 초기 사회적기업을 열렬히 지지했던 사람들은 상업화가 진행될수록 자신들의 목표가 퇴색하는 것은 아닌가 고민하게 되었다.

　위에 밝힌 사회적기업가정신의 정의가 다소 일반적이고 광범위하게 느껴진다면, 그것은 이 현상 자체가 일반적이고 광범위하기 때문이다. 혁신적인 발상이나 방법으로 사회 변화를 추구했던 노력은 이전에도 많았고, 사회적기업을 그러한 노력과 확실하게 구분 짓는 특징은 없다. 존 엘킹턴John Elkington과 파멜라 하티건Pamela Hartigan은 사회적기업을 적극 찬성하는 지지자다. 이 두 사람이 사회적기업의 개념을 어떻게 설명하는지 살펴보자. 최근 저서에서 이들은 "표준형 기업가라는 것은 존재하지 않지만, 기업가가 어떤 일을 하는지에 대한 대체적인 합의는 존재한다. 기업가는 새로운 아이디어를 현실에 적용함으로써, 현존하는 시장이 공급하고 있지 않은 재화와 서비스를 제공하기 위한 새로운 벤처를 설립한다"[7]고 설명했다. '사회적' 기업가가 전통적인 기업가와 다른 특징은 동기에 대한 강조다. 엘킹턴과 하티건에 따르면, 사회적 인식을 갖춘 신세대 기업가들은 소외계층의 시장 재화 접근을 막는 시장 불균형과 이를 초래하는 불의에 대한 깊은 인식에서 동기를 얻는다. "다시 한 번, 이 새로운 기업가들은 삶에 큰 전환점이 되는 경험을 했고, 이것은 일종의 계시처럼 그들로 하여금 지금의 사명에 매진토록 했다." 두 저자는 또, "전환의 경험을 했다고 밝힌 사람 중에는 다양한 분야의 유명인도 있다. 밥 겔도프Bob Geldof, 보노, 브락BRAC의 페이즐 아베드Fazle Abed, 베어풋칼리지Barefoot College의 벙커 로이Bunker Roy, 농촌발전연구소Rural Development Institute의 로이 프로스터먼Roy Prosterman 등과, 주류 기업가 가운데에는 월마트의 CEO 리 스캇Lee Scott(허리케인 카타리나가 그에게 이런 전환점이 되었다)이 여기에 포함된다"고 밝혔다.[8]

불행히도, 지금의 '사명'(mission)이 무엇이고, 어떻게 달성할 수 있는지는 명확하게 정의되지 않은 채 애매하게 넘어가는 경우가 대부분이다. 리 스캇은 책에서 딱 한 번 언급된다. 허리케인 카타리나 이후의 '전환적' 체험을 계기로 그가 어떤 행보를 보였는지도 구체적으로 나와 있지 않다. 리 스캇은 자신의 임기 동안 '지속가능성 캠페인'이라는 운동을 떠들썩하게 벌였지만, 지역자립연구소Institute for Local Self-Reliance가 2013년에 발표한 보고서에 따르면 월마트는 환경오염으로 인한 재해의 피해를 경감시키기 위한 법 제정 저지운동을 지원하는 주 후원사이며, 월마트의 재생 가능 에너지원 사용 실적은 다른 대기업에 비해 극히 미미했다. 스캇은 종종 동종 업계의 치열한 경쟁 때문에 월마트의 악명 높은 저임금을 개선하기 힘들다고 토로했다. CEO 임기 마지막 해에 그의 연봉 패키지는 3,000만 달러가 넘었고, 그가 보유한 월마트 주식의 가치는 2억 2,000만 달러에 달한 것으로 알려졌다. 엘킹턴과 하티건이 왜 리 스캇을 훌륭한 사회적기업가로 떠받드는지 분명치가 않다.

앞에 언급된 다른 인물도 살펴보자. 늘 언론의 관심이 집중되는 보노와 밥 겔도프의 구호활동은 칭찬만큼이나 많은 조롱을 받았다. 밥 겔도프는 잊을 만하면 우려먹는 "그들도 크리스마스라는 걸 알까"Do They Know It's Christmas 라는 싱글을 2014년에 재발매함으로써 특히 공분의 대상이 되었다. 많은 아프리카인이 당혹스러워 하거나 분개했다. 알 자지라Al Jazeera는 구체적인 반응을 일부 소개했다. 케냐의 정책분석가 앱둘라히 할라케Abdullahi Halakhe는 "나이지리아 한 곳에만 잉글랜드와 웨일스의 기독교 신자를 합친 수의 세 배에 달하는 기독교 인구가 살고 있다. 그들이 크리스마스를 모르다니 말이 되는가?" 그는 또 "2014년 현재 아프리카가, 그것도 한물간 3류 팝 아티스트의 구원을 필요로 한다는 발상은 왜곡된 메시아 콤플렉스를 보여주는 사례"라고 지적했다.9)

브락BRAC은 소액대출 기관의 성공사례이며, 소액대출의 상업적 가능성이 확인된 이후에도 영리화 되는 것을 거부한 몇 안 되는 기관 중 하나다. 소액대출에 관해서는 나중에 더 자세히 다루겠다. 베어풋칼리지는 40년째 인도의 소외 계층을 돕고 있는 비정부기구다. 로이 프로스터먼의 농촌발전연구소는 가난한 사람들에게 토지 사용 권리를 보장하는 일을 하고 있다. 이 두 기관에 대해서는 할 말이 많지만, 두 곳 모두 특별히 새로울 것이 없다. 모두 40년 이상 활동해왔고, 20세기 내내 앞선 세대 활동가들의 개발 노력으로 만들어진 기반 시설을 활용하고 있다. 베어풋칼리지의 설립자 산지트 '벙커' 로이Sanjit 'Bunker' Roy는 마하트마 간디Mahatma Gandhi의 이타적인 봉사정신이 자신의 비영리활동의 정신적 기반이라는 점을 누차 강조했다.

하지만 용어가 일반적으로 널리 사용되고, 역사적으로 유사한 사례를 발견할 수 있고, 벙커 로이의 비전과 리 스캇의 목적을 같은 범주로 묶는 것이 다소 불편하게 느껴지는데도 불구하고, 사회적기업을 옹호하는 이들은 별다른 근거도 없이 사회적기업이 과거의 사업 관행을 혁신적으로 타파했다고 계속해서 주장한다. 제프 스콜은 "세계 유수의 재단, 대학, 자선기관에서 사회적기업 정신이 이 시대 가장 영향력 있는 발상이라는 데 의견을 같이 한다" 주장했다.10) 아쇼카의 설립자인 빌 드레이턴은 "선도적인 사회적기업가를 결정짓는 특징은 그들이 사회 전반에 걸쳐 각자가 속한 분야에서 정해진 방식을 변화시키지 않고서는 절대로 편히 쉬지 못한다는 점이다. 새로운 방식은 그들에게 평생에 걸친 비전이다. 학자와 예술가는 통찰력을 보고 경험하는 데에서 기쁨을 얻는다. 프로는 고객을 만족하게 하는 데에서 기쁨을 얻는다. … 반면 사회 전체가 변화할 때까지 결코 멈추지 못하는 사람은 기업가뿐이다."11) 스콜과 드레이튼의 발언은 둘 다 말도 안 되는 궤변이다. "사회 전체를 변화시킬 때까지 결코 멈추지 못하는 이들은 기업가뿐"이라는 그들의 말은 더 나은 노동조건을 쟁취하고자 홈스테드와 러드로에서 목숨을 잃을 때까지 싸웠던 노동자들의 유지를 욕보이는 것이다. 그 노동자들도 사회를 바꾸고 싶어 했다. 그 노동자들도 선도적인 자선가가 고용한 총잡이의 총탄에 맞아 목숨을 잃을 때까지 멈추지 않았다.

사회적기업가정신을 좀 더 구체적으로 정의하고자 하는 노력조차도 결국은 그 용어 자체의 모호함과 평범함을 드러내고 만다. 스콜재단의 CEO 샐리 오스버그Sally Osberg와 토론토대학 로트먼 경영대학원Rotman School of Management 학장을 지낸 로저 마틴Roger Martin이 그 예다. "사회적기업가정신을 좀 더 명확하게 정의하는 것이 이 분야의 발전을 도울 것"이라고 주장하며, 두 사람은 사회적기업가를 다음과 같이 설명한다. 좀 장황하지만 전문을 살펴볼 필요가 있을 것 같다.

> 사회적기업가는 인류의 한 부분에 방치, 소외, 고통을 야기하는, 유감스럽지만 안정된 균형상태를 목표로 삼는 사람, 자신의 영감, 직접적인 참여, 창의력, 용기, 정신력을 동원해 이러한 균형 상태에 변화를 주고자 하는 사람, 그리고 목표로 삼은 집단과 나아가 사회 전체에 지속적으로 이익을 보장하기 위해 새로이 안정적인 균형상태를 만들어내는 것을 목표로 삼고 궁극적으로 이에 이바지하는 사람이다.12)

언뜻 봐서는 대단한 의미가 있는 것처럼 그럴듯해 보인다. 하지만 이 글이 진짜로 하고자 하는 말이 무엇일까? 자세히 들여다보면 별로 대단한 의미는 없다. 사회적기업가는 "유감스럽지만 안정된 균형 상태"를 목표로 삼는다. 이 말은 어디에든 적용할 수 있다. 가령 대부분의 제약회사는 가난한 나라 사람들을 특히 괴롭히는 질병보다, 세계에서 가장 부유한 사람들이 잘 걸리는 질병에 연구 개발 우선순위를 둔다. 유감스러운 현실인 것은 맞지만, 사회적기업가가 처음으로 인식한 문제는 아니다.

두 번째 정의, "자신의 영감, 직접적인 참여, 창의력, 용기, 정신력을 동원해 이러한 균형 상태에 변화를 주고자 하는" 사람, 역시 인간의 모든 노력, 가령 시민 활동, 소기업 창업, 제약 회사의 특허권 제한을 위한 로비 등 모든 활동에 적용될 수 있다. 마찬가지로 특별히 새롭지 않다. 마지막으로 "목표로 삼은 집단과 나아가 사회 전체에 지속적인 이익을 보장하기 위해 새로이 안정적 균형상태를 만들어 내는 것을 목표로 삼고 궁극적으로 이에 이바지하는" 것 역시 영리, 비영리, 영리와 비영리의 혼합 형태를 막론하고 사회적 이익을 창출하는 모든 형태의 인간의 노력이 여기에 해당된다.

아니, 애초에 사회적기업이 그런 이익에 이바지하긴 하는 걸까? '새로운 균형 상태'가 목표 집단에 사회적 이익을 제공하는지 아닌지 어떻게 측정할 것인가? 하물며 사회 전반에 대한 효과를 측정하는 것은, 실제로 어떤 사회를 의미하는지 모르겠지만, 더 어렵다. 매출 상승, 풍족한 배당, 높은 주식가치 등 일반적인 기업 성과지표는 사회적기업이 생각하는 만큼 사회적 이익을 제대로 평가하기 적합하지 않다. 대부분의 사회적기업가는 자신의 사업이나 사회 활동이 사회적으로 긍정적인 결과, 소위 테드 헤드의 세계에서 SROI(사회적 투자수익률)라고 부르는 성과를 달성했음을 증명하고 싶어 한다. 앞선 세대처럼 그들도 결국에는 사회과학 분야의 오랜 과제에 직면한다. 바로 **인과관계를 증명하는 것**이다. **특정한 후원금이나 후원 활동이 보건, 교육, 사회복지에 직접적으로 측정 가능한 성과를 가져왔는지 파악하기란 매우 어렵다.** 국내 총생산의 증가, 물가변동, 금리변동 등 여러 변수가 결과에 다양한 방식으로 영향을 미쳤을 수 있기 때문이다. 이런 난관에 직면한 많은 자선기관이나 사회적기업은 자신들의 효율성을 증명하기 위한 수단으로 대용 지표(proxy measures)를 사용한다.

그 중 하나가 바로 레버리지, 즉 다른 자선가, 정부, 또는 시장의 큰 손을 자신의 자선 목적에 동참시키는 능력이다.

레버리지 효과가 새롭게 부각되는 개념은 아니다. 초기 자선활동가를 보좌했던 참모들, 예컨대 프레더릭 게이츠 같은 인물은 후원 대상을 선정할 때, 정부와 민간부문의 파트너를 끌어들일 수 있어야 한다고 공공연히 주장했다. 하지만 최근 레버리지라는 말은 새로운 의미를 더하게 되었다. 오늘날 '레버리지'는 후원금이 얼마나 큰 효과를 달성했는지 과시하는 대용 지표로 사용된다. 어떤 재단이 외부 인사를 집결시켜 상응하는 후원금이나 지지의 표시를 통해 자신의 기부 취지에 동참하게 만드는 데 성공했다면 자선활동이 더 성공한 것처럼 보인다.

물론, 많은 기업가가 레버리지의 한계를 인식할 정도로 영리하다. 세계가 직면한 문제를 해결하는 것은 고등학교 졸업 파티가 아니다. 재단이나 사회적기업이 얼마나 많은 댄스 파트너를 확보할 수 있느냐는 그들의 인기를 가늠하는 척도가 될 수는 있어도 실질적인 성과를 증명하지는 못한다. 게다가 레버리지가 오히려 역효과를 내지는 않았는지, 가령 소규모 기관이 강력한 힘을 가진 기관의 요구에 응하고자 자신의 원래 활동 전략을 포기함으로써 생긴 비용은 없는지를 따져보는 것도 쉽지 않다.

영향력 있는 『난프로핏쿼털리』Nonprofit Quarterly 매거진의 편집자 루스 맥캠브리지Ruth McCambridge는 이러한 문제점들을 강조하면서, 점점 영향력을 키우고 있는 '초대형 재단'이 소규모 기관에 대한 레버리지를 강화하고 있는데, "많은 후원금을 확보하고, 마케팅 능력과 사회적 자본을 넉넉히 보유한 기관이 실제로 창출할 수 있는 사회적 가치보다 높게 평가된 것은 아닌지" 의문을 표시했다. 그녀는 "한 기관에 수천만 달러가 이미 투자된 상황이라면, 그 기관이 미흡하거나, 실패하거나, 사회나 사회 기반 시설에 예기치 못한 해를 끼친다 한들 굳이 상황을 바꾸려고 애쓸 이유가 어디 있겠는가?"라며 우려했다.[13]

맥캠브리지는 또 '기업가정신'과 '혁신' 등의 용어가 눈에 띄게 유연하고 상호 교환이 가능하다며 이런 용어가 후원금 제안서나 마케팅 책자에

무차별적으로 사용된다고 지적했다. 그녀의 말을 인용하면 "기업가가 되기 위해 꼭 새로운 아이디어가 필요한 것은 아니다. … 기업가에 대한 가장 일반적인 정의는 '사업이나 기업체를 조직 관리하고, 그 리스크를 떠안는 사람'이다. … 기업가들은 피자 가게를 열고, 스파를 운영하고, 카펫 상점가를 세운다. 그 어떤 것도 특별히 혁신적이지 않다."14)

'사회적기업가'라는 용어의 모호성이 갖는 상투적인 이점 가운데 하나는 이 용어가 매우 탄력적이어서 전 세계 보건, 개발, 공공서비스부문에서 일하는 사람이라면 대부분 사회적기업가의 범주에 포함시킬 수 있다는 점이다.

아쇼카는 자사의 인터넷 홈페이지에서 역사 속의 '선도적인 사회적기업가들'이라며 다음과 같은 이름들을 나열했다. 플로렌스 나이팅게일Florence Nightinglae, 수전 B. 앤서니Susan B. Anthony, 비노바 브하비Vinoba Bhave, 존 뮈어John Muir, 장 모네Jean Monnet, 마리아 몬테소리Maria Montessori. 모두 뛰어난 인물들인 것은 확실하다. 하지만 이들을 한 범주에 넣은 것은 어색하다고까지는 못해도 너무 독단적이다. 수전 B. 앤서니는 19세기 뛰어난 여성인권운동가 중 한 사람이고, 유진 뎁스와 같은 사회주의 지도자들과 긴밀하게 연관되어 있었다. 간디의 제자였던 브하비는 인도 부단에서 토지증여운동을 이끌었고, 인도 전역을 돌면서 부유한 지주로 하여금 가난한 사람에게 땅을 나누어 주어야 한다고 설득했다. 모네는 외교관으로 EU의 모태가 된 유럽공동시장European Common Market을 구상한 인물 중 하나다. 몬테소리는 이름난 교육가로 미국 우익들은 종종 존 듀이John Dewey 등 권위 있는 좌익 편향 교육학자에 대항했던 인물로 추앙하곤 한다. 하지만 사실 몬테소리는 교육에서 국가의 중요성을 강조했고, 동시대 사회주의 지도자들의 견해에 공감하여 "사회주의자와 공산주의자가 노동자를 위한 더 나은 생활환경을 쟁취하고자 움직이기 시작했다"라고 발언한 바 있다.15)

플로렌스 나이팅게일의 경우, 그녀가 당시의 상업화 경향에 반대해 싸웠고, 공공보건을 부유한 일부 계층만이 누릴 수 있는 사치가 아니라 공공의 권리로 만들고자 맹렬히 투쟁했음을 아는 사람이라면 그녀에게 '사회적기업인'이라는 꼬리표를 붙이는 것은 당치 않다고 여길 것이다.

최근 수년간, 사회적기업가정신이 품고 있는 상업적 메시지에 대한 반감을 완화해보려는 의도도 한몫해서, 이번에는 '사회혁신'이라는 용어가 널리 쓰이기 시작했다. 런던에 있는 영재단Young Foundation의 전 CEO 제프 멀건Geoff Mulgan은 사회혁신을 "충족되지 않은 필요를 충족시키는 새로운 발상"이라고 정의한다. 그는 영국의 사회학자이자 오픈 유니버시티Open University와 소비자 권리 감시기관인 '위치?'Which? 등을 설립한 사회활동가 마이클 영Michael Young이 남긴 업적을 그 예로 든다. 마이클 영의 업적은 정치적 성향을 막론하고 많은 이들의 존경을 받고 있다. 문제는 영의 업적이 소외된 이들의 생활과 권리를 향상시키고자 했던 여타의 노력과 어떻게 구별되느냐는 점이다. 어린이 복지프로그램과 부모 모두를 위한 출산 휴가 등의 정책, 노동자 권리 운동과 공민권 운동 같은 정의 구현 운동 등은 모두 충족되지 않은 필요를 충족시키기 위한 목적으로 이루어졌다. 이들을 모두 사회적 혁신으로 정의해야 할까?

멀건에 따르면 그렇다. 그는 사회적 혁신은 변화의 과정으로 이해할 수 있다며, 영웅적인 개인(로버트 오언Robert Owen, 무함마드 유누스)의 노력이 이루어낸 변화일 수도 있고, 훨씬 광범위한 변화의 움직임(페미니즘, 환경주의)일 수도 있고, 또는 시장의 움직임과 조직의 장려책으로부터 기인한 변화일 수도 있다고 말한다. 이 정의는 너무나 광범위해서 가령 동네에서 남들처럼 레몬 에이드를 팔지 않고 키위 주스를 파는 8살짜리 꼬마도 사회혁신가가 될 수 있다. 그렇다면, 도대체 사회적 혁신은 어떤 점에서 특별한 걸까?16)

사회적 자본 은행

한 가지 새로운 점이라고 내세우는 것은 소위 '사회적 자본 은행'을 통해 사회적기업과 비영리단체에 대한 자금 흐름을 늘리려는 노력이다. 여러 가지 면에서 사회적 자본 은행은 비영리 분야가 직면한 시급한 요구를 해결해 줄 수도 있다. 다른 지역으로 사업을 확대하거나 사업 규모를 늘리고, 더 기본적으로는 서비스가 필요한 더 많은 사람에게 접근을 허용하기 위해서는 늘 자본이 필요하기 때문이다. 비영리부문은 새로운 시도를 위한 자금 확보에 늘 어려움을 겪었다. 신생 기업에 대한 대출을 고려할 때, 일반 시중은행은 우선 해당 사업의 수익성부터 평가한다. 비영리라는 이름만 봐도 알 수 있듯이, 비영리기관은 대부분 상업적 성공 가능성이나 수익성이 없다. 그들은 자선기관의 지원이나 정부 지원에 의존한다. 즉, 좋은 투자처가 아니라는 말이다. 시중 은행은 또한 비영리기관에 자금을 대는 것이 자사의 평판에 대한 자살 행위와 같다는 점을 인식하고 있다. 노숙자 쉼터나 여성피난처를 잔뜩 소유하고 있다는 사실이 알려지면 은행의 이미지에 큰 타격을 입는다.

이러한 문제 때문에 영국의 빅소사이어티 캐피털은행Big Society Capital Bank 같은 프로젝트가 생겨나게 되었다. 빅소사이어티 캐피털 은행은 보수당 주도의 연립정권이 2012년에 설립한 것으로 최초의 발상은 그로부터 10년 전 노동당 정부 시절로 거슬러 올라간다. 사회적기업에 대한 자금지원을 목표로 설립된 빅소사이어티 캐피털 은행은 로이즈Lloyds 등 시중 은행의 휴면계좌로부터 조달한 6억 파운드를 기본자금으로 설립되었다. 휴면계좌의 자금은 여전히 시중 은행 고객의 재산이고 요구가 있을 때 언제든지 지급해야 하지만, 대부분은 지급 요구 없이 사장된다. 그렇다고는 해도 빅소사이어티 캐피털 은행이 일반 은행처럼 이자를 받을 것인지, 수익성을 추구할 것인지가 애초에 분명치 않았다. 만약 이자를 받고 수익성을 추구한다면 회의론자들이 주장하듯 일반 시중 은행과 차이가 없었다.

2012년의 기자회견에서 데이비드 캐머런David Cameron 총리는 빅소사이어티 캐피털 은행이 "사회가 확장될 수 있도록 자본을 공급하는" 기관이라며 그 취지를 치하했다. 캐머런의 메시지는 대중적인 조롱거리가 되었던 그의 '빅소사이어티' 운동 즉, 국가가 떠맡았던 사회복지사업에 대해 개인과 사회의 참여를 장려하고자 하는 노력의 일환이었다. 2010년 총선에서 승리한 후, 연립정부는 영국 전역에 걸쳐 빅소사이어티 운동을 홍보했다. 화려한 색상의 포스터와 배너에는 진한 글씨체로 두 가지의 슬로건이 적혀 있었다. '빅소사이어티'(큰 사회), '빅가번먼트'(큰 정부). 영국 정부는 유권자들이 혹시 메시지의 중요성을 파악하지 못할까 봐 시각적인 도움을 주기로 했나 보다. 홍보 배너에서 빅소사이어티의 알파벳 O는 미소 짓는 얼굴로, 빅가번먼트의 알파벳 O는 찡그린 얼굴로 각각 그려져 있었다.

이 캠페인에 대해 냉소적인 사람들은 캐머런 정부가 비영리부문에 대한 정부 지출을 삭감하고, 애초에 지원하겠다고 했던 사회복지사업이나 공공서비스를 무력화시켰다고 지적했다. 2010년 영국 정부는 정부 주도의 저가 주택 공급 예산 80억 파운드 삭감을 포함해, 총 830억 파운드의 정부지출 삭감을 단행했다. 이전 노동당 정부는 2009년 2만 2,000개의 새 주택을 지었는데, 이 사업이 토리당 주도의 연립정부가 들어서면서 중단된 것이다.

옥스퍼드대학 보건경제학자 데이비드 스터클러David Stuckler와 스탠퍼드대학 인구학자 산제이 바수Sanjay Basu는 자신들의 책에서 "토리당 정부의 긴축 조치는 영국의 약 1만 개 가구 구성원을 집 없는 상태로 만들었다"고 말했다.[17] 2010년 보수당 정권이 선거에서 승리한 후 잉글랜드에만 2,000개 넘는 자선단체에 대해 예산이 삭감되거나 지방의회로부터의 지원이 철회되었다. 자선단체는 자선 구호에 대한 수요가 넘쳐나는 상황인데도 감원이 불가피해졌고 과거에 개인에게 제공하던 지원도 불가능해졌다. 빅소사이어티는 "해방이며, 화이트 홀Whitehall의 엘리트로부터 일반 시민에게 대대적이고 극적인 권력의 재분배가 일어날 것"[18]이라는 캐머런 총리의 선언은 자선단체의 입장에서 보면 단순한 조롱거리가 아니라, 치명타였다.

정부의 조치로 좌절감을 맛본 비영리단체의 직원 중 하나인 셀로시아 멘데스Celosia Mendes는 2010년 『가디언』Guardian 사설에서 상황의 악화로 벌어진 틈새를 더 많은 자원봉사자로 채워야 한다는 캐머런의 호소에 대한 당혹감을 표현했다. 그녀는 런던의 가장 열악한 지역에서 자원봉사자를 모집하고 지원하는 해크니 자원봉사센터Volunteer Center Hackney의 직원이었으며, 전과자들을 위한 자원봉사 프로그램인 프롭스Props를 운영했다. 자원봉사 지원자가 상당히 많았고, 재소자들은 출소 전부터 그녀에게 자원봉사를 하려면 어떻게 해야 하는지 문의해 오곤 했다. 하지만 프로그램은 2년 만에 중단되었다. 프롭스의 공동 후원기관인 국가보건의료서비스(NHS) 기초건강보호기금이 폐지된 결과다. "우리 자신의 존재가 위협받고 있는데, 어떻게 큰 사회(빅소사이어티)를 성장 발전시킬 수 있단 말인가"라고 멘데스는 묻는다.19)

캐머런의 정책이 또 한 가지 간과한 사실은 국민이 자선단체 활동보다 정부의 지원에 더 큰 존경과 권위를 부여한다는 점이다. 특히 이런 존경심은 영국 국민 사이에서 두드러진다. 사회학자 대런 틸Darren Thiel이 지적한 대로 20세기 국가보험제도의 도입으로 국민과 정부 간에 사회적 계약이라는 개념이 굳어졌다. 개인은 정기적으로 사회보장기금에 돈을 납입함으로써 국가에 봉사하는 대신 경제적으로 어려운 시기에 자신의 몫을 보상으로 되돌려 받는다는 인식을 가지고 있다.

이러한 인식은 특히 군인들 사이에서 강하게 나타난다. 그 결과 군인들은 정부의 지원이 삭감되고 자선단체의 지원이 높이 평가되는 현실에 분개한다. 최근 영국의 아프가니스탄 전쟁에 대한 프랭크 레드위지Frank Ledwidge의 연구 결과를 토대로 기자이자 소설가인 제임스 미크James Meek는 '피터'라는 예비역 군인의 사례를 보도했다. 피터는 2006년 폭탄공격으로 심한 부상을 입었다. 자신이 국가 보상금 지급 대상이 아니라는 국방부의 통보를 받은 피터는 보상금을 받기 위해 싸웠고 마침내 상당한 금액을 받았다. 하지만 다른 많은 군인들은 그러지 못했다. "헬프포히어로즈(Help for Heroes: 참전 상이군인들을 지원하는 자선단체)를 비롯한 자선단체는 비용을 책임감 없는 단체에 떠넘기려는 정부의 얄팍한 속셈을 가리는 눈속임"이라고 피터는 말했다.20)

2012년 캐머런 총리는 세율 상한선을 5퍼센트 낮춘다고 발표했고, 그 결과 약 4만 명의 부자들이 주당 1만 4,000파운드의 세금을 추가로 절감하는 효과를 낳았다. 부자를 위한 감세는 빅소사이어티 계획의 유산이며,

나아가 박애자본주의가 만들어낸 결과이기도 하다. 즉, 사회 상층부에 부를 집중시키는 정책을 도입하면, 부유층이 재정적인 어려움에 빠진 나머지 사회 구성원들을 위해 기부할 것이라는 희망이 반영된 것이다.[21]

사회적기업과 사회적 가치

CEP Center for Effective Philanthropy의 필 부캐넌 Phil Buchanan 소장은 사회적 목표를 이룬 역사 속 인물을 골라내어 "이 인물들에게 박애자본주의자라는 사후 칭호를 부여하려는 시도가 흥미롭다"고 필자에게 말했다. 그는 그러한 역사적 재조명이 결국 "비영리부문을 희화화 하는 결과로 이어져 좋지 않은 결과를 낳는다"면서, 경영의 대가 피터 드러커 Peter Drucker를 흔히 박애자본주의자로 추앙하곤 하지만 "드러커는 1989년 『하버드 비지니스리뷰』에 '기업은 비영리부문에서 무엇을 배울 것인가'라는 글을 기고한 적도 있다"고 덧붙였다.

오랫동안 빈약한 재정을 꾸리는 데 익숙해진 비영리기관은 긴 역사를 거치면서 빈곤한 계층을 돕는 혁신적인 방법을 개발해 왔다. 어떤 분야든 부실 관리의 사례는 드러나게 마련이지만, 비영리부문의 문제가 월드컴 Worldcom, 엔론 Enron 또는 2008년 서브프라임모기지 사태 수준의 재앙으로 이어진 경우는 드물다. 민간부문의 무리한 대출 사례가 그 어느 때보다 확연히 드러난 이때에 자선단체는 영리를 추구하는 기업의 경영 전략을 본받고, 민간부문의 방식을 따르도록 점점 더 큰 압박을 받고 있다. 하지만 논리적으로 생각해 볼 때 오히려 그 반대가 타당하다.

박애자본주의를 지지하는 이들은 박애자본주의와 사회적기업가정신이 기존의 기업과 다른 점은 사회적 가치를 강조하는 데 있다고 주장한다. 이 점에 대해 나는 다시 한 번 마틴과 오스버그를 인용하려 한다. "사회적 기업가들이 창조한 벤처가 수익을 창조하는 것은 확실하지만 그들은 영리를 추구할 수도 그렇지 않을 수도 있다. 사회적기업이 다른 기업과 다른 점은 사회적 혜택에 우선순위를 둔다는 점이다."[22] 매우 중요한 지적이다. 사회적기업가는 전통적인 기업가보다 서비스와 제품을 통한 사회적 가치 창출을 기업의 근본적이고 결정적인 목표로 삼아야 한다고, 심지어 재무 성과보다 사회적 가치를 우위에 두어야 한다고 열변을 토한다. 사회적 가치에 연연함을 드러내는 문구들은 '공유 가치'(shared value), '혼합 가치'(blended value), '삼중 평가 기준'(triple-bottom-line, 회계적 손익 대신 기업의 사회적, 재무적, 환경적 영향력에 기반한 기업 평가기준) 등 다양하다. 일견, 기업이 환경 및 사회적 영향력에 신경을 쓰는 것이 바람직해 보일 수 있다. 하지만 **사회적 가치를 창출하는 것이 사회적기업의 주된 목표이며 최종 결과**라는 마틴과 오스버그의 주장을 뒷받침할 근거는 매우 한정된다. 중소기업 지원에서 소액대출 붐이나 '임팩트투자'에 이르기까지, 사회적기업이 주도하는 사업을 자세히 들여다보면, 떠들썩한 홍보에 비해 실제 효과, 적어도 **전 세계 빈곤층에 대한 지원 효과는 미미하다**는 것을 알 수 있다.

소액대출을 예로 들어보자. 소액대출은 1980년대 초 그라민은행(혹은 '마을은행')을 설립한 방글라데시의 기업가 무함마드 유누스가 처음 고안했다. 유누스의 발상은 큰 반향을 불러왔다. 그와 그라민은행은 2006년 노벨 평화상을 공동 수상했고 은행 대출 기회의 부족이 가난한 사람들이 겪는 중요한 불이익이라는 점에 시선이 모아졌다. 하지만 이러한 인식은 결코 새로운 것이 아니다. 가난한 사람들은 이미 오래전부터 은행 제도가 제대로 갖추어져 있지 않은 지역에 살고 있거나, 제도권 금융에서 소외되었을 때 사용할 수 있도록 공동으로 자금을 모아 서로 융통하는 창의적인 방식을 나름대로 개발해 왔다. 가령 서아프리카에서는 '수수'susu('수'는 작다는 뜻) 수금원들이 출자금을 모아 기금을 마련했다가 다른 부족에도 소액의 수수료를 받고 돈을 융통해 준다. 수수는 이미 1950년대 인류학자들이 발견한 방식이다.[23] 부유한 국가에서는 제도권 금융기관으로부터 대출이 제한된 사람들 간에 비공식적인 금융 네트워크가 오늘날까지도 활성화되어 있다. 종종 이런 네트워크는 같은 인종을 중심으로 형성되는 경우가 많은데 같은 인종 집단끼리 힘을 모아 모기지 협상을 하거나 합법, 불법

적인 소기업에 자금을 조달해 주곤 한다.24)

하지만 유누스는 소액대출을 제도화하고 대규모로 발전시키는 데 선구자 역할을 했다. 그는 가난한 방글라데시인들에게 소액대출을 보장하는 특화된 비영리단체를 처음으로 설립했고, 그의 사례는 국제연합UN, 미국 국제개발협력처USAID, 세계은행World Bank과 서방 투자가들이 소액대출제도를 받아들임으로써 곧 다른 나라로 확산되었다. 그라민은행을 본뜬 10여 개의 대부업체가 빠르게 생겨났다. 오늘날 전 세계적으로 수천만 명이 소액대부업체로부터 돈을 빌려 쓰고 있다. 국제연합은 2005년을 세계 소액대출의 해로 지정했다. 일부에서는 그라민은행과 후발 소액대출기관이 "빈곤을 한꺼번에 완화하는 것이 가능함을 보여주었다"고 말한다.25)

과연 그럴까?

소액대출의 빈곤 해소 효과가 어느 정도인지 평가하기 위한 십여 건의 연구가 이루어졌다. 연구 결과들을 종합해 보면, 성공한 소액대출 사례에 있어서조차 "소액대출과 빈곤 완화 사이의 명확한 통계적 관련성이 없다"는 것을 알 수 있다.26) 게다가 이것은 그나마 '성공한' 사례들 이야기다. 볼리비아, 모로코, 니카라과, 파키스탄, 보스니아의 사례를 보면 소액대출은 채무자를 감당할 수 없는 빚더미 속으로 끌어들임으로써 빈곤을 오히려 악화시켰다. 유누스는 터무니없는 이자율을 적용하는 방글라데시의 악덕 사채업자들에 대한 믿을 만한 대안으로서 그라민은행을 설립했다. 그러나 오늘날 수많은 합법적인 소액대출 기관의 대출 이자는 악독한 뒷골목 사채업자보다 나을 것이 없다. 멕시코의 소액대출기관 콤파르타모스Compartamos의 이자율은 100퍼센트가 넘는다. 이자율에 법적 상한을 두어야 한다는 목소리도 있지만, 일부 언론매체가 반발하고 있다. 이코노미스트는 2010년 "소액대출 이자율을 제한하는 것은 가난한 사람들에게 상처를 입히는 결과를 낳게 되므로 … 그대로 두어야" 한다는 강력한 논조의 기사를 발표한 적이 있다.27)

현재까지 진행된 연구 가운데 2014년 세계은행의 연구가 가장 규모가 크고 결과도 긍정적이었다. 세계은행은 20년이 넘는 기간 동안 방글라데시 전역 87개 마을 3,000여 가구를 추적했다. 연구 참여자들은 남성의 대출이 10퍼센트 증가하면 0.04퍼센트의 직접적인 가계 지출 증가가 발생하는 반면, 여성의 대출이 같은 폭으로 증가하면 가계 지출이 남성의 경우보다 1.5배 증가한다는 사실을 발견했다. 또 여성의 대출이 10퍼센트 증가할 때마다 여성의 노동 공급이 0.46퍼센트 증가하고, 남자아이들과 여자아이들의 학교 등록이 각각 0.07퍼센트와 0.08퍼센트씩 증가한다는 점도 발견했다. 통계적으로는 확실히 의미 있는 결과이지만, 매우 작은 변화이기도 하다.[28]

소액대출의 개념을 지지하는 개발 전문가 데이비드 루드먼David Roodman은 이 결과를 현실에 적용할 경우 효과는 극히 제한적이라는 점을 지적했다. 통계 수치로 표현된 연구 결과가 흔히 드러내는 한계다. 통계적 변화가 우연의 결과가 아니라, 어쨌든 연구의 대상인 개입 활동(여기서는 소액대출)이 원인이었다는 점에서 확실히 의미는 있다. 하지만 변화가 극히 미미하기 때문에 실제 삶에 미치는 영향은 별로 없다. 예를 들어, 어떤 암 치료법이 통계적으로 평균 1주일의 수명연장 효과가 있다는 연구 결과가 나왔다고 가정해 보자. 통계적으로는 분명히 의미 있는 연구 결과지만, 치료에 따르는 심각한 부작용을 감수하면서까지 치료에 몸을 맡길 수 있을 정도의 의미는 없다. 같은 논리가 여기에도 적용된다. 20년 이상 소액대출의 효과를 추적 조사했지만, 연구자들이 얻은 결론은 학교 교육도 가계 지출도 무시할 수 있을 정도로 소폭 증가했을 뿐이라는 점이다. 획기적인 결과라 부를 만한 것은 아니다. 앞서 빌 클린턴이 소액대출을 "전 세계 1억 명의 사람들을 빈곤에서 구출"하는 데 기여했다며 칭송했지만, 내 생각에 그는 기회와 실제 혜택을 혼동한 것 같다. 현재까지 최소 1억 명이 소액대출을 받았다. 하지만 그것이 그들의 삶에 도움이 되었는지, 걸림돌이 되었는지는 계속 토의해 보아야 할 사항이다.

에티오피아 아디스 아바바의 전 시장이며, 현재 미국 버클리대학에서 경제학을 가르치고 있는 브르하누 느가Berhanu Nega는 소액대출이 획기적인 개발 도구라는 끈질긴 주장에 대해 비판적인 글을 썼다. 나는 2014년 11

월 그와 대화를 나눴다. 그는 소액대출을 지지하는 사람 중에는 소액대출의 가치에 대해 이념적으로, 또 재정적으로 이해관계에 있는 경우가 있고 이러한 이해관계 때문에 소액대출의 한계를 제대로 인식하지 못한다고 지적했다.

> 이들은 다양한 형태로 소액대출 제도로부터 이득을 얻는 사람들이다. 그들은 어떤 증거 데이터가 없는데도, 자신들이 특히 빈곤퇴치 같은 거대한 사회적 문제 해결에 좋은 일을 하고 있다고 믿고 싶어 하거나, 실제로 믿고 있다. 다양한 지역에 사는 농부들에게 100달러, 200달러씩 돈을 빌려 주고 일시적으로 그들의 짐을 덜어줄 수 있을지는 몰라도, 그것이 장기적으로 개발의 수단이 될 수는 없다. 그동안 너무나 분명하게 드러난 사실이다.

소액대출로 인해 크게 혜택을 입을 사람들이 있는데, 바로 투자가들이고 대부분 부유한 국가의 사람들이다. 2009년 한 해 동안 S&P 500 지수 종목이 평균 22퍼센트 손실을 기록한 것에 비해, 300억 규모의 소액대출 사업은 연말기준 4.47퍼센트의 이익을 얻었다. 2년 후 2명의 소액대출 지지자인 제드 에머슨Jed Emerson과 앤터니 버그-레빈Antony Bugg-Levine은 "소액대출 채권에 대한 임팩트투자가 6퍼센트의 지속적인 수익을 얻었다. … 괜찮은 수익률이다."라고 말했다. 다시 말해, 소액대출이 확실히 효과를 발휘한다는 이야기이다. 단, 그 효과가 가난한 사람들을 위해 발휘되지 않는다는 것이 문제다.[29]

빈곤퇴치 효과가 있다고 널리 알려진 또 다른 예가 임팩트투자다. 임팩트투자는 개인이 환경 및 사회적 효과를 목적으로 하는 프로젝트에 투자하고 시장 수준의 경제적 이익을 얻는다는 발상이다. 2010년 투자자를 위한 대략적인 잠재 수익률 평가 결과가 나오기 시작했다. JP모건, 록펠러재단, 글로벌임팩트투자네트워크Global Impact Investing Network는 임팩트투자로 인한 수익이 1,830억에서 6,670억에 이를 것이라는 전망을 발표했다. 투자가들이 몰려들었다. 그때부터, 임팩트투자에 대한 실적 평가가 이루어졌다. 투자에 대한 재무적, 사회적 성과를 모두 가져다주는 종목은 거의 없었다. 대부분 재무 수익은 높은 반면 직접적인 사회적 성과는 없었다. 반대의 경우, 즉 사회적 성과의 가능성을 보이는 종목은 많았지만 투자자를 끌어모으기에는 수익 전망이 형편없이 낮았다.

시장 기반 사회개발 프로젝트를 후원하는 비영리기관 애큐먼펀드Acumen Fund의 사례를 보면 무엇이 문제인지 확실히 드러난다. 10년 넘게 5,000개의 잠재력 있는 종목을 분석한 후, 애큐먼은 겨우 65개 종목에 투자했다. 임팩트투자를 지지하는 사람도 수익 전망이 불투명한 경우 투자자가 투자를 꺼린다는 사실을 인정한다. 어느 보고서는 이렇게 투자를 꺼리는 경향 때문에 "**임팩트투자의 진정한 효과를 깨닫기 위해서는 자선, 즉 필란트로피**(philanthropy)**에 대한 이해가 그 무엇보다 필요하다**"고 지적한다.30)

정부 · 재단 지원과 사회적기업

이 한마디가 시사하는 바는 흥미롭다. 최근 '시장 기반'의 글로벌 보건 및 개발 사업에 대한 대대적인 홍보가 이루어지고 있는데, 이런 사업은 종종 실제로 '시장 기반'이 아닌 경우가 많다. 다시 말해 이런 사업은 **공개 시장을 통한 투자에 의해 시작되고 유지되는 것이 아니라 국가나 거대 재단으로부터 흘러들어온 대규모 자금에 의해 육성, 보호**된다. 예를 들어 2003년 영국 국제개발협력처Department for International Development(DFID)는 보다폰Vodafone의 M-페사M-PESA 사업에 100만 파운드 가까이 지원했다. M-페사는 케냐 부락민들이 휴대폰 문자메시지로 결제할 수 있게 하는 서비스다. 2007년, 보다폰과 보다폰이 부분적으로 소유하고 있는 케냐의 사파리콤Safaricom은 M-페사의 정식 서비스를 시작했다. 2년 만에 케냐 인구의 20퍼센트 이상이 서비스에 등록했고 M-페사는 사파리콤의 연간 1억 5,000만 파운드의 수익 가운데 상당 부분을 차지했다. 2008년, 사파리콤은 케냐의 최대 기업을 넘어 동아프리카에서 가장 규모가 크고 높은 수익을 내는 기업이 되었다.31)

2007년 보다폰은 씨티뱅크Citibank와 손을 잡고 M-페사 사업을 세계로 확장했다. 2010년 게이츠재단은 보다폰의 자회사 보다콤Vodacom이 탄자니아에서 M-페사 서비스를 시작할 수 있도록 480만 달러의 상환되지 않는 후원금을 제공했고, 이듬해에는 추가로 290만 달러의 후원금을 지급했다.32)

2011년 11월 기준, 세계 2위의 무선 통신 사업자 보다폰의 시장 가치는 894억 파운드에 달했다. 이보다 한 해 앞선 2010년 런던에 본사를 둔 보다폰은 조세 회피*로 비난을 받았다. 룩셈부르크의 자회사를 통해 독일 기업을 인수함으로써 세금을 60억 파운드 아낄 수 있었던 것이다. 2014년 보다폰의 회계보고서는 보다폰이 3년 연속 영국의 법인세를 한 푼도 내지 않았음을 보여준다. 더욱이 보다폰의 세후 이익이 594억 파운드를 기록한 해에 이 같은 조세 회피가 일어났다. 보다폰의 풍부한 자원과 조세 회피 전력에도 불구하고, 영국 정부는 보다폰의 동아프리카 무선통신 사업 지원 명목으로 아무런 조건 없는 후원금을 제공하는 친절을 베풀었다. 보다폰에게는 행운이었다. 한 회사 관계자는 DFID로부터 100만 파운드의 지원금이 없었다면 임원들에게 투자를 설득할 수 없었으리라고 전했다.33)

대부분의 대중적인 언론은 M-페사 프로젝트가 보다폰과 사파리콤의 뛰어난 기업적 통찰의 결과라며 칭찬을 퍼부었다. 어디에서도 영국 정부(DFID)의 지원은 언급되지 않았다. 예를 들어, 최근 『와이어드』Wired의 한 기사는 M-페사가 "민간의 힘으로 이루어낸 현금 없는 시스템"이라며, "아프리카가 선진국의 기반시설을 발판 삼아 무선 체제로 진입한 보기 드문 성공사례"라고 칭송했다.34)

민간기업은 모험을 지극히 꺼리고, 혁신을 위해 늘 정부의 지원에 목을 매지만 대중과 경제학자는 민간부문이 태생적으로 정부보다 혁신적이며

---

* (역주) 조세 회피(Tax Avoidance): 합법적인 절차를 이용, 납부 세액을 줄이는 것. 가령 법인세율이 낮은 국가에 설립된 자회사를 통해 법인세를 신고, 납부하는 방식이 여기에 속하며 불법적인 탈세와 구별된다.

과감하다고 믿는 경향이 있다. 두 명의 경제학자가 이런 잘못된 믿음을 불식시키고자 나섰다. 마리아나 마주카토Mariana Mazzucato와 윌리엄 라조닉William Lazonick이다. 마주카토는 구글을 성공으로 이끈 알고리즘이 미국과학재단US National Science Foundation의 후원금을 받아 탄생했고, 영국의 의학연구위원회Medical Research Council가 생명공학에 중요한 역할을 하는 분자 항체의 발견 당시 초기 연구를 지원했던 사례를 지적했다. 정부 지원금을 받은 연구에 가능성이 보이자 그제야 벤처 자본이 모이기 시작했다.

정부는 막 생겨난 부문이 아직 확실한 발전 가능성을 보이지 않을 때에도 기꺼이 투자한다. 이는 국가가 단순히 시장을 규제하는 주체가 아니라, 시장 그 자체이며, 새로운 벤처를 상업화하는 과정에서 반드시 거쳐야 하는 과정임을 보여준다. 그러나 개발도상지역에서 새로운 시장을 창출하는 데 정부가 얼마나 강력한 역할을 하는지는 인식하고 있으면서, "실리콘 밸리처럼 가장 발전된 지역에서조차 정부가 변화 주체"로서 중요한 역할을 하고 있다는 사실을 인정하는 주류 경제학자는 극히 드물다고 마주카토와 라조닉은 주장한다.35)

많은 경제학자가 정부를 비롯, 혁신을 이끄는 경제 주체와 정부 투자의 재무적 성과를 실제로 가져가는 자 간의 괴리가 심해지고 있음을 인식하지 못하고 있다. "모험을 감수할 책임이 집단에게 옮겨가고, 그 결과 개방형 혁신과 혁신의 생태계에 관한 논의가 활발해지고 있지만, **보상체계를 독점하는 이들은 기업과 상품시장 사이에 전략적으로 끼어드는 개인들**이다. 이들은 혁신 과정에서 자신의 몫으로 지나친 보상을 요구한다."36)

소액대출이 좋은 사례다. 1980년대에서 1990년대에 이르는 기간 동안, 소액대출 분야는 약 200억 달러의 보조금을 자선재단과 정부로부터 받았다. 컨설팅 업체인 모니터Monitor는 한 보고서에서 소액대출이 재무적인 가능성을 보이기 전에 "자선재단 원조기관의 보조금, 소프트론, 보증 등의 형태로 제공한 지원금"이 소액대출 성장에 핵심적인 역할을 했다고 강조했다.37) 여기서 흥미로운 인식의 차이가 드러난다. 소액대출 지지자들은 정부가 이자율에 상한 규제를 둔다고 비난하면서도 정부의 지원이 없었더라면 이 분야가 이미 오래전에 고사했을 것이라는 점은 인정한다. 정부 개입을 큰소리로 비난하는 이들이 자본이나 투자에 관한 결정을 할 때에는 정부 지원 여부부터 살핀다. 레스터 프랭크 워드Lester Frank Ward의 지적이 얼마나 시대를 앞섰는지 드러나는 부분이다.38)

워드가 활약한 시대에서 1세기도 더 지났다. 오늘날 새로운 점이라면 영리를 추구하는 기업이 정부의 후한 인심을 풍족하게 누릴 뿐 아니라 게이츠재단을 비롯한 민간 자선재단과 몰래 선물을 나누는 사이가 되어 간다는 점이다. 게이츠재단은 빈번하게 영리기업을 후원하는데, 가장 최근에 후원을 받은 업체 세 곳만 꼽자면 보다콤, 오길비Ogilvy, ABC뉴스가 있다(ABC뉴스는 디즈니Disney가 소유하고 있으며 직원들 다수는 여섯 자리나 일곱 자리 수의 연봉을 받는다). 미국의 자선 관련 법은 민간재단이 영리기업을 직접 지원하는 것을 금지하지 않지만, 재단이 이에 대해 세금공제 혜택을 받기 위해서는 몇 가지 조항을 충족시키도록 요구한다. 예를 들어 게이츠재단 같은 재단은 보조금이 순수하게 자선의 목적으로 사용되었음을 증명해야 한다. 보다콤의 경우 이 기준이 충족되었다는 증거는 보이지 않는다. 대부분의 사람이 개발도상국에서 더 나은 무선 통신서비스를 확대하는 것이 긍정적인 발전이라는 점에 동의하겠지만, 보다폰과 그 주주가 이익을 전부 가져간다면 많은 사람이 보다폰이 서비스 확대에 따르는 비용 또한 감수해야 한다고 생각할 것이다. 이 경우도 물론 세금을 냈을 때의 이야기이지만 말이다.

현재 벌어지고 있는 상황의 의미를 완벽히 이해하는 데에는 시간이 걸린다. 진보건 보수건 양 진영 모두 '이중과세,' 즉 동일하게 신고된 소득에 대해 둘 이상의 사법 기준에 의해 과세하는 행위에 대해 종종 불평한다. 하지만 거대 재단과 그들로부터 지원을 받는 수혜 기업의 세계에서 경계해야 하는 것은 이중과세가 아니라 '이중공제'(double exemption)다. 보다폰은 영국에 본사를 두고 있으면서 3년 연속 영국 법인세를 내지 않았다. 그것도 정부가 무자비한 긴축정책을 실시하던 기간 동안이었다. 게이츠재단은 보다폰에 600만 달러 넘게 지원함으로써 보다폰이 더욱 비용을 절감할 수 있게 도와

주었다. 그리고 최종적으로, 바로 앞서 언급한 이중공제가 이루어지는 것은 게이츠재단의 설립자가 보다콤을 지원한 대가로 세금감면 혜택을 받은 대목이다. 결국 영국뿐 아니라 미국 납세자도 손해를 보았다.

게이츠재단은 웹사이트를 통해 게이츠재단이 누린 세금감면 혜택은 재단이 기부한 금액에 비하면 미미하다고 강조하고 있고, 그 말도 사실이다. 재단 홈페이지에 따르면 1994년부터 2006년까지, 빌과 멜린다 게이츠가 기부한 돈은 260억 달러가 넘는 반면, 세금 혜택은 8.3퍼센트인 20억 달러가 조금 넘을 뿐이다. 하지만 재단 기금으로 들어가지 않고 법인소득세로 납부되었더라면 연방이나 주 정부의 복지정책에 보탬이 되었을 돈이 높은 이익을 올리는 기업에 선물로 제공되었는데도 게이츠재단의 기부를 최선의 선택이었다고 부를 수 있을까?

위에 언급한 인식의 차이 즉, **새로운 기업 운동이 세계 빈곤퇴치에 혁신적인 역할을 하고 있다고 별다른 근거도 없이 끈질기게 주장하는 것은 확실히 사회적기업이 가진 특이점**이다. 1980년대와 90년대에 유행했던 기업의 사회적 책임론은 속죄의 분위기를 띠고 있었다. 사회적 이익을 지향하는 자선이 기업의 잘못된 경영관행을 보상하기 위해 필요하다는 전제가 있었다. 하지만 새로운 사회 투자가들은 기업의 성공이야말로 사회적 가치에 기여하는 증거라고 믿는다. 과거의 기업 관행에 대한 속죄나 보상의 분위기는 더는 찾아볼 수 없다. 그들에게는 개발되지 않은 분야를 상업적으로 충분히 활용하지 않는 것이 유일한 죄악이다.

그들의 이러한 믿음은 최근 서브프라임모기지 사태로 사회적기업 지지자들의 기세가 한풀 꺾였을 법한 시기에도 결코 수그러들지 않고 놀라운 회복력을 보여주었다. 심지어 세계경제포럼 등 행사 관계자조차 그 회복력에 놀라움을 표시했다. 2009년 3월 나는 세계경제포럼 제네바 사무소에서 포럼의 정책 고문과 대화를 나눴다. "지난 가을 서브프라임모기지 사태가 벌어졌을 때, 우리도 타격을 입겠구나 생각했습니다. 이런 위태로운 시기에 CEO가 4~5일씩이나 포럼에 참석하는 것은 무리라고 생각했기 때문입니다." 하지만 그 관계자는 안도했다. 2009년 포럼이 "기록적인 참가율을 보였습니다. … 저는 진심으로 기뻤습니다. 포럼이 고위 인사들이 모여 토론하는 중립적인 토론장이 되기를 바랐고 … 위기가 닥쳤을 때 더 유용한 장이 되기를 원했기 때문입니다. 올해 다보스 경제포럼은 우리의 바람이 현실이 되었음을 증명합니다." 특히 경제적 재앙이 닥쳤을 때 시장을 통한 해결책의 가치가 드러난다는 주장은 2008년의 붕괴로부터 빠져나오는 가장 흔한 구실이 되었다. 2008년의 위기사태가 처음 발생했을 때는 조지아 코헤인Georgia Keohane의 말처럼 민간부문이 "기업 지배구조, 기업의 책임, 장기적인 관점에서의 현명한 투자의 가장 모범적인 사례"39)가 될 수 있을지에 대한 의문이 제기되었다.

리먼 브라더스Lehman Brothers와 베어 스턴스Bear Stearns가 붕괴하고 겨우 몇 달 후, 2009년 스콜월드포럼에서 기업이 시장 불안을 야기했다고 인정하는 목소리는 거의 들리지 않았다. 오히려, 두드러진 자화자찬과 '새로운' 사회적기업이 어두운 시기에 구원이 되었다는 맹목적인 믿음의 분위기가 행사가 진행될수록 더해졌다. 아랍 기업가의 자금으로 아랍 청소년에게 기업가정신을 교육하는 기관인 인자즈 알 아랍INJAZ al-Arab의 대표로 참석한 소라야 살티Soraya Salti는 칼릴 지브란Kahlil Gibran의 글을 인용해 참석자들을 치하했다. "그대는 땅과, 그 땅의 영혼과 보조를 맞추기 위해 일한다. 나태한 사람은 계절에 뒤쳐지고, 신을 향해 위엄 있고 당당하게 복종하는 인생의 발걸음에서 물러나게 된다. … 그대가 일할 때 그대는 처음 생긴 순간 그대에게 맡겨진 땅의 가장 원대한 꿈의 일부를 충족시킨다."

그녀는 제프 스콜을 "현대의 예언자"라는 말로 칭송하며 연단을 내려왔다. 기립박수를 받으며 연단에 오른 제프 스콜은 마치 복음을 전하듯이 사람들에게 행동을 촉구했다. "여러분은 사회적 변화라는 구조물에서 핵심적인 역할을 하는 사람들입니다. 여러분의 역할은 경제 위기로 더욱 강화되었습니다. 우리는 무엇이 가능한가에 대한 인식을 새롭게 한 채 옥스퍼드를 떠납니다. 작년에 우리는 사회적기업의 시대가 도래했다고 말했습니다. 이제 저는 그들이 선두에 서서 나머지 세계를 이끌어 갈 것이라고 말하겠습니다. 위기는 그냥 흘려버리기에는 너무 아까운 기회입니다."40)

3. 맨더빌 Mandeville 의 사생아들

1990년대 말에서 2000년대에 걸쳐, 변호사이자 크레이머 캐피털 매니지먼트Kramer Capital Management를 설립한 마크 크레이머는 권위 있는 하버드 경영학자 마이클 포터와 공동으로 두 개의 기관을 설립했다. 1999년에 세운 CEPCenter for Effective Philanthropy와 2000에 세워진 FSGFoundation Strategy Group이다.

이보다 앞선 1983년, 마이클 포터는 컨설팅 회사인 모니터 그룹Monitor Group을 공동 창립했는데, 모니터 그룹은 2011년 과거 리비아의 무아마르 카다피 정권과 맺은 계약 때문에 조사를 받았다. 모니터 그룹은 또 외국인 에이전트 등록법에 따라 로비 활동을 등록하지 않았던 점과 카다피의 차남 사이프 카다피의 런던 정치경제대학London School of Economics 박사학위 논문을 위해 학술 조사를 했던 점 때문에 비난을 받았다. 1년 후 모니터 그룹은 파산을 선언했고 딜로이트Deloitte에 매각되었다. 마이클 포터는 현재 하버드대학 전략과 경쟁연구소Institute for Strategy and Competitiveness를 이끌고 있다.

크레이머와 포터는 처음에는 CEP의 이사회 멤버였으나 CEP 이사회 다른 멤버들과 기나긴 싸움 끝에 물러났다. CEP 이사진은 FSG에서 자선사업 컨설팅으로 수익을 올리고 있는 크레이머와 포터가 의뢰인들과 자선부문 모두에 도움이 되는 객관적인 데이터를 제공하고자 애쓰는 CEP에 자문역할을 하고 있다는 점이 마땅치 않았다. "두 사람은 FSG를 함께 설립했고, FSG는 애초부터 영리를 목적으로 한 기관"이라고 CEP의 필 부캐넌 센터장이 말했다. "마크 크레이머는 FSG를 운영하면서 CEP의 이사회의 의장도 겸임했다." 경영진과 논의한 끝에 CEP는 "영리 컨설팅 업체에 소속되어 사업 개발을 담당하는 일개 비영리부문으로 남고 싶지 않다"는 결론을 내렸다.

부캐넌의 우려는 자선과 기업이라는 영역의 가장 첨예하고, 오래되고, 이견이 심한 논란의 핵심을 제대로 건드리고 있다. **이기적인 이익을 추구하는 활동이 진정한 자선활동이 될 수 있을까라는 문제**다. 수세기에 걸쳐 이 문제가 한 국가의 외교정책의 전환을 가져오기도 했고(영국이 중상주의에서 물러선 것은 민간 교역이 개인을 경제적으로 부유하게 만들고, 결과적으로 공공의 이익에 이바지함으로써 국가 간 협력을 돕는다는 견해에서 비롯된 것이다), 일련의 학문 분야가 수립되는 데 기여하기도 했다('이타주의'라는 말을 처음 사용한 것은 사회학의 창시자인 오귀스트 콩트Auguste Comte다). 이기적 계산과 이타주의의 경계는 어디인가? **이기주의와 이타주의는 서로 공존할 수 없을까**, 아니면 일반적으로 생각하는 것보다 절충의 여지가 많을까?

이 문제를 가장 먼저 언급한 사람은 계몽주의 시대의 가장 영향력 있는 작가, 버나드 맨더빌Bernard Mandeville이다. 그는 1670년 로테르담에서 존경받는 의사의 아들로 태어났다. 의사 수련을 받은 후, 맨더빌은 언어를 배우기 위해 잉글랜드로 갔다. 그는 여가시간에 에세이를 썼는데 그가 쓴 냉소적 서간문들은 영국 지식인의 분노를 샀고 마침내 격분한 미들섹스 대배심원단은 맨더빌을 신성모독으로 기소하고, 그가 쓴 글은 공해라고 선언했다. 하지만 그 글이야말로 애덤 스미스의 정치 경제이론에 영감을 준 저서로 칭송되며, 프리드리히 하이에크 같은 20세기 경제학자들에게 높이 평가되어 맨더빌이 자유방임주의의 가장 위대한 선구자로서 후세에 알려진 계기가 되었다.[1)]

『꿀벌의 우화』(The Fable of Bees, 문예출판사, 2014)는 맨더빌의 저서 중 가장 널리 알려진 장편의 풍자시로 1705년에 『투덜대는 벌집: 또는 정직해진 악당』 The Grumbling Hive: or Knaves Turn'd Honest 이라는 제목으로 익명 출판되었다. 이 시에는 맨더빌의 사상이 아직 덜 여문 상태이지만 매우 세부적으로 드러난다. 이후 맨더빌의 사상은 좀 더 완벽한 형태를 갖추어, 계획경제가 의도적인 계획을 통해 사회적 진보를 이룰 수 있다는 발상에 강력하게 반대했던,

버나드 맨더빌

하이에크를 비롯한 후대 사상가들에게 영감을 주었다.

맨더빌은 벌집을 은유적으로 사용한다. 벌집 안에는 부지런하고 꾀 많은 벌의 무리가 살고 있는데, 그중에는 악당들도 살고 있다. 그 악당들은 남을 잘 속이고, 허영심 많고, 어리석고, 시기심 많고, 탐욕스러웠지만, 그들의 욕심은 "무리 전체가 낙원처럼 살도록" 하는 데 기여했다. 그들의 속임수, 탐욕, 욕망은 모두 역동적인 산업의 원동력이 되어 안락한 삶을 가능케 하였고 "가난한 이들도 이전의 부자들보다 더 잘 살았다." 다시 말해, 진보는 선이 아니라 악에 근원을 두고 있었다. 맨더빌에게 선은 오히려 침체, 심지어 사회적 퇴락의 원인이었다. 성실한 벌 중 일부가 악당들이 정직하지 못하다고 불평하면서 선을 강요하려고 하자, 산업을 육성하려는 노력은 시들해지고 악한 방식으로 얻어진 안락했던 생활 대신 적막하고 암울한 삶이 그 자리를 차지한다. 겨우 하루하루 연명하기 위해 고된 노동을 견디는 것이 일상이 되었다. 맨더빌은 여기에 짧은 구절 하나를 집어넣었는데, 국가 주도 경제성장에 대해 냉소적인 현대의 자유방임주의자들이 계명처럼 떠받드는 글귀다: "바보들은 그저 애쓴다. 위대한 자를 정직한 무리로 만들기 위해"[2] 20년 후, 맨더빌의 운문 3판이 발행되었고, 여기에 새로 영향력 있는 에세이 2편이 첨부되었다. 「자선과 자선학교에 관한 에세이」 An Essay on Charity and Charity-Schools와 「사회의 본성에 관한 연구」 A Search into the Nature of Society였다. 바로 이 두 편의 첨부된 글, 특히 그중에서도 자선에 대한 맨더빌의 의견 때문에 맨더빌은 대중적인 악명과 불명예를 얻게 되었다. 자선에 관한 그의 견해는 즉시 악의적 공격이라고 비난 받았다. 교회, 성직자, 캠브리지와 옥스퍼드 같은 대학을 비롯, 기독교적 가치관에서 가장 신성한 영역으로 추앙받는 집단을 대상으로 삼았기 때문이다. 그의 가장 선동적인 공격대상은 활발한 네트워크로 연결되어 가난한 아이들을 고된 일상과 범죄로부터 구원했다며 널리 존경 받았던 자선학교였다.

맨더빌이 런던에 입성한 시기는 교리문답 위주의 자선학교가 번성했던 시기였다. 자선학교는 18세기 초의 성실한 런던 시민들이 선호했던 자선 기부의 대상이었다. 맨더빌의 눈앞에서 자선학교들은 우후죽순처럼 늘어났다. 1690년대에는 너덧 개에 불과했던 자선학교가 1711년에는 100개 이상으로 늘어났고, 2,500명의 남학생과 1,490명의 여학생이 읽기, 쓰기, 셈하기와 기독교 교리 수업을 받았다. 자선학교에 대해 맨더빌은 노골적인 비난을 퍼부었다. 그는 "아무리 선을 쌓아 봐야 소용없다. 이 세상 대다수 병원은 선이 아니라 오만과 허영심이 지은 것"이라고 선언하며, 교육이 선을 발전시킬 수 있는지에 의문을 제기했다. 그의 주장은 직설적이고, 특히 런던의 엘리트들이 보기에 지극히 모욕적이었다. 그는 부유하고 좋은 교육을 받은 사람들이 가난한 사람들보다 약삭빠르고 잇속에 밝은데, 왜 대다수 사람이 교육으로 선을 키울 수 있다고 생각하냐고 반문했다. 그는 많이 배울수록 선은 줄어든다고 생각했다.3)

자선에 대한 맨더빌의 비판은 인간의 이성에 대해 그가 품고 있던 근본적 회의에 근거한 것이다. 그의 주장은 처음에는 사람들을 분노케 했지만, 사상적 쿠데타를 겪은 후대 주류사상가들의 마음을 사로잡았다. 그의 사상이 야기한 발상의 전환이 너무나 절대적이어서 20세기와 21세기 그의 가장 열렬한 숭배자들조차 그의 견해의 가장 핵심적인 부분을 오해하고 말았다. 간단히 말해, 그는 일반적인 믿음과 달리 이성이 결코 인간의 행동을 이끄는 힘이 아니라고 주장했다. 오히려 이성은 사후에 정당화하려는 경향성을 갖고 있으며, 천박하고, 동물적이고, 이기적인 충동에 의해 내려진 결정을 소급하여 정당화하기 위해 사용된다고 말했다. 그의 전기를 쓴 프레더릭 케이Frederick Kaye에 따르면 맨더빌은 "우리의 모든 행동은, 가장 이타적이고 희생적인 것으로 여겨지는 행동들조차도 근원을 따져

들어가면 여러 가지 이기적인 감정의 산물이거나, 그런 감정의 상호작용으로 생겨난 것"라고 생각했다.4) 이어서 맨더빌은 경제가 과거에는 상상할 수 없는 수준으로 발전한 것도 이기심 때문이라고 주장함으로써 사람들을 진심으로 경악하게 했다. 케이의 말을 인용하면, "그는 인간의 이기적인 노력을 적절히 제어하여 번영과 행복을 가져다줄 수 있도록 하는 세상이 정말 좋은 세상이라고 생각했다."5)

이기적인 노력이 적절히 제어되어야만 사적인 죄악이 '공공의 선'(common good)을 창출한다고 생각했던 맨더빌의 주장은 흥미롭게도 현대의 맨더빌 추종자들에게는 무시되고 있다. 자유방임을 처음으로 주장한 위대한 인물로 추앙 받고 있긴 하지만, 경제학자 앨버트 허시먼Albert Hirschman이 지적한 대로 "사실 맨더빌은 꿀벌의 우화를 통해 '수완 좋은 정치가의 능숙한 관리'가 '사적인 죄악'을 '공공의 선'으로 변화시키는 필수 조건이자 요소라는 점을 환기하고 있다."6)

맨더빌의 이러한 생각은 악의 유용성에 관한 초기 저술에서 드러나며, 『투덜대는 벌집』의 다음 문구에서도 확인할 수 있다.

> 그리하여 악이 이롭게 될 수 있으니
> 악을 정의로 잘라 다듬고 묶을 때 그러하다.

18세기와 19세기를 거치면서, 이기적 욕구의 경제적 가치에 대한 맨더빌의 생각은 지지를 받았지만, 정부의 개입에 관한 그의 권고는 무시되었다. 유럽 국가들은 자국의 편협한 이해를 추구함으로써 발생한 정치적 분쟁의 확산을 막기 위해 자유 경제와 교역을 옹호했다. 이런 이상은 19세기 중반까지 이어졌고, 이어서 자본주의 성장이 갖는 파괴적 성격에 대한 마르크스의 사상이 남성과 여성은 물론 어린 노동자들(20세기까지 미국과 유럽에서 어린이는 가정의 생계를 책임지는 노동력으로서 부녀자들보다 더 중요한 역할을 했다. 1790년에 로드아일랜드에 세워진 새뮤얼 슬레이터Samuel Slater의 방적 공장에 처음 고용된 노동자는 아홉 명의 어린이들

이었고 이들의 나이는 7세에서 12세였다) 사이에서 공감을 얻었다.[7]

오늘날 테드헤드의 지칠 줄 모르는 낙관론(위기는 놓쳐 버리기에는 너무나 아까운 기회!)에는 **맨더빌의 시대 이래로 노동관계를 형성해온, 사적 이익과 공적 이익을 둘러싼 투쟁의 역사에 관한 인식이 결여되어 있다.** 드물게 그 역사를 인식하더라도, 오늘날의 박애자본주의자들은 초기 정치 경제이론을 조악하게 변질시켜 버린다. 즉, 맨더빌, 그리고 후대의 애덤 스미스가 강조한 정부 규제의 중요성이 무시된 반쪽짜리 이론을 숭배한다. 맨더빌이라면 이런 현상을 보고도 놀라지 않을 것이다. 오히려 이 같은 사례가 상식이나 명백한 선으로 위장한 채 근본적인 논리, 즉, 개인의 이익을 추구하려는 본능을 가리려고 하는 사후 소급정당화의 전형이라고 보았을 것이다. 맨더빌에게는 놀랍지도 않은 일임은 물론, 그렇다면 바로 그런 정당화야말로 자율의 혜택에 목소리를 높이는 사람들에게 자율을 주어서는 안 되는 이유임을 짚어 낼 것이다.

공유가치 창출

앞서 보았듯이, 개인의 이득이 과연 공공의 안녕과 복지에 기여하는가 하는 문제는 오랜 시간 수많은 논쟁을 야기했다. 최근, 꽤 이름 있는 경영학자들이 팀을 이루어 이 문제를 해결했다며 한바탕 허세를 부린 적이 있다. 그들이 해결책이라고 내세운 것은 '공유가치'(shared value)라는 개념이다. 이 용어는 크레이머와 포터가 처음 사용했다. 두 사람은 1990년대 이후 미국의 자선활동이 실패했다고 가장 앞장서서 비난했던 학자 중에서도 손꼽히는 인물이다. 이들은 풍부한 세제 혜택을 누리고 있는 기관은 공공의 복지에 기여해야 할 의무가 있다고 강조하는 등 매우 중요한 의견을 내놓기도 했다. 하지만 그들이 제안하는 해결책, 가령 문제 해결에 기업의 역할을 일방적으로 강요한다거나, 규제 완화, 법인세 인하 등을 옹호하는 주장은 그들이 안타까운 현실이라고 짐짓 개탄하는 바로 그 경제 불균등을 고착화할 수도 있다.

이 분야에서 영향력 있는 논문은 1997년 하버드 비즈니스 리뷰에 실린 크리스틴 레츠Christine Letts, 윌리엄 라이언William Ryan, 앨런 그로스만Allen Grossman의 글이다. "더 많은 '벤처형 자선활동'(venture philanthropy, 이 용어가 처음 사용된 것은 1960년대 초였다)을 촉구하는 이 논문은 벤처투자회사와 자선재단이 직면한 과제에는 공통점이 있다고 지적했다. 양측 모두 재원을 확보하려고 경쟁하는 후보자 가운데 가치 있는 지원대상자를 선택해야 한다는 점과 양측 모두 자금을 제공한 제3자가 납득할만한 결정을 내려야 할 책임이 있다는 점이다. 투자회사에 자금을 제공한 제3자는 투자가다. 벤처투자회사들은 위험성이 높은 투자로부터 수익을 올리기 위해 공격적이고 직접 현장에서 뛰는 전략이 필요하다. 자선부문에서 제3자는 사회다. 자선 투자가가 사회적 가치를 창출하지 못한다면, 납세자로서는 자신의 주머니를 털어 그들에게 세금 혜택을 주어야 할 아무런 이유가 없기 때문이다.[8]

크레이머와 포터는 이런 관점에 동의하면서 평균적으로 자선재단은 기금의 약 5.5퍼센트만을 다양한 대의를 위해 사용한다고 지적했다. 실제 프로그램을 운영하는 비영리기관보다 매우 작은 비율이다. 현재 자선재단이 보유한 3,300억 달러 가운데 상당 부분이 "사회를 위해 미래에 제공될 혜택이며, 그 돈이 마침내 필요한 곳에 쓰일 때 비로소 이들 혜택이 실현된다. … 우리는 한 국가의 구성원으로서 나중으로 미루어진 혜택에 대한 대가를 미리 지불하는 것"이라고 주장했다. 자선재단이 미국의 납세자를 위해 가치 창출을 하기 위해서는 재단의 정책적 변화가 필요하다고 크레이머와 포터는 조언했다. 즉 자선재단은 1) 기부금이 사용될 최선의 대상을 선택하고, 2) 여타 다른 자선가도 '신호'를 감지하도록, 그래서 이들도 자신의 기부 목적에 찬성하여 비슷한 금액을 내놓도록 교육하고 홍보하며, 3) 소극적인 자금 공급처에 머물지 않고, 기부금을 받은 기관이 더 나은 실적을 내놓도록 파트너로서 그들의 활동에 적극적으로 개입해야 한다는 것이다.[9]

크레이머와 포터는 이어서 자선재단으로부터 시선을 돌려 새로운 곳,

즉 기업 기부자에게 초점을 맞추기 시작했다. 기업은 전투적이고 노골적으로 상업적인, 새로운 형태의 자선을 실천한다. 공공연한 물질적 보상 마인드는 19, 20세기에 유행했던 과거의 자선 모델과 확연히 새로운 자선 트렌트다. 초기 자선재단들 역시 이윤을 추구하는 기업이라는 인식이 강했다. 그들은 결과를 측정하고 과시하는 데 집착했다. 그러나 록펠러와 카네기가 사업 성공에 원동력이 되었던 것과 같은, 효율적이고 이윤 추구적 운영방침을 각자의 자선재단에 적용했다고는 해도, 자선이 직접적으로 기업의 이윤을 높이기 위한 목적임을 드러내 놓고 인정하지는 못했다. 그랬더라면 애초에 자선재단 설립 자체가 어려웠을 것이다. 록펠러의 자선활동을 "막대한 재산을 유지하기 위한 술수"10)라고 맹비난했던 조지 위커샘George Wickersham 당시 법무장관 같은 인물들의 주장을 뒷받침할 강력한 증거가 되었을 테니 말이다.

이처럼 비난에 민감했던 기업들은 자선적 기부를 통해 개인적 이익을 얻을 수 있음을 공공연하게 자랑하는 경우가 드물었다. 그러나 이제는 더는 그렇지 않다. 2002년에 발표한 「기업사회공헌의 경쟁우위」The Competitive Advantage of Corporate Philanthropy란 글에서 크레이머와 포터는 진정한 '인류애'를 실현하기 위해, 기업은 자사의 재무적 목표와 맞물린 기부 전략을 추구해야 한다고 주장했다. 이 같은 전략이 자선 노력의 직접적 결과로 더 큰 재무적 이득을 가져다줄 것이기 때문에, 기업은 기부를 통한 '경쟁적 우위'를 확보하게 될 것이라는 의견도 제시했다.11)

여러 논문을 통해, 크레이머와 포터는 스위스의 식품 기업, 네슬레Nestlé가 '공유가치'를 실천한 최고의 사례라며 치켜세웠다. 네슬레가 1960년대부터 인도 북부 모가에서 지역 낙농업자들로부터 우유를 공급받음으로써 지역 생활수준 향상에 기여했다는 것이다. 두 사람은 네슬레가 자사 원료공급망의 비용 효율을 강화했으며, 동시에 지역 우유 공급자들의 성장에도 기여했다며, "모가에서 우유집하장을 세우고, 농부들을 교육하고, 발전된 기술을 도입했던 경험을 브라질, 탄자니아를 비롯한 십여 개의 다른 국가에서도 활용했고. … 모두 네슬레의 번영이 곧 지역의 번영으로 이어졌다"고

TEDBlog

Business
Michael v. Michael: A debate on how (or if) business can solve social problems

마이클 대 마이클. 『정의란 무엇인가』의 저자 마이클 샌델과 『국가경쟁우위』의 저자 마이클 포터가 테드에서 논쟁하는 장면

찬사를 보냈다. 12)

하지만 네슬레의 사업이 찬사만 받은 것은 아니다. 네슬레는 콜럼비아에서 노조 탄압을 위해 위협적이고 위험한 방법을 사용한 혐의와, 공격적인 특허전략으로 의약품과 식량 가격 인하를 제한했다는 비난을 받았다. 네슬레 산하 프로메테우스$_{Prometheus}$ 연구소는 최근 미국 대법원까지 갔던 떠들썩한 특허 소송에서 패소했다. 프로메테우스는 환자의 신체 변화를 모니터하여 최적의 투약 레벨을 결정하는 진단 방식에 대해 특허권을 확보하려고 했다. 그런데 마요클리닉$_{Mayo\ Clinic}$이 네슬레가 자연스러운 의학적 관찰 절차에 대해 특허권을 주장한다며 소송을 제기했다. 대법원은 마요클리닉의 편을 들어 주었으며, 24페이지 분량의 판결문에서 "해당 특허권 주장은 근본적으로 자연법칙에 대해 유효하게 권리를 주장하고 있으므로, 해당 주장은 무효"라고 판결했다. 더 최근에 네슬레는 중동지역과 아시아에서 오래전부터 약재로 사용되어 온 회향$_{(fennel)}$ 추출물에 대한 특허권을 확보하려 했다. 네슬레의 주장에 반박하기 위해 사회정의 애드보커시 단체인 섬오버즈$_{SumofUs}$가 제작한 탄원서가 인터넷을 통해 확산되면서 거의 80만 명이 서명했다. 포터와 크레이머가 모범적인 사례라며 네슬레를 치켜세우는 것을 보면 사회적 비난에 대해 모르고 있거나, 그러한 비난이 네슬레의 마케팅 전략에 미치는 위협이 작다고 판단한 모양이다.

또 다른 사례는 GE가 최근 벌이고 있는 에코매지네이션$_{Ecoimagination}$ 운동이다. 에코매지네이션은 GE가 2020년까지 환경친화적 제품군을 개발하는 데 100억 달러를 투자한다는 계획이다. 포터와 크레이머는 GE가 '환경친화적인 제품으로 큰 돈(2009년 180억 달러)'을 벌었다고 칭찬한다. 그런데 스티브 데닝Steve Denning이 『포브스』를 통해 밝혔듯이, 180억 달러는 GE 전체 매출의 11.5퍼센트밖에 되지 않는다. "그러므로 GE 매출의 88.5%는 여전히 '통상적인 사업,' 즉, 환경친화적이지 않은 제품으로 벌어들인 것이다."13) GE는 또 허드슨 강에 10년째 독성 PCB를 투기해 왔던 책임을 최소화하기 위해 지속적으로 애쓰고 있으며, 적극적인 로비를 통해 허드슨 강 정화 노력에 제동을 걸어왔다.

경영학자인 마크 애커스Mark Aakhus와 마이클 브즈댁Michael Bzdak은 GE가 코프와치Corpwatch를 비롯한 소비자단체에 의해 세계 10대 '그린 워셔' 기업으로 뽑혔다고 말했다. 그린 워셔란 고착화되고 종종 해로운 사업 관행을 고치려는 노력보다 친환경 마케팅에 돈과 시간을 쏟아 붓는 기업을 칭하는 용어다. 매커스와 브즈댁은 '공유가치'라는 개념이 정말로 오래된 사업 관행에서 탈피하려는 기업의 새로운 시도인지, 아니면 기업 이익이 곧 사회의 이익이라는 낡은 선전 문구의 반복일 뿐인지 의문을 제기했다.14)

선택과 집중

크레이머와 포터의 주장이 실소를 자아냈든, 영감을 주었든 한 가지만은 확실하다. 두 사람의 주장에 테드헤드 세대가 큰 감명을 받았고, 그 결과 정부의 지원이 줄어들고 있는 상황에서 민간 기부에 점점 의존할 수밖에 없는 비영리단체에 대한 자선가들의 기부정책이 크게 변화했으며, 기부금을 받은 비영리단체에 요구하는 바도 많아졌다는 점이다.

오하이오 주립대학Ohio State University 소속의 법학자이며 자선분야 전문가, 개리 젠킨스Garry Jenkins는 전략적 자선, 촉매적 자선, 박애자본주의 등의 여러 새로운 트렌드와 신조어가 기부 문화에 어떤 영향을 미치는지 연구했다. 그는 최근 수년간 후원금을 받은 단체가 후원 재단에서 제시한 특정 분야에 한해서만 후원금을 사용하도록 제한하는 '지정기부'가 '비지정기부'보다 많이 증가했다고 지적했다. 이런 경향에 따라 지원대상기관은 후원자의 기대에 부응해야 하는 압박으로 인해, 단체 본연의 장기 계획을 포기하고 단기 목표에 매달리게 된다.

재단은 또한 비영리단체나 학술기관의 임의적인 후원금 신청을 거부하고, '초청 한정'(invitation-only) 정책을 시행하고 있다. 기부의 효과를 '증명'해야 한다는 필요성 때문에 재단은 점점 신뢰할 수 있는 단체만 주목하기 시작했고, 그 결과 대상자 선정에 귀한 시간을 낭비하지 않아도 된다는 장점은 있겠지만, 재단과 아무 연이 닿지 않는 소규모 비영리단체는 접근조차 해볼 수 없게 되었다. 15년 전에는 이처럼 폐쇄적이거나 부분 폐쇄적인 정책이 매우 드물었지만, 지금은 아주 흔하다. 젠킨스는 1994년과 2008년, 미국 거대 기업 및 민간재단의 기부정책을 비교해 보았다. 그 결과 1994년에는 불과 6퍼센트의 기관에서만 나타났던 '선택 한정' 지원 정책을 2008년에는 29퍼센트의 기관이 채택하고 있었다. 다시 말해 확연하게 많은 수의 재단이 "우리가 선택할 때까지 먼저 전화하지 말 것"이라는 입장을 취하고 있으며, 이는 사회서비스 전달체계에서 직접 활동하고 있는 기관보다 자신이 현실을 더 잘 안다고 자부하는 자선재단의 독단적인 태도를 드러내는 것이다.[15]

새로운 자선활동의 목표는 주요 부문에 집중 투자하고, 동일한 자선적 대의에 다른 사람을 동참시키는 것이다. 최근 어느 자선 관련 서적이 지적하고 있듯이, 성공한 "자선사업가(philanthropreneur)는 한 가지 대의에 전념한다. 전략적으로 집중할 대상을 고르고 한 방향으로 매진하는 자선가는 여러 가지 다양한 명분에 돈과 주의를 분산시키는 자선가보다 더 많은 것을 얻을 수 있다"는 것이다.[16]

20년 전만 해도 많은 재단 리더들은 "천 개의 꽃을 피우는" 것이 좋은 지원 전략이라고 믿었다. 좀 더 최근에 와서 CEP가 실시한 설문조사 결과에 따르면 이제는 어떤 자선재단의 CEO도 더는 이런 믿음을 가지고 있지 않다. 모두 선택된 분야에만 집중해야 한다는 주장을 따르고 있다. 어느 CEO의 말을 인용하자면, "처음부터 목표를 염두에 두어야 한다." 스탠리 카츠의 지적대로, 목표를 가진다는 것은 개발이나 기부 프로그램 초기부터 목표 달성을 위한 최적의 방법이 무엇인지를 알 수 있다는 것을 의미한다. 최종 목표를 지정하는 것은 비교적 쉽다. 정말 어려운 부분은 어떤 방법으로 그 목표를 달성하는지를 정하는 것이다. 그것을 쉽다고 여긴다면, 카츠의 주장대로, 현대 사회과학의 효율성을 과대평가하기 때문이다.17)

지원금 사용처에 대한 요구사항이 많아지면서 지원을 받은 기관들은 점점 무력감을 느끼게 되고, 재단의 정책이 변화하는 대로, 설령 그러한 정책이 과학적, 사회적으로 정말 효과적인지 확실하지 않더라도 따를 수밖에 없다. 지원 재단과 그들이 선호하는 지원대상기관 간의 관계가 너무 긴밀할 경우, 재단에 예상치 못한 문제가 생기면 지원대상기관은 자금 흐름에 어려움을 겪을 수도 있다. 크리스 혼Chris Hohn과 제이미 쿠퍼 혼Jamie Cooper Hohn 부부가 2003년에 설립한 칠드런즈 인베스트먼트 펀드 파운데이션Children's Investment Fund Foundation(CIFF)에서 이런 우려가 현실로 드러났다.

혼은 영국 최대의 자선가로 현재까지 자선 목적으로 10억 파운드 넘게 기부했다. 그는 2003년 칠드런즈 인베스트먼트 펀드 매니지먼트Children's Investment Fund Management(TCI)라는 자신의 헤지 펀드를 설립하고, 펀드 수익의 일부가 자동적으로 CIFF로 가도록 했다. CIFF는 그의 아내 제이미 쿠퍼 혼이 운영하는 자선기관으로 개도국 어린이들의 교육과 보건환경 개선을 목표로 세워졌다. CIFF는 투자수익률과 가시적인 효과를 강조하는 '신종' 자선기관으로 각광받았다. 2013년 두 사람은 이혼했다. 혼은 1년 뒤 TCI로부터 자신이 공동 설립한 CIFF로 가는 자금을 줄이기로 했다. 『텔레그라프』Telegraph의 보도에 따르면 "혼의 회사는 이익을 자선재단에 기부하는 대신 20명가량의 직원들에게 어마어마한 성과급을 지급하느라 2,600만 파운드 이상을 써버렸는데, 그 중 대부분은 혼 사장 자신이 몫으로 알려졌다."18)

사회가 "부자들의 테이블에서 떨어진 부스러기"에 의존하게 될 때 생길 수 있는 문제는 테이블 위에서 식사하는 부자들에게는 발치에 있는 사람들에게 음식 조각을 던져 주는 것이 의무가 아니라는 점이다. 혼이 자선재단에 기부를 중단하기로 결정한 것은 TCI가 큰 수익을 본 다음 해였다. 혼의 헤지펀드는 47퍼센트의 수익률로 수십억을 벌어들였다. 수익의 일부는 TCI가 영국우정공사Royal Mail의 지분을 매각한 후 벌어들인 것인데 영국 정부가 우정공사의 주식 3분의 2를 민간 투자자에게 매각하기로 한 지불과 3개월 후의 일이었다. 2013년 10월, 런던 금융가의 애널리스트들은 26억에서 33억 파운드는 위험할 정도로 낮은 평가이며, 런던 같은 요지에 우정공사가 보유한 자산 가치를 저평가하는 것은 결과적으로 영국 납세자의 돈을 강탈하는 것이라고 지적했다. 주식을 상장한 후, TCI는 5.8퍼센트 지분 보유로 최대 민간 주주가 되었다. 수주 내에 TCI의 서류상 수익은 5,700만 파운드를 넘어섰다. TCI는 2014년 1월 지분 가운데 일부를 팔았고, 주식은 최초 상장가보다 80퍼센트 높은 가격에 거래되었다. 영국 납세자들은 어설픈 상장으로 수십억 파운드를 잃었다.[19]

    TCI는 유럽 내에서는 물론 국제 금융계에서도 여러 회사의 소액 주주 자격으로 공격적 입장을 취하는 회사로 알려져 있다(독일 정치인들은 한때 혼을 '메뚜기'라고 불렀다). 2012년 TCI는 인도 정부가 90퍼센트 이상의 지분을 소유하고 있는 인도석탄공사Coal India에 대해 여러 건의 소송을 제기했다. 2010년 인도 정부가 석탄공사 지분 가운데 10퍼센트를 상장하자 TCI는 1.1퍼센트에 해당하는 지분을 매입했다. 거의 동시에, TCI는 석탄 공사의 석탄 가격 책정에 이의를 제기하면서 석탄 가격이 국제시장가격보다 낮기 때문에 소액주주들이 정당한 이익을 얻지 못한다고 주장했다. 세계 최대 규모의 석탄 생산자인 인도석탄공사는 자사의 가격정책이 관련 분야 전반의 필요에 의한 것이라고 반박했다. 석탄공사는 또, 제철소, 발전소 및 기타 분야에 활발하게 석탄을 공급하는 것은 국가 전체의 경제 안정화와 성장에 꼭 필요하다고 주장했다. TCI는 인도석탄공사의 가격 제한이 자사의 수익을 저해했다며, 2012년 6월 언론 보도를 통해 "수억 달러의 배상"을 원한다고 말했다. TCI는 사이프러스 인도 상호보호

조약에 따라 인도 정부에 대한 중재절차에 착수했다. 인도석탄공사는 격분했다. 석탄공사 경영진은 2013년 8월 실적 발표 도중에 석탄공사는 정부가 90퍼센트 이상 소유한 회사로서 겨우 1퍼센트 남짓한 지분을 보유한 일개 주주의 이익보다 "국가 전체의 이익에 부합할 의무"가 있다는 입장을 TCI 관계자들에게 표명한 것으로 알려졌다.20)

보건과 빈곤문제를 다루는 활동가들로부터 맹비난을 받은 TCI는 2014년 조용히 지분을 매각하고 소송을 철회했다. 시민사회단체들은 인도 정부에 대한 TCI의 조치는 기업들이 무역협정을 빌미로 자국 국민의 이해를 보호하기 위해 애쓰는 정부를 협박하는 흔한 수법이라고 주장했다.21) TCI와 인도 정부 간 공방에서 가장 큰 아이러니는 혼이 이혼 이후 물러난 CIFF가 인도 어린이들의 사망률을 낮추는 데 많은 노력을 기울이고 있다는 점이다.

지식 헤지hedge

2012년 4월, 나는 전임 하버드 교무처장이며 현재 MIT와 하버드가 공동 설립한 브로드 연구소Broad Institute 산하 스탠리 정신의학연구센터Stanley Center for Psychiatric Research를 이끌고 있는 스티븐 하이먼Steven Hyman과 이야기를 나누었다. 양손을 들어 꼭두각시 인형을 조종하는 흉내를 내면서 그는 게이츠 재단같이 영향력 있는 후원자가 새로운 영역에 우선순위를 둘 때마다 이리저리 끌려 다녀야 하는 현실에 많은 중견 과학자들이 개탄하고 있다고 말했다. 이러한 문제에 제동을 걸기 위해 그는 자선재단들이 '지식 헤지'(intellectual hedges)를 개발해야 한다고 제안했다. 즉, 투자 위험성이 높거나 뚜렷한 전망이 보이지 않는 연구 분야에 의도적으로 주목함으로써 현 시점에서 투자가가 갖는 지식의 한계로 기회를 제한하거나 놓치는 일이 없도록 하는 펀딩 전략이 필요하다는 뜻이다. 그의 말을 그대로 옮기자면,

재단 스스로 지나치게 규모가 커졌다는 점을 인식한다면, '지식 헤지'를 마련할 필요가 있다. 즉, 돈의 일부를 떼어서 원래의 투자 방향과 전혀 다른 방향에 투자하는 것이다. 만일 원래의 목적이 백신을 만들어 HIV를 단기간에 박멸하는 것이라면, 한편으로는 즉각적인 투자 수익을 염두에 두지 않는 대안적인 전략을 동시에 추구할 수 있다. 예를 들어 투자 금액 일부는 인간 면역이나 인간 바이러스학 분야를 장기간 연구하고 있는 최고 수준의 과학자들을 지원하는 데 사용할 수 있다.

하이먼은 기업과 비영리기관이 직면하고 있는 과제가 서로 다르다는 점을 깨닫지 못한 채 기업가정신만을 찬양하는 후원 환경에서 이 같은 지식 헤지는 점점 찾아보기 힘들다고 말한다.

기업은 시장으로부터 압박을 받는다. 기업이 추진하는 사업은 시장의 힘에 따라 진화할 수도 망할 수도 있다. 하지만 자선가는 이런 압박에 시달리지 않는데, 이는 재단에 득이 될 수도, 독이 될 수도 있다. 득이 되는 사례로, 재단은 정부가 건드리기가 쉽지 않은 정치적으로 민감한 영역에 우선순위를 둘 수 있다. 게이츠재단이 개도국에서 펼치고 있는 피임 지원이 그 좋은 예다. 개발도상 지역의 가족계획 캠페인에 대해 미국 정부는 기껏해야 몸을 사리거나, 상황이 나쁠 때는 피임을 지원하는 해외NGO에 대해 징계조치를 취함으로써 해당 기관이 사라지는 결과를 가져오기도 한다.[22] 자선단체와 재단은 세계에서 가장 취약한 인구가 지원을 기대할 수 있는 유일한 대상인 경우가 많다. 학대받는 배우자, 갈 곳 없는 어린이, 중독 환자 등은 모두 전형적으로 구매력이 매우 낮기 때문이다. 그렇지만 또 다른 한편으로, 시장으로부터의 압력이 없다는 것은 자선기관의 취약점이기도 하다. 인기 없는 정부에게는 유권자의 분노가, 상장 기업에는 주가 하락이 견제 수단이지만, 자선재단 운영에는 외부로부터의 견제가 거의 없다.

"기업이 성공하는 정확한 이유는 그들이 레이저처럼 정확하게 목표에 집중하고 가차 없이 밀어붙이기 때문"이라고 하이먼은 지적한다. "기업가는 시장에 의해 단련된다. 하지만 자선단체는 그들을 단련시킬 만한 외부

세력이 없다. 그래서 나는 펀드의 일부로 내부적인 헤지를 조성할 것이라고 기대하지만 아직 그런 사례를 본 적은 없다."

아마도 개입하기 좋아하는 신세대 자선가들이 야기한 가장 광범위하고 심각한 변화는 지원대상기관과 "함께" 일하겠다고 막무가내로 밀고 들어오는 이들의 행태 때문에 **진정한 선물은 주는 사람의 이해와 무관해야 한다는 인식이 사라져 버린다는, 아니 적어도 줄어들고 있다**는 점일 것이다.

지원대상기관(자)의 독립성 보장은 비영리부문과 학계에서는 오랫동안 지켜진 원칙이다. 그 이유는 명백하다. 아니, 적어도 명백해야 한다. 연구팀이 연구 우선순위나 정책 결정에 일일이 후원자의 지시를 받고, 후원자의 요구가 지켜지는지에 대한 감시와 처벌이 뒤따른다면 자선(philanthropy)이 후원자 개인이나 기업의 수익성 제고라는 진짜 목적을 위장하기 위한 수단으로 전락하는 것을 막을 방법이 없고, 결국 과학의 발전이나 공공의 이해에 해를 끼치게 되는 경우가 허다하기 때문이다.

개입과 이해관계의 충돌

생명과학과 의학 분야에서 학술 및 임상 연구의 많은 부분을 지원하는 기업자선활동의 경우 이런 문제는 매우 분명히 드러난다. 다음의 두 가지 사례는 캐나다에서 가장 권위 있는 대학 중 하나인 토론토대학University of Toronto이 어떻게 후원 기업의 요구에 따라 학자들을 위협하거나 해고했는지를 드러낸다.

1990년대, 혈액학자인 낸시 올리비에리Nancy Olivieri는 토론토대학이 주관한 임상시험에 참여했다. 매년 20만 명의 어린이들에게서 발병하는 베타지중해빈혈 치료에 사용되는 데퍼리프론을 테스트하기 위한 실험이었다. 치료를 위해서는 여러 번의 수혈이 필요한데, 이로 인해 간경변증이 나타나거나, 체내 철분이 과다하게 증가하는 혈철소증으로 인해 사망에 이를 수도 있다. 데퍼리프론은 혈철소증을 치료하는 데 사용되는 킬레이트제다. 아포텍스Apotex라는 회사의 후원으로 데퍼리프론을 테스트하기 위한 임상시험 도중 올리비에리는 치명적인 독성 효과의 잠재적 징후를 발견했다. 그녀가 실험 참가자들에게 약의 위험성을 알리라고 요구하자 아포텍스는 고소하겠다며 그녀를 협박했다.23)

토론토대학은 새 건물을 짓기 위해 아포텍스와 수백만 달러의 후원금 협상을 진행 중이었는데 협상 금액은 당시 토론토대학에 대한 기업 후원금 가운데 최고 수준이었고, 대학은 올리비에리의 요청을 거부했다. 올리비에리는 아포텍스와의 합의를 깨고 자신이 발견한 사실을 『뉴잉글랜드 저널 오브 메디슨』New England Journal of Medicine에 발표했다. 그녀는 이상혈색소증에 걸린 어린이들을 위한 병원 책임자 자리에서 쫓겨났지만, 이후 복직되었다.24)

현재 웨일즈에서 정신의학과 교수로 재직 중인 아일랜드 출신의 정신과 의사 데이비드 힐리David Healy는 2000년 정신건강 연구 분야에서 세계적 수준인 토론토대학 정신건강 및 중독센터Center for Addiction and Mental Health의 임상 책임자로 와 달라는 의뢰를 받았다. 2000년 11월 힐리는 토론토대학에서 '정신약리학과 자기 지배'라는 주제로 강연을 했다. 강연 도중 그는 의학 연구에서 임상시험의 한계에 대해 이야기했다. 그가 강조한 것은 대부분의 임상시험이 드문 부작용을 밝혀내지 못한다는 점과, 그런 부작용은 실험이 완료되고 약이 수백만 명에게 임상적으로 공급된 후에 드러난다는, 이미 널리 알려진 문제점이었다.25)

힐리는 SSRI(선택적 세로토닌 재흡수 억제제)계 항우울제를 예로 들었다. 제약 업계 사상 최고의 판매고를 올린 엘리릴리Eli Lilly의 프로작도 SSRI계 항우울제의 일종이다. 2001년 프로작으로 벌어들인 수익은 25억 달러로 엘리릴리의 연간 수익의 4분의 1을 차지했다. 하버드대학 정신의학자 마틴 타이처Martin Teicher박사가 1990년 『아메리칸 저널 오브 사이카이어트리』American Journal of Psychiatry에 프로작을 복용 중이던 환자들이 자살에 관해 생각했다는 사례를 발표한 후 불거진 논란에 관해 언급하면서, 힐리는 "프로작과 다른 SSRI계 항우울제가 자살을 야기할 수 있다"고 말했다. 엘리릴리는 힐리를 초청한 '무드 앤드 앵자이어티 디스오더 클리닉'Mood and Anxiety Disorder Clinic의 예산 가운데 52퍼센트를 지원하는, 토론토대학의 주요 후원사였다. 강연 몇 주 후, 힐리가 받았던 의뢰는 철회되었다.

힐리의 채용이 취소된 후, 엘리릴리가 프로작의 부작용을 증명하는 임상시험 증거를 은폐했다는 다수의 기사가 보도되었다. 미국 식약청US Food and Drug Administration(FDA)의 지시로, 또 다른 SSRI계 항우울제 팍실의 제조사인 글락소스미스클라인GlaxoSmithKline은 팍실의 임상시험을 통해 통계적으로 중요한 의미가 있는 결과, 즉 플레시보 복용자 대비 6배나 높은 자살 위험을 보이는 것으로 드러났다는 내용의 편지를 미국 의사들에게 보냈다. 이 임상시험 결과는 힐리의 우려가 정당했음을 증명해 주었다.26) 힐리는 이후 토론토대학으로부터 비공개 합의를 얻어냈고, 토론토대학의 초빙교수직을 제안받았다.

힐리와 올리비에리의 사례는 북미 전역에 걸쳐 기업의 의료기관 후원에 관한 정부정책 변화에 중요한 영향을 미쳤다. 후원 절차에 투명성을 기하고자, 미국의 2010년 건강보험개혁법(Patient Protection and Affordable Care Act)에 제약회사가 의사 개개인 및 의료기관과 맺은 후원 관계를 매년 보고하도록 요구하는 조항이 최근 포함되었다.

이해관계의 충돌이 대학에만 국한되는 것은 물론 아니다. 정치판에서도 마찬가지이다. 정치인 개개인에 대한 선거운동자금 지원이 권력의 거래로 비치는가 하면, 외교정책에서는 '조건부 원조'를 통해 수원국이 원조받은 돈으로 원조 공여국에서 제조한 물품을 사도록 요구한다. 조건부 원조는 수원국 정부가 가장 유리한 계약을 선택할 능력을 제한하는 일종의 보호주의라는 비판을 받고 있다. 수원국이 공여국으로부터 제품을 사도록 강요당하는 경우 사업비가 30퍼센트까지 증가할 수 있다. 조건부 원조는 시장에서 값싼 대안을 선택할 수 있는 능력을 제한한다는 점에서 자유시장경제를 저해하는 명백한 요인이다. 신세대 자선가들이 경쟁을 장려하기보다 억제하고 있는 상황에서, 유사한 문제, 즉 정실주의가 사라지지 않고 오히려 고착화되는 현상이 북미 비영리부문에서 더욱 첨예하게 드

러날지도 모른다.27)

젠킨스의 연구가 시사하듯, 서로 긴밀한 관계로 뭉친 후원자 집단은 누가 후원금을 신청할 자격이 되는지, 어떤 종류의 후원금을 검토할 것인지, 후원금을 받은 단체는 어떤 정책을 추진해야 하는지 등에 대해 점점 더 많은 결정권을 행사하고 있다. 후원금이 사용될 복지 프로그램에 대해 누구보다도 깊이 알고 있는 것은 후원금을 받는 기관이지만 그들의 목소리는 점점 힘을 잃어가고 있다. 에두아르도 갈레아노Eduardo Galeano가 남미의 경제개발 프로젝트에 대해 날카롭게 꼬집었던 **"숫자가 사람보다 대접받는" 기부 환경** 때문이다.28)

물론 돈줄을 쥔 사람이 정해진 이상, 후원자와 지원대상자와의 관계에서 후원자는 늘 일방적으로 지배하는 입장이었다. "돈 낸 사람 마음대로"라는 말도 있지 않은가? 하지만 신세대 후원자가 이전과 다른 점은 자신이 누리는 지배력을 자랑스러워하며, 앞으로 더 큰 지배력을 누려야 한다고 주장한다는 데 있다. 젠킨스의 표현을 빌자면, 후원자들이 점점 "더 독단적인 태도를 보이며, 재단 위주의 문제 해결 모델을 내세워 복지 기관과 그들이 봉사하는 지역사회의 목소리를 약화시키는"29) 동안 **후원자와 지원대상자 간의 불평등 관계**는 점점 더 악화되어 왔다.

후원을 받는 기관이 후원자로부터 일정 수준의 독립성을 요구하면 자선가들은 어이없다는 반응을 보인다. 2012년 캐나다 리서치인모션Research in Motion(RIM)의 공동 창업자 짐 발실리Jim Balsillie는 토론토 요크대학York University이 발실리가 세운 씽크탱크 국제가버넌스센터Center for International Governance(CIGI)를 유치할 수 있도록 6,000만 달러를 조달하는 데 중개역할을 맡았다. 6,000만 달러 가운데 3,000만 달러는 발실리 자신이 지원하고, 나머지 3,000만 달러는 온타리오 주 정부가 부담하는 계획이었다. 그런데 국제법에 대한 아무런 경험이 없는 발실리가 후원조건으로 요크대학 법학부 교수 임용에 관여할 권리, 채용시 거부권, 커리큘럼 개발 참여권 등을 요구했다.

이 같은 조건이 알려지자 요크대학 교수진 거의 전부가 들고일어났다. 200명의 교수들이 서명한 편지에서 교수진은 발실리와의 계약이 "대학의 지배구조에 대해 전례 없이 큰 영향력을 CIGI에 부여하는 것"이라고 말했다. 캐나다 2위의 법학대학 자리를 수년째 지켜온 요크대학의 오즈굿 법학대학Osgoode Law Faculty 교수들은 8명이 기권한 가운데 34대 7의 표결 결과에 따라 CIGI 유치 계획을 거부했다. 2012년 4월 요크대학은 발실리의 후원을 거절하기로 결정했다.30)

발실리와 CIGI 관계자들은 대학의 결정에 매우 놀랐다. CIGI의 홍보를 담당하는 프레드 컨츠Fred Kuntz 부소장은 "노조의 개입"으로 계약이 실패로 돌아갔다며 비난했다. 발실리는 캐나다의 유력 일간지 『글로브앤드메일』 Globe and Mail의 논평을 통해 요크대학의 결정이 "공공의 자금을 자기 것으로 생각하는 비현실적인 인식과 어우러진 구사고(old-think)적 발상에서 나온 것"이라고 비난했다.

"구사고"는 물론 실제 사용되는 단어가 아니며, 법에 대한 아무 자격을 갖추지 않은 사람들이 한 나라의 주요 법학대학 커리큘럼 개발에 관여하면 왜 안 되는지를 다시 한 번 확인시켜 주었다.

옳든 그르든, 후원자의 엄격한 관리감독은 열정적인 신세대 자선가가 기부금 용도까지 직접 챙기는 사례로서 칭송된다. 2008년 빌 게이츠가 마이크로소프트의 경영에서 손을 떼고 게이츠재단 운영에 전념하겠다고 발표했을 때에도 사람들은 그의 결정을 칭찬했다. 물론 주요 기업가들이 더 많은 시간과 돈을 자선활동에 투자하는 것은 환영할 만한 일이다. 문제는 **지원대상기관의 의사결정과정을 더욱 확실하게 틀어쥐고, 신속한 결과를 요구하는** 새로운 자선활동의 행태가 독창성과 발전을 촉진하기보다 오히려 저해할지도 모른다는 점이다.

세금 대 자선

20세기 중반을 지나면서, 미국의 부유층과 빈곤층의 재정 격차는 이전보다 줄어들었다. 1940년에는 전체의 16퍼센트였던 미국 상위 1퍼센트의 소득은 1970년대에는 7퍼센트로 떨어졌다. 이 기간 내내 세율이 높은 수준을 유지했고 세율 상한이 70퍼센트에 육박했다. 하지만 높은 세율이 경제 성장을 막지는 않았다. 1947년에서 1977년 사이, 미국 경제는 연평균 3.7퍼센트의 성장률을 보였다.31)

그러나 1970년대 이후부터 상황은 달라졌다. 상위 1퍼센트의 소득은 꾸준히 증가했다. 2010년 한 해 동안, 전년도 소득 증가분의 93퍼센트가 상위 1퍼센트, 적어도 35만 2,000달러를 벌어들이는 납세자들의 주머니로 들어갔다. 수입이 아니라 전체 자산을 들여다보면 그 차이는 더욱 놀랍다. 상위 1퍼센트가 국가의 자산의 40퍼센트를 보유하고 있다. 이 같은 빈부격차에 직면해 **"우리는 부자들이 알아서 십일조를 기부하도록 맡겨야 하는가, 아니면 모든 사람을 위해 최소한의 경제적 보장이 가능하도록 기본적인 과세-지출 구조를 가진 사회를 만들어야 하는가"**라고 사회학자 제이콥 해커Jacob Hacker는 주디스 워너Judith Warner와의 인터뷰에서 질문을 던졌다.32)

박애자본주의의 지지자들은 십일조를 선호할 것이다. 어떤 이들은 부자들이 '자발적 납세,' 즉 자선 기부의 형식으로 충분한 돈을 내고 있으므로, 기부가 소득세를 대신할 수 있다고 주장한다. 언론인 크리스티아 프릴랜드와의 인터뷰에서 와이오밍의 펀드 투자가이자 공화당의 두둑한 자금원인 포스터 프라이즈Foster Fries는 이렇게 말했다. "사람들은 부자들이 얼마나 충실히 '자발적 납세'를 이행하는지 모른다. … 빌 게이츠를 보라. 바로 얼마 전에 7억 5,000만 달러를 기부하지 않았는가? 아마도 에이즈퇴치 기금이었던 것 같은데 … 세상을 더 나은 곳으로 만드는 데 상위 1퍼센트가 나머지 99퍼센트보다 더 많이 기여할 것이다. 나는 가난한 사람이 빌 게이츠와 같은 일을 하는 것을 본 적이 없다. 가난한 사람이 많은 사람을 고용하는 것도 본 적이 없다."33)

같은 부자라도 세금에 관한 프라이즈의 견해에 동의하지 않는 사람들은 TED 행사에서 홀대를 받는다. 2012년, 백만장자 기업인이자 IT 투자가인 닉 하노어Nick Hanauer는 초기 아마존 투자로 떼돈을 벌었다. 그는 TED

연단에 서서 더 진보적인 세금정책을 촉구하면서, 기업가가 사회의 주된 "부를 창조"한다는 주장을 날카롭게 비난했다. 그는 "경영을 해 본 사람이라면 누구나 안다. 사람을 많이 고용하는 것은 자본가가 최후에 선택하는 방법으로, 우리는 고객의 요구가 있을 때에만 고용을 늘린다. 그런 점에서 스스로 일자리 창출자라 칭하는 것은 정확하지 않을뿐더러 솔직하지 못한 주장이다."

"아이디어는 확산할 가치가 있다"는 대표 슬로건을 내건 TED가 그의 연설 동영상의 방송을 거부했다. 이유를 묻는 질문에 TED 큐레이터 크리스 앤더슨Chris Anderson은 해당 연설이 선거가 있는 해에 방송하기에는 "지나치게 정치적"이며, 하노어의 주장에 대해 "많은 경영인과 기업가가 모멸감을 느낄 것"이라고 대답했다.34)

세금을 더 내라는 요구가 경영인과 기업가에게 "모멸감"을 주기 때문에 방송을 막아야 한다는 앤더슨의 주장과, 부자는 "자발적 세금"을 충분히 내고 있다는 프라이즈의 주장이 특히 불쾌한 이유는 부자가 내는 자선기부금의 상당 부분이 가난한 사람에게 도움을 주지 못한다는 사실 때문이다. 수많은 연구를 통해 입증되었지만 부자가 내는 자선 기부금의 지극히 일부분만이 가난한 사람에게 전달된다. 대부분의 기부금은 부자의 모교나 그들이 애용하는 문화예술기관을 위해 사용된다. 또 소득 대비 기부금액을 살펴보면 부자가 가난한 사람보다 덜 기부한다. 수십 년간 가난한 미국인들은 소득 대비 부자보다 더 많은 기부를 해왔다. 2001년 비영리부문과 자선재단의 연대로 세워진 씽크탱크, 인디펜던트섹터Independent Sector의 연구에 따르면 연 수입 2만 5,000달러 이하의 가구는 소득대비 평균 4.2퍼센트를 기부하지만 7만 5,000달러 이상을 버는 가구는 2.7퍼센트를 기부한다.35)

프라이즈 이전에도, 정치 지도자들이 '자발적 세금'이나 자선재단이 내놓는 기부금을 모으면 번영한 사회의 특징이라 일컫는 기본적인 사회보장 즉, 서민들을 위한 공공의료, 공교육, 실업자 지원 비용을 충당할 수 있다는 견해에 반기를 든 적이 있다.

1933년 취임한 프랭클린 D. 루즈벨트Franklin D. Roosevelt 대통령의 목표 중 하나는 비영리단체와 정부가 느슨하게 연대하여 단편적으로 제공하던 사회적 지원을 법으로 제도화하는 것이었다. 반면, 그의 전임자 허버트 후버Herbert Hoover 대통령은 개인적 차원의 자선의 힘에 무게를 두는 입장이었다. 1930년대 초의 대공황기에도 후버 대통령은 빈민 구제 노력에 정부가 직접 재정지원을 하지 않으려고 안간힘을 썼다. 그의 정책은 몇몇 역사학자들이 묘사하는 것처럼 단순히 자유방임 원칙을 수호하려는 굳건한 다짐에서 나온 것이 아니다. 후버는 법인세도 늘리고, 개인 소득세율 상한도 25퍼센트에서 63퍼센트로 올렸다. 하지만 그는 동시에 냉혹한 자유주의라고 스스로 칭한 개인주의와 자유주의의 상징 같은 인물이었다. 알렉시스 드 토크빌Alexis de Tocqueville처럼 그는 미국 문화의 결정적 특징은 많은 지역에서 특징적으로 나타나는 자선의 충동, 올리비에 전즈Olivier Zunz가 말한 '대중적 자선'(mass philanthropy)에 대한 헌신이라고 생각했다. 빈곤 완화에 연방정부가 직접 개입하지 않으려던 이유는 간단하다. 자선의 노력이 '고갈되는 것'을 원하지 않았기 때문이다.36)

　후버 행정부의 재무 장관은 부유한 기업가 앤드루 멜론Andrew Mellon이었는데 그는 부유층에게 부를 집중시키면 부자들이 자선의 전통에 따라 대중에게 부를 분배하리라고 기대하는, 카네기 식 접근을 신봉하는 인물이었다. 1929년 대공황이 닥치기 전 20년대, 멜론은 소득세 전격 인하를 기획하기도 했다. 그의 강력한 주장으로 소득세율은 77퍼센트에서 24퍼센트로 내려갔다. 그의 목표는 세금이 면제되는 국채에 묶인 자금을 푸는 것이었다. 소득세율을 낮추면 부자들은 더는 돈을 면세 국채에 묻어 두지 않을 것이다. 대신 그들은 주식에 투자할 것이고 높은 세율로 거둘 수 있는 세금 이상의 수익을 창출할 것이라는 논리였다.

　아주 짧은 기간 동안, 정부 흑자폭이 늘어나는가 싶더니, 곧이어 투기 열풍이 극에 달했고, 과열된 시장에 의존했던 정부의 잔고는 급속도로 줄어들었다. 주식시장 붕괴가 정부를 마비시킬 때에도 멜론은 자신의 사리사욕을 채우기 위해 물불 안 가리고 덤볐다. 역사학자 잭슨 리어스는 "멜론은 단순히 공과 사를 구별하지 못했던 것"37)이라고 평했다.

불행히도 후버와 멜론이 미국의 가장 취약한 계층을 받쳐줄 것이라 기대했던 자선단체들은 자금을 확보하지 못해 고사해 버렸다. 1929년에서 32년 사이에 미국의 민간 자선단체 가운데 3분의 1이 사라졌다. 그들의 몰락을 예측한 루즈벨트 대통령은 1930년대 초에 민간의 자선 노력은 힘을 잃게 될 것이라고 예언했다. 정부의 원조는 "자선이 아니라 사회적 의무로" 확대되어야 한다고 그는 주장했다.38)

후버-멜론 시대의 정책은 최근 수년간 자주 회자되어 왔다. 민주당과 공화당 모두 멜론 시대의 재무부를 연상시키는 정책을 내놓고 있다. 경제학자 폴 크루그먼Paul Krugman은 "멜론식의 청산주의*가 현대 공화당의 공식 독트린"이라며 현실을 직설적으로 표현했다.39) 하지만 경제정책의 유사성에 집중하다 보니 겉으로 잘 드러나지 않는 부분을 간과하게 된다. 바로 멜론과 공화당이 공유하고 있는 신념이다.

선대의 카네기나 후대의 프라이즈처럼, 멜론은 부가 집중되면 결국 다수의 이익에 기여할 수밖에 없다는 굳은 신조를 갖고 있었다. 상위 1퍼센트에게 부를 몰아주면 더 많은 돈을 기부할 것이라는 주장은 낙수효과이론(Trickle Down Theory)을 지극히 직설적으로 표현한 것이다. 비숍과 그린도 이 점을 분명히 인정했고, 그들의 저서 『박애자본주의』를 통해 이를 긍정적으로 그리고 있다. "오늘날 카네기가 살아 있었다면 낙수효과이론의 신봉자라고 불렸을 것이다. 카네기는 '지금의 심한 불균형이 보편적인 궁핍보다 낫다'고 말했었다."40)

부에 대한 카네기의 견해를 찬양하는 비숍과 그린의 태도는 새로운 것이 아니다. 카네기의 저서는 많은 팬을 보유하고 있고, 빌 게이츠도 그 중 하나다. 빌 게이츠는 재단 설립 당시 『부의 복음』(Gospel of Wealth, 예림북, 2014)을 여러 번 읽었다고 알려져 있다. 비숍과 그린의 태도가 놀라운 것은 그

---

* (역주) 청산주의(liquidationism): 부실한 기업이 저절로 청산(파산)되도록 내버려 두면 불황의 여파는 저절로 해결되므로, 정부나 중앙은행이 개입할 필요가 없다는 이론.

들이 '낙수효과'라는 용어를 비꼬는 의미가 아니라, 긍정적으로 사용한다는 점이다.

경제학자 존 케네스 갤브레이스J. Kenneth Galbraith는 낙수효과이론을 "말에게 귀리를 충분히 먹이면, 일부는 길에 떨어져 참새의 몫이 된다"는 소위 "말과 참새" 이론에 빗대어 희화화하곤 했다.41) 갤브레이스를 비롯한 좌파 성향 경제학자들의 날카로운 공격은 오랫동안 우익 진영의 신경을 곤두서게 만들었다. 낙수효과이론은 오랫동안 대부분의 논평가에 의해 경멸적인 의미로 사용되었고, 어떠한 정치 정당도 이 이론을 공개적으로 옹호하지 않았다. 레이건 행정부 시절의 미국 공화당원들이나 대처Margaret Thatcher 총리가 이끌던 영국 보수당원들처럼, 이 이론에 심정적으로 가장 동조할 것 같은 이들도 마찬가지였다. "불평등의 혜택을 기꺼이 누리고 재능과 능력을 가진 사람들이 모두의 이익을 위해 가진 것을 배출하고 표현할 수 있도록 해 주는 것이 우리의 의무"라는 대처 수상의 발언은 잘 알려져 있다. 그런 대처조차 낙수효과이론은 차마 입에 올리지 못했다.

우익 진영의 많은 이들이 세율을 낮추고 규제를 줄이면 생산 증대, 소비와 경제 활성화로 이어진다는, 전통적 거시경제 이론인 공급 위주 경제학 쪽에 드러내놓고 동조했던 것도 사실이다. 하지만 낙수효과이론만큼은 한 번도 공공연하게 드러내거나, 공식적인 정당의 정책으로 목소리를 높였던 적이 없다. 아마도 우익 대다수가 낙수효과이론을 공식 독트린으로 인정했다가 부가 사회의 가장 빈곤한 계층으로 실제로 흘러내려가는 일은 거의 없다는 사실이 명백해졌을 때 실패의 비난을 떠안아야 한다는 점을 인지하고 있을 만큼 영리하기 때문일 것이다. 낙수효과란 표현은 오랫동안 좌파 진영이 상위 1퍼센트의 경제관념을 비웃기 위한 용도로 즐겨 사용하는 일종의 공격용 무기였다.

적어도 지금까지는 그랬다.

박애자본주의는 한때 유령처럼 이름만 존재하던 이론을 당당히 구현하고 있다. 벌거벗은 사리사욕의 추구가 공공의 이익이 된다고 목소리 높여 주장하는 이들은 얼빠진 관찰자들이 가득한 방에 느긋한 자세로 서서 (뭐라고? 좀 가리라고? 그럴 필요 없다니까!) 자유방임 경제이론을 온몸으로 체현하고 있다. 그들은 낙수효과에 기반한 정책이 경제 및 사회적 불평등의 심화를 해결할 최고의 해법이라고 부끄러운 줄도 모르고 우기고 있다. 내 말을 못 믿어도 할 수 없다. 그냥 다음 스콜월드포럼에 가보면 안다. 행사장에 들어갈 수나 있을지 모르겠지만.

4. 사소한 이익에 목매는 사람들: 교육정책

예로부터 미국에서 정부와의 계약은 민간기업에게 일확천금을 보장하는 기회였다. 가장 잘 알려진 사례는 1860년대부터 1870년대에 걸친 대규모 철도 확장 사업이다. 중서부 지역의 외딴 도시들은 철도가 자기 고장을 지나가게 하려고 공무원들을 구워삶았다. 철도 사업 붐에서 정부 보조금은 없어서는 안 될 요소였다. 발 빠른 투자가와 개발업자는 지방, 주, 중앙 정부의 재정 지원을 확보하려고 재력과 기술력을 동원했다. 역사학자 케빈 필립스는 자신의 저서에서 철도 계약은 "왕실의 윤허를 얻는 것과 다를 바 없었다. … 드레이크*, 라살**, 루이스클라크 탐험대***처럼 한편의 대서사시가 될 수도, 사기와 절도가 난무하는 범죄 드라마가 될 수도 있었다[철도를 뜻하는 단어 railroad는 "(법안 등을) 날치기로 통과시키다"라는 의미의 동사로도 쓰인다]. 필립스는 전쟁을 기회로 큰돈을 벌었던 짐 피스크_{Jim Fisk}라는 사람의 말을 인용하고 있는데 그는 "배짱만 있으면 뭐든 부르는 값에 정부에 팔 수 있다"고 장담했다.1)

피스크와 같은 행태는 그 이후 수십 년간 이어져왔다. 경쟁이 비용을 줄일 것이라는 전제하에 정부가 민간사업자와 계약을 맺어 공공서비스를

---

* (역주) 프란시스 드레이크(Francis Drake): 영국 엘리자베스 1세 시대의 해적. 영국 최초로 세계일주에 성공했다.
** (역주) 르네 로베르 카블리에 드 라살(René Robert Cavelier de La Salle): 프랑스 탐험가. 미시시피강 일대를 탐험하고 프랑스 식민지로 삼았다.
*** (역주) 메리웨더 루이스(Meriwether Lewis), 윌리엄 클라크(William Clark): 미국 토머스 제퍼슨 대통령의 지시에 따라 미국 서부를 탐험했다.

민영화하기 시작하면서 여기에 참여한 수많은 영리 추구 기업들도 피스크의 말을 좌우명으로 삼았다. 민영화된 공공서비스는 수감시설에서 요양시설, 치안서비스 등 매우 다양하다. 영리기업이 운영하게 된 서비스가 기대만큼 비용대비 효율이 뛰어나지 않다는 사실이 드러나는 경우가 종종 발생하고, 그 결과 민영화 지지자들마저 민간위탁 서비스가 과연 납세자의 돈을 효율적으로 사용하는지 의문을 제기하게 되었다.

예를 들어, 미국의 교도소를 민간기업에 위탁 운영하는 것이 과연 바람직한지에 대한 의문이 사회 전반에서 제기되고 있다. 교도소 민영화는 20세기 초에는 금지되었다가, 1980년대 정부가 과밀한 교도소의 비용 절감을 위해 민간 사업자를 끌어들임으로써 재개되었다. 하지만 민간업자들 간의 경쟁이 비용을 줄일 것이라는 예상은 빗나갔다.『이코노미스트』는 대다수 민간위탁 교도소의 수감자 1인당 비용이 공공기관에서 운영하는 교도소 대비 더 높은 수준이라고 지적했다. 민영화 교도소의 효율성 자체가 문제라고『이코노미스트』는 결론 내렸고, "민간 업체가 국영 교도소 대비 효율성을 보이는 것은 수감자가 늘어나도록 정부에 로비를 할 때"라는 지적도 덧붙였다.2) 몇 년 전, 철학자 미셸 푸코 Michel Foucault 도 비록 이념적으로는 다른 입장이었다고 해도, 비슷한 견해를 드러낸 적이 있다. "겉보기에 '실패한' 것으로 보이지만, 감옥은 결코 목표를 벗어난 것이 아니라 오히려, 목표를 달성하고 있다"고 자신의 저서『감시와 처벌』(Discipline and Punish, 나남, 2016)에서 쓰고 있다. "감옥의 성공이 얼마나 대단한지, 150년 동안의 '실패'에도 불구하고 여전히 건재하고, 여전히 같은 성과를 내고 있다. 감옥을 없애자는 의견에도 저항이 거세다."3)

'키즈 포 캐시'(Kids for Cash) 스캔들은 민간위탁 수감시설과 관련한 가장 어처구니없는 사건일 것이다. 펜실베니아 주, 루전 카운티의 판사 두 명이 이 지역에서 두 곳의 청소년 수감시설을 소유하고 있는 로버트 머리클 Robert Mericle 로부터 수백만 달러의 뇌물을 받고 사소한 말썽을 일으킨 아이들 수천 명에게 징역형을 선고한 사건이다. 11살 안팎의 아이들이 쇠고랑을 찬 채 구금되었다. 그들이 저지른 위법 행위는 경미한 것들이었다. 어느 열세 살 소년은 어머니의 남자친구에게 스테이크 한 조각을 던졌다가 감옥에 갔고, 또 다른 열한 살 소년은 어머니가 집에 들여보내 주지 않았다고 경찰을 불렀다가 수감되었다.4)

세간의 관심을 거의 받지 않았지만, 조용하게 큰 파급효과를 가져온 또 다른 스캔들이 있다. '키즈 포 캐시' 사건을 계기로 되돌아보면, 아이들을 돈벌이에 이용하는 행위 자체는 별로 새로운 현상이 아니다. 하지만 그런 가운데 새로워진 부분이 있으니, 바로 **정부의 돈으로 이익을 취하기 위해 공교육을 합법적으로 이용하려는 움직임**이다. 19세기에는 철도 증설, 20세기에는 군사 및 교정시설이 각각 정부의 돈으로 크게 한몫 볼 기회를 제공했다면, 최근 **초중등 교육의 영리화**는 아마도 21세기의 '헨리 조지'Henry George 상황이라 할 것이다. 정부계약을 '효율적으로' 사용하는 것이 국가적 이익이라고 외치는 투기꾼의 요란한 악다구니 속에 소수의 반대 목소리가 묻혀 버리는 바로 그런 상황 말이다.

요즘 사람들은 잘 모르지만, 헨리 조지는 그가 활동했던 19세기 말 대중적 인기를 누리던 경제 사상가였다. 1897년 그가 사망했을 때, 10만 명이 넘는 추도객이 장례식에 참석했다. 20년 앞서 에이브러햄 링컨Abraham Lincoln이 사망했을 때 이후, 뉴욕 시 역사상 가장 많은 추도객이 모인 장례식이었다. 헨리 조지는 상업과 자유무역을 열렬히 신봉했다. 동시에 그는 부의 집중이 경제적 이윤의 공정한 분배를 저해하는 위험요소로 작용한다고 생각했다. 남북전쟁 이후 미국 경제가 유례없는 성공을 거두고 있는 가운데에도 그는 "어떤 사람들은 한없이 윤택하고 편안한 삶을 누리는 반면, 다른 이들은 살아가는 것 자체라 힘들다"고 말했다.5)

1868년 『철도가 우리에게 가져다 줄 것』What the Railroad Will Bring Us이라는 에세이에서 헨리 조지는 철도 증설이 다수 국민의 주머니를 털어, 정부 계약을 따낼 수 있을 정도로 운 좋은 소수 개발업자의 배만 불릴 것이라고 예견했다. 그는 단일 토지세 제도를 제안했다. 긴 철도가 잠식해 가는 물리적인 땅을 포함, 자연에 기반을 둔 지역 자원에 대한 세금을 토지세 하나로 통합하자는 것이었다. 그렇게 함으로써 땅을 빌려주고 돈을 버는 임대업자의 수입에 제동을 걸 수 있을 것이라고 그는 생각했다. 소유자가 별다른 투자도 하지 않고 자산의 가치가 증가함에 따라 가만히 앉아서도 돈을 버는 시스템을 개선하고자 하는 의도였다.

역작 『진보와 빈곤』(Progress and Poverty, 비봉출판사, 2016)에 상세히 기술된 그의 사상에 매료된 사람 중에는 영향력 있는 인물들이 꽤 많다. 경제학자 마이클 허드슨Michael Hudson에 따르면, 소스타인 베블런Thorstein Veblen은 동료 경제학자들에게 헨리 조지의 사상을 각인시키기 위해 최선을 다했다. 하지만 베블런이 살았던 시대에 학문으로서 "경제학은 거대 지주와 은행가, 독점 자본가의 지원을 받은 반혁명의 고통을 겪고 있었다. … 새롭게 주류로 떠오른 후기 고전주의는 기존의 재산권과 특권을 '기정사실'로 인정했다."6) 미래의 역사학자와 경제학자도 지금의 공교육과 교육 민영화를 돌아보며 '기정사실로' 받아들일까? 어쩌다가 이런 상황까지 오게 된 것일까?

'빌&멜린다게이츠재단'의 시작

역사학자이자, 선대 부시 대통령 시절 미국의 교육부 장관을 지냈던 다이앤 래비치Diane Ravitch는 그녀가 '억만장자 소년 클럽'(Billionaire Boys Club)이라고 부르는 선별된 자선가들이 미국의 공교육을 위협하고 있다고 말했다. 그녀는 자선가라는 단일 집단이 국가 교육정책에 이처럼 큰 영향력을 행사하는 것은 전례 없는 일이라고 평가했다. 그 집단에서도 가장 큰 목소리를 내는 것이 바로 빌 게이츠다.

초중등 교육에 대한 투자는 처음 자선활동을 시작할 당시 젊은 빌과 멜린다 게이츠가 품었던 목표였다. 1994년 1월, 빌 게이츠는 멜린다 프렌치Melinda French와 결혼했다. 결혼 7년 전, 듀크대학Duke University에서 경영, 컴퓨터 과학, 공학을 전공했던 멜린다 프렌치는 마이크로소프트에 입사했다. 결혼 12개월 후, 9,400만 달러의 기금으로 윌리엄 H. 게이츠재단이 설립되었다. 처음에는 시애틀에서 변호사로 일하던, 빌의 아버지 윌리엄 게이

빌&멜린다게이츠재단 빌딩

츠William Gates가 재단을 운영했다. 재단의 주요 목표는 두 가지였다. 미국 태평양 연안 북서부 지역개발과 세계보건의료 수준의 향상이었다. 1997년 빌 게이츠는 교육으로 목표를 확대했다. 2억 달러의 기금으로 그는 두 번째 재단인 게이츠도서관재단Gates Library Foundation을 설립했다. 게이츠도서관재단은 마이크로소프트에서 이미 시작했던 개인용 컴퓨터 소프트웨어를 도서관에 기증하는 사업에 기반한 것이었다. 마이크로소프트의 소프트웨어 기증에 대해 일부에서는 의혹을 품기 시작했다. 지금은 고인이 된 역사학자 시어도어 로작Theodore Roszak은 "이것은 자선의 범주에 들어가지도 않는다. 그냥 시장을 확보하려는 전략이며 미래의 영업을 위한 준비작업"이라고 평했다.7)

멜린다와 결혼하기 전, 자선가로서 빌 게이츠의 실적은 보잘것없었고, 일반 대중과 다른 갑부들로부터 인색하다는 비난을 받기도 했다. 1997년, 미국 방송계의 거물 테드 터너Ted Turner는 빌 게이츠가 개인 재산을 털어 더 많이 기부하지 않는다며 공개적으로 질타했다. 빌 게이츠와 워런 버핏이 죽기 전에 재산의 최소 반을 내놓기로 약속하는 기부 서약을 하지 않는다고 다른 부자들에게 쓴소리를 했던 것처럼 말이다.

사소한 이익에 목매는 사람들: 교육정책 139

2000년에 와서 상황은 극적으로 변했다. 게이츠도서관재단과 윌리엄 H. 게이츠재단이 합병하면서 빌&멜린다게이츠재단(이하 게이츠재단)이 탄생했다. 빌 게이츠가 새로운 재단에 기부하겠다고 약속한 금액에 비하면 그가 이전의 두 재단에 기부했던 금액은 푼돈에 불과했다. 같은 해 그가 160억 달러를 기부하겠다고 약속하면서 게이츠재단은 세계 최대 규모의 자선재단(philanthropic foundation)이 되었다. 게이츠재단의 뒤를 이어 큰 규모의 재단들이 세워졌지만, 게이츠재단의 절반밖에 되지 않았다.

2000년, 진 스트라우스Jean Strouse의 『뉴욕타임스』 기사는 빌 게이츠의 기부 규모를 다루었다. "과거의 어떤 자선가가 평생 기부한 돈도 빌 게이츠가 44세에 세운 기록을 넘지 못한다"고 스트라우스는 말한다. 기사에는 게이츠가 기부하기로 한 총액을 과거의 자선 기부금과 비교하고 있다. 카네기는 3억 5,000만 달러를 기부했고, 이것은 지금 달러 가치로 30억 달러에 해당한다. 록펠러 시니어는 5억 4,000만 달러, 즉 지금 가치로 60억 달러를 기부했다. 빌 게이츠가 2000년에 밝힌 금액의 3분의 1에도 미치지 못한다. "국민총생산(GNP) 대비 비율로 따진다면 빌 게이츠의 기부가 아직 카네기나 록펠러의 수준에 못 미치지만, 빌 게이츠는 자선가로서 이제 첫 발을 내디뎠을 뿐"[8])이라고 스트라우스는 말한다.

테드 터너에게 개인 재산을 더 기부하라는 쓴소리를 들은 지 15년도 채 지나지 않아, 뉴욕타임스는 게이츠가 "진짜 교육부 장관감"이라고 칭송하는 논평기사를 실었다. 한때는 미국 자선분야에서 눈에 띄지도 않던 빌 게이츠가 어떻게 미국 교육계에 그처럼 큰 영향력을 행사하게 되었을까?

구두쇠 취급을 받던 기업가가 하루아침에 통 큰 자선사업가로 변신하는 이야기는 드물지 않다. 헨리 포드도 1920년대 이후 같은 행보를 보였다. 오늘날 빌 게이츠가 남다른 점은 그의 투자가 매우 단시일 내에 효과를 발휘했다는 사실이다. 겨우 20년 남짓한 세월이 흐르는 동안, 사립 차터스쿨(charter school)에서 급진적인 교사평가제도까지, 게이츠재단이 지지하는 교육정책은 미국 교육계를 엄청난 속도로 바꾸어 놓았고, 재단과 관련된 수많은 프로젝트가 논란의 쟁점으로 남았다.

'아동낙오방지법'과 성취도 평가

수세기 동안 교육은 자선가들이 가장 선호하는 분야였다. 카네기는 20세기 초 2,500개가 넘는 공공도서관을 설립했다. 시어스 로벅Sears Roebuck의 전임 사장인 줄리어스 로젠월드Julius Rosenwald는 1954년 브라운 사건 판례가 나오기 수년 전에 사비를 털어 흑인을 위한 학교를 수천 개나 세웠다. 브라운 사건은 공립학교가 학생들을 인종에 따라 분리하는 것이 위헌이라는 획기적인 대법원 판결을 이끌어 낸 사건이다.

재계 거물들이 초중고등학교를 자선 기부 대상으로 유난히 선호하는 현상의 유래를 찾다 보면 최소 영국의 튜더 왕조시대까지는 거슬러 올라간다. 당시 성공한 많은 상인들은 학교를 세우고, 재정적으로 지원했다. 당시에도 지금처럼 자선가들은 돈을 대는 대신, 교육의 결과에 대해 깊이 관여했고, 눈에 보이는 성과를 요구했다.

찰스 디킨스는 『어려운 시절』(Hard Times, 창비, 2009)에서 토머스 그래드그라인드Thomas Gradgrind라는 인물을 통해 빅토리아 왕조 시대의 교육 독지가들을 풍자했다. 코크타운의 교장인 그는 자신이 이름 대신 "20번 여학생", 또는 "5번 남학생"이라고 부르는 교육 대상으로 하여금 기계적인 사실만을 배우도록 강요하고, 그들이 습득해야 할 지식을 기계적으로 받아들이지 않고 자신의 의견을 말하려고 하면 호되게 꾸짖는다. 책의 악명 높은 한 대목에서 그래드그라인드는 자신의 교육 철학을 피력한다. "살아가는 데는 사실만이 필요한 거요. 사실 이외에는 어떤 것도 심지 말고 사실 이외의 모든 것을 뽑아 버리시오. 사실에 기초할 때만 이성적으로 생각하는 인간을 만들 수 있는 거요. 학생들에겐 사실 이외의 어떤 것도 도움이 되지 않소."

21세기에도 비슷한 일이 (이번에는 소설 속이 아니라 현실에서) 벌어지고 있다. 2002 '아동낙오방지법'No Child Left Behind(NCLB)이라고 불리는 미국 연방법이 시행되고부터다. 이 법은 계량화할 수 있는 목표를 세움으로써 학생 개개인에 대한 교육성과를 향상할 수 있다는 전제에서 출발한다. 아동낙오방지법은 각 주별로 학생들에게 표준화된 시험을 치르게 하여, 연례 평가, 연간학습성취계획Adequate Yearly Progress(AYP), 결과 보고 등의 수단을 통해 공교육에서 연방정부의 역할을 확대했다. 각 주에서는 정해진 학년의 학생들을 대상으로 수학과 읽기능력을 평가해야만 연방정부의 재정지원을 받을 수 있다. 각 학교는 학생들이 매년 시행하는 시험에서 연간학습성취계획에 따른 목표에 도달했음을 보여주어야 한다. 그러지 못한 학교는 시정조치 대상이 되는데, 조치의 강도는 교직원 전원교체에서 폐교에 이르기까지 점점 높아진다.

처음 법안이 통과되었을 때 아동낙오방지법은 공화당과 민주당의 초당파적 지지를 받으며 큰 인기를 누렸지만, 해를 거듭할수록 여러 가지 문제점들을 드러냈다. 학교는 높아진 성취 기준에 맞추기 위한 추가 재정지원을 받을 수 없다고 불만을 표시했다. 아동낙오방지법은 성적향상을 독려하는 방법으로 성적이 낮은 학교에 대해 성적을 올리도록 재원을 늘려주는 것이 아니라, 오히려 지원을 삭감함으로써 학교의 상황을 더욱 악화시키는 경향이 있었다.

그 결과 성적 '조작' 사건이 반복적으로 일어났다. 2011년 조지아 주도 애틀란타의 시험성적을 조사한 결과 조지아 주의 공립 초중등학교에서 실시된 표준평가에서 학생, 교사, 행정당국이 모두 연루된 광범위한 성적 조작이 있었음이 드러났다. 일부 학교에서는 소위 '지우개 파티'를 열어 교사들이 다 함께 모여 시험결과를 고쳤다. 또 다른 학교에서는 교사들이 미리 시험문제와 해답을 입수하여 교실에서 학생들에게 답을 알려준 정황이 밝혀졌다. 애틀란타에는 약 100개의 공립학교가 있다. 이 중 조사 대상인 56개 학교 가운데 44곳에서 성적이 조작된 것으로 밝혀졌다.9)

애틀랜타 성적조작 스캔들은 워싱턴 D.C., 볼티모어, 필라델피아에서 있었던 부정행위에 대한 보도가 나간 후 불거졌다. 전문가들은 시험 부정행위는 NCLB와 같이 부담이 큰 시험 때문에 학교가 교육서비스를 위한 재원이 향상되든 줄어들든, 혹은 빈곤의 확대 같은 전반적인 경제 동향이 학생들의 인구통계학적 변화에 영향을 끼치든 말든, 무조건 향상된 결과를 보이도록 강요 받을 때에 가장 빈번하게 나타나는 경향이 있다고 분석했다.

NCLB 때문에 전에 없던 부정행위가 새롭게 발생한 것은 아니다. 단지 정도가 심해졌을 뿐이다. 1980년대 말, 미국의 일부 주에서는 학생들의 시험점수가 향상된 학교에 상금을 주기 시작했다. 점수는 빠르게 상승했다. 일부 관찰자는 점수가 지나치게 좋다고 의심 어린 시선을 보냈다. 의심이 사실로 드러났다.

웨스트버지니아의 개업의 존 캐널 John Cannell은 읽고 쓸 줄도 모르는 경우가 대다수인 자신의 어린 환자들이 학교 표준평가에서 높은 점수를 받는 것을 의아하게 여겼다. 또 환자 다수는 성적이 좋은 데도 학교생활에 어려움을 호소했다. 1985년 웨스트버지니아 주 총 55개 카운티 전역이 시험에서 전국 평균을 웃돌았다는 언론의 보도를 접하고 궁금증이 한층 높아진 그는 의문을 던졌다. "미국에서도 가장 가난하고 문맹률이 높은 것으로 알려진 웨스트버지니아의 모든 카운티의 성적이 어떻게 전국 평균보다 높을 수 있을까? 게다가, 웨스트버지니아가 평균 이상이라면, 어떤 주가 평균 이하인 걸까?"10)

그는 표준평가시험을 조사해 보았고 그 결과 초등학교 평가에서 50개 주 모두가 전국 평균을 넘었다는 것을 알았다. 통계학적으로 불가능한 결과였다. 캐널은 자신의 연구 결과를 개인적으로 출판했고, 『워비곤호수 보고서』Lake Woebegone report라고 이름 지었다. 워비곤호수는 작가 개리슨 케일러 Garrison Keillor의 이야기 속에 등장하는 "모든 여성이 강하고, 모든 남성이 잘 생겼고, 모든 아이들이 평균 이상인" 미네소타 주의 가상 도시 이름이다. 전국적으로 배포되는 신문들은 캐널의 보고서를 일면 기사로 다뤘다. 1990년 CBS 60minutes의 몰리 세이퍼 Morley Safer는 '교사의 성적조작'이라는 특집 방송을 위해 캐널의 집까지 찾아갔다. 하지만 캐널의 기대와 달리 아무 일도 일어나지 않았다. 해당 방송 보도는 어떠한 대규모의 사회적 반응이나 분노도 불러일으키지 못했다.

그로부터 10년이 조금 지나, 아동낙오방지법이 통과되었다. 그와 함께 시험 부정에 대한 보도도 늘어났다. 2011년 『USA투데이』USA Today는 연재 기사를 통해 2009년에서 2010년 사이 여섯 개의 주와 워싱턴 D.C.에서 벌어진 1,610건의 표준평가시험 결과가 조작된 정황을 보도했다. 플로리다 주 게인스빌의 어느 초등학교는 5퍼센트이던 수학 학습성취도가 3년 만에 91퍼센트로 껑충 뛰었다. 교육전문 언론인 데이나 골드스타인Dana Goldstein은 시험성적 상승이 의심스럽더라도 학교 행정담당자가 조사하거나 드러낼 이유가 없다고 설명한다. 섣불리 나섰다가는 정부 지원에 악영향을 미칠 수 있기 때문이다. 아동낙오방지법에 따라, 학교의 행정담당자가 부정행위를 폭로하면 정직함에 대한 '보상'으로 학교가 문을 닫거나 사회적으로 망신을 당하는 상황에 처하게 된다. 시간이 흐르면서 그들은 부정행위에 제동을 걸기보다는 묵인하거나 오히려 부추기는 쪽을 선택했다.

직접적인 부정행위가 적발되지 않은 교육구의 학부모와 교사들은 아동낙오방지법이 지나치게 읽기와 수학에 치중한 결과 주입식 교육으로 이어졌다고 우려했다. 학교들이 지리, 역사, 미술, 체육 등 아동낙오방지법 평가 대상이 아닌 과목의 수업을 자주 빼먹다 보니 커리큘럼에서 아예 빠져 버렸다.

아동낙오방지법 시행 후 10년, 읽기와 수학 시험에서 전국 기준보다 우수한 성적을 거둔 많은 학생들은 대학에 들어갔지만, 보충학습이 필요한 수준인 경우가 허다하다. 오바마 행정부의 안 던컨 교육부 장관은 아동낙오방지법이 "지나치게 징벌적이고 지나치게 수직적"이라는 의견을 피력하면서, 2002년의 법으로 "커리큘럼이 좁아졌다. 아이들에게도, 교육에도, 더 나아가 궁극적으로 국가에도 바람직하지 못한 변화"라고 덧붙였다.[11]

부모이면서 교육 활동가인 시애틀의 도라 테일러Dora Taylor는 필자와의 인터뷰에서 결과에 따라 큰 부담을 안게 되는 시험 때문에 학교가 '신병훈련소' 같은 분위기라고 개탄했다. "학교가 아이들에게 지식을 외우고 쏟아내도록 요구한다. 우리 사회의 아이들이 그런 식으로 자라기를 바라지 않는다."[12]

정책 입안자, 교육전문가들 가운데 아동낙오방지법을 지지하는 인물은 극히 소수인데, 빌 게이츠가 그 소수 중 하나다. 2012년, 『크로니클 오브 하이어 에듀케이션』Chronicle of Higher Education과의 인터뷰에서 빌 게이츠는 아동낙오방지법이 귀중한 기준이 된다며 대학에서도 교수법과 교육 결과의 일관성을 기하기 위해 같은 원칙을 적용해야 한다고 말했다. 게이츠재단에서는 매년 재단의 성과와 목표에 대해 빌 게이츠가 직접 편지를 쓴다. 2009년, 빌 게이츠는 "완벽하지는 않지만, (아동낙오방지법은) 각 학교의 성과를 들여다보고 전반적인 상황이 얼마나 열악한지 깨닫지 않을 수 없게 만들었다. 자녀들이 받고 있는 교육에 대해 더 많은 부모들이 분개하지 않는 것이 이상할 정도다." 조만간 빌 게이츠도 깨닫겠지만, 부모들은 이미 분개하고 있다.13)

교육계의 숨은 실세들

게이츠재단이 처음부터 교육에 많은 돈을 투자했던 것은 아니다. 처음에 재단은 여러 개의 '작은 학교'를 새로 만드는 데 집중했다. 교육구가 재단의 혁신적인 방식을 본받도록 일종의 시범학교 개념으로 만든 학교였다. 하지만 재단 운영진은 즉각적인 결과가 나오지 않자 좌절했다. 게이츠재단의 전임 CEO 패티 스톤사이퍼Patty Stonesifer는 "우리는 시스템을 획기적으로 바꾸기 위해 무엇이 필요한지를 알아내야 했다"고 말했다.14)

게이츠재단은 현재 미국 초중고등학교의 가장 큰 후원기관이다. 뒤를 이어 월튼패밀리재단, 1991년 부동산과 보험업계의 거물 엘리 브로드Eli Broad가 설립한 엘리앤드에디스브로드재단Eli and Edythe Broad Foundation이 각각 2위와 3위를 차지한다.

세 재단이 공유하고 있는 이상은 보편적인 것이다. 미국 자선가들은 교육 개혁에 매년 거의 40억 달러를 기부한다. 미국에서 학교보다 더 많은 기부금을 받는 기관은 종교단체뿐이다. 하지만 미국 초중고등학교에 매년 5,000억 달러가 넘게 든다는 사실을 감안하면 40억 달러가 그리 큰돈은 아니다. 그렇다면 이 소수의 자선재단이 정치적 의사 결정에 어떻게 막강한 영향력을 행사할 수 있게 되었을까?

래비치의 주장에 따르면, 여기에는 여러 가지 복합적인 요소들이 작용하고 있다. 기존의 원칙과 맞바꾸어서라도 자금 유입이 절실할 정도로 취약한 학교, 최근 유행하는 영리 목적의 학교 개혁을 초당파적으로 지지하는 정치가, 지역사회에 자생적인 기반을 확보할 목적으로 자선재단이 막대한 돈을 들여 계획한 영리한 홍보전략 등이다. 민간재단이 수백만 달러의 후원금을 제안한다면, 학교운영위원회나 교육감이 우선순위로 삼았던 정책을 수정해야 한다는 조건이 붙는다고 해도 결코 쉽게 거절할 수 없다.

앞서 나열한 3대 자선재단의 노선에는 각각 분명한 차이가 있다고 게이츠재단에서 미국 내 사업 정책 및 홍보를 맡고 있는 스테파니 샌퍼드 Stefanie Sanford가 강조했다. "우리는 매우 다른 투자 전략을 가지고 있다"고 밝히며 샌퍼드는 "가령 월튼재단은 정치적인 성향이 강하다. 브로드재단은 교육감 아카데미를 비롯, 기업 이미지와 관련해 많은 노력을 기울인다. 게이츠재단의 사업은 교사의 능력개발과 역량 증진에 많은 부분을 할애하고 있다."15)

하지만 여전히 세 재단은 더 많은 차터스쿨을 도입하기 위해 노력하거나, 표준평가시험의 중요성을 강조하는 등 핵심 정책에서는 한 목소리를 내고 있다.

차터스쿨에 대한 믿음: 교사 역량과 학급 인원수

차터스쿨이라는 개념은 1988년 교육행정학 교수 레이 버드 Ray Budde의 학술논문에 처음 소개되었다. 버드 교수는 교사들이 모여 교육구에 신청을 하면 차터스쿨을 운영하도록 하자고 제안했다. 각 차터스쿨은 정해진 기간 동안 운영하도록 인가를 받고, 기한 내에 미리 세운 목표를 달성했는지 철저한 검증을 받는다. 목표를 달성하지 못한 경우, 학교 인가는 갱신되지 않는다. 같은 해인 1988년 미국교사연맹American Federation of Teachers의 당시 회장 앨버트 샌커Albert Shanker도 비슷한 아이디어를 내 놓았다. 그는 공립학교 교사들로 하여금 뜻을 모아 큰 기관 내에 작은 학교를 만들자고 제안했다. 하지만 5년 후 샌커는 영리기업이 차터스쿨을 유망한 사업 기회로 이용하는 것을 보고 차터스쿨에 대한 지지를 철회했다.16)

그로부터 거의 20년이 지난 현재, 미국 전역의 차터스쿨은 6,000개를 돌파했고, 2006년 이후 매년 7.6퍼센트의 증가세를 보이고 있다. 교육 사업을 위해 주 정부의 지원금을 받는 신생 영리기업의 입장에서 대다수의 차터스쿨은 매력적인 돈벌이 기회다. 래비치는 차터스쿨이 환영 받는 이유를 간단명료하게 설명한다. 자유시장의 열렬한 지지자는 차터스쿨이 경쟁을 장려하여 전체 교육의 수준을 높일 것이라고 기대하고, 좌우 진영의 교사는 차터스쿨이 취약 계층 아이를 위해 절실히 요구되는 맞춤교육을 제공할 수 있다고 기대하며, 기업가는 사업기회를, 다양한 인종 집단에서는 고유의 문화적 유산을 가르칠 수 있는 공간을 확보할 기회를 기대한다는 것이다. 래비치 자신도 한때는 차터스쿨을 강력히 지지했고, 왜 부모들이 직업을 고르거나, 신발을 고르거나, 차를 고를 때처럼 자녀들이 다닐 학교도 쉽게 고르면 안 되는지 의아해 했다.

그 답은, 고르지 않기 때문이다. 가난한 사람에게는 차를 바꾸고, 직업을 바꾸는 것이 간단한 일이 아니다. 학교를 상품화하면, 학교는 더는 다수의 당연한 권리가 아니라 소수의 선택이 되어 버린다. 돈이 많으면 유연한 선택이 가능하다. 하지만 소득 계층의 아래쪽 세계 소비자들은 구매력이 별로 없으므로 유연성은 줄어들고 선택의 가능성은 극도로 제한된다.

지금까지의 연구 결과는 대부분 차터스쿨의 성적이 전통적인 공립학교와 비슷하거나, 오히려 저조하다는 것을 보여준다. 대략 차터스쿨 다섯 군데 중 네 곳, 즉 80퍼센트 이상은 일반 공립학교보다 성적이 높지 않았고, 일부는 심하게 저조했다. 시애틀에 있는 공교육개혁센터Center on Reinventing Public Education에서 실시한 메타 분석(광범위한 데이터를 통합하여 다수의 연구 결과를 비교하는 분석 방법) 결과 차터스쿨은 초등 수준의 읽기와 수학 교육에서는 일반 공립학교보다 더 우수한 것으로 드러났지만, 고등학교 수준의 읽기와 수학 성적은 일반학교보다 낮았다. 미네소타대학이 2012년 실시한 연구에서는 미니애폴리스-세인트 폴의 차터스쿨이 공립초등학교보다 수학은 7.5퍼센트, 읽기는 4.4퍼센트 저조하게 나타났다.

뛰어난 성적을 보이는 차터스쿨의 경우 두 가지 특별한 성공요인이 있다. 재원의 증가와 성적이 저조한 학생을 일반 학교로 돌려보낼 수 있는 자유다.

마크 슈나이더Mark Schneider와 잭 버클리Jack Buckley의 2008년 연구에서 워싱턴 D.C.의 차터스쿨은 일반 학교보다 특별한 보살핌이 필요한 학생의 수가 현저히 적었다. 조사 대상인 37개 학교 가운데 28곳은 DC의 공립학교보다 영어가 모국어가 아닌 학생들의 비율이 낮았다. 미국 교육부 산하 국립교육통계센터National Center for Education Statistics의 부소장을 지냈던 버클리와 미국기업연구소American Enterprise Institute의 객원 연구원인 슈나이더는 학부모들에게 선택의 기회를 부여하는 것에 반대하는 회의론자들은 아니다. 2008년 이전까지 두 사람은 많은 부모가 일반 공립학교보다 차터스쿨의 교사, 교장, 시설에 대해 긍정적으로 평가하고 있음을 보여주는 연구보고서를 출간하기도 했다.

하지만 10년 전 워싱턴 D.C.의 데이터를 조사한 두 사람은 차터스쿨의 학생들이 일반 공립학교 학생들을 능가하는 것이 아니라는 점을 깨달았다. 차터스쿨이 제공하는 교육의 질은 학교별로 큰 차이를 보였다. 또 차터스쿨에 대한 부모들의 긍정적인 반응도 시간이 지나면서 점차 사라지는 것으로 드러났다.[17]

성적이 좋은 차터스쿨은 일반 학교보다 학생 1인당 지출이 월등하게 많았다. 대부분 자선재단의 후원 덕분이다. 빌 게이츠는 차터스쿨운동을 공개적으로 지지해 왔다. 2010년, 그는 여러 군데의 영화제를 다니면서 『슈퍼맨을 기다리며』Waiting for 'Superman'라는, 차터스쿨을 지지하는 내용의 다큐멘터리 영화 홍보를 지원했다. 선댄스 영화제에서 그는 언론 매체에

"많은 고등학교가 열악한 상황이다. 데이비드 구겐하임$_{David Guggenheim}$ 감독의 영화 『슈퍼맨을 기다리며』는, 나도 아주 작은 힘을 보탰지만, 고등학교의 현실을 매우 성공적으로 전달하고 있다."18)

구겐하임 감독의 다큐멘터리는 성적이 좋은 차터스쿨에 자녀를 입학시키려고 애쓰는 노동자와 중산층 부모를 소재로 다룬 영화다. 차터스쿨에 지원자가 많이 몰리면, 보통 추첨으로 아이들을 배정한다. 차터스쿨 추첨은 전국 곳곳에 위치한 학교 강당에서 화려하게 치러지는 연례행사인데 극적인 상황이 벌어진다.

"오늘 밤, 추첨에 붙는다면, 인생을 다 가진 것처럼 여기셔도 좋습니다. 사실이 그러니까요." 보스턴에 위치한 매치$_{MATCH}$ 차터스쿨의 이사가 최근 어느 추첨행사에서 이렇게 말했다. 추첨에서 당첨되는 아이들은 극소수다. 대다수는 떨어진다. 2010년 매치 추첨행사에 참석한 어느 학부모는 언론 매체를 향해 "어쩌다가 우리가 아이들 교육을 동전던지기로 결정하는 상황까지 몰렸는지 모르겠다"고 말했다.19)

구겐하임의 영화는 일반에 공개되자마자 미국 공교육을 너무 일방적인 시선에서 그렸다는 비판을 받았다. 영화를 통해 구겐하임 감독은 시종일관 미국 공교육의 참담한 상황을 강조했고, 미국 학생들이 읽기와 수학에서 다른 나라 학생들에게 뒤처진다고 못 박았다. 이 두 가지 주장은 과장됐고, 근거도 모호하다. 두 가지 모두 미국 공교육의 취약점을 과장하고 있으며, 학생들의 낮은 성적이 빈곤과 같은 외부적 요인과 연관되어 있다는 점은 부각시키지 않고 있다.20)

게이츠와 구겐하임은 모두 교사의 역량이 학생의 성패를 좌우한다고 믿고 있다. 구겐하임은 최근 한 논평에서 이렇게 역설했다. "나를 따라 말해 보자. 훌륭한 교사가 없으면, 훌륭한 학교도 없다."

그는 이어서 "내가 취재한 교사들은 모두 다 (알고 있다) … 최근 논쟁은 요점을 벗어났다. 커리큘럼도 아니고, 학급 인원도 아니다. 현재 진행 중인 개혁도 아니다. 문제는 단순하다. 훌륭한 교사들만 있으면 다 해결된다!"라고 주장했다.21) 훌륭한 교사의 가치를 높이 평가했다는 점에서는 그의 말이 옳다. 다수의 연구 결과로 교사의 자질이 학생의 성취도에 큰 영향을 미치며, 성적의 10~20퍼센트를 좌우한다는 점이 입증되었다. 하지만 구겐하임이 지적하지 않은 부분이 있다. 학교 외적 요소가 교사보다 훨씬 더 중요하다는 점이다. 1966년에 발간된 일명 콜먼 보고서Coleman Report로 알려진 정부 보고서는 최초로 부모의 소득과 학력, 주거지역의 주변환경, 보건의료 서비스에 대한 접근성 등 학교 외적 요소가 학생들의 학업성적에서 3분의 2를 결정한다는 증거를 제시했다. 그 이후의 연구들은 일관되게 3분의 2라는 비중을 확인시켜주고 있다. 최근 워싱턴대학University of Washington 경제학자, 댄 골드헤이버Dan Goldhaber는 학생들의 학업성취도에서 60퍼센트가량이 학교 외부 요소에 의해 영향을 받는다는 연구 결과를 발표함으로써 콜먼 보고서를 뒷받침했다.22)

빌 게이츠는 실력 있는 교사들이 더 많은 학생을 가르치도록 학급당 인원을 늘려야 한다고 제안했다. 그는 "학교가 통제할 수 있는 여러 변수 가운데, 학업 성취도에 가장 결정적인 요소가 훌륭한 교수법이라는 점은 누구나 알고 있는 사실"이라고 『워싱턴포스트』Washington Post에 기고한 바 있다. "한 가지 전략은 최고의 교사들 앞에 더 많은 학생들을 데려다 놓는 것이다. 상위 25퍼센트의 교사를 가려내어 학생들을 4~5명씩 더 전담하도록 청하고 (교사를 줄임으로써 절감한 비용으로) 이들 교사의 봉급을 인상하는 방법이다."23)

빌 게이츠의 모교인 시애틀의 레이크사이드Lakeside 사립학교는 학급당 평균 학생수가 16명이다. 많은 차터스쿨은 학급당 인원이 적다는 것을 학부모들에게 장점으로 내세운다. 구겐하임의 다큐멘터리에서 모범사례로 소개한 할렘칠드런스존Harlem Children's Zone 차터스쿨 역시 작은 학급이 자랑거리다. 자선 후원금을 받아 학생 일인당 1만 6,000달러가량을 지출할 수 있기 때문에 가능한 선택이다. 여기에 이 학교는 현장체험학습이나 사회봉사 등 교실 외 수업에도 수천 달러를 쓴다. 좋은 여건인 것은 사실이지만 어느 학교나 쉽게 따라 할 수 없는 것이 현실이다.24)

뉴욕시의 원로 마이클 블룸버그Michael Bloomberg도 학급의 크기는 중요하지 않다고 재차 강조했다. 그의 시장 임기 동안 뉴욕 공립학교의 학급당 평균 학생수는 크게 늘어났다. 2011 MIT 연설에서 블룸버그는 자신의 이상대로라면 현재 뉴욕시 교사의 절반을 해고하고 남는 절반에게는 학생수가 두 배로 늘어난 대신 월급을 배로 늘려 주겠다고 말했다.

그러나 학급 인원수에 대한 게이츠, 블룸버그, 구겐하임의 주장은 근거가 희박하다. 빈곤 아동의 증가, 커리큘럼의 변화 등 수많은 변수가 학업성취에 영향을 미칠 수 있고, 그 결과 학급당 인원수가 미치는 영향을 정확히 가려내기는 힘들다. 사회정책부문의 현상이 대부분 그러하듯, 근거는 불분명하고 종종 서로 뒤섞인다. 기존의 연구 결과가 결코 최종 결론은 아니지만, 대부분의 연구 결과는 학급 크기가 작을수록 성적은 향상되며, 특히 저학년일수록 그러한 결과가 두드러짐을 보여준다.[25]

말보다는 행동이 더 큰 소리를 내는 법이다. 블룸버그의 딸들이 다녔던 스펜스스쿨Spence School의 학급당 학생수는 10명에서 15명이다. 『뉴욕타임스』 기고문에서 컬럼니스트 마이클 파월Michael Powell은 뉴욕 엘리트 가정 자녀들이 다니는 학교의 리스트를 공개했다. 트리니티Trinity, 돌턴Dalton, 리버데일Riverdale, 호러스 만Horace Mann. 모두 1년에 3만 5,000달러 이상을 내야 다닐 수 있고, 저학년의 경우 학급당 인원수가 12명을 넘지 않는다.[26]

가난한 아이들이 돈벌이의 기회?

언론인 조앤 바컨Joanne Barkan은 미국 학생들이 다른 나라 또래들보다 뒤떨어진다고 입버릇처럼 반복되는 주장은 근거가 없다고 반박했다. 자신의 글을 통해 그녀는 학생들이 치르는 주요 국제 평가 중 두 가지 즉, 국제 읽기능력평가(PIRLS)와 국제 수학 및 과학 능력평가(TIMSS) 결과를 학생들의 빈곤 수준에 따라 분석했다. 2006년 성적 분석 결과, 빈곤율이 10퍼센트 미만인 학교들은 과학과 읽기에서 각각 1등, 수학에서는 3등을 했다. 빈곤율이 높을수록, 당연한 얘기지만, 학생들의 성적은 다른 국가 대비 낮앉다. 부유한 지역의 공립학교 학생들은 수학과 읽기에서 세계 최고 수준인 경우가 많았다. **문제는 공립학교 자체가 아니라, 빈곤**이라고 바컨은 말한다.

최근 수년간 미국의 교육 관련 논의에 큰 변화가 생겼다. "한때 요란하고 격렬한 토론의 주제였던 빈곤퇴치에 관해 이제는 아무도 입을 열지 않는다"고 교육전문서적을 주로 쓰는 폴 터프Paul Tough가 말한다. 폴 터프는 교육전문가로 할렘칠드런스존Harlem Children's Zone을 비롯한 차터스쿨에 대해 긍정적인 글을 쓰곤 했다. 그는 차터스쿨이 많은 어린이에게 매우 적합한 교육을 실시할 수 있는 한 가지 이유는 일반 공립학교보다 학생당 더 많은 돈을 투자하기 때문이라고 생각한다. 하지만 차터스쿨 만으로 심각해져가는 빈곤문제를 해결할 수는 없다. 1960년대, 빈곤은 사회참여적 지식인과 정책 입안자의 주요 관심사였고, "워싱턴의 똑똑하고 야망 있는 젊은이들이 린든 존슨 대통령의 경제기회국Office of Economic Opportunity에서 일하려고 몰려들었다. 오늘날 사정은 달라졌다. 시카고에서 빈곤퇴치운동으로 정치 경력의 기반을 쌓았던 버락 오바마 대통령은 임기 동안 "이전의 어떤 민주당 출신 대통령들보다도 빈곤의 공론화에 투자한 시간이 적었다."27)

묘한 현상이지만, 빈곤이 미국 학생들의 실력 저하에 미치는 영향이 커질수록, 빈곤을 입에 올리는 것이 금기시되어왔다. 빈곤과 교육의 상관관계를 지적하는 것은 교사들이 빈약한 실적에 대한 비난을 모면하기 위해 대는 '핑계'로 여겨진다. 빈곤은 말 그대로 변명거리가 되지 못한다. 개혁가들이 빈곤퇴치를 원해서가 아니라 오히려 그 반대다. 그들은 빈곤문제가 거론되는 것을 원하지 않는다. 마치 점잖은 자리에서 정치나 종교를 입에 올리면 안 되는 것처럼, 빈곤은 이제 입에 올리지 말아야 할 주제가 되었다.

왜 그럴까? 상황을 냉소적으로 들여다보면 한 가지 답이 금방 떠오른다. 뉴욕타임스 최신 보도에 따르면, 부자들이 "문제의 핵심은 교사 역량이 아니라 빈곤이라고 인정해 버리면, 왜 누구는 조금 버는데, 부자만 많이 벌도록 내버려두는가라는 문제 제기로 이어진다."28)

또 다른 말 못할 이유는 책임 회피가 아니라 기회 포착이다. 많은 투자가들은 점잖은 자리에서 빈곤보다 더 말하기 껄끄러운 주제가 무엇인지를 알고 있다. 바로 가난한 아이들이 돈벌이의 기회라는 점이다. 아이들은 몇 주에 걸쳐 표준평가시험을 치르고 평가 결과 학교가 문을 닫고 나면 다른 학교로 강제로 전학 되고, 결국 그럴듯한 광고 전략에 넘어가 '온라인' 학교를 기웃거리게 된다. 온라인 학교 붐을 자세히 들여다보면, 납세자의 돈과 자선 기부금이 민간부문의 거대한 노다지에 불을 붙이기 위해 사용되고 있음을 알 수 있다.

초중등 정규교육과정에서 가장 큰 돈벌이 기회는 온라인 학교의 성장이다. 온라인 학교는 실제 건물이나 시설 없이 운영되는 초중고 과정을 말한다. 학생과 교사의 물리적 상호관계는 최대한 배제되고, 정식으로 인가받은 교육과정을 전통적인 교육기관과 같은 방식으로 제공한다. 대부분의 교육은 인터넷을 통해 원거리로 이루어진다. 오늘날 미국에서는 십여 개 이상의 주요 영리기업이 수십만 명의 학생들을 대상으로 온라인 공립 초중고를 운영하고 있다. 이들 학교의 학생들이 보여주는 성적은 참담한 수준이다. 펜실베니아 주 웨인의 아고라$_{Agora}$ 차터스쿨은 학생 중 60퍼센트가 수학과목에서 학년 기준 미달이고, 3분의 1은 제때에 졸업하지 못하며, 수백 명의 학생들이 등록한 지 수개월 만에 탈퇴한다. 탈퇴율이 높은데도 불구하고, 아고라 차터스쿨은 2011년 7,200만 달러를 벌었다. 아고라는 윌리엄 베넷$_{William\ Bennett}$이 세운 K12라는 회사가 운영하고 있다. 미국 교육부 장관을 지낸 윌리엄 베넷은 온라인 학교를 더 많이 세우면 사회성이 부족하거나 괴롭힘을 당하는 학생들이 집에서 안전하게 공부할 수 있다고 주장했다. 마이클 밀컨의 투자를 받은 K12는 공립학교 대비 비용이 저렴한 대안이라며 주 정부에 홍보했고 막대한 수익을 올렸다.29)

현재 K12는 주 정부와 지역 정부들로부터 학생 1인당 약 5,500달러에서 6,000달러의 보조금을 받는다. 많은 온라인 학교가 적극적으로 학생 모집 캠페인을 벌인다. 더 많은 학생을 끌어 모으기 위해 사용하는 차량, 전광

판, 라디오 광고비용은 모두 납세자의 지갑에서 나온다. 이 같은 관행에 대해 펜실베이니아 주 잭 와그너~Jack Wagner~ 감사관이 비난하고 나섰다. 그는 "납세자가 광고와 같은 부대비용까지 감당하는 것은 부당하다"고 말했다. K12는 납세자의 돈으로 정부 로비활동까지 벌인다. 주 정부 차원에서 영리 교육기관에 대한 규제를 완화할 수 있도록 법 제정을 요구하는 캠페인도 여기에 포함된다.30)

온라인 차터스쿨의 교사들은 경우에 따라 250명이 넘는 학생을 담당하기도 한다. 교사들은 공부를 거의 하지 않는 학생들도 통과시켜야 하는 압박에 시달릴 때가 많았다고 기자들에게 토로했다. 반복적으로 과제물을 제출하지 않는 학생들도 계속해서 학교에 적을 두고 있었다. 학생수를 유지해야 계속해서 주 정부 보조금을 받을 수 있기 때문이다. 가상 학교들은 이렇게 이름만 올려놓은 채, 주 정부의 출석 기록 조사에서는 존재가 확인되지 않는 '유령'학생을 이용해 번창했다. 영리 목적의 교도소 산업을 조사한 보고서를 통해 교도소 운영기관이 의도적으로 수감율을 유지함으로써 재정 이득을 본다는 사실이 드러났듯이, 영리목적의 온라인 학교는 학생이 실제로 출석하든 그렇지 않든 등록자 수를 부풀림으로써 이득을 얻는다. 등록이 늘어났다가 한꺼번에 탈퇴하는 패턴이 계속해서 변동하는 것을 '가입해지율'이라고 한다. 시스템을 거쳐 가는 아이들이 많을수록 학교의 수익도 늘어난다.31)

거듭되는 실패에도 불구하고 지속적으로 납세자의 지갑에서 보조금을 받아가는 영리목적 학교의 가장 두드러진 사례는 오하이오 주일 것이다. 오하이오에는 차터스쿨의 반 이상이 영리기관에 의해 운영된다. 오하이오 최대의 온라인 교육 업체인 일렉트로닉 클래스룸 포투모로~Electronic Classroom for Tomorrow(ECOT)~는 오하이오 주로부터 약 6,400만 달러를 지원받았는데, 이 중 상당 금액이 ECOT의 설립자이자 CEO 윌리엄 라거~William Lager~의 연봉으로 지급되었다. 사무기기 공급업체의 임원이었던 윌리엄 라거는 교육에 아무런 경험이 없다. 그는 매년 300만 달러를 번다. ECOT의 직원 평균 연봉은 3만 4,000달러다.

ECOT의 졸업률은 40퍼센트를 넘는 경우가 드물다. 2001년 오하이오 주에서 실시한 읽기능력평가에서 '능숙함' 이상의 성적을 받은 3학년 학생은 절반이 채 넘지 않는다. 수학에서는 49퍼센트가 '능숙함' 판정을 받았다. 오하이오 주의 평균은 각각 80퍼센트와 82퍼센트다. 2001년, ECOT가 설립되고 1년 후, 오하이오 주 감사 당국의 조사 결과 주 정부가 ECOT에 1달 동안 200명 이상의 학생을 교육하는 기준으로 보조금을 지급하였으나, ECOT 컴퓨터 시스템에 접속한 학생은 겨우 7명밖에 되지 않은 것으로 드러났다. 『마더 존스』Mother Jones의 스테파니 멘시머Stephanie Mencimer는 주 감사 당국이 "나머지 학생들이 물리적으로 존재하는지 여부"도 밝히지 못했다고 보도했다.32)

K12나 ECOT 같은 업체들이 주 정부에 영향력을 행사할 수 있는 가장 중요한 경로는 미국입법교류위원회American Legislative Exchange Council(ALEC)이라는 기관이다. ALEC은 온라인 교육에 관한 십여 개의 법안을 만들어 제안했고, 최근 수년간 미국 전역의 주 의회에서 ALEC의 제안이 채택되었다. ALEC은 정부의 인가를 받은 비영리기관으로 50달러의 연회비를 내고 개인회원지위를 유지하는 주 의회 의원들이 교대로 이사회를 맡아 운영한다. ALEC 재정의 대부분은 200개가 넘는 민간부문 기업회원이 분담하는데, 이들이 내는 7,000달러에서 2만 5,000달러의 연회비가 2010년 협의회의 700만 달러 예산의 대부분을 차지했다.

많은 기업이 연회비보다 더 많은 금액을 기부한다. ALEC은 후원 기록을 공개하지 않고 있지만, 유출된 2010년 세금 환급 자료를 입수한 『뉴욕타임스』는 AT&T, 화이자Pfizer, 레이놀즈 아메리카Reynolds America가 각각 13만 달러에서 39만 8,000달러를 기부했다고 보도했다. 마이크로소프트는 ALEC의 정보통신 TF에 참여하고 있다. 게이츠재단은 ALEC의 '교사 역량' 지원 프로그램에 35만 달러 이상을 지원했다.

ALEC의 주요 역할은 주 의원과 민간부문이 교류할 수 있는 매개체가 되어 기업이 원하는 법안의 초안을 함께 만들 수 있도록 하는 것이다. ALEC에는 2,000명가량의 주의회 의원들이 회원으로 소속되어 있다. 그들은 발표 요령에서부터 공교육, 노동법, 이민정책에 초점을 맞춘 수백 개의 법안에 투표하는 지침을 제공받는다. ALEC 회원들은 자신이 로비 기관이라는 점을 부인한다. 그들은 스스로 초당파적이라고 주장한다. 하지만 ALEC가 초안을 작성한 1,000개가량의 법안을 훑어보면 대부분 제조물 책임이나 사기 소송에 대해 기업을 법적으로 보호하거나, 최저임금법을 철회하는 등 공화당의 당론을 반영하고 있다.33)

젭 부시Jeb Bush 전 플로리다 주지사가 2008년에 설립한 재단인 교육수월성을 위한 재단Foundation for Excellence in Education도 ALEC 소속 교육위원회의 회원이다. 2011년 이 재단은 당시 메인 주 교육위원장이던 스티븐 보언Stephen Bowen이 캘리포니아에 본부를 둔 가상교육 관련 회의에 참석할 수 있도록 여행경비를 지원했다. 캘리포니아에 다녀온 얼마 후, 보언은 K12와 커넥션즈 에듀케이션Connections Education(거대 교육출판 기업 피어슨Pearson의 자회사) 등 기업이 메인 주에 풀타임 가상 차터스쿨을 열 수 있도록 적극적인 활동에 나섰다.34) 재단 설립 6년 후인 2014년 12월, 젭 부시는 재단에서 물러난다고 깜짝 발표했다. 2016년 대선 출마를 심각하게 고려중이라고 선언한 지 2주 후에 내려진 결정이었다.

2008년 이후, 게이츠재단은 젭 부시의 재단에 500만 달러 이상을 기부한 최대 후원기관이다. 부시재단의 가상 교육시스템을 지원함으로써, 게이츠재단은 피어슨, 마이크로소프트 등의 거대 IT 기업이 영리 추구 학교라는 노다지로부터 이익을 얻기 유리한 조건을 만들어 주었다. 언론인 스테파니 사이먼Stephanie Simon의 보도에 따르면, 2012년 7월 100명의 자본가들이 뉴욕의 유니버시티클럽에서 '영리 교육업체 사모투자'라는 이름으로 행사를 가졌다. 보스턴의 컨설팅 업체 파르테논그룹Parthenon Group의 롭 라이틀Rob Lyttle은 영리목적의 교육출판산업의 전망을 높이 평가했다. 그는 "모든 종류의 투자를 가능하게 하는 환경이 눈앞에 펼쳐질 것"이라며, "교육출판산업은 어마어마하게 성장할 것"이라고 행사에 모인 사람들에게 말했다.35)

교육산업은 이미 어마어마하게 커졌다. 미시건 주를 예로 들면, 차터스쿨의 80퍼센트가 영리 위주의 교육운영기관(Education Management Organizations, EMOs)에 의해 운영된다. 온라인 교육부문의 최대 투자가인 루퍼트 머독Rupert Murdoch은 디지털 교육 시장이 수년 내에 5,000억 달러 규모로 성장할 것이라고 예견했다. 그는 최근 미국의 교육 관련 IT업체인 와이어리스 제너레이션Wireless Generation을 3억 6,000만 달러에 매입하면서 투자가들에게 언젠가 뉴스코퍼레이션News Corporation의 컨텐츠가 학생들의 단말기로 직접 전송되는 날이 오리라 기대한다고 말했다.

   게이츠재단은 머독의 뉴스코퍼레이션과 협력하여 2013년 출범한 1억 달러 규모의 데이터베이스 사업에 큰돈을 기부했다. 이 데이터베이스에는 초중고 학생 수백만 명의 이름, 주소, 시험점수, 학습 취약점은 물론 경우에 따라서는 사회보장번호, 장래 희망, 과외 활동 등의 개인정보가 저장되었다. 데이터베이스는 인블룸 주식회사inBloom Inc.라는 업체가 운영하는데 이 업체는 각급 학교와 교육자료 제공 계약을 맺은 영리 그룹에 데이터를 제공했다. 인블룸이 제3의 하청업체에 학생의 이름과 주소를 넘기는 것에 대해 학부모와 사전협의는 없었다. 많은 사람이 이 프로젝트에 분개했고 전국 학교에 항의 편지를 보냈다. 조지아, 뉴욕 등의 주 정부는 하나둘씩 이 계획에 대한 지원을 철회했다. 2014년 인블룸은 서비스를 중단한다고 발표했다. 1억 달러짜리 계획이 실패로 돌아갔다.[36]

빌 게이츠 자신은 어떤 책임을 지는가?
: '작은 학교'에서 '교사 역량'과 '평가'로

2005년, 빌 게이츠는 전통적인 고등학교는 "시대에 뒤떨어졌다"라고 선언했다. 그 해결책으로 그는 기존 학교의 인간미 없는 관료주의를 대신할 지역 기반의 "작은 학교"로 학생 개개인의 요구에 대응할 수 있을 것이라고 주장했다.

   2000년에서 2008년 사이, 게이츠재단은 작은 학교에 20억 달러를 투자했다. 미국 전역에 2,602개의 작은 학교를 세웠고 학생수는 80만 명에 육박했다. 하지만 단시간에 한꺼번에 투입된 돈은 마찬가지로 느닷없이 철회되고, 다수의 학교가 문을 닫았다. 2008년, 빌과 멜린다 게이츠 부부는 교육계 주요 인사들을 시애틀의 자택으로 초대해 깜짝 발표를 했다. 그들이 투자한 작은 학교 프로젝트는 기대했던 성과를 거두지 못했다는 내용이었다. 그 결과 재단은 이제 교사 역량에 대한 데이터 수집, 실적 기반의 교사 연봉제, 전국 표준화 평가 등의 부문에 더욱 중점적으로 투자하겠다는 계획도 밝혔다.37)

『월스트리트저널』과의 인터뷰에서 빌 게이츠는 작은 학교의 대학 입학률이 기대만큼 향상되지 않았다고 설명했다. "개입의 전반적인 효과, 특히 우리가 가장 중점적으로 신경 쓰는 대학 진학률이 전혀 개선되지 않았다. … 큰 효과로 이어지는 길이 보이지 않았고, 그래서 우리는 반성했다."38)

다수의 언론에서는 빌 게이츠가 일부 작은 학교의 성과를 "제대로 이해하지 못했다"고 보도했다. 와튼스쿨 Wharton School 통계학자인 하워드 웨이너 Howard Wainer는 애초에 빌 게이츠가 전국 성적 상위권 학생 가운데 작은 학교 출신이 많다고 믿었던 것은 그가 통계상의 허점을 잘못 이해한 결과일지도 모른다고 지적했다. 최상위권에도 최하위권에도 작은 학교 출신이 많다. 그 이유가 뭘까? 학교가 작을수록 순위의 양 극단에 있는 소수의 뛰어난 학생들이나, 매우 저조한 학생들이 시험결과에 대한 통계 수치를 왜곡할 가능성이 크기 때문이다.39)

작은 학교를 지지하는 사람들은 현실이 좀 더 복잡하다고 말한다. 작은 학교는 훌륭한 성과를 낼 수 있고 실제로도 좋은 결과를 얻었다고 그들은 주장한다. 그들이 보기에, 게이츠재단의 정책이 실패한 원인은 운영방식 때문이지 작은 학교라는 모델 자체의 내재적 결함 때문이 아니라는 것이다. "교육구마다 재단이 멋대로 제시한 목표와 일정이 지역 개혁가나 교사의 계획과 충돌하기 시작했다"고 작은 학교와 차터스쿨 운동이 활발해지는 계기가 되었던 글을 쓰기도 한 유명 교육자이자 활동가, 마이클 클론스키Michael Klonsky가 말했다. "클리블랜드, 샌프란시스코 같은 일부 교육구에서는 게이츠재단의 개입에 대한 우려로 경험 많은 교육감들이 떠나기도 했다."40)

콜로라도에서 게이츠재단은 덴버 매뉴얼 고등학교Manual High School를 세 개의 소위 '학습공동체'(Learning Community)로 분리하려고 시도했었다. 전국에 소개할 모범적인 성공 사례가 필요했던 탓이겠지만, 게이츠재단은 자신이 정한 매우 빠듯한 일정을 고수했고, 그 안에 변화가 확고히 자리잡기를 기대했다. 앞으로의 변화에 대한 자세한 설명도 듣지 못하고, 실행 방식에 대해 의견을 제시할 기회도 없었던 교사와 학부모 단체는 개혁 조치에 저항했다.

마침내 후원금이 회수되었고, 매뉴얼 고등학교는 문을 닫았다. 학생들은 도시로 전학을 가야했다. 문을 닫은 지 3년 후 콜로라도대학이 실시한 연구에 따르면 매뉴얼 고등학교가 문을 닫을 당시 2학년이었던 학생 중 52퍼센트만이 고등학교를 졸업했다. 원래 이 학교의 졸업률은 68퍼센트였다. 과거 매뉴얼의 자퇴율은 6퍼센트였는데, 학교가 문을 닫고 다른 곳으로 전학한 학생들이 학교를 그만두는 비율은 17퍼센트까지 늘어났다.41)

"작은 학교가 매우 좋은 전략이 될 것이라는 아주 확실한 증거가 있었다." 책임 있는 교육을 위한 학부모연합Parents United for Responsible Education의 줄리 웨스트호프Julie Woestehoff 회장은 "빌 게이츠의 작은 학교 투자가 실패한 것은 학교의 문화를 무시하거나, 지역사회 및 일선 교사들에게 변화에 참여할 기회를 주려 하지 않았기 때문"이라고 말했다.

매뉴얼 고등학교와 기타 다른 곳에서 후원금을 회수한 것이 빌과 멜린다 게이츠가 2008년 교육 관계자들에게 말했던 것처럼 **단순히 작은 학교의 성공 가능성이 보이지 않았기 때문일까? 재단의 서툰 후원금 운영이 재단이 추구하던 목표 달성을 방해했던 것은 아닐까?** 마지막으로 질문 하나 더. **후원금 회수 자체가 저조한 성과의 원인은 아니었을까?** 특정한 정책을 다른 정책보다 더 강조하면, 그런 정책이 돈과 언론의 관심과 정치적 지지를 더 많이 받을 수밖에 없다. 빌 게이츠가 지지했던 정책들의 성공이나 실패는 재단이 어느 정책에 추가로 돈을 쏟아 붓거나, 반대로 너무 성급하게 투자를 철회하기 때문이지, 정책에 내재한 장점이나 결함 때문이 아닌 경우가 종종 있다. 재단이 사업을 중단하면, 아이들이 피해를 본다. 작은 학교의 경우, 어떤 교육구에 3년도 채 못 되는 기간을 주고 눈에 띄는 성과가 없었다며 사업 방향을 전환하겠다는 신호를 보내고, 계획을 계속 진행하기 위해 추가 재원이 필요한 순간에 후원금을 대폭 삭감했다.

워싱턴 D.C. 허드슨연구소Hudson Institute 산하 브래들리센터Bradley Center for Philanthropy and Civic Renewal의 윌리엄 샴브러William Schambra는 "교육 문제에 관한 한 나는 철저히 보수적인 입장이다. 나는 학교에 선택권이 주어져야 한다고 믿는 사람이고, 차터스쿨을 지지한다. 나는 교육부문에서 공공부문 노조의 독점 관행을 깰 수 있다면 어떤 것이든 지지한다"라고 말했다.

그는 또, 게이츠재단이 공교육에 미치는 영향력이 확대되는 데 따른 문제점으로 교육시스템을 바꾸기 위한 대규모 노력이 지역 단위의 선택권을 확장하기보다 오히려 제한할 수 있다고 지적했다. 게이츠재단의 수직적 접근이 지역 단체들로 하여금 지역의 중요 문제 결정에 참여할 수 없도록 제한한다는 것이다. "지난 주 밀워키에 갔었다. 밀워키는 게이츠재단으로부터 1,500만 달러를 받아썼다. … 빌 게이츠의 입장에서는 정말 재미있는 실험이었지만, 결과가 좋지 않다고 말하며 손을 떼면 그만이다. 하지만 밀워키의 입장에서 그 돈은 실제 돈이고, 우리가 이야기하고 있는 아이들도 실제 아이들이다. … 시애틀 (게이츠재단) 사람들은 '아차, 실수였네'라고 가볍게 넘어갈 일인지 몰라도, 밀워키 사람들에게는 대혼란을 야기했다."

국가적인 읽기와 수학 평가 기준을 초중고등학교에 적용하는 공통학습기준인 커먼코어이니시어티브Common Core Initiative에 대해서도 논란이 들끓었다. 게이츠재단은 이 기준을 실현시키는 데 중심역할을 했다. 재단은 공통학습기준을 수립하는 데 2억 3,300만 달러 넘게 투자했는데, 보수건 진보건 가리지 않고 이익집단에 돈을 마구 뿌렸다. 미국의 양대 교원노조인 전국 교육협회National Education Association와 미국교사연맹American Federation of Teachers은 물론 미국상공회의소US Chamber of Commerce도 거대 후원금을 받았다. 빌 게이츠는 공통 기준을 도입하면 전자 학습 기반에 더 쉽게 접근할 수 있는 길이 열린다고 주장했다. 2014년 마이크로소프트는 피어슨과 공동으로 피어슨의 커먼코어 수업용 자료를 마이크로소프트의 태블릿 서피스Surface에 탑재한다고 발표했다. 그때까지는 아이패드가 수업용 태블릿 시장의 최강자였다. 피어슨과의 협력으로 마이크로소프트는 경쟁력을 강화할 수 있게 되었다.

애초에 공통학습기준을 지지했던 공화당은 연방정부가 주 차원의 교육 개혁에 개입한다는 사실에 못마땅해 했다. 커먼코어는 오바마코어라는 별명을 얻었고, 보수 유권자 집단, 일명 티파티Tea Party 회원들은 새로운 가이드라인으로 지역 자치가 훼손된다며 반대 시위에 나섰다. 커먼코어에 적용된 새로운 교수법도 큰 비웃음을 샀다. 덧셈, 뺄셈, 곱셈, 나눗셈 같은 전통적 사칙연산 능력에 덧붙여 (혹자는 사칙연산 '대신에'라고도 말한다) 학생들은 숫자가 어떻게 서로 대응하는지 이해했음을 보여주어야 한다. 어떤 부모는 여섯 살짜리 자녀에게 숫자를 더하는 네 가지 서로 다른 방법을 이해하고 이를 보여줘야만 하는 숙제를 도와주다가 머리가 터지는 줄 알았다고 불평했다. 부모들의 심각한 반발에 부딪히자 몇몇 주는 커먼코어 기준을 도입하지 않는 법을 통과시키기도 했다.[42]

커먼코어로 돈을 벌기 위해 자선 후원금을 이용한 단체 중 적어도 한 곳은 심각한 법적 제재를 받았다. 2013년, 뉴욕 주의 에릭 슈나이더먼Erick Schneiderman 검찰총장은 피어슨재단Pearson Charitable Foundation이 자선기금을 모기업인 피어슨의 수입창출 목적으로 유용한 데 대해 770만 달러의 합의금을 지불하기로 했다고 밝혔다. "이 부분에 대해서는 법에 분명히 명시되어 있다: 비영리재단은 자선 용도의 자산을 계열 조직 내 영리기관의 이익을 위해 유용할 수 없다"고 슈나이더먼 검찰총장은 보도자료에서 밝혔다. 더 상세한 기사에서 슈나이더먼 검찰총장은 피어슨의 임원들이 산하 자선기관을 이용해 "유명 자선재단"의 지지와 후원금을 얻으려 했다고 판단했다. 그 "유명 자선재단"의 지지를 등에 업고 "정계와 교육계에서 피어슨의 명성을 높일 수 있으리라 기대했다"는 것이다. "유명 재단"의 이름은 발표되지 않았지만, 『뉴욕타임스』와 다른 매체들은 그 재단이 게이츠재단일 것이라고 보도했다.43)

2007년, 게이츠재단은 비키 필립스Vicki Phillips를 교육사업 책임자로 임명했다. 펜실베이니아 주 교육부 장관을 지낸 비키 필립스가 재단에 들어와 취한 첫 번째 조치는 하버드대학 경제학자 토머스 케인Thomas Kane을 재단의 데이터 리서치 그룹에 영입한 것이다.

토머스 케인은 과거 발표한 학술논문에서 집단 내에서 4년 연속 상위 25퍼센트에 속했던 교사들은 "흑인과 백인 학생 간의 시험 성적 격차를 줄일 수 있을 정도의" 능력을 지니고 있다는 상당히 직설적인 화법을 사용한 바 있다. 케인과 공동집필자들은 임용 후 첫 2년 동안 하위 25퍼센트 내에 머무르는 교사들은 해고해야 한다는 매우 가혹한 정책 권고안도 내놓았다.44)

케인과 필립스는 함께 게이츠재단의 차기 주요 교육전략을 내놓았다. 교사들의 실적을 좀 더 효율적으로 평가하여 실적이 저조한 교사를 쉽게 교체할 수 있는 도구를 개발, 미국 교사 시스템을 개조하는 일이었다. 2007년 민주당 대선 후보들의 첫 토론 직전, 게이츠재단과 브로드재단Broad Foundation은 공동으로 6,000만 달러를 들여 당선 후 세 가지 주요 개혁 방안을 채택하는 후보를 지원하겠다고 발표했다. 세 가지 방안은 전국적으로 더욱 통일성 있는 커리큘럼 기준을 도입하고, 수업 일수와 시간을 연장하고, 실적 기반 교사 연봉제를 도입한다는 내용이었다.

조앤 바컨에 따르면 이제까지의 대통령 선거캠페인 중 단일 이슈에 가장 많은 돈이 걸린 경우다. 아울러 가장 효과적인 캠페인이기도 하다. 당선 후 오바마 대통령은 안 던컨Ame Duncan을 교육부 장관으로 임명했다. 던컨 장관의 핵심 정책은 게이츠와 브로드재단의 개혁 방침과 일치했다. 더 많은 차터스쿨을 세우고 교사의 실적에 따라 연봉을 지급하는 것이었다.

던컨 장관은 아동낙오방지법이 지나치게 경직되어 있다고 비난했지만, 그 역시 얼마 후 아동낙오방지법으로 시작된 표준평가시험이 자리를 잡도록 새로운 정책을 도입했다. 던컨의 교육부가 처음으로 착수한 주요 조치는 43억 달러의 연방 예산을 들여 주 교육 개혁을 장려하는 레이스 투 더 탑Race to the Top(RTTT)정책이었다. 던컨은 개혁 장려책으로 상금도 제시했다. 다른 주와 경쟁에서 이기고 연방정부로부터 RTTT 예산을 따내기 위해서는 주 차원의 교육개혁안을 제시해야 했다. 각 주는 교사의 실력을 평가하기 위해 학생들의 시험성적을 활용하도록 허용하는 법을 통과시키는 등의 몇 가지 기준을 충족시켜야 했다.

돈이 궁한 각 주 정부는 예산을 따내기 위해 안간힘을 썼다. 그들은 서둘러 차터스쿨의 수를 제한하는 법안을 철회했다. 몇몇 주는 얼마 지나지 않아 추가 보너스의 대상으로 선정되었다. 게이츠재단이 경쟁에서 유리한 조건을 갖추도록 후원금을 제안했기 때문이다. 게이츠재단은 각 주의 개혁정책을 검토하고 15개 주를 선정하여 연방 예산신청서를 쓰는 데 컨설턴트의 도움을 받을 수 있도록 최고 25만 달러까지 제공했다. 선정되지 못한 주는 불만을 드러냈다. 재단의 돈으로 일부 주가 부당하게 유리한 조건을 갖추게 됐으니 불공정한 경쟁이라는 것이었다.

게이츠재단은 지원 방침을 수정했다. 재단의 8가지 개혁 기준에 부합하기만 하면 어느 주든 후원금을 받을 수 있다고 선언했다. 8가지 기준은 체크리스트 형태로 배부되었는데, 가령 "귀하의 주는 학생 성적 데이터를 교사 평가에 연결, 활용하는 데 제한을 두고 있습니까?", "귀하의 주에서는 근무 연수가 3년 이내인 교사에게 임기를 보장합니까?" (이 질문에 "아니요"라고 답하지 않은 주는 더 엄격한 임기 보장 기준을 제시할 수 있어야 한다.) 교육부문에 대한 게이츠재단의 지출은 연방 예산 지출에 비하면 극히 적은 금액일지도 모른다. 하지만 이처럼 시의 적절한 전략으로 연방 예산이 정확히 어디에 어떻게 쓰일지에 대해 영향력을 행사할 수 있게 된다.

교사들도 평가를 받고 자신의 실적에 대해 책임을 져야 한다는 데 반대하는 사람은 별로 없을 것이다. 문제는 어떻게 평가하는 것이 최선이냐는 점이다. 게이츠재단은 과거 교사를 평가하는 최적의 기준은 학생의 시험

성적이라고 고집스럽게 주장했었다. 주 정부가 '부가가치 모델링'value-added modelling(VAM)을 사용하여 교사의 가치를 평가하도록 압력을 행사하기 위해 지역 풀뿌리단체에 수억 달러를 지원하기도 했다. VAM은 개별 학생의 시험 성적에 대해 교사가 미치는 영향만을 특정하여 교사가 학생의 학습에 얼마나 기여하는지를 평가하기 위한 통계 측정방식이다. 교사의 영향을 특정하기는 매우 어렵다. 빈곤, 영양부족 같은 외적 요소도 학생의 성적에 영향을 미칠 수 있기 때문이다. 하지만 VAM평가를 지지하는 사람들은 VAM이 교실에서 교사의 단독 역량을 파악할 수 있는 믿을만한 통계적 측정도구라고 확신한다.

최근 수년 동안, 게이츠재단은 4,500만 달러 규모의 수업능력평가기준Measures of Effective Teaching(MET) 연구 프로젝트를 지원했다. 이 연구는 전국 도시에서 근무 중인 3,000명의 교사를 대상으로 한다.

2010년 MET의 초기 측정 결과가 나왔다. 언론은 "이제껏 나온 데이터 가운데 '부가가치' 분석의 유효성을 증명하는 가장 강력한 증거"라고 칭송했다.45) 하지만 이 측정결과는 반발에 부딪쳤다. 미국 노동부US Department of Labor 수석경제학자를 지낸 바 있는 캘리포니아대학 버클리 공공경제학 교수인 제시 로스틴Jesse Rothstein은 MET 데이터를 재분석해서 발표했다. 그는 "한 가지 테스트에서 낮은 부가가치를 보인 교사 중 다수가 다른 테스트에서는 매우 우수한 것으로 드러났다"면서 "데이터를 정확히 해석한다면 … MET 측정 데이터는 교사 평가에서 부가가치모델의 유효성보다 오류를 드러낼 것"이라고 말했다.46)

같은 해인 2010년 이와 별도로 미국 교육부US Department of Education가 의뢰한 연구에서는 부가가치 평가의 무작위 오차가 매우 높으며, 교사 분류에 오류가 발생할 확률이 26퍼센트인 것으로 드러났다. 부가가치 평가 결과에 따라 직장을 잃을 위기에 처할지도 모르는 교사들로서는 매우 우려할만한 수준이다.47)

교사들의 운명을 결정하는 이른바 고부담(high-stakes) 교사 평가가 얼마나 참담한 결과를 가져왔는지는 2010년 8월 『엘에이타임스』가 LA통합교육구 소속 모든 교사의 이름과 '부가가치' 분석결과를 공개함으로써 분명히 드러났다. 리고베르토 루엘라스Rigoberto Ruelas는 수업 시작 전과 방과 후에 학생들을 정기적으로 지도하는 등 가족과 동료들에게 헌신적인 교사로 평가 받았지만 부가가치 평가에서 "평균 능력 이하"라는 판정을 받았다. 한 달 후, 루엘라스의 시체가 앤젤레스 국립공원에서 발견되었다. 사인은 자살로 판정되었다. 가족들은 루엘라스가 VAM 평가에서 저조한 성적을 받고 괴로워했다고 전했다. 그가 죽고 며칠 후, 미라몬테 초등학교Miramonte Elementary School의 학생, 교사, 부모들은 『엘에이타임스』 건물로 행진했고 루엘라스의 이름을 신문 데이터베이스에서 삭제하라고 요구했다. VAM 모델의 평가 오류 확률이 네 건 당 한 건 이상이라는 사실은 루엘라스 교사의 가족을 더욱 비통하게 만들 뿐이었다.

　루엘라스의 죽음이 통계상의 오류 때문일까? 앞으로 얼마나 많은 교사의 명예와 긍지가 잘못된 평가 체제에 집착하는 교육당국에 의해 훼손돼야 하는 걸까?

　『엘에이타임스』를 필두로, 언론이 교사 평가 결과를 공개하는 사례가 다른 주에서도 뒤를 이었다. 뉴욕에서 부가가치 평가 결과가 보도된 후, 뉴욕포스트는 관련기사와 함께 퀸스의 어느 교사 사진을 "뉴욕시 최악의 교사"라는 설명을 달아 게재했다. 이 교사가 정말 실력이 형편없는지, VAM 모델이 잘못 평가한 26퍼센트 가운데 한 명인지 알 길은 없다.

　그나마 빌 게이츠가 잘한 일은 교사들에게 공개적 망신을 주는 언론의 행태에 반기를 들었던 점이다. 뉴욕 주 항소법원이 공공데이터베이스에 개별 교사의 평가 결과가 공개되는 것을 허용하자마자, 빌 게이츠는 『뉴욕타임스』에 법원의 판결을 "큰 실수"라고 평가하는 논평기사를 실었다. 그는 "불행히도 뉴욕, 로스앤젤레스를 포함한 몇몇 시의 일부 교육 관계자들은 부가가치 평가에 따른 교사들의 순위가 인사 평가의 훌륭한 근거가 될 수 있다고 주장하고 있다. … 마이크로소프트에서도 매우 엄격한 인사 시스템을 개발했지만, 직원 평가가 직원들을 수치스럽게 만드는 수단이라고 생각한 적은 결코 없으며, 하물며 평가결과를 신문에 게재하는

것은 상상도 할 수 없는 일"이라고 덧붙였다.48)

빌 게이츠의 논평기사는 VAM을 강하게 비난하고 있다. 하지만 게이츠 재단이 2000년대에 VAM기술을 뒷받침하기 위한 연구 프로젝트의 최대 후원 기관이었다는 사실은 언급하지 않는다. 데이비드 래버리 David Labaree가 지적하듯, "게이츠재단은 교사의 수업 능력을 평가하기 위한 노력에 3억 5,500달러를 쏟아 부었다. 부가가치 모델에 근거한 수업능력평가는 교사가 개별 교실에서 수업하는 동영상을 분석하여 교사의 어떤 행동이 학생들로 하여금 최고의 부가가치 점수를 받는 데 가장 강하게 영향을 미치는지를 판단한다."49)

빌 게이츠는 또한 게이츠재단이 스탠드포칠드런 Stand for Children과 뉴스쿨스벤처펀드 NewSchools Venture Fund의 주요 후원기관이라는 사실도 언급하지 않는다. 스탠드포칠드런은 2005년에서 2010년 사이 520만 달러의 후원금을, 뉴스쿨벤처는 3,000만 달러가 넘는 자금을 각각 게이츠재단에서 받았다. 두 압력단체는 부가가치 기반의 교사평가방식을 의무화하는 법안이 주 의회를 통과하도록 전국적인 캠페인을 주도하고 있다. 2010년 토론토국제영화제 연단에 선 빌 게이츠는 게이츠재단이 "부가가치 평가체계를 만드는 데 투자하고 있다"고 강조하기도 했다.50)

마이크로소프트의 인사 시스템에 관한 빌 게이츠의 언급에서 한 가지 중요한 문제점이 제기된다. 빌 게이츠 자신이나 게이츠재단 전임 CEO 제프 레이크스 Jeff Raikes도 인정했듯이, 게이츠재단은 마이크로소프트가 개발한 전략을 종종 차용한다. 하지만 마이크로소프트의 인력 관리 정책을 미국 공립학교의 교사 능력 향상을 위해 적용하는 것이 과연 바람직하다고 할 수 있을까?

2012년 『베너티 페어』 Vanity Fair는 "마이크로소프트의 잃어버린 10년"이라는 기사를 게재했다. 커트 아이첸월드 Kurt Eichenwald 기자는 해당 기사를 통해 마이크로소프트가 어떻게 재무 가치 면에서 애플 등 경쟁사에 우위를 뺏겼는지 보도했다. 2000년 12월 10월 5,100억 달러에 달하던 마이크로소프트의 시장가치는 2012년 6월에는 2,490억 달러로 크게 떨어졌다. 반면 애플은 같은 기간 48억 달러에서 5,410억 달러로 가치가 껑충 뛰었다. 기사 중간 무렵, 아이첸월드가 마이크로소프트의 인사제도 핵심을 '순위 매기기'라고 묘사한 대목은 최근 불거진 교사 평가를 둘러싼 공방과 묘하게 중첩된다.

> 내가 인터뷰했던 전 현직 마이크로소프트 직원들은 모두 하나같이 '순위 매기기'가 마이크로소프트 내부의 가장 큰 해악이라고 지적하며, 그 때문에 회사에서 내몰린 직원들이 부지기수라고 털어놓았다. 실적모델, 벨커브, 또는 그냥 직원 평가시스템이라고 불리는 이 제도는 매년 조금씩 수정되기는 하지만 기본적인 운영방식은 늘 동일하다. 각 부문별로 일정 비율의 직원들을 최고, 우수, 평균, 평균이하, 열등 … 으로 분류한다. 사내 수퍼스타는 무슨 수를 써서라도 최고수준의 개발자와 함께 일하지 않으려고 하는 이유도 여기에 있다. 등급 선정에서 불이익을 보지 않으려는 것이다. 평가에 따른 결과는 바깥세상과 다르지 않다. 최고 등급을 받은 직원에게는 보너스와 승진이 기다리고, 밑바닥의 직원은 보너스는 고사하고 쫓겨나는 것이 보통이다.51)

익숙한 이야기가 아닌가? 마이크로소프트의 인사평가 방식은 기존 집단 내에서 첫 2년간의 수업평가에서 하위 25퍼센트에 속하는 교사는 내보내야 한다는, 게이츠재단의 토머스 케인이 제안한 교사평가방식과 매우 흡사하다.

대부분의 교사, 학부모, 정책입안자들은 교사의 실적을 평가하고 좋지 않은 결과가 지속되는 교사에 대해 벌점을 적용하거나 그만두게 해야 한다는 데 동의한다. 하지만 동종 업계 CEO들의 지탄을 받은, 마이크로소프트 식의 채용-해고 관행에 기반한 정책이 과연 교육계에서 본받을 만한 바람직한 모델일까?

바컨은 털리도(1981년), 신시내티(1985년), 몽고메리 카운티(2001년)를 비롯, 수많은 교육구에서 채택한 교사 평가방식을 소개했다. 각 지역 교육구는 '동료 지원 및 평가' Peer Assistance and Review(PAR) 시스템이라는 방식을 채택했는데 여기에서는 7명에서 12명의 교사와 행정담당직원으로 구성된 패널이 컨설팅 교사(CT) 집단과 함께 평가를 진행한다. 컨설팅 교사는 학교에서 동료 교사들을 관찰하는데, 그 기간 동안 추가 급여를 받는다. 이 시스템은 매우 뛰어난 장점을 가지고 있다고 바컨은 말한다. 교사를 더 철저하게 평가하고, 수업 능력이 떨어지는 교사를 신속하게 걸러내고, 최고 수준의 교사들이 건설적인 환경에서 노하우를 공유할 수 있다. 그럼에도 불구하고, 던컨 장관의 RTTT 경쟁에서 뽑힌 메릴랜드 주는 교사 평가 프로그램을 도입하였고, 이 때문에 몽고메리 카운티에서 이미 검증된 PAR 시스템은 철폐 위기에 놓였다.52) RTTT 기준에 맞춰 메릴랜드 주가 새로운 부가가치 기반 평가시스템을 도입했기 때문이다.53) 결국 몽고메리 카운티는 RTTT에 참여하지 않기로 했다.

2008년부터 2014년까지 게이츠재단 CEO였던 제프 레이크스는 2012년 교사 평가결과 공개에 대한 빌 게이츠의 우려를 재차 강조하면서 "마치 표준화된 평가를 근거로 책임을 추궁하는 것이 우리의 유일한 관심사인 것처럼 생각하지만 그것은 결코 사실이 아니다. … 그 점에 대한 우리의 메시지를 분명히 전달할 필요가 있다"고 언론에 밝혔다.54) 그로부터 2년 후, 게이츠재단은 비키 필립스 교육사업 책임자의 이름으로 보도자료를 배포했다. 교사 실적과 표준평가점수를 연계하기 전에 2년간 유예기간을 두기로 한 결정을 재단이 지지한다는 내용이었다. 필립스는 보도자료에서, "(우리는) 향후 2년간 표준평가시험 결과를 교사 평가나 학생의 진급 여부에 결정적인 기준으로 사용하지 않기로 한 결정에 찬성한다"고 말했다.55)

여기서 잠깐 과거로 돌아가 보자. (학생들의 시험 성적과 연계된) 교사의 실적에 따라 연봉을 결정하고, 더욱 표준화된 학생 평가 기준을 마련하도록 지원하겠다는 것은 게이츠재단이 작은 학교에 대한 투자를 철회한 직후 2008년 시애틀에서 100명의 교육 관계자를 모아 놓고 선언한 내용이었다. 7년이 지난 후, 이제 게이츠재단은 자신이 실현시킨 정책이 자신과 무관하다며 거리를 두고 있는 것이다.

게이츠재단이 현실을 인정하고 기꺼이 방향을 바꾼 것은 존경할 만한 일이다. 적어도 실수를 인정하는 것을 두려워하지 않는 것 같다. 보기 드문 결단이며 칭찬받을 만하다. 정반대의 반응을 보였더라면, 즉 좋은 의도로 시작한 일이 계획에 없었던 부정적인 결과를 낳았음을 인정하지 않으려고 고집스럽게 버텼더라면 더 큰 논란이 되었을 것이다. 하지만 게이츠재단이 주도한 교육 개혁은 이제 어느 정도 자리를 잡았다. 이제 와서 뒤늦게 일명 고부담 평가에 대한 우려를 표시하는 것은 교사나 학생의 처지에서는 많이 늦은 감이 있다.

공교육에서 게이츠재단의 역할이 갖는 독특한 점은 재단이 결과 지향적인 조직이라고 널리 칭송 받는다는 데 있다. 여기에는 재단에 대해 늘 언론의 긍정적인 관심이 쏠려 있다는 점도 한몫하고 있는데, 사실 게이츠재단은 언론과의 관계에 몹시 공을 들인다. 게이츠재단은 개입이 필요한 분야를 가려내고 목표한 후원을 통해 목적을 달성하기 위해 끊임없이 노력하는 것으로 알려져 있다. 세간의 이런 믿음을 구체화하는 언론 보도와 학술논문도 넘쳐난다. 가령 2015년 캐나다의 주간지 『맥클린스』는 "구체적인 평가 기준과 확실한 결과"에 중점적으로 매진한다는 점에서 게이츠재단이 이전 세대 정부 주도하에 이루어졌던 캠페인이나 복지사업과 차별화된다고 보도했다.[56]

게이츠재단에 대해 강한 신뢰를 보이는 학자 중 가장 영향력 있는 인물은 피터 싱어Peter Singer다. 빌 게이츠와 워런 버핏을 "역사상 가장 효과적인 이타주의자들"이라고 칭한 바 있는 싱어는 호주 출신 철학자로 늘 논란을 몰고 다닌다. 2013년 TED 행사에서 그는 캡쳐 화면을 가리키며 이렇게 말했다. "이것은 빌&멜린다게이츠재단의 웹사이트인데, 우측 상단에 '모든 생명은 동등한 가치를 지닌다'는 글귀가 있다. 세상에 대한 이러한 통찰, 이런 합리적인 통찰이 있었기에 빌과 멜린다 게이츠 그리고 워럿 버핏은 역사상 가장 효과적인 이타주의자가 될 수 있었다."[57]

미국 공교육 문제로 다시 돌아오면, 게이츠재단이 주도한 정책이 학생들에게 긍정적인 결과를 가져왔다는 증거는 거의 전무하다. 정책을 계속해서 번복하고, 실패를 거듭했음에도 게이츠재단은 모범적이고 남다른 결과 지향적 기관으로 칭송 받고 있다. 그리고 그런 믿음을 계속해서 전파하려는 재단의 의도를 막을 방도가 어디에도 없다는 점이 교사들을 힘들게 만든다. 전직 교사 앤서니 코디Anthony Cody는 『워싱턴포스트』의 발레리 스트라우스Valerie strauss와의 인터뷰에서 교사들이 갖는 우려를 분명하게 드러냈다.

> '결과에 대한 책임'이라는 개념에 근거하여 교육개혁을 펼치겠다면서도, 우리 일반 대중이 개혁 지지자에게 책임을 물을 수 있는 어떠한 메커니즘도, 방법도 없다는 점이 놀랍다. '나쁜 교사'는 책임을 져야 한다. 학교와 학생도 책임을 져야 한다. 그렇지만, **빌 게이츠 자신은 어떤 책임을 지는가?** 누가 그와 그의 직원들에게 개혁이 끼친 해악에 대해 책임을 묻고 있는가?[58]

아무도 책임을 묻지 않고 있다. 앤서니 코디의 지적대로, 교사는 실패했다는 평가를 받음으로써 직장을 잃을 위험이 커지고 있는데, 게이츠재단에는 어떠한 제재도 가해지지 않는다. 아니, 오히려 결과는 그 반대다. 게이츠재단이 스스로 제시한 목표에서 멀어질수록, 과거의 약점을 무마할 기회가 더 많아진다. 매우 아이러니하지만 자선활동이 효과를 보지 못했을 때에 재단은 오히려 더 큰 기회를 맞게 된다. 실패한 자선활동이 재단에게는 곧 성공을 의미한다.[59] 스스로 의도치 않았다 해도, 달성할 수 없는 목표 달성에서 멀어질수록 그 존재 자체로 인해 불평등이 심화된다. 그러한 불평등을 완화하는 데 실패하면 할수록 여기에 비례하여, 게이츠재단 같은 후원단체들이 꼭 필요하다는, 심지어 없어서는 안 된다는 믿음이 커진다. 미셸 푸코가 감옥 제도에 대해 말했던 것처럼, 수감율을 줄이지 못하는 것은 어떤 면에서는 "실패"로 여겨질 수 있지만, 그런 결과에 힘입어 감옥을 움직이고 관리하는 이들은 그 존재와 권력을 지탱하고 보호할 수 있는 것이다. 자선도 마찬가지다. 자선활동이 아무런 효과를 보지 못했다고 해서 자선재단이 그 존재를 위협받지는 않는다. 오히려, 효과가 없음으로 해서 자선은 더욱 번창한다.

5. 신이 부여한 사명: 게이츠재단과 세계 보건의료정책

거의 20년간 게이츠재단은 세계에서 가장 치명적인 질병들과 싸우는 데 몰두해왔다. 현재까지 소아마비 퇴치에 15억 달러, 말라리아와 결핵 퇴치에 20억 달러, HIV/에이즈 퇴치에 20억 달러 넘는 돈을 지출했다. 게이츠재단이 세계 보건부문에 매년 지출하는 금액은 세계보건기구World Health Organization(WHO)의 지출 규모와 맞먹을 정도이며, 재단은 그에 상응하는 영향력을 행사하여 전 세계 보건관련 기관들이 어디에 얼마나 쓰는지 관여하게 되었다.

세계 보건문제에 결정적인 역할을 했던 자선기관은 이전에도 있었다. 전염병 퇴치에 큰 쾌거를 이루고, 암 치료율을 높이고, 급기야 오늘날 HIV/에이즈와의 싸움에서 크나큰 진보를 이룰 수 있었던 것은 록펠러재단이나, 영국 제약계의 거물 헨리 웰컴Henry Wellcome의 자산 관리를 위해 1936년에 세워진 영국 최대 자선단체 웰컴재단Wellcome Trust이 없었다면 불가능했을 일이다.

20세기 들어 오랫동안 록펠러재단은 지금의 게이츠재단이 누리고 있는 정도의 권위를 행사했다. 록펠러재단은 전 세계 보건부문의 개척자였고, 그에 따라 지나치다 싶을 정도의 찬사를 받기도 했지만, 한편으로는 논란을 일으켰던 미국 외교정책과 연관성이 불거지면서 미국의 경제적 침략에 분노한 빈국들로부터 격렬한 공개 비판을 받았다. 1913년부터 1951년 사이, 록펠러재단은 세계 80여개 국가에서 보건의료지원 사업을 벌였다. 록펠러재단은 단순히 다른 비영리기관이나 정부 소속 활동가들보다 더 많은 영향력을 누리는 데 그쳤던 것이 아니다. 오랜 기간 록펠러재단은 보건분야의 유일한 주요 자금원이었다.

세계보건기구의 전신인 국제연맹보건기구League of Nations Health Organization(LNHO)가 1922년 설립되었다. WHO와 달리 LNHO는 정치적 영향력이나 자금력이 약했다. LNHO는 많은 부분에서 록펠러재단에 의해 존속하는 기관이었고, 재단이 LNHO 예산의 거의 절반을 떠맡고 있었다. 사실, 역사학자 앤 이매뉴얼 번Anne-Emanuelle Birn의 지적대로, LNHO는 록펠러재단의 구조를 본떠 만들었고, 록펠러재단의 가치관은 물론 전문성과 질병 억제의 노하우도 공유했다.1)

1948년 설립된 WHO는 LNHO의 기능을 더욱 확장했다. 이전까지 록펠러재단은 사실상 인류를 위협하는 질병을 관리하는 데 세계적 권위를 누렸고, 십이지장충에서 소아마비에 이르기까지 전 세계에서 맹위를 떨치던 질병을 치료하는 데 미국에서 개발된 전문기술을 적용했다. 재단 관계자들 역시 논란에서 자유로울 수 없었다.

대표적인 사례는 노구치 히데요였다. 일본태생의 과학자인 그는 이후 황열병으로 가나 아크라에서 사망했다. 매독의 병원체를 밝혀내는 연구에도 참여했던 그는 매독의 원인균으로 알려진 트레포네마 팔리둠의 비활성체 루테인을 사용한 실험으로 유명해졌다. 과학사학자인 수잔 레더러Susan Lederer는 노구치의 루테인 실험으로 촉발된 의학계 낙관론과 뒤이은 대중의 분노를 매우 실감나게 묘사하고 있다. 노구치는 인체에 루테인을 주사하는 실험이 출생 당시 매독 감염 여부를 밝힘으로써 매독 진단의 강력한 도구가 될 수 있으리라 기대했다. 그는 뉴욕 수도권 전역에 걸쳐 십여 명의 의사들과 함께 수백 명의 피실험자들을 대상으로 루테인 실험을 했다. 여기에는 2세에서 18세의 건강한 아이들도 포함되었는데, 매독과 변성매독으로 진단을 받은 환자군과 대조하기 위한 '정상인' 대조군이 필요했기 때문이다. 실험 대상자 중에는 법적 후견인의 동의를 받지 않은 건강한 고아들도 포함되어 있었기 때문에 결국 인체 실험에 반대하는 생체 해부 반대론자들의 격분을 야기했다. 이 사건을 조사한 맨하탄 지역 검사보 제임스 레이놀즈James Reynolds는 노구치가 동의 없이 고아를 대상으로 실험한 부분은 인정하면서도 과거 법정에서 검증된 바 없는 새로운

형태의 의학 실험을 규제하려면, 국가의 역할을 규정하는 새로운 법이 마련되어야 한다며 기소를 거부했다.2)

취약한 계층을 실험대상으로 삼았다가 비난받는 야심 찬 과학자, 황열병 퇴치를 위한 대대적인 접종 사업의 무산 등 20세기 초를 담은 기록 영화의 장면 같은 사례는 록펠러재단의 역사와 함께 여러 차례 반복되었다. 인도의 출산율 억제를 목표로 실시한 카나 연구 프로젝트도 유사한 사례 중 하나다. 오늘날 카나 프로젝트는 역사학자 매슈 코널리Matthew Connolly의 표현을 빌자면 "미국 사회과학계가 오만함의 극치를 보여준" 사례로 널리 알려져 있다.3)

하버드대학 공중보건대학원Harvard School of Public Health과 록펠러재단이 후원하고 소규모 기독교계 의과대학이 함께 진행한 카나 프로젝트는 피임약이 출산율을 획기적으로 줄일 수 있는지를 밝히기 위한 연구 프로젝트였다. 연구 규모는 어마어마했다. 펀잡 지역 7개 마을 8,000명의 주민들을 지속 관찰하고, 하버드 전염병학자들이 매달 주민들의 가정을 방문하여 면담했다. 그런데 면담을 위한 질문의 내용에 주민에 대한 배려는 전혀 찾아볼 수 없었다. 1950년대라는 시기를 감안했을 때, 인도 과학자들이 떼거지로 현관에 나타나 유사한 질문을 퍼부었다면 미국 주부들이라 해도 결코 용납할 수 없었을 것이다. "남편과 얼마나 자주 섹스를 하는가? 유산 경험이 있는가? 임신을 위해 노력 중인가? 생리주기는 얼마나 되는가?"

가령 부부관계의 횟수에 관한 질문에는 남편과 아내가 서로 다른 답변을 하는 경우도 종종 있었다. 무례한 질문으로 인해 실험 대상자가 얼마나 곤혹스러워 했는지 짐작할 수 있는 대목이다. 하지만 답변에 일관성이 없는 이유를 분석하려는 노력도 없이, 연구자들은 주민을 실험실 표본 대하듯 했다. 매달 질문을 위해 만나는 것 이외에 접촉은 전혀 없었다. 연구자들 쪽에서 진료소를 열거나 피임약 이외의 의약품을 나누어 주는 등 그들의 생활에 개입함으로써 연구 결과에 영향을 미치지 않도록 하기 위해서였다. 코널리의 보고서에 따르면, 5년 후 피임약을 제공받은 마을의 출산율은 대조군보다 오히려 높았다. 이후의 후속 연구에서도 출산율은 여전히 높게 나타났다.

알고 보니 주민들은 예의상 피임약을 받았을 뿐이었다. 선물을 준 상대방의 기분을 상하게 하지 않으려는 배려에서 나온 반응이겠지만, 피임약을 사용하지 않았다고 인정하는 경우는 드물었다. 수개월에 걸쳐 주민들은 하버드 연구원들에게 나름대로 예의를 다했을 뿐이다. 주민 중 다수는 외국 학자들의 연구 목적이 지도를 만들어 도로 체계를 개선하려는 것이라고 알고 있었다. 도로가 만들어지면 자신들의 집을 허물어야 할지도 모른다고 불안해했지만, 그럼에도 불구하고 늘 연구원들을 친절하게 대했고, 그들이 주는 피임약을 너그럽게 받아 주었다.

연구의 목적이 출산율 억제였음이 밝혀졌을 때 주민들은 할 말을 잃었다. 어떤 이들은 대를 이을 자손의 수를 제한하려는 시도에 분개했다. 아이를 갖지 못하는 사람들은 풍부한 자금을 보유한 과학자들이 아이를 가지려는 자신들의 노력을 돕지 않는다는 사실에 상심하고 분노했다. 그 훌륭한 하버드대학에서 왔다는 사람들이 경제적 욕구의 충족을 위해 건강한 자손을 갖는 일이 얼마나 중요한지도 깨닫지 못할 정도로 아둔하다는 사실을 아무도 납득할 수 없었다.[4]

카나 프로젝트는 1950년대 초에 시행되었다. 실험은 실패로 돌아갔고, 연구의 결과는 연구팀의 희망과 정반대의 사실을 확인시켜주었다. 록펠러재단은 카나 프로젝트와 같은 실험 방식을 포기했지만 결코 그 목표까지 버리지는 않았다. 그로부터 수년 동안, 록펠러재단은 인도를 비롯한 여러 나라에서 다수의 산아제한 프로그램을 지원했다. 의사들과 빈곤퇴치 운동가들은 인구증가를 억제하려는 재단의 노력이 필요한 일이기는 하지만, 장기적인 빈곤을 겪고 있는 인도 주민에게 대가족이 반드시 필요하다는 현실을 무시한 처사임을 인식하고 점점 강하게 반발했다. 대가족은 인도인의 생존에 위협이 아니라 오히려 살아남기 위한 유일한 방편이었다.

오늘날 게이츠재단은 카나 프로젝트가 직면했던 것과 유사한 비난의 대상이 되고 있는 여러 의학 실험 프로젝트에 많은 자금을 지원하고 있다. 과거의 자선재단처럼, 게이츠재단은 다른 나라의 문제에 개입하고도 상대적으로 크게 비난 받지 않는, 재정적·정치적 영향력을 보유하고 있을 뿐 아니라, 재단이 후원한 실험이 실패하더라도 별다른 타격을 입지 않는다. 국경없는의사회Médicins Sans frontières 회장을 지낸 바 있으며 현재 토론토대학 강단에 서고 있는 제임스 오빈스키James Orbinski 교수는 필자에게 국제 보건분야에서 게이츠재단이 맡은 역할이 우려를 불러일으키는 근본 원인을 따져보면 "결국 **정치 철학의 문제다. 자선재단을 어떻게 바라볼 것인가? 자선이 공공정책의 대안이 될 수 있는가?** 그간 행보와 그 어마어마한 재원 규모만 봐도, 게이츠재단은 의식적이든 무의식적이든, 의도적이든 아니든, 전 세계 의학연구와 보건 의제 선정의 큰 그림을 바꿀만한 영향력을 가지고 있다."

게이츠재단의 국제적 영향력: 소아마비

게이츠재단이 지금까지 세계 보건문제 해결을 위해 지출한 금액은 153억 달러가 넘고, 그 돈은 상당한 성과를 이루었다. 예를 들어, 1990년대 말, 말라리아 연구를 위한 전 세계 누적 기부액은 겨우 8,400만 달러 정도에 불과했다. 게이츠재단이 말라리아 연구에 주력한 이후, 매년 말라리아 연구에 투입된 금액은 세 배로 뛰었다. 게이츠재단은 또 전 세계 결핵 연구에 대한 지출이 크게 늘어나는 데 기여했고, 최근에는 인간 분뇨 처리를 위한 지속 가능한 해결방안을 찾는 데 꼭 필요한 자금을 투입하고 위생 상태를 향상시키는 데 더욱 집중함으로써 언론의 주목을 한몸에 받았다. 최근 한 신문의 "빌 게이츠: 화장실 혁신으로 세계를 구하다"라는 헤드라인 기사가 좋은 예다.

하지만 게이츠재단이 보건분야에 쓰는 돈이 많아 보여도, 실상은 그렇게 많은 것이 아니다. 부유한 국가들이 매년 보건 사업 지원에 쓰는 돈을 다 합치면 게이츠재단의 지출 규모는 초라해 보인다. 미국이 2003년 조지

빌 게이츠: 화장실 혁신으로 세계를 구하다, 엘에이타임즈 기사

W. 부시 대통령 임기 중 전 세계 HIV/에이즈 치료를 강화하기 위해 시작한 에이즈 퇴치를 위한 대통령 비상계획President's Emergency Plan for AIDS Relief(PEPFAR)을 예로 들어보자. 2004년부터 2008년 사이 PEPFAR 계획이 세계 에이즈 퇴치 지원을 위해 지출한 금액만 181억 달러가 넘는다. 게이츠재단이 이제까지 세계 보건분야에 지출한 총액보다도 더 많은 금액이다.

최근 수년간, 게이츠재단이 매년 세계 보건분야에 쓴 돈은 캐나다, 독일 등의 개별 국가보다는 많지만, 영국, 미국보다는 적다. 2012년, 캐나다는 해외보건사업을 지원하는 데 약 3억 7,900만 달러를 썼고, 독일은 3억 700만 달러를 썼다. 영국의 지출은 13억 달러로 전년 대비 2.3퍼센트 증가했다. 게이츠재단은 2012년 국제 보건분야에 8억 9,900만 달러를 썼다. 반면, 미국 정부는 같은 기간 게이츠재단, 캐나다, 독일, 영국을 합친 것보다 더 많은 총 70억 달러를 지출했다.[5]

게이츠재단이 이들 부유한 나라만큼 세계 보건분야에 돈을 쓰는 것도 아닌데, 왜 빌 게이츠는 2011년 G20 정상회담 같은 행사에 정기적으로 참석하는 걸까? 왜 세계보건기구가 주요 정책 결정을 위해 게이츠재단의 자문을 구하는 것이 통상적인 절차가 되었을까?

여기에는 정치적 압력이 어느 정도 작용하고 있다. 세계 보건문제 전문가 피터 파이엇Peter Piot이 지적한 바에 따르면, 게이츠재단은 많은 후원

국가들을 부끄럽게 만들어 더 많은 돈을 내놓게 만드는 자극제 역할을 한다.6) 강력한 대중적 인지도와 마케팅 및 홍보에 지출하는 상당한 금액에 힘입어 게이츠재단이 주력하는 분야는 늘 언론의 집중 관심을 받는다. 정부가 재단과 원활히 협력하지 못하면 자국 문제는 물론 해외 복지 문제에 대해 냉담하거나 무관심한 것으로 인식될 위험을 감수해야 한다.

한 예로, 전 세계 보건의료계가 소아마비에 대해 미온적인 태도를 보일 때 게이츠재단은 소아마비를 퇴치하겠다고 나섰고, 빈국과 부국 모두가 소아마비 퇴치에 동참해 줄 것을 호소했다. 사실 소아마비를 퇴치하고자 하는 노력은 새로운 것이 아니다. 로터리 인터내셔널Rotary International, 세계보건기구, 유니세프UNICEF 등의 주도로 이미 큰 성과를 이루어 놓은 상태였다. 한때 50개국 국민들 사이에 널리 퍼져있던 소아마비 환자는 오늘날 2,000명으로 크게 줄었다. 2012년 소아마비 신규 진단 건수는 200명이 조금 넘는 정도였다. 현재 소아마비가 빈번하게 발생하는 국가는 아프가니스탄, 파키스탄, 나이지리아 단 세 곳이다. 얄궂게도 환자 수가 적을수록 소아마비 퇴치에 드는 비용은 더 증가하고, 많은 이들이 주장하듯, 끝까지 바이러스를 박멸하려는 노력은 비생산적이 될 수밖에 없다.

도널드 헨더슨Donald Henderson은 세계보건기구 소속 전염병학자로 재직했던 1960년대에 천연두 퇴치 캠페인을 성공으로 이끌었던 인물이다. 그는 소아마비의 퇴치에 대해 목표 설정이 잘못되었다는 견해를 보였다. 즉, 더 필요한 분야로 가야 할 돈이 소아마비 퇴치에 집중됨으로써, 국가들이 다른 질병에 대한 예방접종을 포기하고 소아마비에 우선순위를 둘 수밖에 없는 상황에 몰리게 되었다는 것이다. 생명윤리학 분야의 권위자이자, 자신도 어린 시절 소아마비를 앓았던 아서 캐플런Arthur Caplan은 게이츠재단이 소아마비 퇴치에 집착하고 있다면서 "가난한 국가의 정부 예산과 재원이 지역별로 훨씬 시급한 문제 해결에 지원되지 못하고, 마지막 남은 소수의 발병 사례를 제어하는 데 쓰이게 된다"고 지적했다.7)

이러한 주장은 그간 소아마비 발생 지역의 의사와 보건의료 활동가들의 입을 통해 여러 차례 제기되었다. 마지막 남은 바이러스까지 박멸하겠다는 열의가 지나치다 보면, 접종 기록이 제대로 이루어지지 않은 지역에서는 어린이들이 여러 차례 소아마비 예방접종을 받는 등, 지역 주민의 건강에 예기치 못한 위험을 야기할 수 있다는 우려도 나오고 있다. 한 예로, 인도에서는 정부의 대대적인 지원을 받아 잠정적으로 소아마비가 사라졌다. 인도 정부는 25억 달러를 써서 230만 명에게 소아마비 접종을 시행하는 거대 프로젝트를 추진했다. 2012년 1월, 마지막 소아마비 발병 사례로부터 꼬박 1년이 지난 시점에 인도는 공식적인 소아마비 안전지대가 되었다. 이 부분만 놓고 보면 매우 고무적이다. 그런데 여기에는 어두운 이면이 있었다. 각 지역마다 소아마비 예방 접종이 증가할수록, 급성 이완성 마비(AFP)의 발병이 폭발적으로 증가했다. 경구용 소아마비 백신이 마비의 직접 원인이 될 수 있다. 하지만 박테리아와 비 소아마비 바이러스도 마비를 일으킬 수 있기 때문에 접종 증가와 인도 내 급성 마비 발생 급증을 직접 연관시키기는 매우 어렵다. 급성 마비가 급격히 증가한 정확한 원인이 규명되지 않은 가운데 소아마비 백신의 안전성에 대한 논란만 커졌다.8)

정치적 갈등도 소아마비를 뿌리 뽑고자 하는 국제적 노력에 걸림돌이 되었다. 게이츠재단이 소아마비 퇴치에 특히 공을 들였던 지역 가운데 하나인 파키스탄은 여전히 소아마비가 널리 퍼져 있는 세 나라 중 한 곳이다. 게이츠재단은 파키스탄 내에서도 특히 바이러스가 기승을 부리는 오지 어린이들에게 백신을 접종하는 의료 인력에게 2달러에서 3달러의 장려금을 지급했다.

하지만 재단의 노력은 2011년 미국 CIA가 가짜 백신 작전을 펼치면서 위기를 맞았다. 접종 인력으로 위장한 CIA 요원들이 오사마 빈 라덴Osama bin Laden 일가의 DNA 샘플 추출을 위해 대거 투입되었던 것이다. CIA의 계략은 오사마 빈 라덴의 암살 직전 그의 근거지를 초토화시키는 데 결정적 역할을 한 것으로 드러났다. 한편 탈리반과 다른 과격 단체들이 CIA의 거짓 작전에 대한 보복으로 보건 인력들을 타깃으로 삼으면서, 파키스탄 내에서 정식으로 진행하던 접종 사업은 아직도 피비린내 나는 후유증을 겪고 있다.

CIA 작전은 미국과 세계 보건전문가 및 인도주의 단체로부터 맹렬한 비난을 받았다. 보건전문가인 오린 러빈Orin Levine과 로리 가렛Laurie Garrett은 워싱턴포스트 기고문에서 "지난봄 파키스탄 의사를 고용하여 아보타바드에서 간염 백신을 배포하도록 했던 CIA 작전은 다른 이들이 애써 구축한 신뢰를 멋대로 무너뜨려 버렸다. 정보기관 관계자들은 의료 인력이 몇 년을 공들여 만든 다리를 아무렇지 않게 불태워 버렸다"며 강하게 비난했다.9)

CIA 작전 이후 십여 명의 소아마비 접종 인력이 탈리반 주도의 공격으로 살해되었다. 빌 게이츠는 탈리반의 행위를 비난했다. 그는 "탈리반의 행위가 우리의 성공을 막지는 못할 것"이라고 2013년 『텔레그라프』Telegraph와의 인터뷰에서 말했다. "그들 덕분에 우리는 파키스탄 정부와 머리를 맞대고 우리의 각오를 더욱 다질 것이며, 안전을 위해 무엇이 부족하고, 신이 주신 사명에 따라 어린이들에게 나아가 백신을 전달하는 여성들을 보호하기 위해 어떤 변화가 필요한지 점검할 것이다."10)

보건 인력들의 용기와 끈기를 칭찬한 것까지는 좋았다. 하지만 그러는 과정에서 보건 인력을 위험에 빠트린 CIA의 책임문제는 쏙 빼놓고, 대신 파키스탄 정부를 질책하는 쪽을 선택했다. 이런 점 때문에 게이츠재단을 중립적인 단체가 아닌 미국 외교정책의 연장선상에서 인식하는 이들의 심기는 여전히 불편하다. 아울러, 고질적인 세속적 폭력에 기인하여 벌어진 사태에 대해 "신이 부여한 사명"을 들먹인 점은 특히 유감스럽다.

소아마비 퇴치 노력과 관련해 또 한 가지 불편한 점은 이 캠페인이 오랫동안 가난한 나라가 아닌 부유한 나라들의 이해관계에 따라 진행되어 왔다는 것이다. 현재 피츠버그대학 생명안전의료센터에서 활동하고 있는 헨더슨은 이 부분을 분명히 지적했다. 유니세프, 로터리 인터내셔널, 세계보건기구가 손을 잡고 1980년대 소아마비 퇴치 캠페인을 발족시켰을 때, 소아마비를 박멸하는 것은 개도국이 아닌 서방 국가의 우선 목표였다. 그때나 지금이나, 개도국에서는 소아마비보다 말라리아, 결핵, 에이즈로 목숨을 잃는 사람들이 훨씬 많다. 1980년대 소아마비가 처음으로 정책 협의 의제로 부각되었을 때, 개도국은 지출 명분이 가장 희박한 분야로 재원이 분산될 것을 우려했다.

"1988년(세계보건기구의 166개 회원국 대표들이 세계 소아마비 퇴치를 위한 역사적인 결의를 채택한 그 해) 논의 과정을 현장에서 지켜보았다"고 헨더슨은 피츠버그로부터 전화인터뷰에서 말했다.[11]

> 문제는 왜 개도국이 이 계획을 지지해야 하냐는 점이었다. 이미 지적된 바대로, 소아마비는 그들에게 주된 위협이 아니었다. 선진국은 이 점을 우려했다. … 개도국 국민을 괴롭혔던 많은 질병이 성공적으로 관리되고, 발병률도 매우 낮아졌다. 하지만 소아마비 바이러스는 여전히 존재했다. 그래서 이를 정당화하기 위해 제시된 것이, '그래, 이것은 선진국의 문제이니, 소아마비 퇴치 사업을 지지하면 선진국은 개도국의 소아마비 퇴치 비용을 모두 지불하겠지'라는 기대였다.

한편으로 개도국은 접종 사업을 지원하기 위해 차량과 인력을 제공하기로 약속했다. 천연두의 경우 개도국은 자국 내 질병 퇴치 노력에 부자나라보다 약 두 배의 돈을 썼다. 헨더슨의 우려는, 소아마비 퇴치 계획으로 다수의 다른 질병을 예방하는 프로그램에 더 유용하게 쓰였을 자금이 빠져나가면서, 개도국에 천연두만큼의 부담을 안길 것이라는 점이었다.

"근본적인 문제는 60억이나 되는 예산을 2013년에서 2018년까지 소아마비 퇴치를 위한 국제적 노력에 추가로 투입하는 것이 과연 정당한가 하는 점"이라며, "각국이 부담해야 할 정확한 금액은 제시된 바가 없다. 천연두 퇴치 때는 부자 원조국이 1달러를 지원할 때마다, 개도국은 2달러를 부담한다는 합의가 있었다. 소아마비에 드는 비용이 이보다 덜하지는 않을 것"이라고 헨더슨을 말한다.

"소아마비 퇴치에 주력하는 동안, 다른 질병은 돌보지 않는다"고 헨더슨은 덧붙였다. "적어도 2011년 한 해 동안, 나이지리아, 인도, 파키스탄 등의 국가에서는 소아마비 백신만 접종하고, DPT(디프테리아, 파상풍, 백일해)나 홍역 백신은 접종하지 않았다. (최근 유니세프의 한 연구에 따르면) 2,200만 명의 어린이들이 DPT 접종을 할당된 만큼 받지 못했다고 전한다. 그 중 1,100만, 즉 절반은 인도, 파키스탄, 나이지리아 어린이들이다."

예방접종 사업이 다른 질병 예방은 등한시한 채 소아마비에 편중되어 있다는 점은 현지 주민도 이미 인식하고 있다. 그들은 계속해서 왜 다른 질병보다 덜 위협적인 소아마비만이 강조되는지 의문을 제기한다. "다수의 주민은 '소아마비가 무엇인가? 우리는 그런 병에 걸린 사람은 본 적도 없는데 왜 걱정해야 하는가?'라고 묻는다. … 그들은 아이들이 홍역으로 죽어가고 있다고 호소한다"고 헨더슨은 말했다. "소아마비에 치중한 나머지 다른 백신을 접종하지 않기 때문에 벌어진 일이다."

빌 게이츠와 만난 적이 있는 헨더슨은 큰 감명을 받았다. 그는 빌 게이츠가 현장에서 일하는 어떤 전문인력보다도 소아마비에 대해 풍부한 과학적 지식을 갖추고 있다고 여겼다. 과학자가 자신의 분야에 전문가가 아닌 일반인을 이렇게 평가하는 것은 매우 이례적인 찬사다. 헨더슨은 내게 빌 게이츠가 소아마비 퇴치에 전념하는 모습이 인상적이었다고 강조했다. "빌 게이츠는 소아마비 퇴치에 매우 높은 우선순위를 두겠다고, 지나치다 싶을 정도로 중요시하겠다고 약속했고, 실제로 그렇게 했다."

하지만 빌 게이츠와 대화를 나눈 지 2년 후, 헨더슨의 의구심에 다시 불이 붙었다. 소아마비 퇴치 캠페인이 가장 활발했던 나라, 즉, 인도, 파키스탄, 나이지리아에서 정기적으로 이루어졌어야 할 다른 전염병 예방을 등한히 했다는 증거를 발견한 후였다. 게다가 게이츠재단이 후원한 백신 연구에도 불구하고, 백신 유래 소아마비 바이러스, 즉 경구용 소아마비 백신에 함유된 돌연변이 바이러스를 완전히 박멸하는 데 여전히 어려움이 존재했다. "어떻게 하면 백신에서 유래한 문제점들을 만족스럽게 해결할 수 있는지 나 자신도 알 수가 없다"고 헨더슨은 말한다. "그것이 가능하다는 생각이 들지 않는다."

헨더슨의 우려가 빌 게이츠에게 신중하게 숙고할 기회를 주는 대신, 그

빌&멜린다게이츠재단의 저개발국 및 개발도상국 백신사업을 풍자한 일러스트레이션. 다양한 이슈와 주제에 인용되고 있다.

의 심기를 불편하게 한 것 같았다. "D. A. 헨더슨에게 대응할 원고를 더 신경 써서 작성해야 한다"고 게이츠는 2011 자신의 보좌관 앞에서 중얼거렸고, 그의 발언은 이후 『뉴욕타임스』에 소아마비 퇴치 노력에 대한 인터뷰 기사와 함께 실렸다.12) 2013년 한 해 동안 빌 게이츠는 전 세계를 돌아다니며 부유한 나라와 가난한 나라가 소아마비 퇴치에 더욱 매진할 것을 촉구했다. 소아마비에 대한 빌 게이츠의 집착은 게이츠 부부가 공공연히 밝힌 입장과는 모순되는 것 같다. 그들은 자신들의 돈이 인명 구조 측면에서 가장 큰 효과를 낼 수 있는 부문을 선택해 분배될 것이라고 말했다. "우리는 말 그대로 불균등이 가장 심하게 드러난 곳을 순서대로 나열해, 가장 큰 변화를 일으킬 수 있는 곳에 베풀 것"이라고 멜린다 게이츠는 2008년 말했다. 그녀는 자신의 의사결정에서 두 가지 질문이 결정적인 역할을 한다고 했다. "어떤 문제가 가장 많은 사람에게 영향을 미치는가? 어떤 부문이 과거에 가장 등한시 되었는가?"13)

　2012년 전 세계적으로 보고된 소아마비 발병 건수는 223건에 불과했다. 1988년 35만 건에서 99퍼센트가 하락한 수치였다. 아주 드물게 계속해서 발병하긴 했지만 소아마비 퇴치 사업은 대체로 큰 성공을 거두었다. 이제 어떤 기준으로 보나 소아마비는 세계 주요 사망원인이라고 보기 어려워졌다. 가령 교통사고로 매년 사망하는 사람이 125만 명이고, 홍역으로 사망하는 어린이의 수가 매년 15만 명인 것을 감안한다면 말이다.

수상경력이 있는 언론인 소냐 샤Sonia Shah는 말라리아 퇴치와 관련해 유사한 문제점을 지적했다. 어이없는 정책으로 많은 돈이 가장 덜 필요한 곳, 즉 발병 건수가 손에 꼽을 정도인 질병 퇴치를 위해 쓰였다. 50년 전, 세계 90여 개국이 미국 국무성과 세계보건기구가 주도한 말라리아 퇴치 계획에 동참했다. 지금의 달러 가치로 환산했을 때 90억 달러를 상회하는 금액을 지출한 후, 일부 부유한 국가에서 말라리아를 정복하는 데 성공했다. 하지만 동시에 말라리아가 여전히 분포된 국가에서는 말라리아가 급격히 확산되었다. 세계보건총회는 1969년 조용히 말라리아 퇴치 사업의 종료를 선언했다. 세계보건기구 말라리아 관리국장을 지낸 티보 렙스Tibor Lepes는 실패한 말라리아 퇴치 사업을 "공공보건분야 최악의 실수"라고 칭했다.14)

소냐 샤는 질병 퇴치와 억제의 역설적 관계를 지적했다. "어떤 질병을 퇴치하는 것은, 여러 가지 중요한 측면에서 억제하는 것과 완전히 정반대의 입장에 있다. 억제가 목적이라면, 재원의 대부분을 가장 필요한 곳에 집중하면 되지만, 퇴치가 목적일 경우, 재원은 퇴치 가능성이 가장 높은 분야, 즉, 가장 덜 필요로 하는 분야에 우선 배정된다."15)

자궁경부암 백신과 임상시험

세계 보건전문가들의 비난을 받는 '기부자 선호' 질병이 소아마비만은 아니다. 게이츠재단은 각국 정부로 하여금 몇 가지 고가의 백신을 국가 예방접종 프로그램에 포함시키도록 강압적으로 요구했다. 백신의 안전성 문제가 때때로 불거지긴 하지만 중요한 것은 개별 백신 자체가 아니다. 비싼 백신 접종에 주력함으로써 다른 검증된 노력이 무시된다는 것이다.

게이츠재단이 최근 인도에서 자궁경부암 바이러스 백신 실험을 지원했던 것이 좋은 사례다. 수년 전, 게이츠재단은 시애틀에 근거지를 둔 NGO의 보건의료 적정기술 프로그램(Program for Appropriate Technology in Health, 보통 머리글자를 따서 PATH라고 부른다)을 지원했다. 이는 자궁경부암을 일으키는 인유두종 바이러스(HPV) 백신을 인도 구지라트와 안드라프라데시에 거주하는 10세부터 14세 사이의 여아 약 2만 3,000명에게 접종하는 실험 계획이다. 사용된 백신은 머크Merck에서 제조한 가다실과 글락소스미스클라인에서 제조한 서바릭스였고, 두 가지 백신 모두 인도에서 처방이 필요 없는 일반의약품으로 허가를 받았다.

가다실은 머크의 효자상품으로, 2011년 세계시장에서 15억 달러의 매출을 기록했다. 머크로서는 수만 명의 사용자들에게 심장마비를 일으키게 한 또 다른 베스트셀러 진통제 바이옥스의 임상시험 데이터 조작 혐의가 불거지면서 수년 동안 어려움을 겪던 끝에 횡재를 만난 것이다. 머크는 바이옥스의 마케팅, 판매와 관련된 혐의에 대해 유죄를 인정했고, 바이옥스는 2004년에 미국 시장에서 퇴출되었다. 이미 2,500만 명의 미국인들이 바이옥스를 처방 받은 후였다. 가다실이 처음 생산되었을 때, 머크의 영업 사원들 사이에서 HPV는 비공식적으로 "바이옥스로 입은 손해를 메꾸는"(Help Pay for Vioxx) 기회로 여겨졌다.

PATH는 인도의학연구협회Indian Council of Medical Research와 구지라트, 안드라프라데시 지방정부의 승인을 받아, 2009년 중반 2년에 걸친 백신 임상시험에 착수했다. 대부분의 백신은 아쉬람 파스샬라스ashram paathshalas(소수민족 어린이들을 위한 기숙학교)의 여학생을 대상으로 접종하여 부모의 동의를 받아야 하는 번거로움을 피했다. 이후 안드라프라데시 지역에서 수거한 100개의 동의서를 분석한 결과 69개 동의서에는 사인이 없었다.16)

2010년까지 안드라프라데시에서 2명, 구자라트에서 2명, 모두 4명의 어린 여학생들이 의문의 죽음을 맞으면서 해당 실험에 대한 사회적 경각심이 고조되었다. 인도의 연방 보건부는 실험을 중지시켰고, 얼마 후 불법 혐의를 조사하기 위한 의회 전문가위원회를 구성했다. 전문가위원회가 조사에 착수할 무렵 일곱 번째 사망 사례가 보도되었다. 어떠한 죽음도

HPV 접종과 직접 연관성이 규명되지 않았지만(5명은 최종적으로 관계없음, 2명은 가능성 희박이라는 결론을 얻었다) 위원회는 PATH가 몇 가지 부분에서 윤리적 가이드라인을 터무니없이 어겼다는 점을 밝혀냈다.17)

접종을 위해 선택된 여학생은 'HPV 접종카드'를 받았지만 영어로 되어 있어서 읽을 수 없었다. 접종을 받은 여학생에게는 백신의 암 예방효과가 "평생 동안 지속" 된다고 안내했지만 사실이 아니다. 실험이 진행되는 동안 PATH 관계자에게만 건강보험이 제공되고 실험 참가자에게는 보험이 제공되지 않았다. 실험은 빈곤한 농촌지역에서 이루어져 도시 지역만큼 백신의 이상반응 추적이 원활하게 이루어질 수 없었다. 가장 경악할 만한 점은 PATH가 대규모 임상시험의 경우 의무적으로 갖추어야 하는, 백신의 이상반응(AEFI) 추적 시스템을 전혀 마련하지 않았다는 점이다.

PATH는 이상반응 추적이 누락된 점에 대해 백신 테스트가 시범적용시험(Demonstration Trial)이었으므로 임상시험만큼 엄격한 안전 기준이 적용되지 않는다고 주장했다. 백신 시험에 대한 의회보고서는 그러한 변명을 강하게 비난하고, HPV 테스트는 "인체에 의약품을 투여하는 시험이므로" 임상시험으로 봐야 한다며, "4~5건의 초기 실험 데이터로 볼 때 백신의 안전성 평가와 연관된 연구임이 분명하다"고 강조했다.18) 2010년, 인도 의료윤리위원회는 해당 시험을 승인함으로써 위원회 자체의 윤리적 강령이 무시되었다고 인정했다. 2013년 8월, 별도의 의회 산하 위원회가 PATH를 다시 한 번 강하게 비난하면서, PATH의 유일한 목적은 HPV 백신이 인도의 국가예방접종지원사업Universal Immunization Program(UIP) 대상에 포함될 경우 막대한 이익을 누리게 될 제약회사의 상업적 이익을 증진하는 것이었다고 못 박았다.19)

백신관련 논란은 자극적인 기사 거리를 제공했다. 미국에서 최근 벌어진 HPV 백신의 안전성 공방은 공중보건분야 사상 전례가 드물 정도의 치열한 격론으로 번졌다. 한때 대권 주자로 나서기도 했으며, 보수 정치운동인 티파티의 중심인물 미셸 바크먼Michele Bachmann 의원이 HPV 백신을 13세 미만 여아들에게 의무적으로 접종하도록 하는 주 법안을 통과시키려는 움직임에 대해 강하게 비난하고 나섰다. 그녀는 보건 당국이 어린 소녀들에게 독성 물질 투입을 감행하려 한다며, HPV 백신이 정신지체와 사망까지 유발한 바 있다고 주장했다.

논란은 삽시간에 정쟁으로 번졌고 대중의 심리를 이용할 줄 아는 바크만은 같은 공화당 의원인 릭 페리Rick Perry 텍사스 주지사가 2007년 텍사스 주 내의 모든 초등학교 6학년 여자 어린이들에게 접종을 의무화하는 행정명령에 서명한 사실을 두고 맹비난에 나섰다. 행정명령이 인간의 자유를 제한한다고 본 보수진영의 격렬한 반대가 있은 후, 주 입법 과정을 거쳐 행정명령은 백지화되었다.

백신의 유해성 주장은 결국 바크먼 의원 자신의 논리에 흠집을 내는 결과로 이어졌다. 바크먼 의원의 유해성 주장이 터무니없을수록, 불편한 진실을 공론화하고자 하는 진지한 시도가 더 어려워졌다. 바크먼 의원의 주장이 아주 근거 없는 것도 아니었다. 최근 미국 질병통제예방센터US Center for Disease Control and Prevention는 가디실 접종 후 사망할 위험성이 작지만 실재한다는 증거를 내놓았다. 미국의 의약품 이상반응보고체계(AERS)는 자궁경부암 백신 접종 후 발생할 수 있는 대다수의 부작용이 매우 정도가 경미하다고 밝혔다. 하지만 소수에 해당하는 6.2퍼센트의 보고서는 매우 심각한 부작용에 관한 것이고, 여기에는 32건의 사망 사례도 포함되어 있다. AERS의 감시 데이터 이외에, 저명한 의학저널에 실린 다수의 개별 사례는 "신경계 이상과 자가면역질환이 가장 빈번하게 보고되는 가운데" 자궁경부암 백신이 드문 경우이긴 하지만 심각한 질병으로 이어질 수 있음을 시사했다.20)

글락소스미스클라인과 머크의 HPV 백신 초기 임상시험에 모두 참여했던 미주리 주립대학 캔자스 캠퍼스University of Missouri-Kansas City 다이앤 하퍼Diane Harper 교수는 미국 부모들이 가다실의 위험성에 대해 더 분명히 파악해야 한다며, 많은 부모들이 HPV 백신 접종으로 평생 자궁경부암에 걸리지 않는다고 잘못 알고 있다고 말했다. 머크에 컨설턴트로 고용된 바 있는 하퍼 교수는 머크의 마케팅 전술에 비판적이 되었고, HPV 백신의 제한된 효능에 대한 증거에도 불구하고 백신이 미국 시장에 도입되는 것에 공공연하게 반대하기 시작했다. "HPV에 감염된 여성 95퍼센트는 절대로 자궁경부암에 걸리지 않는다"고 그녀는 언론 인터뷰에서 말했다. "감염 사례의 95퍼센트가 어떤 상태로도 발전하지 않는 바이러스 때문에 접종을 의무화한다는 것 자체가 사리에 맞지 않다"고 그녀는 말했다.[21]

어린이나 청소년을 유독성 물질에 노출시킬 때에는 언제나 위험성과 효용 간의 대비가 필요하다. 즉, 부작용을 감수할 만큼 치명적인 질병에 걸릴 가능성을 일시적으로나마 차단하는 효과가 있는가? 홍역 백신을 비롯한 많은 백신의 경우 부작용을 감수할 만하다고 확신할 수 있다. 하지만 자궁경부암백신의 경우, 백신의 검증된 효과가 제한된 상황에서 (두 가지 타입의 인유두종바이러스에 대해 5년간의 예방효과) 아직은 13세 미만의 여자 어린이를 위험한 백신에 노출시켜도 좋을 만한 과학적 증거가 불충분하다.

2013년, 서로 연관되지 않은 보건시민단체와 인권단체가 인도대법원에 공익소송청원을 제출했다. HPV 백신 실험을 조사하고, PATH와 실험에 책임이 있는 다른 연관 단체에게 연구 도중 사망한 7명의 여아들의 가족과 관련된 재정적 손실에 대해 책임을 물어야 하는지 규명해 줄 것을 요청하는 내용이었다.

주 청원자 가운데에는 뭄바이의 윤리와 인권문제연구센터Center for Studies in Ethics and Rights를 운영하는 의사 아마르 제사니Amar Jesani도 포함되어 있었다. "우리는 백신 자체에 대해 문제를 제기하려는 것이 아니다. 지금 현재 우리는 백신이 금지되어야 한다고 말할 충분한 데이터를 보유하고 있지 않기 때문이다." 제사니는 뭄바이로부터 전화를 통해 이렇게 말했다. "[공익소송청원의 주안점은] 실험 중 어떤 일이 있었고, 사망한 7명의 소녀와 심각한 이상반응을 겪은 다른 아이들이 어떤 일을 겪었는가 하는 점이다. 우리는 그들의 보상문제에 관해 이야기할 것이다. 우리는 실험 과정의 윤리적 위반 사례에 대해서 이야기하고 관련자의 처벌을 요구할 것이다."

제사니 측은 든든한 지원군을 확보했다. 아난드 그로버Anand Grover 현 UN

건강권 실태조사위원이 법률 대리인을 맡게 되었기 때문이다. 그로버는 노바티스의 항암제 글리벡의 특허기간 연장을 둘러싼 최근 7년의 긴 법정 공방에서 인도 암환자구호협회India's Cancer Patients Aid Association 측을 성공적으로 변호했다.

제사니는 PATH의 임상시험 사전 승인과 관련해 앞뒤가 맞지 않는 점이 있다고 지적했다. 애초에 PATH는 인도 의약품관리국Drugs Controller으로부터 의약품 허가 후 관측 조사, 즉 4단계 임상시험을 위한 승인을 신청하고 받아냈다. 의료 당국의 승인을 받았음에도, PATH는 프로젝트가 이미 진행된 후, 해당 조사가 4단계 임상시험이 아니라고 부인했다. [PATH의 주장에 따르면] 임상시험이 아니라 시장성 조사를 위한 시범 적용(Demonstration Trial)이었다는 것이다." 제사니는 또 이렇게 덧붙였다.

> 나는 실제로 의약품관리국에 가서 승인까지 받아놓고 어떻게 임상시험이 아니라고 부인하느냐고 계속 추궁하고 있다. … 그것은 임상시험이었고 백신의 효능을 알아보는 것이 하나의 목적이었다. 효능 확인이 목적이었기 때문에 … [인도 의회 산하의 위원회는] 그들이 자체적인 감시체계를 사용했거나, 정부 체계를 보강하기 위해 투자를 했어야 한다고 결론 내린 것이다. 이 중 어떠한 조치도 취하지 않았기 때문에, 심각한 이상반응이 발생했을 때 … 이 소녀들을 계속해서 관찰하고 의료 조치를 해줄 만한 메커니즘이 존재하지 않았다.

제사니와 그의 동료들은 게이츠재단을 피상고인으로 올릴 것인지, 다시 말해 보상이 결정될 경우 게이츠재단도 책임을 지도록 할 것인지를 두고 토론을 벌였다. 제사니 측은 그러지 않기로 정했다. 가장 큰 이유는 인도법에 따르면, "임상시험 의뢰자(이 사건의 경우 PATH)가 모든 임상시험에 대한 주 책임자이기 때문이다." 하지만 제사니는 게이츠재단이 누락된 점이 영 개운치 않다. "인도의학연구협회의 윤리적 가이드라인에는 책임의 총체성에 대한 언급이 있다. 가이드라인은 책임의 총체성을 의뢰자, 자금 제공자, 임상시험자와 시험에 관계된 모든 협력기관이라는 측면에서 정의하고 있다"고 제사니는 말한다. "원칙에 따라 모든 관계자들에게 책임을 물어야 한다. 현재로서는 게이츠재단이 인도에서 시행된 연구와 관련하여 PATH에 불이익을 가했다는 어떤 증거도 없다. … 내 생각에 게이츠재단은 PATH가 어떤 잘못도 저지르지 않았다고 보는 듯하다. 그 점이 우려된다. 누군가는 게이츠재단에 관심이 쏠리게 만들어야 한다."

유럽헌법인권센터European Center for Constitutional and Human Rights(ECCHR)의 인권변호사들도 제사니와 같은 의견이었다. 2013년, 변호사들은 HPV 사건에 관한 두 번째 공익소송청원을 지지하는 법정의견서(amicus curiae brief)를 제출했다.22) 법정의견서는 법원에서 다루는 사건에 대해 어느 편에도 속하지 않는 제3자가 법률적 의견이나 증언을 함으로써 법원의 결정이 미칠 수 있는 광범위한 파급효과에 대한 이해를 돕는 역할을 한다. 본 사건의 경우, ECCHR 관계자들은 임상시험을 진행하는 다국적 제약회사와 NGO의 법적 의무에 대해 관심을 불러일으키는 것이 중요하다고 생각했다. 법정의견서의 공동 작성자인 변호사 캐롤린 터와인트Carolijn Terwindt는 PATH를 비롯한 임상시험 의뢰자의 책임이 명확하지 않다며 그들의 책임이 강화되어야 한다고 지적했다. 법정의견서는 대법원이 "자국민에게 혜택을 주는 임상시험에 한해서만 승인하도록 하는 법을 통과시키고 … 시험에 따른 부상이나 사망의 경우 적절한 보상도 꼭 필요"하다고 촉구했다.23)

나는 게이츠재단 및 PATH와 접촉하여 위법 혐의에 대한 의견을 물었다. PATH로부터는 아무런 답변을 얻지 못했다. 게이츠재단의 홍보 관계자는 이메일을 통해 HPV 백신 임상시험에 대한 사회적 우려는 "잘못된 정보"로부터 기인한 것이라고 말했다. 좀 더 자세한 설명을 요구하자 그는 다시 "일부 비판적 언론은 임상시험이 어떻게 계획되고 실행되며, 효과를 거두기 위해서는 무엇이 필요한지에 대해 이해하지 못하고 있다. 하지만 좀 더 세부적인 사항을 자세히 듣고 싶다면 실제 임상시험을 실시한 이들과 이야기해 보아야 한다"는 내용의 이메일을 보내왔다.

사회학자로서 국제 의약품 규제와 임상시험 관리는 내가 중점적으로 연구하는 분야다. 나는 『의학윤리학회지』Journal of Medical Ethics, 『더 랜싯』The Lancet, 『미국생명윤리학회지』American Journal of Bioethics에 이런 주제에 대한 연구

논문이나 논평을 실은 적이 있다. 나는 윤리적 가이드라인이 위배되었다는 의회보고서, PATH가 처음에는 허가 후 관찰 연구로 승인을 받았다가 이후에 그런 사실을 부인했다고 보는 제사니의 견해와 같은 의견이다. 이 같은 우려가 있는 만큼, 나는 PATH에 답변을 요구했으나 어떠한 답도 듣지 못했다. 대법원은 두 가지 공익소송청원을 모두 받아들였다. 청문회가 진행 중이고 결론은 2015년 말이나 2016년쯤에 날 것이다. PATH의 입장은 여전히 그대로이고, 윤리에 위배되는 어떠한 행위도 없었다고 주장하고 있다. 2013년 9월 2일자 성명서에서 PATH는 인도 정부의 의회보고서를 두고 해당 시험의 성격에 대한 판단이 부정확하다고 말했다.

2012년 9월, PATH 백신 시험이 중단된 직후, 나는 스코틀랜드를 방문했다. 에딘버러대학University of Edinburgh에서 열리는 워크숍에서 발표를 하기 위해서였다. 워크숍의 주제는 세계 임상시험 연구관리 동향이었다. 행사에 참석한 사람 중에는 인도 출신의 연구자도 다수 있었고, PATH의 HPV 시험은 이틀 후 참석자들이 집으로 돌아갈 때까지 발표와 비공식 토의 중 계속해서 화제에 오르내렸다.

워크숍은 에딘버러대학 중앙도서관에서 이어진 별관 건물의 간소한 세미나 룸에서 열렸다. 9월 말이었다. 늦여름의 따사로움을 느낄만한 흔적은 바깥의 초록색 풍경을 검게 물들인 폭우로 순식간에 사라져 버렸다. 세미나 룸에 모인 변호사, 의사, 사회학자, 인류학자들은 세계 임상시험 산업에 대한 수많은 통계 수치에 이골이 난 듯했다. 1990년만 해도 미국 시장을 겨냥하여 만들어진 신약 임상시험 가운데 극히 일부만이 미국 밖에서 이루어졌다. 오늘날 임상시험의 40퍼센트가 서유럽과 미국 이외의 지역에서 시행되는 것으로 추정된다. 매우 '보수적인' 추정치다. 미국 규제 당국은 신청서가 제출되기 전까지는 얼마나 많은 임상시험이 실제로 진행되는지 확인하기 어렵다.[24]

해외 임상시험이 늘어나면서, 안전성 문제도 확산되고 있다. 세계 최대의 제약 시장인 미국에서나, 가난한 나라들에서나 전국을 샅샅이 뒤져 치료 경험이 없는(treatment naïve) 환자들을 모집한다. 환자들은 임상시험이 완료되어 시판되고 나면, 비용을 감당하기 힘들어질 의약품의 피험체로 나선다. 제약회사들은 말 그대로 '피험체 사냥꾼'이라고 소냐 샤는 말한다. 임상시험의 성패는 피험자로 언제든지 참여시킬 인체를 얼마나 충분히 확보해 두었는가에 달려있다. 피험자 모집이 여의치 않아 연기되는 건수는 임상시험 다섯 건 가운데 약 네 건으로, 제약회사 입장에서는 재정적인 압박이 심해진다. 규제 당국의 승인을 기다리는 혁신적인 신약의 임상시험 기간이 길어질수록 특히 수명이 수개월 혹은 수년까지 단축되기 때문이다.

에딘버러 워크숍에 참석한 사람들은 인도처럼 인구가 많은 국가에서 임상시험을 실시하는 것이 왜 유리한 기회인지 주장하는 사람들의 마케팅 문구를 귀에 못이 박힐 정도로 들었다. "저렴한 비용은 물론이고, 십억의 인구가 잠재적인 피험자를 부족함 없이 공급한다." 화이자의 보도자료다.25) 또, 주로 부유한 서구 소비자에게 치료 혜택을 주게 될 약을 개발하기 위한 임상시험을 가난한 나라에서 실시하는 것이 과연 윤리적으로 온당하지에 관한 논란도 이제 익숙하다. 최근 프린스턴대학 출판부에서 발간한 두꺼운 책은 '넓은 의미의 공리주의 이론에서 본 착취와 다국적 임상 연구' 등의 챕터들로 채워져 있고, 세계의 의료윤리학 분야를 선도하는 대여섯 명의 학자를 통해 임상시험에 대한 규제가 느슨한 몇몇 국가에서 최대의 임상시험 결과를 뽑아내려는 시도의 윤리적 문제점을 짚어보고 있다. 어느 냉소적인 서평처럼, 이 책은 "임상시험의 아웃소싱으로 가장 심하게 타격을 입은 지역" 출신의 저자가 참여해 크게 이득을 본 경우인지 모른다.26)

2005년 이후, 인도에서 실시한 임상시험은 모두 1,600건이고 여기에 15만 명이 피험자로 참여했다. 인도의 시민운동가들은 2007년부터 2013년까지 모두 2,000명의 참가자가 사망한 임상시험 산업에 대한 규제를 강화해야 한다고 맹렬히 투쟁하고 있다. 참가자 중 일부는 임상시험 때문이 아니라 기존의 질병으로 사망했다. 감시체계가 제대로 갖추어져 있지 않기 때문에 신약이나 백신이 사망의 직접적 원인인지, 아니면 질병이나 해로운 환경 같은 외적 요소가 문제였는지 정확히 밝히기 어려운 경우가 많다. 아이러니하게도, 제약 회사가 기록을 제대로 남기지 않거나, 감시 기준을 느슨하게 정함으로써 야기된 이런 불명확성이 임상시험 과정에서 예기치 못한 의문의 죽음이 발생했을 때 제조사가 법적 책임을 피해갈 유용한 방편으로 작용한다.27) 인도의 보건부 장관은 최근 의회 보고에서 현재까지 사망사건으로 인해 외국계 제약회사로부터 보상을 받은 유가족은 25명도 채 되지 않는다고 밝혔다. 유가족들은 사람 당 평균 3,000달러라는 매우 적은 돈을 지급받았다.28)

인도의 인권단체는 임상시험 참가자를 법적으로 보호할 수 있는 장치를 요구하며 투쟁하고 있다. 그들의 투쟁은 어느 정도 성과를 거두었다. 2013년 인도의 보건가족복지부는 임상시험 의뢰자가 임상시험 중 발생하는 이상반응에 대해 전면 무상 진료를 제공할 무조건적이고 윤리적인 의무를 진다고 강조한 새로운 법을 발효시켰다. 인도에서 임상시험을 실시하는 단체의 법적 책임에 대한 토론이 열기를 띠면서 게이츠재단이 윤리적으로 결함이 있는 의료 실험을 지원한 것이 왜 인도 보건운동가들을 분노케 했는지도 좀 더 분명해졌다.

개도국의 공공보건의료제도

"인도 보건정책에 더 나쁜 영향을 미친 것은 어느 쪽일까요?" 에딘버러 워크숍 참가자 중 하나가 이틀째 모임에서 물었다. **"게이츠재단일까요 아니면 록펠러재단일까요?"** 그냥 가볍게 던져본 질문이 아니었다. 질문자는 진지한 표정으로 답을 기다렸다. 잠시 동안 침묵이 흘렀다. 참석자들은 앉은자리에서 불편하게 몸만 뒤척이면서, 방 안 여기저기에 흩어져 있는 인도 출신 연구자들 쪽을 바라보지 않으려고 애썼다. "록펠러는 그래도 의료기관을 세워주었는데!" 마침내 사리를 입은 어느 참석자가 외쳤다. "게이츠재단은 혼란만 야기해요. 공공보건의 이상을 어지럽혔을 뿐 아니라, 공공보건의료제도 자체를 무너뜨렸어요."29)

나는 방 안을 둘러보았다. 대부분 표정에 별다른 동요가 없어 보였다. 어떤 이들은 공감한다는 듯 고개를 끄덕였다. 게이츠재단을 향한 분노가 잘사는 나라에 사는 사람들에게는 의외일지도 모른다. 사실, 재단이 미국 공교육에 끼친 악영향을 맹비난하는 사람들조차도 재단이 해외에서 벌이는 사업에 대해서는 매우 긍정적으로 생각한다. 예를 들어, 게이츠재단이 미국 교육계에 끼친 영향을 공공연히 비판했던 마이클 클론스키 같은 이도 "게이츠가 아니었다면, 아프리카 국가 중 반은 의료체계를 갖추지 못했을 것"30)이라며 재단의 해외 활동을 높이 평가했다.

나는 에딘버러 학회에서 발표하는 도중 마이클 클론스키의 발언을 인용했다. 방 여기저기에서 실소가 터져 나왔다. 왜 그럴까? 개도국에서 게이츠재단의 활동이 서구인들의 무심한 시선에 어떻게 비치는지를 보여주는 조금은 분통 터지는 사례이긴 하지만 학회에 참석한 청중에게는 웃음을 자아낼 만한 발언이었기 때문이다.

의외라고 생각할지 모르지만, 사실 세계 보건분야에 게이츠재단이 두각을 나타낸 것은 불과 20년도 채 되지 않았는데, 아프리카 국가라고 해서 그때까지 없던 의료체계가 재단의 등장과 함께 불쑥 솟아났을 리 없다. 아프리카 지역사회는 식민지 시기 이전부터 이미 지역 나름의 보건의료 기반시설을 강화하기 위해 고군분투해왔다.31) 식민 통치로부터 독립한 후 새로 들어선 정부는 의료시설 확충을 핵심 과제로 삼았다. 가나는 1950년대 영국으로부터 독립한 후 전 국민을 대상으로 공공의료서비스를 무상으로 제공했다. 가나의 보건의료체제는 1970년대 경기침체를 겪으면서 질적으로 저하되기 시작했고, 국제통화기금International Monetary Fund(IMF)과 세계은행의 융자 조건이 까다로워지면서 더욱 악화되었다. 강화된 융자 조건은 1980년대와 1990년대 정부의 의료예산 삭감으로 이어졌다. 정부가 지원하는 병원은 IMF 개발전문가의 요구에 따라 대대적인 감원에 돌입했다.32)

현재 가나는 이 지역 다른 국가와 비슷한 어려움에 직면해 있다. 보건의료 인력이 박봉의 국영의료기관을 떠나 보수가 좋은 외국계 NGO, 자선기관, 종교단체로 이직하는 경우가 빈번해졌기 때문이다. 에티오피아에서는 질병 특화 프로그램을 실행하기 위해 계약직으로 채용된 직원이 정부가 운영하는 일반 보건의료기관 직원의 세 배에 달하는 보수를 받는다. 말라위에 있는 한 병원에서는 최근 18개월 동안 88명의 간호사가 NGO가 지급하는 높은 급료에 이끌려 직장을 떠났다.33)

2007년 로리 개릿Laurie Garett은 "수십 년간 방치"된 빈국의 보건 인프라가 위협받고 있으며, 그 결과 막대한 규모의 자선 지원금이 아무런 보람 없이 새어 나가고 있다고 지적했다. 에볼라 사태의 여운이 아직 남아 있을 때, 게이츠재단은 1차의료의 강화가 필요하다고 주장함으로써 많은 찬사를 받았다. 하지만 수년간 재단은 1차의료의 강화라는 목표에 우선순위를 두지 않았다. 2003년에 발족한 재단의 그랜드 챌린지Grand Challenge 사업이 좋은 예다. 그랜드 챌린지 사업의 긍정적인 면은 과학계의 석학들이 국제적으로 위협이 되는 질병과 싸우는 데 앞장서도록 독려했다는 점이다. 하지만 다른 한편으로, 1차 그랜드 챌린지 사업에서 '빈곤, 의료적 개입과 의료공급체계에 대한 접근성' 등의 문제 해결에 집중하는 후원은 노골적으로 제외되었다.34)

IMF의 국제적 영향력은 1970년대 석유파동과 인플레이션 위기 동안 확대되었다. 많은 가족이 석유를 사기 위한 기나긴 줄과 1970년대 후반 가계 재정을 엉망으로 만들었던 살인적인 금리를 기억한다. 금리가 낮았을 때 미국과 다른 채권기관으로부터 돈을 빌렸던 가난한 나라 역시 부채의 급물살에 휘말리고 말았다. 금리의 급등으로 빚에 허덕이게 된 나라는 폭등하는 부채와의 격렬한 싸움을 벌였고, IMF의 요구에 따라 자국민에게 긴축을 강요했다.

모래 늪에 빠진 동물들처럼, 빈국들은 빚더미에서 결코 헤어 나오지 못하고 더 깊이 빠지고 만다. 그리스의 경제학자이자 재무 장관을 지낸 야니스 바루파키스Yanis Varoufakis가 지적한 대로, IMF는 채무국에게 현재의 부채를 상환하기 위한 융자를 제공하겠다고 과감하게 제안했지만 금리가 너무 높았다. 채무국은 엄격한 감시를 받았고 공립학교, 병원 등의 공공서비스기관을 해체해야만 했다. 또 수도, 통신 등 수익성이 좋은 공기업을 미국과 유럽의 민간기업에게 넘겨야 했다. 바루파키스는 IMF가 제시한 조건은 개도국에게 제2의 역사적 재앙을 초래하기 위해 고안된 것으로, 19세기 제국주의와 그에 따른 노예무역이 최고로 기승을 부리던 시대만큼이나 개도국을 무력하게 만들었다고 주장했다.35)

바루파키스의 주장이 곧이곧대로 믿기지 않는다고 해도 상관없다. IMF와 그 자매기관인 세계은행을 가장 격렬히 비난하는 이들은 바로 이들 기관에 몸담았던 사람들이다. 노벨상 수상자인 조지프 스티글리츠Joseph Stiglitz는 1997과 98년 동아시아 위기 기간에 세계은행 수석 경제학자를 지냈다. 당시 경제 붕괴로 일본을 비롯한 아시아 국가들은 향후 10년 넘게 경기 불황의 늪에서 빠져나오지 못했다. 1997년, 스티글리츠는 IMF와 미국 재무부가 위기를 더욱 심화시킨다고밖에 볼 수 없는 정책을 추진하는 것을 보고 경악했다. 그 여파로 인도네시아는 중심부인 자바 섬의 실업률이 40퍼센트에 달해 경기 후퇴가 오기 전보다 더 빈곤해졌다.

왜 그랬을까? 스티글리츠의 대답은 거리낌이 없다. 서구의 정치적 이해가 승리한 것이다. "금융 위기는 종종 세계 경제의 '변방'이라 불리는 개도국에 몰아 닥쳤다. 세계 경제를 주도하는 이들의 주요 관심사는 위기를 맞은 국민의 삶과 생계가 아니라 이들 국가에 돈을 빌려준 서방 은행을 보호하는 것이다."36)

정치적 동기가 경제정책을 끌고 가는 경향에 대해 경제성장을 촉진하기 위한, 순수하게 기능적인 정책이라고 선전하지만 이것은 IMF 내에서는 아주 잘 알려진 방식이다. 경제학자 고 자크 폴락Jacques Polak은 IMF 조사국장을 지냈고, IMF에서 가장 장기간 근무한 사람 중 한 사람으로 IMF는 그의 사후에 연례 조사회의에 그의 이름을 붙여 경의를 표했다. 그의 발언은 매우 노골적이었다. "IMF의 내부 행동지침에는 가능하면 정치적 견해에 경제의 옷을 입히라는 불문율이 존재한다."37)

게이츠재단의 기금 투자 정책과 지원 이슈

국제개발협력문제에 비교적 후발주자로 참가한 게이츠재단이 수십 년간의 IMF 긴축 프로그램이나 미국기업에 의한 빈국의 자원 착취에 대해 비난받을 이유는 없다. 하지만 게이츠재단은 종종 **비난받을 이유가 있는 기업과 파트너가 된다**.『엘에이타임스』조사보고서는 게이츠재단이 엑손모빌Exxon Mobil 등에 자신의 기금을 투자했고 이에 따라 부정적인 여론이 확산되었다는 사실을 최초로 보도했다.『엘에이타임스』는 나이저 삼각지 일대에 우후죽순처럼 늘어나는 정유공장의 화염이 성인에게는 폐렴 같은 전염병을, 어린이들에게는 면역력 저하를 야기하여, 결과적으로 아이들이 홍역과 소아마비에 걸릴 가능성이 높아진다는 것이 일반적인 견해라고 설명했다.『엘에이타임스』는 또 규제 없이 자행되는 원유 추출이 지역민들의 일상적인 건강 악화의 주된 원인이라는 지역의사들의 의견도 보도했다.38)

『엘에이타임스』의 폭로 여파로 비난여론에 직면한 빌과 멜린다 게이츠는 일단 투자 정책을 재고하겠다고 밝혔고, 이후 결정을 철회했다. 수년간 게이츠재단은 담배회사만을 예외로 한 채, 건강에 부정적인 영향을 미치더라도 강한 수익성을 보장하는 기업이라면 투자를 마다하지 않았다.

게이츠재단은 투자 대상 선택과 관련, 계속해서 비난을 받고 있는데, 그중에는 영리 교도소 운영사인 GEO 그룹도 포함되어 있어 인권운동가들의 분노를 사고 있다. 하지만 최근 재단의 투자 정책에 변화가 보인다. 2014년까지 게이츠재단은 코카콜라와 맥도날드에 상당량의 지분을 보유하고 있었다. 두 경우 모두 직접 지분을 소유하는 방식으로, 워런 버핏의 버크셔해서웨이를 통해 투자했다. 2006년 워런 버핏은 인생을 마감하기 전에 재산의 막대한 부분을 기부하기로 약속했다. 기부는 대부분 자신이 소유한 고수익의 지주회사 버크셔해서웨이의 지분을 양도하는 것으로 실현된다. 현재, 게이츠재단은 기금의 거의 절반을 버크셔해서웨이에 투자하고 있다. 최근까지 게이츠재단은 자산의 약 5퍼센트를 맥도날드에, 7퍼센트를 코카콜라에 각각 투자했다. 향후 버크셔해서웨이에 대한 투자를 포함하지 않은 수치다.

수년간 워런 버핏은 코카콜라의 최대 단일 투자자로서 코카콜라의 주식 4억 주, 약 170억 달러어치를 보유했다. 2011년, 세 명의 국제보건학 권위자 데이비드 스터클러David Stuckler, 산제이 바수Sanjay Basu, 마틴 맥키Martin McKee는 워런 버핏이 기부한 버크셔해서웨이의 주식이 점차 증가하여 게이츠재단으로 이전이 완료되면, 게이츠재단은 코카콜라의 세계 최대 주주가 된다는 점을 지적한 논문을 발표했다.39)

2014년 4분기 동안 게이츠재단은 코카콜라와 맥도날드 지분을 매각했다. 매각 지분은 맥도날드 지분 1,090만 주, 코카콜라 지분 2,140만 주로 각각 10억 달러와 9억 1,400만 달러어치였다. 빌 게이츠의 개인적인 코카콜라 투자 지분도 상당한 마당에, 게이츠재단과 코카콜라의 긴밀한 관계가 재단 본연의 취지와 상충한다는 세간의 우려 때문인지, 2014년 코카콜라의 경영진과 임원진 성과급에 쏟아진 맹렬한 비난을 의식한 전략적 결정인지, 어느 쪽이 지분 매각의 진짜 이유인지 대중들에게는 알려진 바 없다.40)

게이츠재단은 투자의사결정에 대해 공개적으로 밝히지 않는 정책을 고수하고 있다. 2006년, 게이츠재단은 재단을 구조조정하여 신탁기금과 프로그램 운영재단으로 분리한다고 발표했다. 버핏이 증여한 지분의 인수를 용이하게 하기 위한 수단이기도 했다. 버핏이 게이츠재단의 수탁인으로 참여하게 되었을 때 이해가 충돌한다는 비난을 피하도록 하는 것이 구조조정의 목적이라고 알려져 있다.

오늘날 자선재단들이 소위 '사명연계투자'(mission-related investing) 방식에 점점 눈을 돌리는 것은 사회적 사명에 더 큰 기여를 하려는 노력으로 볼 수 있다. NCRPNational Committee for Responsive Philanthropy의 CEO 애런 도프먼Aaron Dorfman은 재단이 미션 중심의 투자를 실현할 수 있는 방식을 소개했다. "첫 번째는 소위 '스크린' 방식으로, 재단의 투자 포트폴리오를 점검하여 재단이 목표로 하는 사회적 사명과 일치하는 투자 대상과 그렇지 않은 대상을 선별하는 방식"이다. 두 번째는 주주권을 행사하는 방식이다. "여러 사례를 통해, 특히 환경문제와 관련하여 드러났듯이 특정 회사에 지분을 소유한 재단은 적극적인 주주 활동을 통하여 기업의 사업 관행에 영향력을 행사하여 해당 기업의 임금 또는 환경 정책 등을 개선할 수 있다. 세 번째는 재단의 사명과 직접적으로 연관되면서 [금융적인 측면의] 수익도 추구하는 주도적 투자방식이다. 프로그램연계투자$_{\text{Program Related Investment(PRI)}}$로 시장수익률보다 낮은 수준의 수익을 추구하거나, 일반적인 시장 수준의 수익률을 추구하기도 한다."

이 세 가지 방식 가운데 게이츠재단은 세 번째 방식을 택했다. 게이츠재단이 진행 중인 다수의 PRI 가운데에는 혁신적인 치료법을 개발하기 위해 노력하는 생명공학회사도 포함되어 있다. 하지만 첫 번째와 두 번째 방식에서 재단은 크게 뒤떨어져 있다.

로터스$_{\text{Lotus}}$ 소프트웨어를 개발한 갑부 미치 카포는 윤리적 투자에 대한 빌 게이츠의 비타협적인 태도에 놀라고 당혹스러웠다고 전했다. "게이츠재단은 보수적인 방식으로 자산을 관리한다. 사회적 사명이나 임팩트투자에는 별로 관심이 없다. 최근에 빌과 이 점에 대해 이야기해 보았는데, 그는 자산 운용은 자신의 소관이 아니고 투자 방침에 변화를 줄 권한이 없다는 듯이 말했다."

2009년 런던에서 활동 중인 의사이자 세계보건정책 전문가인 데이비드 맥코이는 게이츠재단의 세계보건분야 지원 현황을 조사했다. 그 결과 NGO나 영리기관에 제공된 659건의 후원금 가운데 560건은 소득이 높은 국가들, 그중에서도 특히 미국 내 기관에 제공된 것임이 드러났다. 37건만이 소득수준이 중하위권인 국가에서 활동 중인 NGO에 제공되었다. 이와 유사한 사례로, 총 231건의 대학 후원금 가운데, 개도국 대학이 가져간 경우는 12건에 불과했다.

여러 연구자가 이 같은 자원의 배분이 과연 바람직한지 의문을 제기했다. 국제 어린이 사망 예방 전문가이면서 존스홉킨스대학$_{\text{Johns Hopkins University}}$ 국제보건의료국장인 로버트 블랙$_{\text{Robert Black}}$은 재단의 정책에 대해 조심스럽게 비판적인 의견을 제시했다.

> 보건의료부문에서 반드시 해결해야 할 문제들은 저소득 국가에서 발생하고 있는데, 이들 국가의 역량 있는 개인과 믿을만한 기관에 연구개발 지원금이 전달되는 경우는 거의 없다. 이런 국가에 대한 직접적인 후원이 극히 제한된 것은 단언컨대 재단의 연구부문 투자포트폴리오의 불균형 사례 가운데서도 가장 유감스러운 부분이다. 왜냐하면 문제를 가장 잘 이해하고 있는 과학자와 프로그램 매니저가 문제 해결에 창의적으로 기여할 수 있는 기회를 배제하기 때문이다.[41]

가나 서부 케이프코스트대학University of Cape Coast의 젊은 보건의료 연구원 마틴 애더Martin Addo(가명)도 같은 의견을 피력했다.

> 내가 보기에, [게이츠재단은] 문제를 해결하기보다 기술을 파는 것이 목적인 것 같다. 그들의 요구는 대부분 새로운 기술이나 백신을 개발하라는 것이다. … 후원금을 얻기 위해 언제나 시간과 노력을 아끼지 않는 사람들을 위해 [재단은] 무엇을 하고 있는가? 그들은 그저 후원금을 바라는 것이 아니라, 자신의 나라를 위해 뭔가 기여하려는 것이다. 한 나라와 그 나라의 발전에 정말 관심이 있다면, 현실적인 해결책을 내놓는 데 전념할 수 있는 인력을 개발해야 한다.

그는 이미 두 번이나 지원신청서를 제출했다면서, "이제 더는 게이츠재단에 편지를 쓰지 않는다"고 말했다. "신청은 받아들여지지 않았다."[42]

2011년 여름 제네바에서, 나는 가나에서 의사로 활동하면서, 400개 회원 기관으로 이뤄진 가나보건의료NGO연합Ghana's Coalition of NGOs in Health에서 당시 부의장 직을 맡고 있던 조앤 아운요 아카바Joan Awunyo-Akaba와 만나 이야기를 나누었다. 그녀는 현재 게이츠재단으로부터 막대한 지원을 받고 있는 백신과 면역을 위한 글로벌연합Global alliance for Vaccines and Immunizations(GAVI)의 이사이기도 하다. "첫 번째 GAVI 이사회에 옵저버 자격으로 참석했던 때를 기억한다"며 그녀가 말했다.

게이츠재단을 대표해서 파견된 이사는 재단이 단독으로 GAVI 후원금의 28퍼센트를 지원하고 있다고 열변을 토했다. 한 개인이 운영하는 민간재단이 어린이들에게 그처럼 열정을 보일 수 있다는 사실이 무척 인상적이었다. … 그들이 깨닫지 못하는 것은 가난한 문명사회에 속한 우리 중에는 빌 게이츠와 같은 부를 소유하지는 못했지만, 모든 것을 희생하는 사람들이 있다는 점이다. 우리는 돈을 받고 일하는 것이 아니다. 나도 그렇다. … 상대적인 관점에서 본다면 우리가 가진 작은 것 가운데 큰 부분을 희생하는 것이다. 나는 빌 게이츠를 존경하고 특히 그가 만들어 놓은 세계보건분야의 원칙들을 존경한다. 하지만 우리 같은 가난한 나라의 사람들을 슬프게 하는 것은 그가 실제로는 부유한 국가의 시민사회단체(CSO)를 지원한다는 점이다. … 그는 결코 같은 종류의 지원을 우리에게는 하지 않는다.

재단이 달라지고 있음을 보여주는 징후도 있다. 보건의료 목표를 달성하기 위해 지역사회가 보유한 지식과 해당 국가에 기반을 둔 단체를 활용해야 할 필요성에 대한 인식이 높아지고 있다. 2012년 가나 방문 동안 나는 IRC 인터내셔널 물과 위생센터International Water and Sanitation Center의 가나 지국장 비다 두티Vida Duti와 만났다. 그녀는 연구원과 정책 입안자로 구성된 팀을 이끌고 농촌에 지속 가능한 수도공급 체계를 개발하기 위해 정부와 공동 작업을 수행하고 있었다. IRC 가나는 게이츠재단과 다른 자선기부단체로부터 상당한 지원을 받고 있는 네덜란드 비영리기관의 지역 본부다.

게이츠재단을 직접적으로 거론하기 전에 두티는 '원조 효과성 제고를 위한 파리선언'Paris Declaration on Aid Effectiveness의 중요성에 대해 언급했다. 파리선언은 2005년 해외 원조에 대해 논의하기 위해 열린 고위급 회담이 토대가 되어 채택되었으며, 원조 공여의 효과성 제고 노력을 위한 몇 가지 원칙을 제시하고 있다. 핵심 원칙으로는 주인의식(ownership), 정렬(alignment), 조화(harmonization)을 포함하고 있으며, 모두 해외 원조공여국이 아니라 개도국이 빈곤 감소를 위한 자체 전략을 마련할 수 있도록 하는 데 주안점을 두고 있다. 파리선언은 현실성 없는 이상을 그럴듯한 말로 포장한 의미 없는 정책 나열이라는 조롱을 받기도 하지만, 두티는 공여국이 지역 단체에 접근하는 태도가 크게 달라졌음을 확인했다고 전했다. 원조 공여국이 이전보다 더 협조적이고, 과거 일방적으로 지시를 전달하던 관행에서 NGO의 의견에 적극적으로 귀를 기울이는 쪽으로 변화했다는 것이다. 그녀는 또 게이츠재단이 그러한 변화를 일으키는 데 중요한 역할을 하고 있다고 말했다. 처음에는 게이츠재단의 목표가 비현실적인 것 같았지만, 점차 그들도 접근방식을 바꾸기 시작했다. "처음에 그들은 '1년 내에, 지속가능성 문제를 해결할 모델을 마련해야 한다'는 식으로 접근했다." 하지만 이제 그런 태도는 훨씬 줄어들었다. 그녀는 게이츠재단이 "더 나은 입장에서 일할 수 있도록 도움을 주었다. … 그들은 기존의 선의와 기존 기부자들의 명성을 활용하고 있다 — IRC는 이미 신뢰받는 파트너였다. 나는 이전부터 존재했던 기관을 활용하는 그들의 전략이 매우 긍정적이었다고 생각한다. 여러모로 도움을 받을 수 있기 때문이다."

이런 지적들은 매우 고무적이며, **게이츠재단이 과거의 비판을 거울삼아 배우려는 자세를 갖추고 있음을 시사한다. 하지만 지금까지의 사례만으로 정책에 커다란 변화가 있었다고 보기는 어렵다.** 게이츠재단의 세계 보건부문 지출에 관한 최초의 분석 후 5년이 지나고, 데이비드 맥코이는 후속 연구에 들어갔다. 1차 분석결과는 여전히 지역별 불균형을 드러냈다. 적어도 미국 연구팀에 대한 후원금 분배 비중이 2009년 이전 시기만큼 높았다.[43]

2012년 에딘버러에서 열린 임상시험 관련 워크숍이 끝난 후, 나는 에딘버러에서 런던시티공항으로 가는 비행기를 탔다. 비행이 지연되었기 때문에 긴 시간 무료함을 달래기 위해 나는 옆 좌석 승객과 가벼운 대화를 나눴다. 그는 자신을 베인앤드컴퍼니Bain & Company의 경영컨설턴트라고 소개했다. 런던 경영대학원 MAB과정을 마치고 지금의 일자리를 얻은 지 1년이 되었다고 했다.

그는 내게 직업을 물었다. 내가 필란트로피(philanthropy)와 세계 보건문제를 연구하는 사회학자라고 소개하자 그는 관심을 보이며 고개를 끄덕였다. 런던 경영대학원 시절 외부에서 초빙한 강사 중에 그가 가장 좋아했던 인도 의사가 있었는데, 보건전문가였던 그는 제너릭 의약품 산업을 강화하려는 인도의 노력에 대해 강연을 했다고 한다. "그 강연을 듣고 마음이 복잡했어요. 그분은 인도의 기업들이 브랜드 의약품의 몇 분의 1밖에 되지 않는 비용으로 약을 제조할 수 있다고 했어요. 좋은 일이라고 생각했어요. 인도주의와 윤리를 생각하면 정말로 바람직한 일이었어요. 그렇지만, 자유시장경제의 측면에서 보면 특허는 당연히 필요한 것이죠."

나는 고개를 끄덕였고, 이야기는 다른 주제로 흘러갔다. 하지만 내가 조금 덜 피곤했다면, 나는 그 문제를 좀 더 물고 늘어졌을 것이다. **특허가 시장경제의 요소라는 그의 인식은 어디에서 생긴 것일까? 경영대학원에서? 아니면 다른 곳에서?**

그의 발언이 그다지 신선한 것도 아니다. 사실, 일반적으로 많은 사람이 그렇게 생각한다. 적어도 애덤 스미스의 도움으로 특허가 궁극적으로는 경제의 도구이며, 자유방임주의 경제의 중요한 요소라는 사상이 전파되었던 18세기 이후 여러 세대를 거치며 학자들의 머릿속에 각인된 생각일 것이다. 하지만 특허는 시장경제를 활성화하는 장치가 아니다. 특허는 정부 허가를 받은 독점판매권으로, 일정 기간 배타적인 판매 권한과 함께 법의 보호를 받는다.

『국부론』(The Wealth of Nation, 동서문화사, 2016)에서 애덤 스미스는 개인이 크나큰 재정적 위험을 감수하고 새로운 발명을 했을 때, 정부가 "정해진 몇 년 동안 독점적 거래"를 허용하는 것은 비합리적인 것이 아니라고 주장했다. 100년이 더 지나고, 조지프 슘페터Joseph Schumpeter는 애덤 스미스의 논리를 재차 강조했다. 그는 "빠르게 변화하는 조건, 특히 새로운 상품과 기술의 영향으로 언제라도 변화할 수 있는 조건하에서 장기 투자는 눈에 잘 보이지도 않는 데다가 계속해서 움직이고 있는 목표물을 겨냥하고, 그 목표물을 향해 느닷없이 몸을 던지는 것과 같다"며 "따라서, 특허와 같은 보호장치의 도움을 받는 것이 반드시 필요하다"고 적고 있다.[44]

스미스와 슘페터 모두 그러한 특권은 신중하게 적용되어야 한다고 생각했다. 특히 애덤 스미스가 강조했듯이, 투자에 대한 보상이 이루어지지 않는 것보다 더 나쁜 것이 있다면, 바로 투자에 대한 도를 넘는 보상이다. 애덤 스미스는 "영구적 독점"이 경쟁사 간의 가격담합처럼, 공익을 심각하게 저해하는 요소라고 칭하면서, 정부는 "영구적 독점"이 발생하지 않도록 늘 경계해야 한다고 강조했다. 특허가 매우 중요한 것도 사실이고, 혁신에 대한 매우 효과적인 보상수단으로 작용하는 경우도 종종 있다. 특허는 경제 성장을 촉진하기도 하고, 또 경우에 따라서는 경제 성장에 걸림돌이 되기도 한다. 하지만 한 가지 변함없는 사실은 특허의 마법, 특허가 갖는 권위는 시장으로부터 오는 것이 아니라는 점이다. 특허의 마법은 정부로부터 나온다. 그리고 마법은 언제든 사라질 수 있다.

6. 바스티아, 저들을 용서하길: 특허권 분쟁

특허권 보호에 대한 빌 게이츠의 사견과 그의 신념으로 인해 저소득 국가의 의약품 접근성이 저해될 것이라는 시민단체의 우려가 어디에서 기인하는지 이해하기 위해서는, 마이크로소프트가 IBM 같은 시장 강자의 아성에 겁 없이 도전하던 30년 전으로 돌아가 보아야 한다.

빌 게이츠와 마이크로소프트의 공동창업자 폴 앨런Paul Allen은 1976년 처음 사업자등록을 했다. 당시 소프트웨어는 컴퓨터에 열광하던 소수 집단 내에서 무상으로 공유되었다. 소프트웨어의 개발을 "철저히 가내 제작에 의존하던 시기였다. … 당시 소프트웨어를 돈 주고 사는 사람은 사실상 아무도 없었다."1) 마이크로소프트를 처음 설립할 당시 빌 게이츠는 하버드 재학 중이었지만 폴 앨런은 그렇지 않았다. 두 사람은 하버드 에이컨 컴퓨터 랩Aiken Computer Lab을 자기 집처럼 드나들며, 컴퓨터에 수백 시간을 쏟아 부었다.

1975년, 게이츠와 앨런은 소형 마이크로컴퓨터 알테어 8080을 만든 MITS의 에드 로버츠Ed Roberts 사장이 자사의 신제품에 적용할 컴퓨터 언어를 찾고 있다는 소식을 접했다. 두 사람은 단기간 내에 프로그램을 개발할 수 있다고 확신했고 에드 로버츠에게도 연락해 딱 맞는 소프트웨어가 있다고 장담했다. 에드 로버츠는 다른 프로그래머에게 했던 것과 똑같은 대답을 했다. 앨버커키에 있는 MITS 본사로 적용 가능한 버전의 베이직을 먼저 가지고 오는 사람과 계약하겠다는 대답이었다. 8주 후, 게이츠보다 나이도 들어 보이고, 연륜도 있어 보이는 폴 앨런이 게이츠와 함께 만든 소프트웨어를 가지고 앨버커키로 갔다. 알테어 컴퓨터와 호환성 여부를 확인 한 로버츠는 계약을 했고, 게이츠와 앨런에게 일시불로 3,000달러와 함께 소프트웨어 판매 개수 당 소액의 로열티를 지급하기로 했다. 게이츠는 당시 19세였다.2)

컴퓨터 애호가들은 재빨리 돈을 아낄 수 있는 손쉬운 방법을 찾아냈다. 돈 안 들이고 불법 제조된 컴퓨터를 손에 넣기는 어렵다. 하드웨어를 갖추는 데 비용이 들기 때문이다. 하지만 알테어 베이직을 복제해서 무료로 공유하는 일은 어렵지 않았다.

게이츠는 이러한 행태에 분개했고, MITS 뉴스레터에 애호가들을 겨냥한 공개 서신을 게재, 그들을 도둑이라고 비난했다. 그는 또 몇 가지 논란이 될 만한 발언을 했다. 가령 자신과 폴 앨런이 소프트웨어를 개발하기 위해 일한 시간을 돈으로 환산하면 4만 달러에 상당하는데, 불법 복제로 투자한 시간을 도둑맞았다고 주장하는 등이었다. 애호가들은 기를 쓰고 독설로 가득한 편지의 발신인을 찾아내려고 했다. 마침내 그들은 빌 게이츠가 하버드 학부생이고, 알테어 베이직을 개발하기 위해 공용 컴퓨터 랩을, 그것도 하버드 학생도 아닌 폴 앨런과 함께 사용했다는 사실을 알아냈다. 그들로서는 수긍하기 어려운 문제였고, 역시 똑같은 수준의 독설로 맞받아쳤다. 하버드가 빌 게이츠에게 랩 공간을 사용하도록 제공했다면, 대학 교무과와 랩을 공유할 권리가 있는 학생들도 로열티를 받을 자격이 있는 것 아니냐고 반문했다.

기술 전문기자인 개리 리블린Gary Rivlin에 따르면 게이츠의 행위는 이전까지 개인 개발자가 소프트웨어를 팔지 않고 공유하면서 유지해 온 비영리적 환경에 대한 위협이었다. 리블린 기자는 또, 분개한 컴퓨터 애호가들이 직면한 상황을 "가장 잔인한 아이러니"라고 설명한다. 알테어 베이직이 업계 표준으로 부상하게 된 것도 결국은 애호가들이 허락 없이 불법복제 소프트웨어를 확산시켰기 때문이다. 애호가들 자신의 반 상업주의적 태도야말로 마이크로소프트가 그렇게 단시간 내에 업계 강자로 떠오를 수 있었던 계기가 되어 준 것이다.

게이츠와 앨런의 하버드 랩 사용 전력은 그 후 수년간 두 사람을 따라다녔다. 경쟁자들은 계속해서 마이크로소프트가 합법성 여부와 관계없이 치사한 수법을 쓴다며, 경쟁업체가 어쩔 수 없이 마이크로소프트의 요구에 맞출 수밖에 없다고 불평했다. 마이크로소프트는 경쟁업체와 소비자가 불법적인 "(소비자로 하여금 원하는 것을 얻기 위해 원하지 않는 것을 살 수밖에 없도록 만드는) 끼워 팔기" 수법에 순응하도록 강요함은 물론, 경쟁사를 비방한다는 비난을 받았다.『뉴요커』New Yorker의 켄 올레타Ken Auletta 기자는 마이크로소프트에 우호적인 이들조차 마이크로소프트의 사업 관행에 대해서는 "강압적"이라는 표현을 쓰고 있다고 지적했다. 전직 마이크로소프트의 직원은 외부 업체와 협상 시에 "숨기는 것이 많았는데, 함께 일하는 사람들의 뒤통수를 치더라도" 개의치 않는 것이 흔한 관행이라고 전했다.3)

재산을 한참 불려 나갈 무렵의 빌 게이츠는 이후 게이츠재단을 통해 빛나는 명성을 가져올 인간애의 정서와는 거리가 먼 사람이었다. 1997년, 마이크로소프트 임원들은 인터넷이 급부상하면서 윈도우가 시장에서 밀려날지도 모른다는 불안감에 직면했다. 게이츠는 윈도우에만 집중하지 말고, 인터넷 환경에 맞는 소프트웨어를 개발해야 한다는 일부 직원들의 발표에 노발대발하며 외쳤다. "옵션 가진 거 다 내놓고 평화봉사단에나 가버려!"4)

빌 게이츠는 공격적인 언사로 잘 알려져 있는데, "내 살다가 그런 바보 같은 소리는 처음 듣겠군!" 이라는 말을 마이크로소프트의 제품 회의나 경영 회의 중에 종종 내뱉곤 했다. 직원들이 그의 말을 흉내 내기 시작했고, 나중에는 부하 직원들이 틈만 나면 자신의 부하직원들에게 경쟁적으로 독설을 퍼붓는 습관까지 생겼다고 전해진다.

회사의 사업 전략에 대한 부정적인 언론보도에 분개한 마이크로소프트는 언론인 블랙리스트를 만들었다.『PC매거진』PC Magazine의 칼럼니스트 존 드보락John Dvorak에 따르면, 마이크로소프트 경영진은 화이트보드에 기자들의 이름을 죽 나열한 다음 옆에 "괜찮음," "애매함," "조치가 필요함"이라고 표시하곤 했다. 기자들 사이에 알려진 바로는, 일단 "조치가 필요함"이라고 분류된 기자에 대해, 마이크로소프트는 해당 기자가 해고당할 때까지 갖은 수단을 동원했다. 드보락 자신도 마이크로소프트의 블랙리스트에 올랐는데, 그는 아이오와에서 '컴즈Comes 대 마이크로소프트' 소송사건을 조사하던 도중 입수한 문건을 보고서야 그런 사실을 알았다. 드보락은 마이크로소프트가 자신을 완전히 밀어내지는 못했지만, 회사로부터 위협을 받고 결국『PC매거진 이탈리아』PC Magazine Italy의 라이선스 칼럼니스트 자리에서 물러나야 했다고 무덤덤하게 말했다.5)

1995년 무렵, 전 세계 기술분야에 한바탕 파란이 일었다. 통신분야에서 그다지 두각을 드러내지 않았던 넷스케이프Netscape가 네비게이터를 출시하면서 수십 년간 말로만 듣던 인터넷에 일반 대중이 실제로 접근할 수 있게 된 것이다. 네비게이터는 업계 강자로 떠올랐고, 사실상 대부분의 윈도우 플랫폼에서 표준 브라우저가 되었다. 게이츠는 인터넷의 도래를 예측하지 못했음을 인정했다. 1995년 초에 이르러서야, 그는 소비자에게 별도 요금을 청구하지 않는 네비게이터가 자사의 이윤을 잠식하고 있음을 깨달았다.6)

빌 게이츠는 재빨리 반격에 나섰다. 같은 해인 1995년, 마이크로소프트를 대표하는 인터넷 브라우저 익스플로러가 출시되었다. 기자회견에서 빌 게이츠는 매일 아침 브라우저의 시장점유율을 생각하며 눈을 뜬다고 농담처럼 말했다. 이어진 넷스케이프와의 브라우저 전쟁에서 그가 꺼내 든 무기는 윈도우가 가진 힘이었다. 컴퓨터 하드웨어 전문업체인 컴팩Compaq은 다년간 넷스케이프 네비게이터를 자사 컴퓨터에 탑재한 채 판매했다. 리블린에 따르면, 마이크로소프트의 인터넷 익스플로러가 시장에 나온 후에도 컴팩은 넷스케이프와의 오랜 계약을 존중하여 자사 컴퓨터 메인 화면에 익스플로러가 아닌 네비게이터를 띄웠다. "한편, 마이크로소프트는 익스플로러와 윈도우를 패키지로 판매했다. 컴팩 단말기에도 일단 익스플로러가 탑재되긴 했지만, 메인 화면에는 뜨지 않았다. 심기가 불편해진 마이크로소프트는 컴팩에 최후통첩을 보냈다. 메인 화면에 어떤 브라우저를 띄울 것인지는 컴퓨터 제조사의 권한이었지만, 컴팩이 계속해서 네비게이터만을 고집한다면 윈도우를 사용할 수 없다는 내용이었다. 이러한 협박은 미국 공정거래위원회와 법무부의 감시망에 걸려들었다. 게이트웨이 2000, 마이크로일렉트로닉스 등 다른 주요 컴퓨터 업체들도 마이크로소프트로부터 비슷한 압력을 받았던 사실을 연방 규제 당국에 알렸다.

  미국의 반독점법은 시장에서 독점적 지위를 누리는 업체가 고객에게 특정 제품을 사용하고 싶으면 다른 제품도 사야 한다고 요구하는 행위를 금지하고 있다. 끼워 팔기는 가격 담합과 마찬가지로, 시장지배적 위치 남용으로 간주되는데, 끼워 팔기가 소비자의 선택을 제한하기 때문이다. 넷스케이프, 컴팩 등 업체들의 불만이 쌓이면서 법무부는 마침내 1998년 마이크로소프트에 대한 반독점 소송을 제기했다. 5월 발표한 언론 보도자료에서 법무부는 마이크로소프트를 일종의 반 경쟁 행위를 자행한 혐의로 제소한다고 밝혔다. 법무부가 지적한 반 경쟁 행위에는 마이크로소프트가 "PC 제조사에게 윈도우95 운영체제를 갖고 싶으면, 자사의 브라우저인 인터넷 익스플로러를 승인하고 탑재하라고 불법적으로 요구한 혐의"도 포함되어 있었다.[7]

  1999년 11월, 재판장 토머스 펜필드 잭슨(Thomas Penfield Jackson) 판사는 우선 밝혀진 사항을 발표했다. 그는 마이크로소프트가 독점기업으로서 의도적으로 자사의 시장 우위를 이용하여 소비자와 다른 회사에게 피해를 입혔다고 발표했다. 이후 잭슨 판사는 마이크로소프트를 두 개의 회사로 분리하도록 판결했고, 마이크로소프트는 여러 번 항소했다. 잭슨 판사가 제시한 해결책은 항소심에서 철회되었고, 마이크로소프트는 법무부와 자사를 상대로 동시에 소송을 제기한 여러 주 정부와 합의에 성공했다.

  하지만 마이크로소프트의 사업 관행은 바다 건너 유럽에서도 반발을 샀다. 2004년 유럽 집행위원회는 마이크로소프트가 최대 수익원인 유럽 시장에서 자사의 독점적 지위를 남용했다며 5억 유로의 벌금을 부과했다. 당시 부과된 벌금 가운데 최고 수준이었다.

  마이크로소프트는 역시 항소했고 유럽집행위원회(European Commission)의 판결을 반박하는 독설로 가득한 반론을 제기했다. 웹사이트에 게재한 일곱 페이지에 달하는 반박문에서 마이크로소프트는 유럽 집행위원회의 규제로 인해 자사의 재원을 소비자를 위한 혁신적인 제품 개발에 쓸 수 없게 되었다고 주장했다. "유럽집행위원회가 지적재산권과 주도적 회사의 혁신 능력에 악영향을 미치는 새로운 법을 만들려고 한다"고 마이크로소프트는 진술했다.8) 마이크로소프트의 주된 논리는 유럽집행위원회가 제시한 방식의 규제가 지적재산권을 침해한다는 것이었는데, 이는 철저한 지적재산권의 보호를 고수하는 마이크로소프트의 입장을 함축적으로 보여준다. 하지만 이것은 또한 특허가 마이크로소프트의 경쟁력에 걸림돌이 된다고 주장했던 과거 빌 게이츠 자신의 견해와는 극명한 대조를 보인다.

1991년 고위 임원에게 보낸 메모에서, 게이츠는 "지금 우리가 활용하고 있는 아이디어가 처음 발명되었을 당시, 사람들이 지금과 같은 특허의 개념을 알고 출원했다면, 업계는 지금쯤 완전히 답보상태가 되었을 것"이라고 썼다. 아울러 그는 "일부 대기업이 너무나 뻔한 기술로 특허를 내고, 자사의 특허를 이용해 우리 회사의 수익을 어떻게든 빼앗아 가려고 한다"며 우려를 표시했다.9) 당시 마이크로소프트는 IBM 등의 거대 기업에 비하면 갓 태어난 신생 기업이었고 보유 특허도 8개밖에 없었다. 이제 상황은 완전히 달라졌다. 마이크로소프트가 부자가 될수록, 빌 게이츠는 더욱 악착같이 특허권을 지키려 덤벼들었다. 2004년 한해에만, 마이크로소프트는 총 3,780개의 특허를 출원했다.

그렇다면 빌 게이츠는 왜 돌연 특허에 대한 입장을 바꿨을까? 간단한 대답을 원한다면, 답은 뻔하다. 회사의 몸집이 커지면서, 과거 마이크로소프트 같은 신생 기업과의 경쟁에서 독점권을 보장받을 수 있는 법적 보호 장치가 필요해진 것이다. 하지만 자세한 대답을 원한다면 이야기가 좀 복잡해진다. 빌 게이츠가 특허에 대한 입장을 180도 바꾼 시기는 소프트웨어 보호를 위한 가장 기본적인 법적 장치가 저작권에서 특허로 전환된 10년에 걸친 기간과 일치한다. 1980년대 이전에는 소프트웨어 개발이 현재와 같은 포괄적인 특허의 보호를 받지 못했다. 하지만 어느 획기적인 국제협정 하나가 발효되면서, 정보 통신, 소프트웨어, 의약품 분야에 엄청난 변화를 가져왔다. 바로 세계무역기구(WTO)의 '**무역관련지적재산권협정**' Trade Organization's agreement on Trade-Related Aspects of Intellectual Property(TRIPS)이었다.[10]

남아프리카를 제소하다

무역관련지적재산권협정(TRIPS)은 북미의 소프트웨어개발, 제약, 엔터테인먼트 회사의 뜻을 모은 지적재산권위원회Intellectual Property Committee(IPC)의 로비활동으로 탄생했다. IPC는 1986년 워너 커뮤니케이션Warner Communications, 브리스틀 마이어스Bristol-Myers, 존슨&존슨Johnson & Johnson, 몬산토, 머크, 화이자의 CEO들이 결성했는데 이들은 단순한 논리로 여론의 공감을 얻었다. 그들은 미국 경제가 안고 있는 문제점의 근본 원인이 지적재산권을 충분히 보장받지 못함으로써 소득이 줄었기 때문이라고 주장했다. IPC는 외국 기업과 정부가 미국 제조사의 기술 혁신으로부터 이익을 얻으면서도 개발에 드는 비용을 나누지 않으려 한다고 미국 국민을 끈질기게 설득했다. 그들은 미국의 특허가 전 세계에서 통용되도록 국제적인 법을 발효시켜야 한다고 우겼다.[11]

1996년, 세계무역기구(WTO) 회원국은 TRIPS에 서명했다. 세계무역기구는 관세와 무역에 관한 일반협정(GATT)을 대체하기 위해 1995년 설립된, 제네바에 본부를 둔 기관이다. **TRIPS는 특허, 저작권, 상표권 보호 대상을 전에는 생각조차 할 수 없었던 영역으로 확장시켰다.** 특히 소프트웨어의 경우, 오픈소스 지지자들은 소프트웨어가 수학적 지식과 마찬가지로 누구에게나 무료로 제공되어야 한다고 오랫동안 주장해 왔다. TRIPS는 또 세계 의약품 시장의 전면적인 변화를 가져왔다. 특허 받은 의약품을 복제해서 가난한 지역에서 저렴하게 판매하기가 더 어려워졌고, 그 결과 수백만 명 사람이 생명과 직결된 의약품을 생전에 사용해 볼 기회를 박탈당했다.

TRIPS가 통과되기 전부터 사람들은 이 협약으로 미국 기업들이 돈벼락을 맞을 것이라고 예측했고 기대는 현실이 되었다. 2011년 지적재산으로 벌어들인 로열티 순 잉여금이 미국 농산물 수출 총 수익의 두 배에 달했다. 전 세계 혁신 기술에 대한 독점적 지배가 늘어날수록 반발도 거세졌다. 『파이낸셜타임스』Financial Times의 앨런 비티Alan Beattie 기자의 지적대로 오늘날 세계 특허법은 "특허로 이득을 보는 이들의 손에 의해 만들어지고 있다"는 의혹이 확산되었다. 세계보건의료의 불균형과 의약품에 대한 접근성 문제는 이런 의혹과 반발을 가장 극명하게 드러내 보인다.12)

남아프리카의 사례를 보자. 1990년대 말, TRIPS로 새롭게 얻은 강력한 법적 수단에 힘입어 39개의 메이저 제약회사는 남아프리카공화국 정부를 제소했다. 남아공 정부가 HIV 치료를 위한 항 레트로바이러스제를 저렴하게 공급할 수 있도록 새로운 법을 통과시켰기 때문이다.

제약회사들은 1998년 클린턴 행정부의 강력한 지지를 받으며 소송을 제기했다. 클린턴 정부는 남아프리카를 스페셜 301조 대상국에 포함시켰다. 스페셜 301조는 매년 지적재산권 침해가 의심되는 국가들을 선별한 보고서로 이들 국가의 지적재산권 보호 수준이 미국의 기준에 미치지 못할 경우 제재를 받게 된다. 미국은 남아프리카공화국에 대한 특혜 관세를 철회함으로써 저렴한 항 바이러스제의 유통을 포기하도록 압력을 가했다.

당시 미국에서는 앨 고어 부통령이 반 남아공 운동을 이끌었다. 1999년 2월 의회에 제출한 국무부 보고서에 따르면 앨 고어는 남아프리카에서 새로이 통과된 법을 저지하기 위해 "일관되고 단합된 캠페인"을 벌였다. 보고서의 목적은 미국이 지적 재산 보호에 미온적이라고 여기는 의원들의 마음을 누그러뜨리기 위한 것이었다.

제약회사의 제소를 반대하는 진영에서 핵심적인 역할을 했던 시민운동가 제임스 러브James Love는 당시 "역사는 이 사건에 관여한 사람들을 준엄하게 심판할 것이며, 고어에게는 특히 매서운 심판이 내릴 것"이라고 말했다.13) 그의 말은 적중했다. 앨 고어는 오랫동안 지적재산권의 철저한 보호를 강력히 지지해왔다. 1994년, 아르헨티나 공식 방문 도중 그는 아르헨티나가 미국이 지지하는 제약 특허 관련법을 통과시키지 않으면 301조에 포함되어 미국으로부터 무역 제재를 받게 될 것이라고 공표했다.14)

아르헨티나와 남아프리카 공화국에 대한 앨 고어의 압박은 부정적인 여론을 불러일으켜 그의 2000년 대선 행보에 악영향을 미쳤다. 고어는 놀라울 정도로 순식간에 입장을 바꿔 만회를 시도했다(그는 제약회사들이 사소한 개량으로 기존 특허 기간을 연장하는 이른바 에버그리닝 관행을 공개적으로 비난했다). 하지만 이미 돌이킬 수 있는 상황이 아니었다. 재임기간 동안 클린턴과 고어는 남아프리카 등 다른 나라를 협박하는 정권을 미국 유권자가 어떻게 받아들일지 계산하지 못하는 큰 실수를 범했다.

1997년 당시, 남아프리카 공화국 인구의 약 14퍼센트가 에이즈 바이러스(HIV) 보균자였다. 1999년 무렵 산부인과를 대상으로 실시한 조사에서는 이 수치가 22퍼센트까지 올랐다. 이런 상황에서 남아프리카 공화국을 제소하려는 결정이 국민의 분노를 산 것이다. 3년간 버틴 끝에 제약회사는 여론의 압박에 굴복하여 소송을 철회했다. 2001년 도하에서 열린 세계무역협상에서 WTO 회원국에 **"공중보건과 영양을 보호하는 데 필수적인 조치를 취할 권리를 보장"**하는 TRIPS의 조항을 확인하는 선언문이 발표되었다. 해당 TRIPS 조항은 필요할 경우 강제실시권을 발동할 권리를 포함한다. 강제실시권이란 국가가 적절한 가격의 의약품 개발을 제너릭 의약품 업체 등의 제3자에게 의뢰할 수 있도록 법적으로 허용하는 것을 말한다.

도하선언문은 모든 국가가 특허권의 보호를 받는 의약품의 제너릭 버전을 수입하거나 국내에서 제조할 수 있는 권리를 확인했다. 하지만 과연 모든 국가가 그럴 만한 재정능력이 있을까? 여기에 또 하나 계속해서 드는 의문은, 적절한 가격이라고 말은 쉽게 하지만 과연 에이즈 치료제가 얼마만큼 저렴해질 수 있을까? 적어도 생명을 구하는 약이고, 특히 미국에서는 환자 1인당 수만 달러가 드는데, 복제 의약품 제조업체라고 해서 설마 하루 1달러 미만으로 공급할 수 있으리라고 상상하는 사람은 거의 없었을 것이다. 하지만 바로 그 상상도 못할 일을 하겠다고 장담한 사람이 있었다. 당시에는 이름조차 알려지지 않은 인도의 제너릭 제조사 시플라Cipla의 겁 없는 CEO였다.

시플라는 1935년 인도 제약업계를 강화하여 인도에서 활동하는 외국계 다국적 제약회사의 몇 분의 일 비용으로 약을 만들도록 한다는 목표를 가지고 설립되었다. 일종의 가업 형태로 운영되어온 시플라의 창업주 크와자 압둘 하미드Khwaja Abdul Hamied는 민족주의자이며 반 제국주의자로서 자긍심이 높았고, 인도가 영국으로부터 경제적으로 독립하는 데 시플라가 중요한 역할을 하리라고 믿었다. 시플라는 크와자의 뒤를 이은 아들 유수프 하미드Yusuf Hamied가 52년째 이끌어 오고 있다. 그는 케임브리지대학에서 화학 박사학위를 받은 과학자이기도 하다(2013년 현재 유수프의 가족은 시플라 지분의 36퍼센트를 보유하고 있다).

1990년대 말, 제임스 러브가 이끄는 보건NGO연대가 하미드 박사를 만나 세 가지 약의 복합제인 HIV 항 레트로바이러스제를 얼마나 싸게 제조할 수 있는지 물었다. 하미드 박사는 믿을 수 없는 대답을 했다. 그는 구매자가 시플라 공장에서 약을 인수하여 배송비가 들지 않는다는 가정 하에 1년치 항 레트로바이러스 복합제를 350달러에 공급할 수 있다고 말했다. 하루 1달러도 채 들지 않는다는 말이다. 제임스 러브는 당시 국경없는의사회가 추진하던 필수의약품에 대한 접근성 확보 캠페인의 책임자 베르나르 페쿨Bernard Pécoul에게 복합제를 하루 1달러 미만의 가격으로 공급할 수 있다는 하미드의 약속을 전했다. 페쿨은 반신반의했다. 수년에 걸쳐 다국적 제약회사를 상대로 가난한 지역에 HIV 치료제를 싸게 공급하도록 로비활동을 했지만 별다른 성과가 없었기 때문이다.

당시, 아프리카에서 에이즈를 치료하는 데 드는 비용은 미국과 별 차이가 없는 환자 1인당 1만 달러 이상이었다. 페쿨의 힘겨운 협상 노력 끝에 특별히 낮은 가격에 합의한 제약회사의 수는 손에 꼽을 정도이고 그나마 일부 아프리카 지역 환자에 한해서 1인당 1,000달러까지였다. 제약회사는 특별 가격에 대해 비밀을 유지하도록 계약서에 명시할 것을 요구했다(미국 내 에이즈 운동가들이 지나치게 높은 에이즈 치료제 가격을 낮추라고 요구하고 있는 마당에 미국 시장에까지 가격 인하 소식이 퍼지는 것을 꺼렸던 것이다). 그러나 환자 1인당 1,000달러의 비용도 에이즈 바이러스가 가장 맹위를 떨치는 사하라이남 아프리카 환자들에게는 감당할 수 있는 수준이 아니었다.

하미드는 다국적 제약회사가 전혀 예상치 못한 조건을 내세웠다. 그는 저소득 국가가 국민 보건을 위협하는 비상시에 복제의약품을 수입할 수 있도록 허용한 TRIPS 조항의 적용을 요구해야 한다고 제안했다. 남아프리카는 성인 인구의 20퍼센트가 에이즈 바이러스에 감염되어 있다. 이런 상황이 국민 보건을 위협하는 비상시가 아니고 무엇인가? 제임스 러브는 하미드 박사를 독려하여 항 레트로바이러스제에 대한 특허를 보유한 4개 메이저 제약회사에 복제약 생산 허가 대가로 5퍼센트의 로열티를 제안하도록 했다.15)

2002년 WTO는 처음으로 안전한 에이즈 치료제 제조사의 리스트를 발표했다. 하미드의 시플라도 여기에 포함되었다. UN에이즈에이전시(UN AIDS Agency)의 피터 파이엇 사무총장은 시플라를 세계보건기구 승인 제약회사 명단에 포함한 결정으로 더 많은 환자가 "우수한 품질의 에이즈 치료제를 저렴한 비용으로 더욱 부담 없이 이용할 수 있게 될 것이라고 말했다."16)

세계보건기구의 발표는 미국에서 128명의 하버드대학 경제학자와 보건전문가들이 부유한 나라로 하여금 적정 가격의 에이즈 치료제를 조달하고 공급하기 위한 펀드를 조성하도록 촉구한 정책 제안과 그 뜻을 같이한다. 하버드 학자들은 수십억 규모의 신탁기금을 조성하여 세계보건기구의 감독하에 관리함으로써 가난한 지역의 에이즈 치료비용을 충당할 것을 제안했다. 많은 학자가 성명서에 서명함으로써 가난한 나라가 항 레트로바이러스 치료제를 적절한 가격에 공급받을 수 있도록 하는 노력은 부유한 나라의 도덕적 의무임을 시사했다.17)

하버드 학자들의 제안은 일련의 이론에 근거하고 있다. 이 이론은 논리적인 것 같지만, 사실 전염병학에서나 또는 임상적으로 증거가 부족하다. 하버드 선언서의 동기를 제공한 연구원들은 치료를 강화하면 전염률을 낮춤으로써 에이즈의 확산을 막을 수 있다고 믿었다. HIV 연구에 큰 획을 그을 만한 의견이지만, 전 세계적으로 채택하기에는 비용적·윤리적 부담이 과하다는 이유로 반대에 부딪쳤다. "예방을 위한 치료"라고 불리는 이 방법은 항 레트로바이러스제에 일찍 노출되면 환자의 체액 내 바이러스의 활동력이 떨어진다는 점에 착안, 일찍 치료를 시작할수록 타인에게 전염시킬 가능성이 줄어든다는 논리에 근거한다.

하버드 성명서가 나오자 게이츠재단은 깜짝 기자회견을 소집했다. 록펠러재단, UN재단 수장들과 함께 빌 게이츠는 기자 회견장에 직접 나타났다. 그들이 전달하고자 한 핵심은 무엇이었을까? 그들은 HIV 치료제 공급을 늘려야 한다는 하버드 학자들의 주장에 강력한 반대 입장을 공개적으로 드러내고자 했다. 아직 마이크로소프트의 경영 일선에 있던 빌 게이츠는 지금 당장 필요한 예방에 우선순위를 두면서, 동시에 빈국에 에이즈 치료제를 제공하기에는 국제사회가 보유한 자금이 부족하다고 말했다. 에이즈 퇴치를 위해서는 치료보다 '예방' 쪽에 집중하겠다는 것이 게이츠재단의 확고한 입장이었다. 즉각적인 치료제 공급 증가가 에이즈 퇴치를 위한 자금과 정치적 의지를 분산시킬 수 있다는 주장이었다.[18]

당시나 지금이나 게이츠재단이 가장 우려하는 부분은 자금인 듯하다. 게이츠재단의 선임 과학자는 2012년 초 내게 이렇게 말했다. "전 세계의 돈을 모두 마음대로 쓸 수 있다면 아무 것도 문제될 것이 없다. 모조리 다 치료해 주면 그만이다. 하지만 우리가 가진 재원은 한정되어 있다."[19]

또한 하버드 학자들의 성명에 반대하는 진영에서는 치료 강화가 의학적으로 매우 위험한 결과를 초래할 수 있다고 우려를 표시했다. 전문 의료인의 관리가 이루어지지 않은 채 약품이 대량으로 일반 유통될 가능성이 있다는 것이다. 전문가들은 항 레트로바이러스제가 오남용 될 경우 약에 내성을 가진 변종 질환이 발생할 수 있다고 지적했다. 미국 질병통제예방센터 소장을 역임한 게이츠재단 선임 고문인 윌리엄 페기William Foege는 "아프리카에는 에이즈보다 더 무서운 것이 있다"면서, "바로 에이즈와 약에 내성을 가진 변종 바이러스가 동시에 나타나는 것"이라고 말했다.[20]

게이츠재단은 이후 '세계 에이즈, 결핵, 말라리아 퇴치기금'Global Fund to Fight AIDS, Tuberculosis, Malaria의 최대 민간 기부단체로 부상했다. 이 기금은 전 세계적으로 많은 사망자를 내고 있는 세 가지 질병의 치료약을 저렴하게 조달, 공급하기 위해 기업과 정부 관계기관이 공동으로 조성한 민관 협력체다. 이런 기관에 수십억을 기부함으로써 빌 게이츠는 개인 재산을 쏟아 부어 에이즈 퇴치에 기여한다는 찬사를 받곤 한다. 하지만 빈국 내의 항레트로바이러스 치료 증가를 저지하기 위한 그의 노력은 보건관련 시민운동가들을 분노케 한다. 그들은 게이츠재단이 에이즈 치료제를 비롯한 의약품 가격이 떨어지지 않도록 계속해서 로비를 해 왔다고 주장한다. 이들 **시민운동가들은 전 세계적으로 좀 더 공정한 특허 제도가 정착되어 공정 경쟁이 보장되기를 원하는 것이지, 자선가의 선심을 바라는 것이 아닙니다.**

2012년, 나는 어느 이름 있는 인도주의 구호단체에서 일하는 정책 분석가와 인터뷰를 했다(그녀는 자신과 단체의 이름을 밝히지 말아 달라고 요청했다). "10년 전, 게이츠재단과 빌 게이츠는 에이즈 예방에 매우 적극적인 목소리를 냈고, 종종 에이즈 치료를 반대하는 발언을 했다"고 그녀는 말했다.

> HIV 치료와 적절한 가격의 치료제, 즉 항 레트로바이러스제에 대한 접근을 늘리려는 노력이 빌 게이츠가 강력하게 지지하는 지적재산권 보호에 위협이 되기 때문인지, 아니면 다방면의 분석 결과, 치료와 예방을 병행하는 것은 불가능하니 치료에 비용을 분산시키는 것보다 예방에 집중해야 한다고 정말로 믿기 때문인지, (어느 쪽이 치료를 반대하는 진짜 이유인지) 나는 아직도 확신할 수 없다. … 솔직히 빌 게이츠는 인류를 구원할 의약품 공급에 계속 걸림돌이 되어 왔다.

내가 만난 많은 사람이 이와 비슷한 의견을 표시했다. HIV양성 보균자에게 항 레트로바이러스제를 사용하기 위해 세계보건기구는 국제 가이드라인 수립을 추진해 왔다. 세계보건기구의 노력과 관련, 주목할 만한 두 가지 사건이 있었다. 위에서 말한 정책 분석가(이제부터 애나라고 부르겠다)가 이 두 가지 사건에 대해 내게 들려줬다. 두 가지 모두 개별 정보원으로부터 재확인을 받았는데, 한 사람은 세계보건기구에서 파견근무를 했던 선임 과학자, 다른 한 사람은 휴먼라이츠워치Human Rights Watch 관계자다. 두 사건 모두 게이츠재단이 의료 접근성을 가로막는 단단한 장벽을 유지하려고 로비활동을 벌였다는 의혹을 증폭시킴으로써 의료인들의 불만을 사게 된 사례다.

첫째는, 세계보건기구가 혈청 불일치 커플 즉, 파트너 중 한쪽만 양성인 커플에게 HIV 치료제를 조기에 투여하기 위한 지침을 발표하기로 했다가 연기했던 경우다. 2011년 국제 에이즈학회 로마회의 직전, 감염된 커플에게 에이즈 치료제 조기 투여를 권장하는 세계보건기구 지침이 발표될 예정이었는데, 세계보건기구는 느닷없이 발표를 늦추기로 했다. 많은 사람이 게이츠재단의 입김이 작용한 것이라고 믿었다. 게이츠재단은 HIV 음성 판정을 받은 사람까지 약물 투여 대상에 포함시키는 새로운 에이즈 치료법, 즉, 노출 전 예방(PrEP)의 의학적 효능을 분석하는 별도 연구 프로젝트에 집중하고 있었다.

휴먼라이츠워치 관계자는 "혈청 불일치 커플을 치료하여 전염을 막자는 파와 감염 위험이 높은 인구를 대상으로 노출 전 예방법을 시행하자는 파가 서로 맞서고 있다. 로마회의에서 내가 만난 사람들 사이에서는 빌 게이츠가 노출 전 예방법을 지지하고 있다는 믿음이 퍼져있었다"며 "소문만 무성한 가운데 무엇이 진실인지 확실하지 않았다. [하지만 게이츠재단이] 세계보건기구에서 어느 정도 일을 진행한 상태에서 개입했고, 지침이 나오려는 순간, 발표하지 말 것을 요구했다고 다들 믿고 있었다."

의약품 가격 인하와 접근성 개선을 위한 보건정책기구인 트리트먼트 액션 캠페인Treatment Action Campaign은 로마회의 직후 세계보건기구에 보내는 공개서한을 배포했다.

"국제 에이즈학회의 로마 총회 이후 우리는 충격 속에 이 서한을 작성하고 있다. 로마총회에서 세계보건기구는 혈청 불일치 커플에 대한 HIV 치료제 시험과 치료에 대한 세부적용 지침을 발표할 계획이었지만, 계획을 취소한 듯하다." 이어서 공개서한은 언급하기를,

> [세부 지침]은 지난 십여 년간 HPTN052*를 통해 수집해 온 증거를 기반으로 하고 있다. 이들 증거는 항 레트로바이러스 치료를 통해 HIV 전파를 96%나 줄일 수 있음을 보여주었다. 지난 수개월 전, 눈으로 확인할 수 있게 된 효과에 대해 이제 과학적인 합의가 가능해졌다. 항 레트로바이러스 치료는 사망과 이환을 예방할 뿐 아니라, 불일치 커플 사이의 감염을 예방해 준다. 세계보건기구는 과학적으로 검증된 치료를 각 국가와 프로그램 매니저들이 정책을 통해 실현할 수 있도록 지원을 제공해야 할 책임을 다하지 않고 있다.[21]

이 공개서한에는 남아프리카 에이즈와 권리연대AIDS and Rights Alliance of South Africa, 에이즈와 함께하는 사람들의 글로벌 네트워크Global Network of People Living with HIV/AIDS, 영국 스톱에이즈 캠페인Stop Aids Campagin 등 총 일곱 개 단체가 서명했다.

애나가 알려 준 두 번째 사건은 레소토Lesotho가 세계보건기구의 권고를 무시하고 HIV 양성 보균자에게 발병 초기부터 치료 약물을 투여한 사례다. 애나의 설명에 따르면 개도국 의사들은 HIV 양성 보균자에 대한 치료 여부를 결정할 때 일반적으로 두 가지 기준을 따른다. 첫째, 백혈구 면역 체계인 CD4 수치가 일정 기준 이하로 내려가야 한다. 즉, 보균자의 면역력이 약해져서 보강이 필요한 상태를 의미하며, 항 레트로바이러스제가 필요할 정도까지 상태가 악화 되어야 치료를 시작한다는 의미다. 두 번째 기준은 임상적 상태, 즉 환자가 어떤 경험을 하고 있고, 어떤 증상을 호소하는지에 따라 치료를 결정한다. 세계보건기구는 임상 상태에 따라 1, 2, 3, 4기로 감염 단계를 나눈다.

---

* (역주) HIV 예방 치료 네트워크(HIV Prevention Trials Network)의 052 프로젝트: 혈청불일치(감염자와 비감염자) 커플에게 항 레트로바이러스 요법을 시행할 경우 감염예방 효과를 확인하기 위한 임상시험으로, HIV에 감염된 파트너에 대해 초기부터 항 레트로바이러스 치료를 시작하면 감염되지 않은 파트너에게 바이러스가 전이될 확률이 96퍼센트 감소한다는 획기적인 결과를 얻었다.

애나는 "2010년 말 세계보건기구의 지침이 바뀌기 이전까지 대부분의 개도국 환자들은 CD4 수치가 200 이하로 떨어지거나, HIV 감염 4기 즉, 마지막 단계에 왔을 때에야 치료를 시작할 수 있었다"면서 이렇게 덧붙였다.

> 일부 국가가 세계보건기구보다 발 빠르게 움직였다. 이것은 매우 중요한 사실이다. 한 예로 레소토는 세계보건기구가 권고하는 대로 진행될 때까지 기다리지 않았다. 환자에게 더 좋은 방법 있다면 지체 말고 따라야 한다는 입장이었다.
> 레소토가 세계보건기구보다 과감했던 데는 이유가 있다. 세계보건기구는 이해관계자, 더 정확히는 후원자를 납득시킬 책임이 있다. 그리고 우리가 모두 아는 사실, 세계보건기구 고위층으로부터 들은 사실에 의하면, 빌 게이츠가 직접 전화를 걸어 세계보건기구가 조기 약물치료와 더 좋은 약을 적용하도록 하는 새로운 지침을 발표하지 않도록 압력을 가했다.
> 레소토는 2008년부터 조기 치료를 시작했다. 세계보건기구의 새로운 지침이 나온 것은 2010년 말이 되어서였다. 레소토는 세계보건기구보다 2년을 꼬박 앞서 갔다. 그 꼬박 2년 동안을 지침이 나오지 못하도록 막으려고 했던 것이다. 빌 게이츠는 마지막 순간까지 개입하려고 했다.

로마총회의 사례를 내게 확인시켜 준 것은 세계보건기구에서 파견근무를 했었던 고위 정책 담당자였다. 그는 익명을 보장해 줄 것을 강조했다. 게이츠재단으로부터 불이익을 당할까 봐 우려했던 것이다. "나의 피해망상인지도 모른다. 하지만 지금 당신에게 이야기하는 이 순간에도 두려워 제정신이 아니다."

반면, 내가 만난 적지 않은 수의 사람들은 게이츠재단이 HIV 연구가 생산적인 결과를 내지 못하도록 방해하거나 치료 노력을 억압하려 했다는 의혹을 단호히 일축했다. 나는 마이런 코언$_{\text{Myron Cohen}}$과도 이야기를 나누었다. 그는 2011년 『뉴잉글랜드 의학저널』$_{\text{New England Journal of Medicine}}$에 조기 항 레트로바이러스 치료가 HIV 전염을 감소시킨다는 결정적인 증거를 제시하여 에이즈 치료에 전기를 마련한 논문의 주요 저자다. 코언은 2000

년대에 노출 전 예방(PrEP)과 기존 항 레트로바이러스제를 조기에 투여하는 두 가지 방향의 연구 간에는 겹치는 부분이 많았다고 전했다. "항 바이러스제와 약리학을 중심으로 한 우리의 연구는 예방과 치료 양쪽 모두와 연관된 것이었다. 그래서 나의 연구팀은 항상 두 가지 분야를 함께 다루었다. 하지만 한정된 시간을 어디에 더 집중해야 하는지 결정을 내려야 했고, 우리는 이미 감염된 환자를 먼저 치료하기로 했다. 그편이 공중 보건이라는 측면에서 더 큰 효과가 있을 것이라고 생각했다."

코언은 게이츠재단 측이 재단의 방침에서 벗어난 연구 프로젝트에 압력을 가한다고 느낀 적은 결코 없다고 강조했다. "나는 빌 게이츠와도 만나 보았고, 게이츠재단의 운영자들과도 잘 안다. 그들이 우리의 연구에 반대한다는 인상은 한 번도 받은 적이 없다. … 나는 게이츠재단과 좋은 관계를 맺고 있고 지금은 재단과 공동으로 052 프로젝트와 관련, 후속 정책연구를 진행 중이다."

캘리포니아대학 샌프란시스코University of California, San Francisco의 공공보건과 예방의학연구소Division of Preventive Medicine and Public Health의 조지 러더포드George Rutherford 소장도 코언과 같은 의견이었다. 빌 게이츠가 항 레트로바이러스제의 조기 투여를 권고하는 세계보건기구의 치료 가이드라인 발표가 늦어지도록 마지막 순간에 직접 압력을 가했다는 정황을 알고 있느냐는 질문에 대해, 러더포드 소장은 그런 종류의 로비 활동 가능성 자체를 의심했다. 그는 "첫째, 그런 정황에 대해 아는 바가 없고, 둘째, 빌 게이츠가 일이 그 정도까지 진행된 단계에서 개입했다는 것은 상식에 어긋나며 … 별로 믿음이 가지 않는다. 신빙성이 없는 이야기"라고 말했다.

빌 게이츠가 개입을 했는지 여부는 언론의 많은 관심을 받을 만한 이슈다. 그런 점에서 게이츠재단의 언론사에 대한 후원이 기자들로 하여금 비판적인 기사를 자제하도록 만든다는 우려가 예사롭지 않게 들린다. 언론계에서는 이런 경향을 '빌 게이츠 눈치보기'(Bill Chill Effect)라고 부른다. 애나는 이 점에 대해 이렇게 말했다.

어떤 재단이 자신의 관심분야에 많은 돈을 기부하고 있다고 하자. 또 독립적이어야 할 국제 기구나 규범을 정하는 기구가 재단의 지원을 받고 있다고 하자. 일단 돈을 받기 시작하면, 기구의 목소리는 줄어든다. 그래서 아무도 공개적으로 나서서 이야기하려 하지 않는 것이다. … (이런) 현실에 눈을 떠야 한다.

특허 분쟁

최근 몇 년 들어, 19세기 프랑스 경제학자 프레데리크 바스티아Frédéric Bastiat 가 느닷없이 보수 성향 유권자인 티파티 운동가 사이에서 본받을 만한 근대적 지식인으로 떠오르고 있다. 바스티아는 『양초업자의 탄원』The Candle-makers' Petition이라는 풍자적 에세이의 저자로도 알려져 있다. 이 글은 바스티아가 정부의 보호주의를 얼마나 경멸했는지 보여준다. 양초를 만드는 업자들과 조명 업계 종사자들이 어느 날 자신들의 상업적 이해를 침해하는 외부 업자의 영업을 금지해 달라고 프랑스 정부에 탄원서를 제출한다. 그 외부 업자는 다름 아닌 태양이다.

"여러분, 여러분은 늘 올바른 정책을 펼쳐왔습니다. 추상적인 이론을 거부하고 저가 대량생산에 현혹되지 않았습니다. 제조업자의 안위가 여러분의 주된 관심사입니다. … 우리는 국민이 모든 창, 돌출창, 천창, 집 안팎의 덧문, 커튼, 여닫이 창, 둥근 창, 두꺼운 창, 가리개 등을 의무적으로 달아 두도록 법을 통과시켜 주시기를 청합니다."

바스티아의 우스꽝스러운 풍자는 정부보조금은 반대하면서, 대기업 후원금은 마다하지 않는 티파티 운동가의 집회 구호가 되어 버렸다.22)

대부분의 티파티 운동가는 코크 형제와 뜻을 같이 한다. 보수 우익 정치가의 물주 노릇을 하는 이 돈 많은 형제는 큰 정부, 높은 세금, '국가사회주의'의 낌새를 풍기는 모든 종류의 정부 개입을 혐오하는 것 같다. 하지만 반정부 플래카드를 앞세우고 거리로 나서는 충직한 티파티 당원들이 미처 깨닫지 못하는 것이 있으니 아이러니하게도 그 코크 형제가 티파

양초업자들의 청원　　　　　　바스티아

티 동지들이 공공연하게 비난하는 정부의 보호정책을 위해 수년간 로비 활동을 벌여왔다는 사실이다.23)

　빌 게이츠도 마찬가지다. 그의 지적재산권에 대한 지금의 입장은 분명하다. 2011년 제네바 세계보건총회2011 World Health Assembly in Geneva에서 기조연설을 마친 후 기자들과의 만남에서 그는, "지적재산권 제도가 우리의 투자를 매우 효과적으로 보호해 주고 있으며, 우리는 이 제도를 통해 부유한 나라에서는 투자한 만큼의 성과를 얻고, 가난한 나라에서는 정치적 부담을 초래하지 않도록 적절히 통제하고 있다."24)

　그는 2013년 마이크로소프트 패컬티 서밋에서도 같은 정서를 표시했다. 특허권이 게이츠재단의 사업에 어떻게 영향을 미치냐는 질문에 대해 그는 특허권이 의약품 접근성을 저해한다는 의견을 일축했다. "우리가 활동하는 국가에서는 아무도 특허를 출원하거나 특허권을 주장하지 않는다. 부유한 세계에서 약을 사는 사람들 덕분에 가난한 세계에서 최소의 비용으로 이런 일이 가능한 것이다."25) 그는 또 "이것은 매우 복잡한 체계다. … 상업과 자유의 결합은 국가가 특정 모델을 강제하지 않음으로써 큰 효과를 발휘하고 있다."26)

하지만 현행 특허 체제가 도입된 이후, 지난 20년간의 현실은 게이츠의 주장과는 상반된다. 특허 시스템이 효과를 발휘하긴 했다. 하지만 그 혜택은 극소수의 기업에게만 돌아갔다. 미국 국민도 승자가 아니다. 브랜드 의약품의 미국 내 가격이 엄청나게 높아졌기 때문이다. 그러다 보니 멕시코와 캐나다에서 처방약을 구입하려는 노인들을 가득 실은 버스가 매년 국경을 넘는다는 언론 보도에도 이제 익숙해져 버렸다.

2012년, 세인트루이스, 워싱턴대학 경제학 교수인 미셸 볼드린Michele Boldrin과 데이비드 러빈David Levine은 세인트루이스 연방준비은행의 의뢰를 받아 조사보고서를 발표했다. 보고서에서 두 교수는 과감하게도 특허 철폐를 주장했다. 방대한 통계자료를 기초로 한 볼드린과 러빈의 주장은 단순하다. 강력한 특허 보호시스템이 미국 경제에 큰 도움이 된다는 일반적인 믿음을 뒷받침할 증거가 없다는 것이다. 오히려 특허를 제한함으로써 국가와 기업의 혁신을 조금이나마 촉진할 수 있다는 근거가 몇 가지 있다. 하지만 현재와 같은 체제에서 특허는 더 이상 혁신에 대한 보상이 아니다. 오히려 특허는 소기업을 소외시킴으로써 시장을 지배하려고 하는 기존 대기업에게 푸짐한 선물을 안겨준다.[27] 특허는 주로 국제 엘리트 집단에 혜택을 준다. 로이터 통신의 임원을 지낸 현 캐나다 국회의원 크리스티아 프릴랜드는 이 엘리트 집단을 "지대를 추구하는 금권정치 집단," 유리한 정책을 등에 업고 부를 쌓은 집단으로 정의한다.[28] 재산권의 보호를 강화할수록, 소기업이 마이크로소프트나 IBM 같은 거대 기업과 경쟁할 수 있는 능력을 제한함으로써 미국 경제는 더 심각한 타격을 입게 된다.[29]

애덤 스미스도 바로 이 점에 대해 미리 경고했다. 그는 상업 거래에 대한 '일시적인' 제한은 몇 가지 상황에서 정당화될 수 있지만, 정부는 그러한 제한이 장기적으로 경쟁의 기회를 저하하지 않도록 세심한 주의를 기울여야 한다고 강조했다. 그는 "독점이 지속될 경우, 국가의 다른 모든 (독점권이 없는) 주체들이 두 가지 터무니없는 방식으로 고통을 겪게 된다: 첫째, 자유시장 거래의 조건에서 싸게 공급되었을 상품의 가격이 터무니없이 높아진다. 둘째, 다양한 주체들이 참여했을 경우 편리하고, 높은

수익을 보장했을 분야에 참여할 수 있는 기회가 완전히 봉쇄된다"고 쓰고 있다.30)

볼드린과 러빈의 선언은 거대 제약회사가 점점 더 강력한 특허 보호정책을 요구하기 위한 구실로 연구개발비를 과장하고 있다는 증거가 속출하는 가운데 정치 열정가들의 마음을 얻고 있다. 티파티 운동원들은 특허가 정부 간섭의 한 형태라는 데에 문득 생각이 미쳤나 보다. 볼드린과 러빈의 연구는 그들 사이에서 큰 파문을 일으켰다. 애국심을 주제로 한 다수의 웹사이트에 들어가 보면 토머스 페인Thomas Paine, 론 폴Ron Paul, 그리고 역시나 빼놓을 수 없는 바스티아의 얼굴이 아버지 같은 미소를 띠며 방문자들을 반긴다.

물론, 생명과 직결된 의약품 가격을 국내외 시장에서 인위적으로 높이는 특허 제도에 대해 미국 좌우 양 진영의 불만도 커져 가고 있다. 하지만 결국 가장 합리적인 특허 개혁안을 제시한 것은 ALEC 같은 단체의 골수 특허 옹호주의자도, 볼드린과 러빈 같은 특허 무용론자도 아니었다. 오히려 다소 온건한 목소리가 분별력 있는 의견을 내놓았는데, 제임스 러브도 그 중 하나다. 그는 수년간 남아프리카공화국에 대한 소송을 철회하도록 설득했는데, 지금의 그가 관철하려고 내세우는 의견은 놀라울 정도로 온건하다. 그가 원하는 것은 저개발 국가가 강제실시권을 행사하려고 할 때마다 부유한 나라가 그러지 못하도록 윽박지르는 관행을 그만 두게 하는 것이다. 국제 무역협약에서 허용하고 있는데도, 가난한 나라는 강제실시권 행사를 몹시 꺼린다. 왜 그럴까? 미국 정부의 징벌적 제재와 거대 제약회사의 소송에 따르는 경제적 부담이 두렵기 때문이다.31)

오늘날 점점 많은 나라가 여기에 저항하고 있다. 2012년 3월, 인도 특허청은 처음으로 강제실시권이 적용된 제너릭 의약품 제조허가를 발행했다. 국내 제너릭 업체인 나트코Natco가 인도의 암 발병 급증에 제동을 거는 데 꼭 필요한 신장과 간암 치료제 넥사바르의 저렴한 복제약을 생산하도록 허용하기 위해서였다. 독일의 바이엘Bayer이 넥사바르의 특허를 보유하고 있다. 인도의 강제실시권 발동으로 나트코는 바이엘 대비 97퍼센트 저

렴하게 약을 공급하고, 바이엘에 6퍼센트의 로열티를 지급하게 되었다.32)

인도의 사례는 강제실시권 집행이 꼭 필요한 의약품에 대한 접근성을 보장하는 데 효과적임을 시사하긴 하지만 실제로 이렇게 집행된 사례는 드물다. 2000년대 초 이후, 미국 정부는 의약품 접근성과 연관된 수많은 무역협정을 성사시키기 위해 협상을 진행했다. 미-중미 자유무역협정 즉, CAFTA가 좋은 예다. 2005년에 체결된 CAFTA는 몇 가지 중요한 측면에서 TRIPS의 안전조치를 무력화시킨다. CAFTA 회원국은 의약품 데이터에 대한 브랜드 제약회사의 구체적인 독점 권리를 보장해야 한다는 조항이 그 한 예다. 대부분 국가에서 특정 의약품에 대한 특허가 만료되면, 국내 복제약 제조사는 해당 약의 안전성과 효능 시험을 다시 할 필요가 없으므로 단기간에 저렴한 약을 공급할 수 있다. 하지만 CAFTA 조항은 특허가 만료된 이후에도 복제약 제조사가 브랜드 의약품의 시험결과를 일정 기간 사용할 수 없도록 규정하고 있다. 이것을 '데이터 독점권'이라고 부른다. 가령 과테말라에서는 거대제약회사에 데이터 독점권을 주기 위해 국내법을 수정해야 했다. 쉽게 말해, CAFTA에 비하면 TRIPS는 채찍을 휘두르는 독재자 옆에서 너그럽게 웃고 있는 부모 같은 느낌이다.33)

또 다른 문제는 CAFTA가 저소득 국가의 규제 당국으로 하여금 전통적으로 제약회사가 담당하던 특허침해 감시 책임을 떠안도록 강요한다는 점이다. 워싱턴대학 인권센터Center for Human Rights의 안젤리나 고도이Angelina Godoy 소장은 이전의 특허 제도하에서, 더 정확히는 현 미국의 법제도 하에서 특허 침해를 적발하고, 나아가 원하는 경우에 소송을 제기하는 것은 특허 소유권자의 책임이라는 사실을 강조한다. CAFTA는 그 책임을 각 국가에 전가하고 있다. 개도국의 의약품 규제 당국은 그 책임을 이행할 재정적 기반이 없는 상태에서 특허 침해에 재빠르게 대응하지 못한다는 이유로 민간 제약회사가 제기하는 소송에 끊임없이 시달리고 있다.34)

다소 아이러니한 이야기지만, 미국 정부는 국내에서 훨씬 적극적으로 강제실시권을 적용한다. 그 동안 미국 정부는 특허받은 암 치료제가 더 활발하게 유통되고, 콘텍트 렌즈 제조를 늘리고, C형 간염 진단 기술에 대한 접근성을 높이기 위해 강제실시권을 행사했다. 2006년 미국 법원은 마이크로소프트가 마이크로소프트 오피스의 사양과 관련하여 z4 테크놀로지스 소유의 두 가지 특허를 사용하도록 강제실시권을 허용했다.35)

현 특허 제도가 **부유한 국가의 이익을 보호하는 데 효과적이라는 점은** 빌 게이츠의 말이 옳다. 그의 잘못은 이 제도가 가난한 나라를 위해서도 **효과를 발휘**한다고 주장한 점이다.

해외 원조의 브랜드 이미지

2013년 초 게이츠재단은 시애틀 본사에서 "언론계 전략적 동반자들"과 모임을 가졌다. 『뉴욕타임스』, 『가디언』, NBC, NPR, 『시애틀타임스』 관계자자 모두 모였다. 시애틀에서 활동 중인 톰 폴슨Tom Paulson 기자에 따르면, 이 행사의 목적은 국제 원조 및 개발 관련 '보도 기법 개선'이었다. 즉, **언론사가 재원 낭비나 부정부패 같은 내용보다 좋은 쪽에 초점을 맞춰 기사를 쓰도록 하기 위함**이었다.36)

2013년 게이츠재단은 '원조가 세상을 구한다: 세상에 말하라'라는 제목의 프로젝트를 위해 다국적 홍보 회사인 오길비Ogilvy에 10만 달러를 지원했다. 오길비PR은 세계적인 마케팅기업 오길비앤매더Ogilvy and Mather의 계열사다. 게이츠재단이 오길비를 넉넉하게 후원하고 있다는 사실은 보다폰의 사례에서 제기된 것과 같은 종류의 의문을 갖게 한다. 왜 그렇게 수익을 많이 내는 회사가 마케팅이나 사업 확장을 스스로 해결하지 못하는 걸까?

아울러 원조가 정말로 본래의 목적을 훌륭히 달성하고 있는 것이 사실이라면, 왜 굳이 오길비 같은 거대 홍보회사를 통해 그런 메시지를 효과적으로 전달할 필요가 있을까? 좌우 진영의 많은 관찰자들은 문제는 마케팅이 아니라, 마케팅의 대상인 '제품'이 시원치 않기 때문이라고 생각한다. 즉, 원조가 제대로 효과를 발휘하지 못하기 때문이라는 것이 관찰자들의 주장이다. 하지만 현실과 반대되는 주장을 선전하려는 노력은 결국 한계상황을 더욱 고착화시킬 뿐이다. 조건부 원조, 즉 IMF 등이 특별한 조건이 충족되었을 때에만 제공하는 융자, 부유한 나라에게 특혜를 주는 특허 제도 등은 현재의 개발정책이 가난한 국가를 기만하는 소수의 사례에 불과하다. 부자 나라의 보호 정책 가운데 특히나 어처구니가 없는 일례는 OECD 회원국이 가난한 나라에서 제조되는 상품에 부과하는 관세가 부유한 나라 제품에 적용하는 관세 대비 네 배나 된다는 점이다.[37]

북아메리카와 유럽 정부가 자국 에너지, 제약, 농업부문에 제공하는 막대한 보조금 역시 부국에게는 매우 유리한 수단이다. 이 보조금으로 인해 빈국은 서구 다국적 기업과 경쟁이 아예 불가능하거나, 설령 가능하다 해도 경쟁에서 살아남기가 어려워진다. 한 예로, 2000년에 유럽연합은 소 한 마리 당 913달러 상당의 농업 보조금을 지급한 반면, 사하라이남에서는 1인당 약 8달러의 원조를 받았다.[38]

하물며 그런 원조에도 조건이 붙는다. 가령 미국 정부는 현재 전 세계 모든 식량원조의 50퍼센트를 담당하고, 매년 여기에 약 20억 파운드를 지출한다. 미국 식량원조의 대부분은 조건이 붙어 있다. 미국 법에 따라 원조 식량은 아무리 저렴한 대안이 있더라도, 반드시 미국 업체로부터 공급받아, 미국 배로 수송해야 한다.

2010년, 미국 국제개발협력처(USAID)는 원조 물품 조달 시 미국 회사가 아닌 가난한 나라 생산자가 제공하는 상품과 서비스를 구입할 수 있도록 정책을 수정했다. 이러한 변화는 빈곤한 지역의 자립에 도움을 준다는 찬사를 받았지만, 안타깝게도 미국의 재정 지원을 받는 식량원조와 미국 특허 의약품은 새로운 법 적용에서 제외되었다. 2010년, 미국이 제공하는 지원금의 40퍼센트가 아처다니엘스미들랜드Archer Daniels Midland(ADM), 벙기Bunge, 카길Cargill 등 세 개의 미국회사로부터 식량을 구입하는 데 사용되었고, 원조 물품의 75퍼센트가 미국 배에 실려 수송됨으로써, 미국의 원조로 활력을 띄어야 할 국가의 숨통을 막는 결과로 이어졌다.[39]

개별 수원국의 상황을 살펴보면 현실은 더욱 분명히 드러난다. 글로벌 개발협력센터Center for Global Development의 개발 전문 경제학자 오언 바더Owen Barder
는 미국 정부가 2010년 캄보디아 식량원조를 위해 지출한 500만 달러 가운
데, 350만 달러가 운임 및 기타 물류비용으로 소진되었다는 점을 환기시켰
다. 다시 말해 총 예산의 70퍼센트는 식량을 운반하는 데 사용되었다는
뜻이다. "자국 기업의 배를 불리는 데 사용되는 돈을 OECD는 언제까지
원조라고 부를 것인가?"40)

아마도 개도국이 직면한 가장 눈에 띄는 과제는 **조세 회피** 문제일 것이
다. 매년 조세 회피로 약 20억 파운드의 손실을 보고 있는 잠비아는 최근
새로운 법을 제정하여 광산 업체가 수출로 발생한 이익을 다시 잠비아로
가져오도록 했다. 잠비아 세무당국이 배당금과 기타 비용을 조사하여 제
대로 세금을 냈는지 판단하도록 하기 위해서이다. OECD 정책 담당자들
은 서둘러 이 같은 조치를 비난하며 개별국가의 무분별한 행위가 명확한
기준 없이 규제를 남발하는 결과로 이어질 수 있다고 경고했다. 또, G8과
G20 차원에서 기업의 조세 회피에 어떻게 대응할지 합의하기도 전에 잠
비아가 섣불리 행동에 나섰다며 질책했다.41)

최근 탄자니아의 한 국회의원은 1990년대 말 세계은행과 IMF가 조세
회피를 가능하게 하는 허점을 조장함으로써 아프리카 국가가 원조로 받
는 돈의 두 배에 해당하는 비용을 치르게 되었다고 지적했다. 또 탄자니
아 공인회계위원회 지토 카브웨Zitto Kabwe 전임 회장은 언론과의 인터뷰에
서 "조세 회피가 우리를 죽이고 있다. 오랫동안 하지 못했던 이 이야기를
빼놓고는 아프리카의 빈곤을 설명할 수 없다"고 역설했다.42)

잠비아와 탄자니아는 G8이나 G20의 회원국도 아닌데, 훨씬 부유한 이
들 단체의 회원국이 고안한 규정으로 인해 구속을 받고, 감히 부자들의
승인도 받지 않고 국내법을 적용했다는 비난까지 받는다. 게이츠재단이
해외 원조의 '미담'을 우선 보도하도록 언론을 설득하고 지원하는 것은,
이런 종류의 현실은 기사화되지 않도록 하겠다는 의지를 보인 것이다. 가
난한 나라의 희생을 바탕으로 미국과 유럽의 다국적기업과 정부가 자신
에게 유리한 무역정책을 펼친 결과 경제 개발이 효과를 거두지 못한다는

점이 부각되지 않도록 하겠다는 뜻이다. 이러한 점을 지적당한 빌 게이츠는 여러 차례에 걸쳐 그런 비난을 "냉소적"이라거나, 심지어 "악의적"이라고 치부했다. 2013년 5월 뉴사우스웨일즈대학에서 열린 회의에서 담비사 모요의 베스트셀러 『죽은 원조』(Dead Aid, 2012, 알마)에 대한 의견을 묻자, 빌 게이츠는 이 책을 강한 어조로 비난했다. "아이들이 죽게 내버려두지 않는 것은 의존이 아니다. 아이들이 병들지 않도록, 아파서 학교에 가지 못하는 일이 없도록, 영양부족으로 뇌 발달에 지장을 초래하지 않도록 애쓰는 것, 이런 것들은 의존이 아니다"라며, "그런 노력을 의존이라고 부르는 것은 악의적이다. 이런 책은 악을 조장한다"고 덧붙였다.[43]

모요의 책이 지나치게 일반화하는 경향이 있긴 하다. 하지만 저자의 주된 목적은 미국과 유럽의 보호정책이 아프리카의 발전에 걸림돌이 될 수 있다는 점을 지적하는 것이고, 그녀의 지적은 옳다. 개발 전문가 클레어 프로보스트Claire Provost의 말에 따르면, 부유한 나라에서 가난한 나라로 유입되는 원조는 아프리카 국가들이 밖으로 새어나가는 세금으로 인해 겪는 손실에 비하면 "미미한" 정도다. 무역 규범과 이민 정책이 개발에 더 큰 영향을 미친다.[44]

미국과 유럽의 기업 보조금 및 수입 규제가 계속해서 아프리카의 성장을 저해하는 마당에 정말로 원조가 효과를 발휘한다고 말할 수 있을까? 중저소득 국가가 앞장서서 현재의 특허 제도를 개선하려 하는데 과연 빌 게이츠처럼 이 제도에 대해 낙관해도 될까?"

바이엘과 마이크로소프트 같은 지배적인 기업이 특허권을 이용해 소규모 경쟁사를 물리치려고 하는 관행이 의약품과 소프트웨어에서만 국한된 현상일까? 농업부문만큼 지적재산을 둘러싼 싸움이 치열한 분야도 없다. 몬산토는 수많은 영세 농가를 상대로 공격적인 소송을 제기했다. 오늘날, 게이츠재단의 지원을 받은 몬산토는 아프리카 진출을 꿈꾸고 있다.

7. 언제나 코카콜라

게이츠재단은 2000년대 중반부터 농업에 상당한 금액을 투자하기 시작했고, 재단의 이러한 행보가 처음에는 널리 환영을 받았다. 질병 퇴치에 국한되었던 보건분야에서 재단의 관심이 개발(development)이라는 큰 그림에 좀 더 총체적으로 접근하는 듯했다. 건강한 세계를 만들기 위해서는 제약회사가 만드는 '특효약'으로는 치유할 수 없는 근원적인 문제, 가장 기본적이면서도 좀처럼 해결되지 않는 영양 증진, 깨끗한 물 공급 등의 과제가 우선 해결되어야 함을 인식하는 듯 보였다.

재단이 관여한 다수의 농업 관련 프로젝트는 개도국 자작농이 현지에서 생산된 종자를 이용해 자체적으로 시장을 개척할 수 있는 능력을 함양했다는 점에서 농민 중심의 접근을 시도했다는 찬사를 받았다. 한 가지 예가 번영을 위한 구매Purchase for Progress(P4P) 프로젝트로 UN의 식량원조 관련 부문인 세계식량계획World Food Program(WFP)이 주도한 프로그램이다.

게이츠재단을 비롯한 자선재단의 후원을 받은 P4P 프로젝트는 정해진 가격에 일정량의 농작물 구매를 보장함으로써 소규모 자작농을 위한 시장 창출을 목표로 한다. 시장이 확보되니 대출도 쉬워진다. 과거 WFP식량지원은 부유한 나라에서 가난한 지역으로 구호식량을 보내는 형태로 진행되었기 때문에 결국 개도국의 산업이나 개별 농가가 아니라 미국 거대 곡물업체의 배만 불리는 결과를 낳았다.

1960년대와 70년대, WFP는 미국과 유럽의 거대 곡물업체로부터 거의 독점적으로 구호 식량을 조달했다. ADM, 카길 등의 업체로부터 잉여 식품을 구매하여 해외로 운송하는 방식이었다. 2012년 코넬대학Cornell University

연구팀의 발표에 따르면 미국에서부터 운송하는 편이 경제적인 경우는 식물성 가공유 등 극히 일부 제품에 한한다. 대부분의 식량은 현지 조달하는 경우 훨씬 비용이 저렴하며, 밀 등 곡류의 경우 50퍼센트, 렌틸 콩 등의 식품은 25퍼센트의 비용절감 효과가 있다.[1)]

1990년대 들어 WFP는 기아에 시달리는 지역 인근 국가에서 식량을 조달하기 시작했는데, 주로 아프리카나 아시아의 거대 농산물 공급업체로부터 식량을 구매했다. P4P 프로젝트는 여기서 한발 더 나아갔다. 그 해의 작황에 상관없이 안정된 시장을 보장함으로써 지역 소규모 농가들이 잉여 작물을 생산하도록 장려하였다.

물론 P4P가 해외 식량원조를 대신할 수는 없지만 전 세계 식량 시장에서 미국과 유럽의 다국적 회사가 차지하고 있는 시장지배적 위치에 작은 변화가 될 수는 있다. 식량수출업계는 현재 소수의 다국적기업이 여러 시장을 독점적으로 지배하는 형태를 띠고 있다. 몬산토의 유전자 변형 종자, 카길의 곡물과 가금류 등이 그 예다. 카길은 세계 최대의 농산물 생산 기업으로, 본사는 미국에 있고 상품 거래는 스위스에서 운영한다. 창업주는 곡물거래업에 종사하던 가족이었고, 이후 계속 비상장 개인소유 기업 형태를 유지하고 있다. 카길과 다른 세 업체, ADM, 벙기, 루이 드레퓌스 Louis Dreyfus 가 전 세계 곡물 거래의 75퍼센트에서 90퍼센트를 장악하고 있다. 정확한 수치가 나오지 않는 이유는 카길과 루이 드레퓌스가 비상장기업이라 공식적인 데이터를 발표하지 않기 때문이다.

소수 업체에 의한 식량 생산의 독점은 소비자들은 물론 빈국과 부국 모두의 농부들에게 매우 큰 부담이다. 한 가지 문제점은 상품 구매자와 소매업자가 주요 식량 생산자, 소규모 낙농업자로부터 구입하는 가격을 낮추려고 한다는 점이다. 낮은 가격이 소비자에게 이익이라고 생각할 수도 있지만, 반드시 그런 것만은 아니다. 대다수 생산자가 겪는 손실에 비하면, 실제 소비자가 식료품점에서 지불하는 가격은 별로 떨어지지 않기 때문이다. 2011년 옥스팜 보고서는 기업 간 담합을 강화함으로써 몬산토, 카길 등이 "식품 유통 체인에서 최대한의 가치를 뽑아내게 되는 반면, 비용과 위험은 고스란히 약자들, 대개는 유통체인 말단의 농부와 노동자가 감당하게 된다"고 주장한다.2) UN 식량권 특별조사관을 지낸 올리비에드 셔터Olivier de Schutter는 "대형 곡물상이 자신들의 독점권을 남용하지 못하도록 하는 데에는 독점규제법이 효과적"이라고 제안했다. 미국에서는 법무부와 농무부가 공동으로 새로운 입법을 고려하고 있으며 유럽에서도 유사한 정책이 추진 중이다.

게이츠재단은 2012년 연례서한에서 기아와 세계 식량가격 인상문제를 중점 거론했다. 빌 게이츠는 재단이 거의 20억 달러에 가까운 금액을 농업 관련 프로그램에 지출했다면서, "가족을 먹이기 위해 카사바를 재배한 크리스티나 므윈지페Christina Mwinjipe 같은 이들을 돕는 것이 목적"이라고 말했다. 또, "크리스타나와 같은 농부, 대도시 슬럼가에서 사는 극도의 빈곤층에게 식량을 공급하는 것이 가장 시급한 과제"3)라고도 말했다.

연례 서한 전반에 걸쳐 빌 게이츠는 지속 가능한 토지관리, 산지 농부와 시장의 연계 등 재단이 농업문제에 어떻게 접근할 것인지를 상세히 소개하고 있다. 하지만 재단이 최근 종자와 식량 가격 급등을 야기한 주범으로 여겨지는 골드만삭스와 몬산토에 투자했던 전력에 대해서는 언급하지 않았다.

골드만삭스, 몬산토와 게이츠재단 간의 긴밀한 관계를 자세히 살펴보면 왜 게이츠재단의 세계 농업에 대한 투자가 식량 불안정을 해소하기보다 더욱 악화시킬 수 있는지 이해할 수 있을 것이다.

세계곡물시장과 몬산토, 골드만삭스 그리고 게이츠재단

세계 식량가격은 2006년 밀, 대두, 쌀, 식용유 등의 주요 산물 가격이 30년 만에 최고치를 기록하면서 급격히 상승하기 시작했다. 일부 국가에서 가격은 2000-2004년 평균 가격보다 50퍼센트가량 단기간에 폭등했다. 2008년, 곡물가격지수는 2000년 대비 2.8배 상승했고, UN식량농업기구의 세계

식량가격지수도 사상 최고치를 기록했다. 이 같은 폭등에는 세계적인 가뭄과 저조한 수확량, 가축 생산 부진 등이 원인으로 작용했다.4)

식량위기는 아이티와 같은 빈국에 국한된 문제가 아니다. 미국에서도 2006년 3,620만이던 '식량 불안 가구'의 수가 2008년에는 4,900만을 넘었다. 2012년 10월 발표된 영국 정부의 통계에 따르면, 2007년 식량 가격이 처음 오르기 시작한 직후부터 영국 최빈곤층 가구의 식량 구입이 줄어들기 시작했다. 이후, 가공식품의 소매가격은 36퍼센트 상승했으며, 특히 2012직전 15퍼센트가 상승했다. 과일 가격은 2007년 이후 34퍼센트 올랐고, 채소 가격은 22퍼센트 올랐다.5)

가격 폭등으로 다수의 곡물 생산업자들이 큰돈을 벌었다. 2008년 3분기, 카길은 86퍼센트의 이익 상승을 누렸고, 여기에서 상품거래부문이 큰 비중을 차지했다. "개도국의 식량 수요와 세계 에너지 수요로 농작물 수요가 크게 상승했고, 동시에 투자가들의 돈이 상품시장으로 흘러 들어왔다"고 카길의 CEO 그레그 페이지Greg Page가 말했다.6) 그런데 **2008년 상품시장에 투자가 몰렸던 정확한 이유는 뭘까? 소비자들의 가계를 쪼들리게 만든 가격 급등에 상품시장이 어떤 역할을 했을까?** 이 질문의 답은 거의 알려지지 않은 1990년대 미국 정부의 규제정책 변화를 살펴보면 알 수 있다. 당시 미국 정부는 세계 상품시장을 뒤흔드는 투기 세력을 잡아보려는 의도로 다수의 법 조항을 완화했다.

상품시장의 투기는 유구한 역사를 지니고 있다. 근대적인 상품 거래는 미국 경제의 급격한 성장이 세계 수요를 앞지르면서 야기된 1857년 공황 시기에 시작되었다. 1년 남짓한 기간에 곡물 1부셸당 가격은 2달러 가까이 떨어졌고 절망한 농부들에게는 미래의 가격 하락에 대비할 수 있는 방법이 절실했다. 농부들은 미래의 어느 시점에 정해진 양의 곡물을 정해진 가격에 인도하기로 합의하는 선매도계약에서 해법을 찾았다. 대개, 가격은 현 시점의 가격보다 낮게 책정되었다. 농부들은 앞으로 수확할 농작물을 확실하게 팔 수 있다는 보장을 대가로 가격의 일정부분을 기꺼이 희생했다. 그렇지만 농사일에 바쁜 농부에게는 미래의 구매자를 찾아 한

없이 기다릴 만큼의 시간 여유가 없었다. 그래서 등장한 것이 판매자와 구매자를 연결시켜 주고 수수료를 받는 금융중개인, 즉 투기꾼이었다. 투기꾼은 수수료 이외에도 가격 변동을 이용해 돈을 벌었다. 매수 계약과 매도 계약을 함께 맺어 시장이 약세건, 강세건 차익을 챙겼고, 다른 투자자를 빈털터리로 만들었다. 곡물 선매도는 투기꾼에게는 매우 유리한 구조였지만, 농부들은 곧 속임수를 의심했다.

미국상품선물위원회 US Commodity Futures Trading Commission(CFTC)에서 거래와 시장 부서를 담당했던 마이클 그린버거 Michael Greenberger는 "이미 1892년에 농부들이 의회에서 증언을 했다"고 말했다. CFTC는 선물과 옵션 시장을 감독하는 미국 정부기관이며, 1936년 루즈벨트 대통령이 상품거래법의 발효를 승인함으로써 생겨났다. 루즈벨트는 파생상품이 법의 규제를 받지 않고 거래되면서 1929년 시장 붕괴를 야기했다고 지적하면서 단순 투기목적만으로 상품시장에 뛰어드는 투기세력을 감독할 새로운 정책이 필요하다고 주장했다. 그의 노력은 '로컬'에 인해 속수무책으로 손해를 보는 농부들의 불평에 대응하기 위한 것이었다. '로컬'은 농부들처럼 가격 변동에 대한 대비책이 아니라 순전히 이익을 목적으로 곡물가격 변동을 이용하는 시카고 투기꾼을 일컫는 은어다. 루즈벨트가 내놓은 해결책은 단순하고 효과적이었다. 그는 시장의 일부 참여자의 포지션(약정)에 한도를 정했다. 즉, 곡물 거래의 직접 당사자가 아니면, 다시 말해 실제 농산물 생산자가 아니면 선물계약 건수를 5,000건으로 제한한다는 내용이었다. 이 같은 제한은 1990년대까지 효과를 발휘했지만, 골드만삭스는 정부와 협상을 통해 포지션 한도의 적용을 받지 않게 되었다.[7]

1991년 골드만삭스는 획기적인 발명품을 내놓는다. 이른바 골드만삭스 상품 지수 GSCI라는 금융 지표였다. GSCI는 커피, 코코아, 옥수수, 밀 등 거래되는 여러 가지 상품의 거래 추이를 분석하여 각 상품의 투자가치를 간단한 수식으로 단순화 시켜놓은 일종의 파생상품이다. 다른 기관도 이를 본받아 자체 상품 지수를 개발했다.[8] 이런 지수는 상품 금융시장을 혁신하고, 유동성을 향상시키고, 생산자들이 엄청난 가격 폭락에 대한 대책을 마련토록 하는 유용한 도구가 될 수 있었을지도 모른다. 세 가지만 아니었다면 말이다.

첫째, 끈질긴 로비 끝에, CFTC는 골드만삭스를 포지션 한도 규제 대상에서 제외시키기로 합의했다. 둘째, 골드만삭스의 규제 대상 제외에 힘입어 1990년대 규제 완화 흐름이 이어졌고, 다른 기관도 원하는 대로 선물거래 약정을 맺을 수 있게 되었다. 셋째, 2008년 금융시장 붕괴로 주요 기관투자가가 카길 CEO의 말대로 "안전한" 농산물시장으로 다시 밀려들어왔다.

거의 한순간에 농산물시장 투기가 폭발적으로 증가하면서 곡물의 '현물'가격, 즉 현장에서 인도되는 농산물 가격에 왜곡이 일어났다. 거래되는 상품에는 변화가 없고, 중국 등 신흥시장에서 소비가 증가하면서 2008년 직전 일부 상품 수요가 공급을 상회하긴 했지만 그토록 전례 없는 가격 폭등을 야기할 정도는 아니었다. 식량 전문가이자 언론인 프레더릭 코프먼Frederick Kaufman은 이 문제에 대해, "가격이 스스로 수요를 창출하기 시작하는 것 같았다"라고 평했다.

2008년, 헤지펀드 매니저 마이클 매스터스Michael Masters가 미국 의회에서 원유 투기자본의 영향에 대해 증언했다. 일명 '매스터스 가설'이라고 알려진 발언을 통해 그는 상품시장에서 과열된 투기 거래가 원유와 식량 가격 폭등의 원인이라고 주장했다. 일례로 밀 가격은 점점 더 많은 사람이 밀 가격이 상승할 것이라고 예측하면서 실제로 오른다. 하지만 매스터스의 공격에 대한 역공이 이어졌다. 매스터스 자신에게 다른 속셈이 있다는 것인데, 그가 투자한 주식, 특히 항공사 주식이 유가 상승으로 큰 타격을 받았다는 주장이다. 하지만 투기론을 주장하는 사람이 매스터스 한 사람만은 아니었다. 조지 소로스 역시 연금기금 같은 기관 투자자가 상품 지수에 투자하면서 버블을 부추기고 있다고 주장했다. 그는 몇 가지 정책을 제안했는데 그중에는 미국공공연금이 상업 지수에 투자하지 못하게 막을 것, CFTC가 1990년대 골드만삭스를 비롯한 투자은행에 허용한 포지션 한도 면제를 철회하고 다시 규제를 강화할 것 등이 포함되어 있다. 코프면, 매스터스, 소로스는 모든 시장 참여자에게 선물 계약 한도를 부과하라는 것이 아니라, 직접 참여자가 아닌 경우에 한하여 한도를 두자는 것이었다. 즉, 직접 농산품을 생산하지 않는 투자가를 규제 대상으로 하자는 것이다.

워싱턴 정가는 그들의 주장을 크게 환영했다. 2009년, CFTC 전임 위원장 게리 겐슬러Gary Gensler는 상원에서 "에너지와 곡물 투기가 농부들과 소비자들에게 상처를 입혔다고 확신한다"는 강력한 메시지를 전달했다. 겐슬러의 지휘 아래 CFTC는 2010년 발효된 도드-프랭크 월스트리트 개혁과 소비자 보호법에 의거하여 다시 한 번 일부 기관을 포지션 한도로 규제하고자 했다. 예상대로 겐슬러의 시도는 미국 최대의 상품 투기세력을 대변하는 기관의 거센 반발에 부딪쳤다. 업계의 강력한 지지에 힘입어, 기관들은 CFTC의 규제 노력에 법적으로 대응했고 승리했다. 2012년, 골드만삭스를 비롯한 원고 측의 승리로 끝난 재판의 판결문에서 미국 지방법원은 CFTC에게 포지션 한도를 부과할 권한이 없다는 판결을 내렸다. CFTC는 항소의사를 밝히며, 시장을 무법천지로 만들어버린 과거의 정책을 뒤늦게나마 바로잡으려는 민망한 노력을 계속했다.

다수의 경제 석학들도 매스터스, 소로스, 코프먼을 지지했다. 2011년, 450명의 경제학자들은 G20 정부에 식량 시장의 지나친 투기를 억제하도록 촉구하는 서한에 서명했다. 그들은 단순히 투기가 가격 상승을 부추긴다고 주장하는 것이 아니었다. 최근 유가 급락으로 큰 타격을 입은 측에서는 투기 과열로 가격이 오히려 곤두박질 칠 수도 있다고 우려했다. 압달라 살렘 엘 바드리Abdalla Salem el-Badri 석유수출국기구OPEC 사무총장은 2014년 말 CNBC와의 인터뷰에서 이같이 강조했다. "펀더멘탈만 본다면 가격이 폭등할 이유가 없다. 시장의 공급과잉도 가격이 28퍼센트나 하락할 정도로 심각하지는 않았다. … 우리는 투기가 일부 영향을 미친 것으로 보고 있다."9)

에섹스대학University of Essex 닐 켈라드Neil Kellard 재무학 교수도 서명한 450명의 경제학자들 중 하나였다. 그는 단순히 가격 상승 압박을 억누를 것이 아니라, 변동성을 다스려야 투기세력이 아닌 실 생산자가 미래의 위험에 대비할 수 있을 것이라고 강조했다. 그는 매스터스와 소로스에 대해 이렇게 말했다.

> [그들은] "안 돼, 우리에게는 규제, 거래 제한, 투기거래 포지션에 대한 한도가 필요해"라고 앞장서서 말해 왔다. 가장 어려운 점은 투자자가 어떤 포지션을 취하고 있는지 파악하는 것이다. 유럽에서는 아직 그런 정보까지 파악하기는 어렵다. 미국에서는 2006년 이후에야 종합적인 정보는 아니지만 제대로 정보를 수집할 수 있게 되었다. … 사람들은 투기 자본이 가격을 어떤 식으로든 변화시키는 것 같기 한데, 증거가 어디 있냐고 묻는다.

그 증거가 속속 드러나고 있다. 2008년 이후, 여러 가지 연구를 통해 선물가격이 현물가격 변동을 가져올 수 있다는 점이 확인되었다. 스탠퍼드대학 연구팀은 선물가격 급등이 구매자가 현장에서 지불하는 현물가격에 영향을 미친다고 보고했다. 최근 하버드대학 경제학자들의 동료평가를 거친, 뉴잉글랜드 콤플렉스 시스템스 인스티튜트New England Complex Systems Institute의 분석 자료는 투자가의 투기와 에탄올 변환이 가격 상승의 주원인이라고 주장하고 있다.10) 최근 브리핑 보고서에서 드 셔터 전임 UN 식량권 조사관은 투기 버블의 등장이 가격 급등의 원인 중 큰 부분을 차지한다고 말했다.11) 그의 전임자인 장 지글러Jean Ziegler는 한 걸음 더 나아갔다. 언론에 크게 보도된 바 있는 발언을 통해 그는 상품시장의 투자 붐을 전 세계 식량 시장을 "공포"로 몰아넣은 "침묵의 대량 살상범"이라고 칭했다. "떼 지어 나타난 트레이더, 투기꾼, 금융 사기꾼들이 미쳐 날뛰더니 불균등과 공포가 지배하는 세상을 만들었다. 우리는 이것을 막아야 한다."12)

2008년에 워런 버핏은 싼 값에 골드만삭스 주식을 매입했다. 2014년 2월 현재, 워런 버핏의 버크셔해서웨이가 보유한 골드만삭스의 주식 가치는 22억 달러로 골드만삭스는 버핏의 주식 포트폴리오에서 11번째 규모가 되었다. 또한 워런 버핏은 골드만삭스의 세계 10대 주주 가운데 하나가 되었다. 게이츠재단도 최근까지 골드만삭스의 주식을 직접 소유한 주주였다. 2010년 50만 주를 매입했고, 몇 달 후 조용히 팔았다. 미국 증권거래위원회Securities and Exchange Commission(SEC) 기업 정보 파일에는 골드만삭스 주식 보유 사실이 드러나 있지 않다. 주식을 처분한 후에도 게이츠재단은 여전히 버크셔해서웨이 지분을 통해 골드만삭스와 밀접한 관계를 유지하고 있다.13)

두 기관의 관계가 단순히 투자로만 맺어진 것은 아니다. 골드만삭스에 있던 관계자가 게이츠재단 자문위원으로 발탁되는 사례도 있었다. 2007년, 게이츠재단이 세 사람의 이사진 (게이츠 부부와 워런 버핏) 이외의 외부에 대해 경영이나 활동에 대한 책임성이 결여되어 있다는 지적을 받은 후, 재단은 국내 사업부문과 국제 개발부문에 각각 하나씩 2개의 자문위원회를 신설한다고 발표했다. 당시 골드만삭스의 이사회에 속해 있었고 이후 내부자 거래 규정 위반으로 실형을 살게 되는 라자트 K. 굽타Rajat K. Gupta가 국제개발 자문위원장으로 임명되었다. 그는 이후 내부자 거래 혐의를 받은 후 위원장 자리에서 물러났다.

게이츠재단과 골드만삭스의 긴밀한 관계는 언론으로부터 소소하지만 불편한 지적을 받기도 했다. 『가디언』이 게이츠재단과 제휴하여 운영하는 개발협력 블로그, 파버티 매터스Poverty Matters도 그 중 하나다. 해당 블로그에 글을 쓰는 존 비달John Vidal은 게이츠재단의 골드만삭스 지분 투자가 빈곤지역 소규모 농가들이 재단과 농산물 거대 기업 몬산토의 제휴에 대해 문제를 제기할 무렵 이루어졌다고 지적했다. 골드만삭스에 투자한 해인 2010년 게이츠재단은 몬산토 주식 2,300만 달러어치를 매입했고, 카길과는 모잠비크의 '콩 관련 가치 사슬 개발' 지원을 위해 협력한다고 발표했다. 이후 재단은 몬산토 지분을 매각했지만 몬산토가 아프리카 시장에서 세를 확대하기 위해 벌이는 여러 자선사업에 여전히 함께 참여하고 있다.

몬산토 같은 회사와 손을 잡음으로써 번영을 위한 구매(P4P) 등 게이츠

언제나 코카콜라 239

재단이 투자한 개발 사업의 긍정적인 효과는 상쇄되고, 몬산토의 강압적인 전술에 생계를 위협받은 농부들로부터 당혹감과 분노를 유발하고 말았다. 의외의 인물인 워런 버핏의 아들까지 게이츠재단의 농업분야 활동을 비난하고 나섰다. 오랫동안 아프리카 농가 지원프로그램에 자선 기부 활동을 해 온 하워드 버핏Howard Buffett은 최근 CBS의 '60minutes'에 출연해 빌 게이츠가 미국에서 제조된 고가의 비료와 유전자 변형 종자를 아프리카의 농업부문 개발을 위한 해결책이라고 주장한다며 비난했다. 그는 빌 게이츠가 미국식 산업형 농업을 아프리카에 수출하려 한다며, 과거 자신의 비슷한 경험에 비추어 그런 시도는 성공하지 못할 것이라고 말했다. "효과를 보지 못할 것이다. 미국에서 하던 대로 하겠다는 생각은 버려야 한다." 하워드 버핏의 비난은 훈훈한 격려로 마무리되었다. 그는 게이츠재단이 몇 가지 긍정적인 사업을 지원하고 있으며, 빌 게이츠는 "내 아버지 다음으로 세계에서 가장 똑똑한 사람"이라고 칭찬했다.14)

하지만 그가 전달하고자 하는 메시지는 분명했다. 값비싼 변형 종자와 합성 비료 수입은 아프리카 등지의 농업 시장 발전을 위한 최선의 해결책이 결코 아니라는 점이다. 섣불리 첨단 기술을 적용한다고 해서 개발 단계에 있는 현지 시장이 거대 다국적 기업과 경쟁할 수 있을 리 없고, 소규모 자작농들이 든든한 자본으로 무장한 거대기업과 끊임없는 특허전쟁에 휘말릴 수 있다는 점이 한 이유다. 게이츠재단이 추구하는 정책대로라면, 아프리카 현지 생산자들은 국내 시장에서 도저히 가격 경쟁력을 가질 수 없기 때문이다.

2006년, 게이츠재단은 록펠러재단과 함께 아프리카 녹색혁명연대Alliance for a Green Revolution in Africa(AGRA)를 창설하였다. 1960-70년대 인도에서 시작된 '녹색혁명'과 유사한 방식으로 아프리카 전역의 농업 생산성을 향상시키는 것이 목표였다. 녹색혁명이라는 용어 자체는 1960년대 미국 국제개발협력처USAID의 한 행정관이 처음 사용했다. 이때부터 수확량이 많은 새 품종이 도입되어 세계 식량생산량은 크게 치솟았고, 인도, 멕시코 등의 국가가 기아에서 벗어나는 데 기여했다. 전 세계적으로 공급 가능한 식

량이 11퍼센트 증가했고, 약 1억 5,000만 명이 만성적인 굶주림에서 벗어났다.15)

안타깝게도 늘 그렇듯, 농부들의 눈에 비친 인도와 라틴 아메리카의 혁명은 얻은 것보다 잃은 것이 더 많은 승리였다. 혁명의 성과는 지역 생태계에 예상치 못한 악영향을 미쳤고, 인도와 남미의 농부와 영세 농가는 극심한 빈곤의 나락으로 떨어졌다.16) 수확이 좋은 개량종 곡식이 시장성을 갖추기 위해서는 대규모 전략이 필요했다. 우선 넓은 땅이 확보되어야 했고, 그 결과 농부들은 고향을 떠나야 했다. 대도시 주변의 슬럼이 마치 인간 해자처럼 빠른 속도로 번져갔다.

인도 영세 농가를 위한 보조금은 한때 녹색혁명의 든든한 버팀목이었지만 최근에는 줄어들고 있다. 반면 미국의 농업 보조금은 줄어들지 않았다. 현재 미국 내 농업 보조금은 연 평균 2,000억 달러에 달한다. 보조금을 받은 미국산 농산물이 인도산보다 싼 값에 시장에 나오는데도, 인도 농부들에게는 몬산토와 같은 미국 업체가 생산한 비싼 종자와 비료를 사용해야 잘 살 수 있다고 끈질기게 종용하고 있는 것이다.

2005년, 몬산토는 인도 내 유전자변형 BT옥수수의 판매를 두 배로 늘렸다. 동네 가게마다 유전자 변형을 거치지 않은 일반 옥수수보다 두 배나 비싼 BT옥수수가 넘쳐났다. 경쟁에서 이기기 위해 농부들은 목화다래벌레에 강하다는 BT옥수수를 살 수밖에 없었다. 하지만 가격이 말 그대로 감당할 수 없을 정도였고, 농부들은 어마어마한 이자를 요구하는 불법 대부 업자에게 점점 큰 빚을 지게 되었다.17)

인도 농부의 자살률이 최근 수년 들어 급격히 늘었다. 빚에 시달린 농부들이 자신들을 절망으로 내몬 주범을 목숨을 끊는 도구로 선택한다는 점은 아이러니한 현실의 잔혹성을 보여준다. 대부분 빌린 돈으로 10달러 남짓한 살충제 한 병을 사다가 잠자리에 들기 전에 병째로 마신다.18) 녹색혁명에 선구적인 역할을 한 공로로 1970년 노벨평화상을 수상했던 노먼 볼로그Norman Borlaug는 나중에야 농약의 과다 사용이 농업혁명의 성과를 일부 훼손했다고 인정했다. 그는 앞으로 비료와 살충제를 더 신중하게 사

용할 것을 촉구했다.[19]

빌 게이츠는 아프리카로 녹색혁명을 확대해야 한다고 여러 차례 제안했다. 그의 발언은 개도국의 분노를 촉발시켰다. 인도의 유명한 환경 운동가, 반다나 시바(Vandana Shiva)는 게이츠재단과 몬산토의 관계를 비난하면서 재단이 "개발도상국 농부들에게 가장 큰 위협"이라고 말했다.[20] 2000년대 말, 시애틀을 근거지로 한 시민운동가들이 AGRA워치(AGRA Watch)를 설립했다. 단체의 웹사이트에서 밝혔듯 AGRA워치는 "게이츠재단의 아프리카 녹색혁명 연대(AGRA) 참여"를 감시하는 것이 목적이다.

2008년, 게이츠재단은 몬산토와 손잡고 사하라이남 지역에 가뭄에 잘 견디는 유전자 변형 옥수수 품종 도입을 목적으로 하는 아프리카 내한성 옥수수(WEMA) 프로젝트를 발족했다. 몬산토는 로열티 없이 종자를 무기한 공급하겠다고 제안했지만, 더 장기적인 경제적 이익을 노린 전략이라는 비판과 우려가 쏟아졌다. 종종 경제적인 이유를 분명히 내세워 대부분의 유전자 변형 작물(GMO)을 거부해온 아프리카 시장에 어떻게든 발을 들여놓으려는 의도라는 것이다.

UN인도적지원조정실(UN's Office for Coordination of Humanitarian Affairs)이 발행하는 소식지, IRIN과의 인터뷰에서, 우간다 차기 예상 내각의 마이클 루루메 바이가(Michael Lulume Bayigga) 보건 장관은 아프리카 정계의 우려를 한마디로 요약했다. "유전자 변형 작물을 갖고 있는 사람들은 아프리카 시장을 노리는 미국, 유럽의 백인들, 중국인들이다. 그들은 시장을 창출하고, 스스로의 역량을 강화하고 있다. … 우리 아프리카 과학자들이 직접 개발하고, 보완하고, 검증한 작물이라면, 나도 신중하게 유전자변형작물 도입에 찬성할 것이다. 하지만 현재 상태의 유전자 변형 작물은 안심할 수 없다."[21]

유전자변형 작물을 아프리카에 도입하는 것은 현지 생산자가 감당해야 할 재정적 비용과 환경 파괴라는 두 가지 위험 요소를 모두 안고 있다. 유전자변형 기술이 장기적으로 안전한지는 아직 알 수 없는데, 몬산토 등이 자사 작물에 대한 연구를 거세게 반대해 온 것도 그 한 가지 원인이다. 유전자 변형 종자를 구매하기 위해서는 종자의 이용 범위를 제한하는 계약서에 사인을 해야 한다. 10여 년간 몬산토, 파이오니어Pioneer, 신젠타Syngenta 등은 이 같은 계약을 통해 자사 제품에 대한 모든 종류의 독립적인 연구를 노골적으로 제한해 왔다. 종자를 공급하는 업체가 승인하거나, 직접 시행하는 연구 결과만 동종업계의 동료평가를 거친 학술지에 실을 수 있었다. "과학자들은 유전자 변형 작물에 관한 독립적인 연구 결과를 출판하기 전에 이들 기업의 허가를 얻어야 한다"고 『사이언티픽 아메리칸』Scientific American의 편집자들이 최근 지면을 통해 밝혔다. "이런 식의 제한은 사라져야 한다."22)

몬산토는 세계 종자 유전자기술의 약 90퍼센트를 보유하고 있다. 유전자 변형 종자는 소유권을 보호받는 기술 자산이기 때문에, 농부들은 종자 사용을 위해 로열티를 지불해야 하고, 가격이 아무리 폭등해도 매 시즌 새로운 종자를 구입해야 한다. 예로부터 농부들은 사용하지 않은 종자를 저장했다가 다음 파종 때 쓰곤 했다. 몬산토 구매자는 유전자 변형 종자를 재사용하거나 판매하지 않겠다는 각서를 써야 한다. 경제학자들은 형질 전환 종자를 도입함으로써 미국 농부가 얻게 되는 경제적 이익은 특허 소유권자가 얻는 이득에 비해 극히 미미하다고 지적한다. 미국 안티트러스트 인스티튜트Anti-Trust Institute의 다이애나 모스Diana Moss는 2000년에서 2008년 사이 미국에서 "[농부들이] 실제 부담한 종자 비용은 옥수수의 경우 연평균 5퍼센트, 면화 11퍼센트, 대두 7퍼센트 각각 증가했다"고 말했다.23)

『포브스』 등의 보수성향 언론들도 몬산토가 환경 규제를 피하고 특허 보호를 강화하기 위해 채택한 꼼수를 비난했다. 『포브스』의 기고가인 너새니얼 플래너리Nathaniel Flannery는 몬산토가 환경 감시와 보고 측면에서 국제적으로 인정되는 우수사례를 채택하지 않은 채 온실가스나 이산화탄소 배출량도 보고하지 않았다고 지적했다.

2009년, 『포브스』는 높은 주당 이익률을 들어 몬산토를 '올해의 기업' 명단에 올렸다. 1년 후, 『포브스』는 잘못을 시인하고 "몬산토에 대한 포브스의 평가가 틀렸다. 정말 잘못된 선택이었다"고 밝혔다.24) 올해의 기업으로 선정되고 1년 사이에, 몬산토의 제초제 '라운드업'에 내성을 가진 슈퍼 잡초가 등장했고, 새로 나온 유전자 변형 옥수수의 첫 번째 수확이 변변치 않았으며, 미국 법무부가 몬산토에 대한 반독점 조사에 착수했다. 그로부터 2년 후인 2012년, 법무부는 조용히 조사를 그만두었다. 하지만 더 큰 시련이 몬산토를 기다리고 있었다. 프랑스 캉대학University of Caen에서 몬산토 제초제 '라운드업'에 강한 유전자 변형 옥수수 NK603을 2년 이상 먹은 쥐들이 일반 옥수수를 먹은 대조군보다 높은 암 발병률을 나타냈다. 연구 결과가 발표되자 러시아 정부는 유전자 변형 옥수수의 수입과 사용을 잠정 중단했고, 프랑스 정부는 식품 안전 관련 부처에 연구를 즉각 재검토하도록 지시했다며 연구 결과가 유효한 것으로 판명되면 해당 종의 수입을 금지하기로 약속했다. 프랑스는 또 다른 몬산토 변형 작물인 MON810의 재배에도 제동을 걸었다. MON810은 해충에 강한 옥수수로 당시까지 유럽에서 재배가 허용된 몇 안 되는 GMO 작물 가운데 하나였다(다른 GMO 작물의 경우 수입만 가능하고 직접 재배는 금지되어 있었다). 프랑스는 자국 영토 내에 MON810의 재배를 금지하는 새 법안을 통과시켰다.[25]

몬산토에 대한 법정 소송은 엇갈린 결과를 낳았다. 2004년 4월, 미국 항소법원은 농부들의 종자 재사용을 위한 저장을 금하는 몬산토의 권리를 인정하는 판결을 내렸다.[26] 또 하나 관심이 집중된 법적 공방은 가족 단위의 농가와 소규모 농업 관련 업체가 포함된 고소인단이 2011년 몬산토 종자가 바람에 날려 자신들의 농지에 들어 올 경우 몬산토가 자신들을 고소하지 못하도록 하기 위해 소송을 제기한 사례다. 뉴욕 연방법원은 이 사건을 기각했고, 고소인단은 항소의사를 밝혔다. 브라질에서도 유사한 사태가 벌어졌는데, 브라질 농부 500만 명이 지난 시즌에 수확한 종자를 재사용하여 수확한 농작물로부터 로열티 수익을 챙기는 몬산토에 대해 소송을 제기한 것이다. 2012년 브라질 법원은 농부들의 편을 들어 주었다. 몬산토는 법원 판결에 불복해 항소 중이다.

2012년 겨울, 나는 권위 있는 농업정책 분석가인 테네시대학University of Tennessee의 대릴 레이Daryll Ray, 하우드 섀퍼Harwood Schaffer와 전화로 대화를 나누었다.

두 사람은 하워드 버핏이 제기한 문제점과 유사한 우려를 드러냈다. 특히 몬산토가 아직 식량 시장이 걸음마 단계에 있는 아프리카에서 세를 확장해 갈 경우 현지 농부들이 겪을 재정적 위협을 강조했다. "우리는 현재 가족을 제대로 부양도 못 하는 농부들을 느닷없이 시장 기반 경제체제로 끌고 가려는 경향이 몹시 우려된다. … 그렇게 될 경우 현재 그곳에 있는 농부들은 도시 빈민으로 전락하게 된다. 땅값을 받는다고 해도, 단기 보상에 그칠 것이다"라고 대럴 레이가 말했다. "[우리는] 농부들을 현재 그들이 처한 상황 그대로 받아들여야 한다. 그들이 현재 가지고 있는 지식을 이용해 생산성을 높이도록 도와주고, 필요하다면 상황에 맞게 적절히 기술을 도입하고, 그런 다음에 단계적으로 생산성을 더 높은 수준까지 끌어올려야 한다. 가난한 농부들에게 너무 비싸고, 한번 시작하면 매년 새로 구입해야 하는 몬산토나 다른 회사 제품, 가령 하이브리드 종자 같은 것을 들이미는 것이 우선이 아니다."

하우드 섀퍼 역시 "그런 것은 농부들을 더 큰 위험으로 내몰게 된다. 종자 구입을 위해 빚을 얻거나, 로열티 지불에 가진 돈을 다 써버렸는데, 작황이 좋지 않으면 그야말로 낭패를 보게 된다. 전통적으로 재배하던 작물을 심으면 … 재정적으로 과도한 부담도 없어지고, 파종과 추수 사이에 이자를 50퍼센트나 요구하는 지역 대부업자를 찾아갈 필요도 없어진다"고 덧붙였다.

게이츠재단이 처음 몬산토에 투자했을 때 이와 관련된 비판적 목소리가 있었다. 즉 재단이 몬산토에 작은 지분이라도 갖게 되면 몬산토의 성공에 재단의 이해가 걸리게 되고, 이렇게 되면 재단의 자선활동이 몬산토의 재정적 목표와 관련되어 부정적 압력으로 작용할 수도 있다는 지적이 그것이다. 『시애틀타임스』도 이런 **자선과 영리의 충돌**을 강조했다. AGRA 워치의 트레비스 잉글리시Travis English는 기자들에게, "우리가 가장 우려하는 부분은 게이츠재단이 몬산토에 투자함으로써 몬산토가 이익을 내게 할 방법을 모색하리라는 점"이라며 "이제 그들은 몬산토가 종자 시장을 독점하도록 아프리카에 새로운 시장을 개척하려 한다"고 말했다.27)

코카콜라와 게이츠재단

이와 유사한 문제점이 게이츠재단과 코카콜라의 관계에서도 불거진다. 게이츠재단은 전 세계 질병 퇴치 활동에서 코카콜라와 긴밀한 유대관계를 맺고 있다.

빌 게이츠와 워런 버핏은 모두 코카콜라와 인연이 깊은 사람들이다. 무료로 코카콜라를 마실 수 있는 자동판매기는 마이크로소프트가 승승장구하던 90년대 무렵의 본사 풍경이었다. 워럿 버핏은 현재 코카콜라의 최대 단일 주주다. 2013년 오마하 출신의 금융계 거물인 버핏은 코카콜라의 연례 정기 주주총회에 기습적으로 모습을 드러내 코카콜라의 CEO 무타 켄트Muhtar Kent와 함께 연단에 섰다. 그는 네브라스카 주 오마하에서 어린 시절 겪었던 일화를 들려주었다. 그는 코카콜라 병을 모아 팔면 6병 들이 한 팩에 5센트를 받았다고 말했다.

켄트는 버핏에게 오늘날과 같이 경제가 불안정한 시기에 포천 500대 기업을 이끌 수 있는 비결을 물었다. "우선 기본적으로 세계 여러 나라에서 나를 받아들이고, 내가 그들의 삶을 낫게 만들 뭔가를 제공해야 한다"고 버핏은 대답했다. "대중적으로 받아들일 수 있는 가격에 그 뭔가를 제공할 수 있다면, 세상 사람들에게 가서 내가 왔으니 이제 당신들의 삶이 나아질 것이라고 말해도 좋다. 그리고 말 한대로 행동하면 된다. 그것이 바로 승리의 비결이다."[28]

버핏의 충고가 벌써 효과를 발휘했다. 중저소득 국가에서 코카콜라 시장이 가장 큰 폭으로 성장하고 있다. 아시아와 아프리카 전역에 걸쳐 고객 충성도가 쌓여가고 있는 것은 미국 시장에서 코카콜라를 승리할 수 있게 했던 것과 같은 과감한 마케팅 전략에 힘입은 것이다. 물론 세계 최대의 브랜드 코카콜라가 아직 북미에서 한창 사랑받던 시절의 이야기다. 가당 음료와 인공 감미료가 건강에 해롭다는 인식이 높아지면서 미국과 캐나다에서 코카콜라의 매출도 부진을 면치 못했다. 오늘날 코카콜라의 최대 희망은 아프리카다. 코카콜라는 아프리카의 코카콜라 소비 수준을 최대 수요처인 남미 수준으로 끌어올리려는 목표를 향해 매진하고 있다. 멕시코에서는 1인당 코카콜라 소비량이 연간 665잔을 넘는다니 놀라울 정도다. 반면 케냐의 1인당 코카콜라 소비량은 2010년 39잔에 불과했다. 코카콜라는 아프리카에서의 영업과 마케팅 노력에 박차를 가해왔고, 향후 10년간 이 지역의 마케팅 비용을 지금의 두 배인 120억 달러로 늘릴 계획이다.29)

점점 많은 농부와 영세농가가 농촌을 떠나고 있다. 녹색혁명으로 다수확 개량종 작물이 도입된 것과도 무관하지 않다. 고향을 떠난 농부들이 도시에 넘쳐나기 시작했다. 주 영양 공급원이던 신선한 식품이 구하기 쉬운 값싸고 설탕이 잔뜩 든 식품으로 대체되었다. 최근에는 뇌졸중, 심장병, 암, 당뇨, 만성호흡기질환 같은 비전염성 질병이 결핵, 말라리아, HIV/에이즈를 제치고 빈국이나 중간소득 국가의 최대 사망원인으로 떠올랐다.30)

세계적으로 만성질환에 의한 사망률이 크게 증가하고 있지만, 게이츠재단을 비롯한 대다수 자선재단은 이 문제에 별로 관심을 보이지 않고 있다. 현재까지 게이츠재단이 비전염성 질병 연구에 투자한 금액은 전체 기부금의 4퍼센트도 되지 않는다. 세계보건기구에서 연구정책과 협력부문 국장을 지낸 티키 판게스투Tikki Pangestu는 2011년 초여름 자신의 세계보건기구 사무실에서 가진 인터뷰 중 이 문제를 언급했다. "빌 게이츠는 아프리카의 문제에 특히 집중하고 있다. 윤리적으로 반박할 근거는 없다. HIV/에이즈, 결핵, 말라리아가 아프리카에서는 여전히 큰 문제인 것이 사실이고 … 많은 돈을 쏟아 부어서 가시적인 효과를 내고 있다는 점에는 이론의 여지가 없다"면서도 판게스투 국장은, "그러나 부정적인 측면을 보자면, 지금과 같은 자금 배분은 불균형을 심화시킨다고 말할 수 있다. 아프리카를 포함한 미래의 세계에 가장 치명적인 문제는 무엇일까, 깊이 생각하지 않아도 알 수 있다. 전염병이 아니라 만성질환이다."

판게스투는 또, 30년 전에는 세계보건기구 예산의 70퍼센트 이상이 "회원국이 내는 분담금이었고, 그래서 우리는 필요하다고 생각되는 분야에 자유롭게 예산을 배정했다"면서, "상황이 변했다. … 70퍼센트에서 80퍼센트가 자발적인 기부금이다."

자발적인, 혹은 예산외 기금이라고 불리는 이 돈은 게이츠재단 같은 기부단체의 개입에 의해 그 용도가 상세하게 정해진다. 저명한 보건학자 데비 스리드하르Devi Sridhar는 여러 연구를 통해 밝혀진 사실에 기초해 자발적 기부금이 회원국에 할당되는 분담금보다 실제 질병의 퇴치에 사용되는 경우가 훨씬 적다고 강조했다. 예를 들어, 2008년에서 2009년까지, 세계보건기구 예산외 기금 중 약 60퍼센트에 달하는 큰 부분이 전염병 퇴치에 배정되었고, 비전염성 질병에 배정된 금액의 비중은 지극히 미미하다(4퍼센트 미만).31)

빌 게이츠의 입장에서 생각하면, 사실 세계 보건을 위협하는 가장 큰 문제가 무엇인지 잘못 판단한 것이 그의 잘못 만은 아니다. 암과 당뇨로 인한 사망률이 순식간에 전염병에 의한 사망률을 추월했고, 전 세계는 미처 대비할 틈이 없었다. 빈국에서 비만, 암, 심장병이 급속도로 퍼져 나가는 것을 막지 못한 것은 최근 수년 동안의 국제협력개발 노력의 명백한 허점이었고, 국제 보건학자 데이비드 스터클러와 마틴 맥키가 거듭 지적한 부분이다. 두 사람은 "세계 보건을 위한 자금지원과 [인류를 위협하는] 질병 퇴치와는 거의 또는 전혀 무관하며, 이는 시급성이 아닌 다른 요소가 세계 보건 의제를 결정한다"는 점을 시사한다. "빈국에 대한 원조가 그 국가의 가장 시급한 보건문제를 해결하는 데 기여해야 한다는 원조국의 사명에도 불구하고 이러한 불일치가 발생하는 것이다."32) 스터클러와 맥키를 비롯한 동료학자들은 불균등 분배의 원인에 대해 말을 아끼지 않았다. 그들은 "세계 보건분야는 비공개로 의사결정을 하는 민간 기부자들이 좌지우지한다. 현안이 무엇이고, 그 현안에 어떻게 대처할 것인지가 소수의 집단에 의해 결정되는데, 그 소수 집단의 궁극적인 목적은 결국 자기들의 잇속을 챙기는 것"이라고 주장한다.33)

코카콜라, 크라프트Kraft, 네슬레 등의 기업은 식품성분표시 강화를 목적으로 하는 규제와 세금부과 노력에 반발하는 등 설탕 섭취를 줄이려는 정부 캠페인에 격렬히 저항해왔다. 한 가지 예로, 2003년 세계보건기구가 식이요법과 운동에 관한 보고서에서 설탕 섭취를 줄이도록 권고했는데, 이에 대응하여 설탕 업계는 미국 정부가 세계보건기구에 대한 재정 지원을 중단하도록 대 정부 로비활동을 하겠다고 으름장을 놓았다. 이보다 최근에는 왜 개도국에 미셸 오바마Michelle Obama의 아동비만퇴치운동을 모범 사례로 소개하지 않느냐는 질문에 대해 미국 정부의 한 관계자가 미국 수출이 타격을 입기 때문이라고 대답한 일도 있다.34)

빌 클린턴 행정부 시절 노동부 장관을 지낸 로버트 라이시Robert Reich는 미국에 본사를 둔 다국적 기업의 로비활동을 상세히 소개하면서, 이들 기업이 건강에 해로운 제품에 대해 자발적으로 '자체 규제'를 벌여 정부의 규제 움직임에 선수를 치려 한다고 지적했다. 라이시 전 장관은 "제너럴 밀스General Mills, 맥도날드, 코카콜라가 어린이를 겨냥한 광고의 최소 절반을 '건강한 생활습관'을 권장하는 내용에 할애하겠다고 약속했었다"고 말했다. 하지만 도대체 '건강한 생활습관'을 어떻게 정의할 것인지는 "누가 봐도 모호하다." 라이시는 **"기업의 미담을 강조하다 보면 대중으로 하여금 기업이 고객이나 주주의 희생을 감수하고라도 사회를 위해 선행을 할 것이라는 착각에 빠지게 만든다"**고 말했다.35)

대형 식음료 제조사가 오랫동안 가공식품에 들어가는 설탕과 나트륨의 양을 의무적으로 줄이도록 하는 규제에 반대하여 로비를 해왔음에도 불구하고, 이들 기업은 비만과 기타 만성질병 퇴치 노력에 동참하는 파트너로 인식되고 있다. 공공연하게는 세계보건기구의 마거릿 챈Margaret Chan 사무총장이 "비전염성 질병 발병을 야기하여 건강에 위협이 되는 많은 요소가 크고, 부유하고, 힘 있고, 상업적 이해에 의해 운영되고, 건강에는 전혀 도움이 되지 않는 기업에 의해 조장된다. 오늘날, 세계 인구의 절반 이상이 도시 환경에서 살아간다. 슬럼가에는 값싸고 오래 보관되는 포장된 정크푸드가 아니라, 골목 상점에서 파는 신선한 식품이 필요하다"36)라고 말하며 코카콜라 등의 로비 시도를 거절해 왔다.

하지만 다른 한편으로 세계보건기구는 식음료업체로부터 현금 지원을 받지 못하도록 하는 규정을 조용히 재검토해왔다. 부모에게 반항하는 10대 아이들처럼, 남미, 아프리카, 아시아에 흩어져 있는 세계보건기구의 여섯 지부가 본사의 일방적 지시에 오랫동안 반기를 들었다. 중남미 지부인 범아메리카보건기구Pan American Health Organization(PAHO)가 한 예로, 최근 민간 기부자로부터 직접적인 기업 혹은 개인 기부를 받지 않는다는 세계보건기구의 오랜 정책을 무시했다. 로이터통신 보도에 따르면, PAHO는 2012년부터 대기업으로부터 현금으로 지원금을 받았다. 세계 최대의 음료회사 코카콜라에서 5만 달러, 세계 최대의 식품회사 네슬레에서 15만 달러, 유니레버Unilever에서 15만 달러를 각각 받았다.37) 왜 그랬을까? 그만큼 절박했기 때문이다. PAHO 등 UN기구에 대한 정부 분담금이 최근 크게 줄어들었다. 2011년 세계보건기구는 제네바 본사에서 300명을 감원했다. 분담국의 재정난으로 예산을 삭감해야 했기 때문이다. 2012년 로이터 통신은 코카콜라의 고위 임원인 호르헤 카시미로Jorge Casimiro가 중남미 정부의 보건정책 수립을 지원하는, 세계보건기구 범아메리카 비전염성 질병퇴치를 위한 행동 포럼Pan American Forum for Action on Non-Communicable Diseases의 자문그룹의 일원으로 초빙되었다고 보도했다. 해당 포럼은 웹사이트를 통해 포럼의 회원이 되면 기업들이 "규제를 피하고," "규제 환경에 영향을 미칠 수 있다"고 홍보하기도 했다.38)

챈 사무총장이 이끄는 동안, 세계보건기구는 식음료 업체와 긴밀한 관계를 다지기 위해 '파트너십 자문'을 고용했다. 2011년, 세계보건기구는 모스크바에서 보건 장관 회의를 개최했는데, 코카콜라의 호르헤 카시미로가 그 중 한 세션의 의장을 맡았다. 펩시, 네슬레, 국제광고연맹World Federation of Advertisers 관계자들이 연단에 나섰다. 챈 사무총장은 그들의 발언을 칭찬했고, 급기야 참가자 중 한 사람이 일어나 그들 기업과의 관계가 세계보건기구의 이해와 충돌하지 않는지 물었다. 챈 사무총장은 대답 대신 평소와 같은 거리낌 없는 태도로 뮤지컬 『왕과나』King and I 에 나오는 귀에 익은 곡 게팅투노유Getting to Know You를 불렀다.39)

게이츠재단은 코카콜라가 세계보건정책 수립 과정에 중요한 역할을 해야 한다는 입장을 고수해 왔다. 2010년 멜린다 게이츠는 TED 행사 중 '비영리단체가 코카콜라로부터 배울 점'이라는 제목으로 강연을 했다. 이 자리에서 그녀는 협력개발 전문가들이 코카콜라의 유통 전략을 채택할 것을 제안했다. 제안 자체만 놓고 본다면 별로 특별할 것이 없는 발언이며, 심지어 칭찬할 만한 제안이다. 멜린다 게이츠는 코카콜라가 의약품 수송에 어려움을 겪을 정도로 열악한 지역에도 음료를 공급한다는 점을 내세웠다. 하지만 그녀는 코카콜라의 유통정책이 얼마나 치열한 경쟁을 조장했고, 그 과정에서 일부 자회사가 무장 민병대를 동원해 콜롬비아 공장의 노조원을 위협하고 살해하기도 했던 추악한 전적은 언급하지 않았다. 2000년대, 코카콜라의 노조 탄압 혐의가 드러난 후, 뉴욕대학(New York University), 럭거스대학(Rutgers) 등 다수의 유명 대학은 코카콜라 제품의 교내 판매를 금지했다.[40]

게이츠재단은 또 개도국 지역사회가 코카콜라의 사업에 동참하도록 독려해 왔다. 2010년, 게이츠재단은 개도국에서 다국적 기업의 사업 기회 확장을 위해 일하는 비영리단체 테크노서브(TechnoServe)에 750만 달러의 후원금을 제공했다. 1968년에 설립된 테크노서브는 파이낸셜타임스가 선정한 "기업이 협력하기 좋은 NGO 탑 5" 명단에 포함되었다. 테크노서브의 기업 파트너로는 카길, 크라프트, 네슬레-네스프레소, 유니레버 등이 있다. 2010년 테크노서브는 언론보도자료를 통해 게이츠재단이 제공한 750만 달러의 후원금은 "코카콜라가 현지에서 생산-유통하는 주스에 들어갈 과일을 공급하는 지역 농부들과 새로운 시장을 창출하기 위한 용도"라고 밝혔다.[41]

게이츠재단은 버크셔해서웨이 지분 투자를 통해 코카콜라에도 막대한 투자를 했다. 스터클러와 동료들은 코카콜라에 많은 투자를 한 자선재단이 코카콜라를 위해 과일을 재배하는 가난한 농부를 위한 자선 프로젝트를 추진한다면 그것도 진정한 자선으로 봐야 할 것인지 의문을 제기한다. **자선(Philanthropy)이 아니라면, 왜 게이츠재단은 계속해서 현재와 같이 후한 세금 공제 혜택을 누려야 하는 걸까?**[42]

기부자 다스리기: 자선의 투명성과 책무성

2014년, 아프리카 전역의 다양한 농민 단체로 구성된 아프리카 식량주권동맹Alliance for Food Sovereignty in Africa(AFSA)은 게이츠재단과 아이오와 주립대학Iowa State University에 '공개서한'을 제출했다. 아이오와대학에서 유전자변형 바나나를 사람에게 먹이는 실험을 진행 중인 데 대한 우려를 표시하기 위해서였다. 해당 실험은 우간다의 농업과 식품 산업 전반에 유전자변형 바나나의 사용을 촉진하려는 의도로 시행되었는데, 우간다는 자국 내 유전자변형 농작물 사용을 늘리려는 움직임에 대해 계속 반발해왔다. 공개서한에는 전 세계 127개 NGO와 인권단체가 서명했다. 게이츠재단의 반응은 재단의 지원대상 선정정책에 대한 이해당사자의 우려를 접했을 때 늘 보였던 반응과 동일했다. 아무런 반응 없이 침묵하는 것이었다.43) 하지만 미국 언론에게는 반응을 보였다. 『디모인레지스터』Des Moines Register의 관계자가 바나나 인체 실험 개시가 늦어진 점에 대해 조사했고, 결국 호주에서 개발된 바나나의 선적에 문제가 생겼기 때문이라고 밝혀졌는데, 당시 게이츠재단은 사전 준비된 대응 자료를 언론사에 보냈다. "게이츠재단은 바나나21 프로젝트를 계속해서 지지한다. 이 프로젝트는 비타민A 결핍을 해소하는 방법을 모색하려는 노력의 일환이다. 우리는 아이오와대학 실험이 필요한 절차를 모두 거친 후 순조롭게 진행되기를 기대한다"는 내용이었다.44)

게이츠재단이 아프리카에서 코카콜라와 몬산토의 영향력을 확대하기 위해 노력을 기울이고 있는 상황에서, 시민사회단체가 이를 저지할 방법이 과연 있을까? 딱히 없는 것이 현실이다. 게이츠재단이 기부로 형성한 자산을 어떻게 사용하든, 미국과 재단이 활동하는 지역의 법과 규정을 위반하지만 않는다면 거의 아무런 제약이 없다. 설령 재단이 지지하는 사업이 현지법을 위반했다 한들 인도 의회가 PATH의 HPV 백신 실험에 속수무책이었던 것처럼 자금을 지원한 자선재단에까지 법적 책임을 묻기는 어렵다.45)

수년간 자선재단의 투명성과 책무성을 높이기 위한 다양한 방법을 제안하는 비판적인 목소리가 있어 왔다. 이런 노력의 최전방에 섰던 것은 미국의 자선부문 전문가들이며, 여기에는 레이 메이도프Ray Madoff, 마이클 에드워즈Michael Edwards, 마크 도위Mark Dowie, 스탠퍼드대학의 롭 리시Rob Reich, 캘리포니아대학 버클리의 로버트 B. 라이시Robert B. Reich, 파블로 아이젠버그Pable Eisenberg 등을 비롯 수없이 많은 이름이 포함되어 있다. 게이츠재단 후원금으로 가장 많은 영향을 받는 개도국과 중저소득 국가에도 같은 목소리를 내는 인물이 적지 않다. 아룬다티 로이Arundhati Roy, 반다나 시바Vandana Shiva가 대표적인데, 두 사람 모두 게이츠재단 같은 대규모 자선재단의 투명성 결여, 세금 혜택, 책무성 부족 등을 비판하며 자선부문의 대대적인 개혁을 요구하고 있다.

　최근 한 기사를 통해 조지타운대학 선임 연구원이며 NCRPNational Committee for Responsive Philanthropy의 설립자인 파블로 아이젠버그는 구체적인 제안들을 나열했다. 모두 정책 입안자가 귀담아들을 만한 제안이다. 미국의 자선재단은 현재 매년 자산의 5퍼센트를 자선 목적에 지출하도록 법으로 정해져 있다. 아이젠버그는 이 수치를 적어도 8퍼센트까지 올리는 한편, 재단이 사회적으로 가장 절박한 부문에 기금을 지출하도록 강제할 수 있는 제도를 마련하자고 제안했다. 가령 집 없는 사람들을 위해 가족, 청년 쉼터에 투자를 늘리는 것이 하버드대학에 후원자 이름을 새긴 의자를 하나 더 늘리는 것보다 가치 있다는 주장이다. 아이젠버그는 두 번째로 자선재단 설립 시 부여되는 세금 인센티브를 줄이자고 제안한다. 결과적으로 사회복지 프로그램에 지출할 수 있는 연방 예산을 더 확보할 수 있다. 세 번째는 대형 자선재단의 크기를 제한하고, 재단의 이사진 구성을 신중히 하자는 제안이다. 아이젠버그는 게이츠재단, 월튼패밀리재단 등 세계 최대 규모와 영향력을 자랑하는 기관이 왜 핵심 가족구성원들에 의해 폐쇄적으로 운영되는지 이해할 수 없다는 입장이다. "일정 규모를 넘어서는 가족재단의 경우, 적어도 이사회 구성원의 3분의 2는 가족이 아니라 공익을 대변할 수 있는 외부인사를 영입"하자고 그는 제안한다.46) 마크 도위 역시 비슷한 점을 지적한 바 있다. 각 '재단' 자산의 일정 부분은 실제로 공공의 자산이므로 재단이 임의로 처분하지 않도록 주와 연방 재무 당국이 소유해야 하며, "재단 이사진의 45퍼센트는 일반 시민 대표로 채워지도록" 해야 한다는 주장이다.47)

빌 클린턴 행정부 시절 노동부 장관을 지냈고 현 캘리포니아대학 버클리에서 공공정책 강의를 하고 있는 로버트 라이시 교수는 기부금 공제액이 2007년 한 해에만 총 400억 달러에 달했다고 지적했다. "구세군이 기부금 공제 혜택을 누리는 이유는 나도 수긍한다. 가난한 사람들을 돕기 때문이다. 하지만 이미 돈이 어마어마하게 많은 구겐하임 박물관이나 (이미 300억 달러 이상의 기부금을 쌓아 놓은) 하버드대학에 기부했는데 왜 혜택을 주는 것인가?"48)

그와 이름이 같은 저명한 철학자이며, 스탠퍼드 '자선과 시민사회 센터'의 공동 소장 중 하나인 롭 리시(두 사람 모두 철자는 Reich이지만 버클리의 Robert Reich는 라이시로, 스탠퍼드의 Rob Reich는 리시로 각각 발음한다) 교수도 그와 뜻을 같이한다. 롭 리시 교수는 자선 기부금에 대한 정부의 후한 보조금이 정당한지 더 신중한 접근이 필요하다고 주장한다.

"자선 기부에 대해 세금 혜택을 부여할 경우 실제로 혜택이 없을 때보다 더 많은 기부를 촉진하는 효과가 있는지 경험적으로 분석하는 것이 매우 중요하다. … 이제까지의 조사결과에 따르면, 종교단체에 대한 기부의 경우 기본적으로 세제 혜택의 영향을 받지 않는다. 세제 혜택이 있건 없건 종교단체에 기부하는 금액은 동일하다"라고 리시 교수는 말했다. "반면, 스탠퍼드 같은 대학이나 오페라하우스 등의 문화기관에 대한 기부는 세제 혜택에 매우 민감한 것으로 드러났다."

이 같은 현실에 비추어, 리시 교수는 세제 혜택을 주는 목적이 무엇인지를 깊이 생각해보아야 한다고 말한다. "**자선 기부에 혜택을 줌으로써 무엇을 달성하고자 하는 것인가?** 일반적으로 이해하는 자선이라는 말의 의미대로 자선 기부가 자원 재분배에 기여해야 한다고 생각한다면 … 이제까지의 정황으로 보면 … 현재와 같은 세금감면 혜택이 그런 목적에 부합한다는 증거는 희박하다. 기부금의 극히 일부만이 소외계층이나 가난한 사람들을 지원하는 데 사용되기 때문이다. 기부금이 그런 사람들을 돕는 데 사용되므로 세금 혜택이 정당하다고 생각했다면, 크게 실망할 것이다."49)

리시 교수는 자선 기부금이 불평등의 심화로 인한 해악을 완화하는 데 기여하도록 보장할 의무가 정부에게 있다고 말한다. 지금까지, 미국의 자선부문이 그러한 목표에 부합했다는 증거는 희박하다. 리시 교수의 주장 가운데 핵심적인 내용 중 하나는 "공공정책이 더욱 평등한 사회 구현을 목표로 하는 자선활동을 장려하는 역할을 충분히 해내지 못하고 있다는 점이다. 게다가 지금의 공공정책은 세제 혜택이라는 형태로 일부 자선활동에 대해 보상을 지급하고 있는데 그것이 오히려 불평등을 강화하고 사회에 해를 끼친다. 그러므로 국가 스스로 이러한 자선활동의 해악에 연루되어 있는 것이다."50)

보스턴대학 법학대학원의 레이 메이도프 교수는 위탁과 상속에 관한 법률 전문가다. 그녀는 자선 기부금이 실제 자선활동을 행하는 기관에 적시에 전달되도록 보장하는 임무를 현행법이 충분히 수행하고 있는지 질문해 보아야 한다고 제안했다. 그녀는 특히 미국 의회가 급증하는 '기부자지정기금' 혹은 '기부자조언기금'Donor Advised Fund(DAF)에 제대로 대처하지 못한 점을 우려했다. 기부자조언기금이란 현금이나 주식 등의 형태로 보유한 기타 자산을 시간이 흐른 어느 시점에 공익적 목적의 자선에 사용할 목적으로 별도의 회계항목으로 떼어 놓을 수 있게 하는 제도다. 기부자조언기금에 기부한 자산도 푸드 뱅크나 기타 다른 형태로 운영되는 자선단체에 대한 기부금과 동일한 세제 혜택을 받는다. 하지만 기부자조언기금은 민간재단과는 달리 5퍼센트 의무 지출 조항의 적용을 받지 않으므로, 기금이 원래의 자선 목적으로 분배되는 시기에 관한 특별한 제한이 없다. 메이도프는 미국 내 기부자조언기금의 증가(전체 개인 자선 기부의 7퍼센트에 달한다)로 실제 자선 목적으로 이용 가능한 기금이 줄어들지도 모른다고 말했다. 기부금 총액은 1970년대 이후 2퍼센트 전후에 머물러 왔지만, 당장의 자선 목적에 분배하는 대신 안전하게 따로 떼어 둘 수 있는 새로운 도구가 생겼으니 '전체 자선 기부에 미치는 영향은 부정적'이라고 평한 언론인 켈리 홀랜드Kelly Holland의 말이 그대로 현실이 될 수 있다. 기부자조언기금을 켈리 홀랜드가 지적했듯, "세금 공제 혜택은 유지하면서 당분간 실제 자선 목적에 기부할 계획이 없는 사람들의 자산을 안전한 곳에 모셔 두기 위한 꼼수"라고 보는 시각이 널리 확산되어 있다.51)

나는 2015년 레이 메이도프와 만나 이야기를 나눴다. 그녀는 문제가 기부자조언기금에만 국한된 것이 아니라며, 세금 혜택을 받는 자선 기부에 일반 대중의 기여 부분이 인정되어야 하고, 따라서 일반 국민이 자신의 투자에 대해 적절한 대가를 받고 있는지도 평가되어야 한다고 강조했다.

메이도프 교수는 "미국에서는 대규모 자선 기부에 대해 일반인들은 '정말 대단해. 돈 많은 사람들이 자선활동에 기부하다니 정말 훌륭하군'이라고 반응하는 경향이 있다"면서, 자선 기부가 사회적 가치를 창출한다는 점은 분명하지만 이러한 자선 기부가 엄청난 사회적 투자를 수반한다는 사실도 간과해서는 안 된다고 힘주어 말했다. 한 개인이 자신의 사업체 또는 다른 자산 가운데 1억 달러를 기부하겠다고 약속하는 경우, 정부는 기부자의 세후비용보다 훨씬 많은 금액의 세수를 포기해야 한다. 1억 달러를 기부하지 않았더라면, 그 개인이 추가로 부담하게 되는 세금은 단순히 자본이득세와 소득세 기부 공제 분만 고려한다고 해도 6,600만 달러에 이른다. 여기에 상속세까지 적용되는 경우라면 총 7,500만 달러의 세금을 덜 내는 것이다. 세금 혜택의 이 같은 규모를 감안할 때, **과연 사회가 세금 혜택을 부여한 대가로 무엇을 얻을 수 있는지 반드시 따져 보아야 한다.**

또 하나 문제가 되는 것은 1969년 제정된 조세개혁법Tax Reform Act이다. 자선 관련법에 대해 가장 최근에 가해진 대대적인 정비였지만, 애초에 조세개혁법의 근간이 되었던 원칙을 사실상 회피하는 수단이 새롭게 확산되고 있는 지금, 현실을 제대로 반영하지 못하고 있다. 메이도프는 조세개혁법의 핵심은 소수의 개인의 자금을 토대로 설립 운영되는 기부금조성기관(grant-making organization), 소위 민간 '사립재단'(private foundation)과 직접 자선사업 운영과 활동을 하는 '공공자선기관'(public charity) 사이의 경계선을 명확히

하는 것이라고 말했다. 또한 이들 민간 사립재단에 대한 사회적 감시를 강화하고, 자의적 운영을 제한하며 5퍼센트 의무 지출 조항의 적용을 받도록 한다는 의미도 있다. "큰 그림은 민간 사립재단을 공공자선기관과 다르게 취급하는 것"이라고 메이도프 교수는 말한다. 하지만 오늘날 이 경계선은 쉽게 무너져버린다. 우선 공공자선기관이라면 사회 전반의 불특정 다수로부터 지원을 받는 기관을 말하지만 세금 제도를 교묘히 활용하면 1인 공공자선기관도 설립할 수 있다. 기부자조언기금(donor-advised fund)을 통해 다수의 자금을 끌어 모을 수 있기 때문이다. 또 다른 면에서 구분 자체가 무의미해지기도 한다. 민간 사립재단이 자산의 5퍼센트를 의무적으로 지출하여 공익에 이바지하게 하는 것이 법 규정이지만, 행정비용 명목의 지출 (가령 기부자나 기부자의 가족에게 지급하는 급여), 기부자조언기금에 출연 등으로도 5퍼센트를 채울 수 있다. 더구나 기부자조언기금에 들어간 돈에 대해서는 5퍼센트 지출의 의무가 적용되지 않는다! 굳이 복잡한 법규로 의미 없는 구분을 지을 필요가 있는지 의문이다.

자선 기부자는 돈을 어디에 쓸지 간섭받는 것을 좋아하지 않고, 또 어느 정도까지는 이를 뒷받침할 탄탄한 근거가 있다. 정치적 권력의 시녀가 아니라 권력을 견제하는 장치로서 그 역할을 다 하기 위해서는 정치적 개입으로부터 자유로워야 한다는 것이다. 하지만 잘나가는 헤지 펀드나, 미국 교육계의 사례에서 보듯이, 자선기금이 사모펀드가 노략질한 자금의 은닉처 역할을 한다면 더 강력한 규제가 필요하다. 기부자의 반발이 걱정이라면 그들의 논리를 그대로 적용시켜 되받아치면 된다. **돈이 사용되는 내역을 세세히 따져보는 것이 '사회적 가치'를 창출하는 핵심 요소**다. 규칙이 마음에 들지 않는다면 굳이 기부하지 않아도 좋다. 대신 세금은 꼭 내도록.

위에서 소개한 학자들의 제안이 일견 지나친 규제라고 생각할 수도 있다. 하지만 1세기 전 미국 의회의 분위기를 생각해 보면 이 정도 규제는 가벼운 축이다. 당시에는 자선재단 설립의 가치 자체에 의문을 품는 것이 의회 전반의 초당적인 분위기였다.

파블로 아이젠버그는 미국 자선분야에서 존경받는 원로이며, 자생적 비영리단체의 영웅 같은 인물이다. 자선을 위한 재원이 소수의 엘리트 집단에게 집중되는 현상을 우려한 그의 강경한 발언들은 과거 우드로 윌슨 대통령으로 하여금 월시위원회(Walsh Commission, Commission on Industrial Relations, 1912)를 창설하게 만들었던 사회적 우려의 목소리와 거의 흡사하다. 하지만 시티즌 유나이티드 판례*로 정치 캠페인에 대한 기부에 아무런 제약이 없어진 지금, 워싱턴 권력자들에게 아이젠버그와 같은 풀뿌리 운동가의 발언 따위는 점점 관심 밖으로 밀려나고 있다.

한편에서는 '새로운' 자선활동('new' philanthropy)에 대한 분명한 비판의 소리가 점점 커지고 있다. 벤자민 서스키스Benjamin Soskis는 이 같은 반발에 대해 "소득 불균형에 대한 국민의 늘어나는 불만과 부의 집중을 곱지 않은 시선으로 보려는 경제적 포퓰리즘에서 그 원인을 찾을 수 있을 것"이라고 말한다.52)

하지만 또 다른 한편에서는 법을 입안하는 정치인들이 여전히 이를 인식하지 못하고 있다. "만약에 내기를 한다면, 조만간 [대대적인 입법 차원의] 변화가 있으리라는 쪽에는 걸지 않겠다"고 NCRPNational Committee for Responsive Philanthropy의 에런 도프먼이 말했다.

---

* (역주) 영리 및 비영리단체와 노조 등에 의한 선거 홍보 자금 지출을 제한하는 것은 위헌이라는 2010년 미국 대법원 판결(Citizens United v. Federal Election Commission).

■ 결론

이기적인 선물

오늘날 자선재단의 거대화와 관련된 가장 기막힌 아이러니는 든든한 자금과 정치적 권력이 뒷받침되어 대규모 자선조직이 만들어지고, 그 근간에 정치 철학, 즉 국가가 집중된 권력을 사용해 경제 발전을 계획하고 추진하는 것을 경계하는 정치 철학이 깔려 있다는 점이다.

J. 하워드 퓨Howard Pew는 **프리드리히 하이에크**의 『노예의 길』(The Road to Serfdom, 나남, 2006)을 처음 읽고 얼마 후인 1948년 퓨재단Pew Charitable Trusts을 설립했다. 역사학자 올리비에 전츠에 따르면 퓨가 자선활동에 관심을 두기 시작한 것은 몽펠르랭 소사이어티에서 하이에크와 만나면서부터였다고 한다.

마이클 폴라니Michael Polanyi의 '암묵적 지식', 칼 포퍼Karl Popper의 '열린 사회'로부터 영향을 받은 하이에크는 『노예의 길』과 『사회에서의 지식의 활용』On the Use of Knowledge in Society 등 사회적 파장이 컸던 에세이를 통해 당시로서는 매우 급진적인 주장을 펼쳤다. 그는 정형화된 경제 이론들은 "암묵적 지식이라는 거대한 덩어리 중 드러난 일부만을 대변할 뿐이며, 나머지 드러나지 않은 큰 부분은 인간 언어의 표현능력을 완전히 뛰어넘는다"[1]고 믿었다. 개인의 의사결정에 영향을 미치는 '암묵적 지식'에 접근할 수 없기 때문에 다양한 시장 참여자들의 요구에 대응하여 중앙에서 계획을 세우는 것은 불가능하다고 그는 주장했다.

하이에크의 비판 대부분은 자신과 같은 분야 학자들을 겨냥한 것이었다. 칼 포퍼의 이론에 의거하여 하이에크는 맹목적으로 자연과학 이론을 경제학에 적용하려는 경제학자들의 경향을 과학주의(Scientism)라고 칭하며 비판했다. 경제학이 자연과학과 같을 수 없는 이유에 대해, 하이에크는 경제적 거래는 인간적인 동기에서 비롯된 것인데, 인간적 동기는 지속하는 시간이 너무 짧아서 자연의 법칙을 이해할 때와 같은 방식을 적용할 수 없다고 생각했다. 이처럼 경제적 지식의 한계에 대한 인식은 국가 주도의 계획에 대한 비판적 견해의 핵심 요소였다. 중앙에서 계획을 수립하는 국가보다는, 가격이라는 메커니즘을 통해 시간, 공간적으로 떨어져 있는 수많은 개인의 급변하는 결정에 신속하게 대응할 수 있는 자율적인 시장 참여자가 필요하다고 그는 주장했다. 하이에크의 말을 인용하자면 "가장 중요한 것은 지식을 얼마나 경제적으로 활용하는가, 즉 참여자가 얼마나 적은 지식을 활용해 올바른 행동을 취하느냐는 점"이다.[2]

하이에크의 『노예의 길』은 '큰 정부'라는 악에 대항하는 포퓰리스트적 반응을 불러일으키는 데 일조했다. 아이러니하게도 같은 시기인 1947년 하이에크 자신은 미국의 볼커 펀드(Voler Fund)의 후원으로, 스위스 알프스의 몽펠르랭 쉬르 브베 휴양지에서 초대받은 소수만을 모아놓고 '재교육' 운동에 열을 올리기 시작했다. 몽펠르랭 소사이어티의 첫 모임에는 자유방임주의자로 이름난 이십여 명의 석학들이 참여했고, 그들 중 다수는 오스트리아의 경제학자 루드비히 폰 미제스(Ludwig von Mises)의 저술에 영향을 받은 사람들이었다. 몽펠르랭 소사이어티의 목적은 20세기에 맞게 새로이 재건된 자유주의 경제의 원칙을 명확하게 하는 것이었다. 하이에크는 새로운 원칙을 수립하는 데 "공통의 기본 철학을 공유하는" 소수로 이루어진 배타적 집단이 앞장서야 한다는 뜻을 견지했다. 첫 모임에는 시카고대학과 연관성이 있는 학자들이 다수 참석했는데 그 중에는 조지 스티글러(George Stigler), 프랭크 나이트(Frank Knight), 에런 디렉터(Aaron Director)는 물론, 이 모임에 참석하기 위해 난생처음 미국 밖으로 여행길에 오른 밀튼 프리드먼(Milton Friedman)도 포함되어 있었다.

하이에크는 새로운 모임을 결성하는 데 어떠한 특정 정치 당파에도 직접적으로 연루되지 않아야 한다는 주장을 공공연하게 드러냈다. 정치와 직접 연루되지 않겠다는 그의 결정은 정치권력에 대한 무관심에서 나온 것이 아니라, 특정 당파와 엮이지 말아야 자신의 사상이 훨씬 더 크게 융성할 수 있음을 깨닫고 있었기 때문이다. 이 목표는 알렉시스 드 토크빌의 글에 대한 하이에크의 애정에서 나왔다. 토크빌에 대한 하이에크의 흠모가 어찌나 대단했던지 그는 몽펠르랭 소사이어티의 이름을 정할 때도 "가장 대표적인 두 인물"의 이름을 따 액턴-토크빌 소사이어티라는 이름을 제안했다. 하지만 경제학자 프랭크 나이트가 "자유주의 운동에 가톨릭 신자들의 이름을 붙일 수 없다!"고 격렬히 반대했다.3)

『미국의 민주주의』(Democracy in America, 한길사, 2009)에서 토크빌은 미국에서 종교가 갖는 영향력에 대한 섬세한 통찰을 제공했고, 하이에크는 이후 자신의 정치 책략에 이를 적용했다. 여행 중에 토크빌은 프랑스와는 달리 자신이 만난 그 어떤 가톨릭 사제도 공직을 맡고 있지 않다는 사실에 놀랐다. 더 놀라운 것은 사제들이 하나같이 공직을 맡지 않는 것이 현재 누리고 있는 권력의 비결이라고 털어놓았다는 점이다. "종교가 드러내지 않고 국가를 좌지우지할 수 있는 이유가 교회가 국가로부터 완전히 분리되어 있기 때문이라고 모두들 생각했다." 끊임없이 부침을 거듭하는 정치 권력자들의 실책과 추문에 직접 연루되지 않음으로써, 종교는 어떠한 정치 정당도 이룰 수 없는 불멸성을 획득했다. "눈에 보이는 권력을 축소함으로써 종교는 진정으로 강해졌다"고 토크빌은 적고 있다.4)

20세기 전반에 걸쳐, 자유방임주의 경제의 새로운 사제들은 토크빌의 통찰이 얼마나 예리했는지 몸소 보여주었다. 그들은 오랫동안 권력을 휘두르기 위해서는 자신들의 노력이 가능한 한 정치와 무관하게 보이는 것이 중요하다는 점을 간파했다. 드러내놓고 정치에 관여할 것인지, 막후에서 정치 로비에 치중할 것인지 선택의 기로에 놓인 이들에게 하이에크는 어김없이 후자를 권했다. 2차 세계대전 직후, 하이에크는 훗날 공장형 양계장을 도입해 큰돈을 벌게 되는 이튼 동문, 앤터니 피셔Antony Fisher에게 정계에 발을 들여놓지 말 것을 권고했다. 그는 "사상적 환경 변화"가 우선되지 않는 한 긍정적인 방향의 개혁은 불가능하다고 말했다.5) 하이에크는 피셔를 설득해 학계의 지식인과 언론인을 위해 자유시장경제의 이론과 당시 현실에서의 적용 방안을 연구할 '학술연구기관'을 설립하도록 권했다. 피셔는 1955년 경제문제연구소Institute of Economic Affairs(IEA)를 설립했고, IEA는 이후 애틀러스 경제연구재단Atlas Economic Research Foundation으로 이름을 바꾸어 150여 개의 씽크탱크가 생겨나는 데 기여했다. 1970년대에 와서 IEA는 자유시장경제 연구를 주도하는 영국의 대표적인 씽크탱크로 성장했고, 마거릿 대처 전 수상은 정기적으로 IEA의 자문을 받았다. 대처는 하이에크를 신봉했던 것으로 잘 알려져 있다. 한번은 보수당 연구팀 테이블을 『자유헌정론』The Constitution of Liberty으로 내리치더니, "이것이 우리가 믿는 것"이라고 선언했다.6)

하이에크의 자유방임주의 정책을 실행에 옮기는 것은 정부의 권위 약화를 의미하는 것이 아니다. 오히려 자유경제가 번영할 수 있는 정치체제를 조용히 확립함으로써 권력을 장악하고 증강시키는 것을 의미한다. 정치지리학자 제이미 펙Jamie Peck의 글을 인용하자면, "몽펠르랭에 모였던 사람들이 산 정상을 향해 오르는 모습은 숨 막히는 국가주의로부터 한 발짝 물러나 현실을 뒤로한 명상의 세계로 향한다는 상징적 제스처로 비칠 수 있지만, 결국 가장 중요한 것은—이런 식의 결말에 익숙하겠지만—국가 권력이다."7)

역사학자 케빈 필립스도 역시 같은 점을 지적했다. "도금시대(남북전쟁 직후), 1920년대, 또는 1980년대와 90년대 부의 편중이 두드러지게 심화되었던 것은 소극적이었기 때문이 아니라 오히려 적극적이었기 때문이다. 자유방임주의는 껍데기였다. 정부 권력과 특혜를 누린 것은 소외된 이들이 아니라 부자들이었다."8) 보수성향의 정치 이론가인 마이클 오크숏Michael Oakeshott은 우익진영에서 같은 의견을 가진 몇 안 되는 또 다른 인물이다. 그는 하이에크의 이론을 가차 없이 비난하면서, "하이에크의 『노예의 길』이 중요하게 다루어지는 이유는 그의 독트린에 설득력이 있어서가 아니라 그저 그것이 하나의 독트린이라는 사실 때문이다"라고 언급했으며, "모든 계획수립에 저항하겠다는 계획이 그 반대보다는 나을지 모르지만, 결국 같은 식의 정치에 속한다"9)고도 말했다. 1940년대 하이에크가 스위스에서 마음 맞는 이들을 처음으로 한데 모았던 그날 이후, 그의 추종자들은 편할 대로 해석된 그의 사상을 하이에크 자신보다 더 열렬히 받들었다. 하이에크의 『노예의 길』은 제한된 범위의 정부규제를 주장한 반면, 세월이 흐르면서 그의 제자들은 국가는 무조건 제한하고, 시장은 무조건 강력해야 한다는, 다시 말해 민간 참여자는 태생적으로 정부 계획자보다 동일한 시간적·인지적 한계에 덜 얽매인다고 믿는 이분법적 사고에 점점 더 집착하게 되었다. '국가는 관료주의 골리앗이고 시장 참여자는 기민하다, 국가는 미래의 알 수 없는 요소들에 의해 제약을 받지만 시장 참여자는 예상치 못한 사태에도 발 빠르게 대응할 수 있다, 국가의 가장 큰 죄는 계획한다는 것이고 시장의 미덕은 단순히 반응만 한다는 것이다' 등등의 이분법적 논리는 끝이 없었다.

하이에크를 비롯한 자유시장의 열렬한 신봉자들만 국가 주도의 계획경제의 효율성에 문제를 제기한 것은 아니다. 하이에크와 완전히 상반된 사상을 가진 진영(가장 최근 출간된 책 『우리는 모두 아나키스트다』(Two Cheers for Anarchism!, 여름언덕, 2014)라는 제목만 봐도 알 수 있다)에 속한 좌파 성향의 예일대학 인류학자 제임스 스콧James Scott은 왜 정부 주도의 계획은 이론상 과학적 근거가 확실한 것 같은 개발 목표를 달성하지 못하는 경우가 허다한지에 관해 하이에크와 매우 흡사한 이론을 제시했다. 1998년 초판 출간된 그의 책 『국가처럼 보기』(Seeing Like a State, 에코리브르, 2010)는 정치적 당파성을 막론하고 학자들의 바이블이 되었다. 프러시아의 '과학적' 조림사업에서 스탈린의 농업정책에 이르기까지, 수없이 많은 정부의 어이없는 실책을 일별하면서 저자는 소위 '국가적 단순화'(state simplification)라고 그가 명명한, 획일적인 청사진을 경제개발에 적용시키는 국가 계획 담당자들의 경향을 신랄하게 비판한다. 그는 최신 과학의 방법론과 기술로 무장한 국가가 당연히 개발 방식에서도 월등할 것이라는 전제하에 개발대상 지역이 갖춘 노하우를 계획수립 과정에서 완전히 배제하는 이런 경향을 하이 모더니즘(high modernism)의 '제국주의'라고 부른다. 지역에 축적된 지식을 포용하지 못함으로써, 국가 계획 담당자들은 자신들도 모르는 사이에 스스로 실패를 자초하는 과정을 끊임없이 반복한다. 과학적 진보의 원동력인 발견학습법(method of discovery)이 개별 사회의 변화하는 요구를 외면하는, 의도된 근시안적 전략으로 인해 붕괴되면서 과학은 사이비 과학으로 전락한다. 진보를 선포하는 데 급급한 나머지 진정한 진보를 저해하고 있는 것이다.10)

기술관련 책을 저술하는 예브게니 모로조프Evgeny Morozov는 이 같은 사이비 과학의 방편을 솔루셔니즘(solutionism)이라고 칭하며, 솔루셔니즘에 비판적인 이름만 들어도 쟁쟁한 인사들과 그 비판 대상을 나열했다. 대표적인 예를 몇 가지만 든다면 제인 제이콥스Jane Jacobs는 도시계획, 마이클 오크숏은 합리주의, 하이에크는 계획경제를 각각 비판했다.11) 최근 솔루셔니즘의 허점을 잘 드러낸 사례로는 일선 학교에 추가 자금지원도 없이 획일적인 학습능력향상 목표를 부여했던 '아동낙오방지법'을 들 수 있다. 별다른 성과 없이 10년 동안 지속되던 아동낙오방지법은 "시험 결과에만 지나치게 편중되었다는 비판 속에 결국 대규모 부정행위라는 추문만 낳았다"는 불만이 확산되면서 대대적인 정비에 들어갔다. 불만은 학교 평가 시스템에 대해서도 불거져 나왔는데, 너무 많은 학교가 '성취도 낮음'이라는 판정을 받음으로써 평가 자체가 무의미해져 버렸다.12)

오늘날 솔루셔니즘은 게이츠재단 내에서도 활개를 치고 있다. 프러시아 조림정책의 실패 사례를 읽다 보면 인도 녹색혁명의 실패를 가늠하는 리트머스종이를 보는 것 같다. 그 와중에 게이츠재단은 여전히 과거에 실패한 생태농업정책을 고집스럽게 견지하고 있다. 하지만 게이츠재단은 책 제목처럼 그냥 국가처럼 보는 것이 아니다. 맹목적이고, 둔하고, 외부의 소리에 귀를 막은 국가, 자신보다 힘이 약한 목소리에 귀를 기울이게 하는 어떠한 사회적 계약에도 얽매이지 않은 국가처럼 보고 있다.

게이츠재단은 의도적으로 한 국가에서 오래 머무르지 않는다. 잠깐 머물렀다가 철수해버릴 지역에 마치 뿌리를 내릴 것 같은 인상을 주지 않는 것이다. 록펠러재단의 지원을 받은 하버드 연구원들이 인도 카나 실험에서 현지인들의 민생에 전혀 관심을 보이지 않았던 것처럼, 게이츠재단은 지식을 전파할 뿐 현지의 사정을 이해하려고 하지 않는다. 에딘버러 학술대회에서 어느 인도인 참석자가 툭 던졌던 말이 떠오른다. "그래도 록펠러는 시설이라도 지어줬는데 …."

하이에크와 스콧의 국가 실패에 대한 비판적 이론은 국가가 자신의 힘을 과신하고 강권을 휘두를 때 무엇을 얻을 수 있는지 (또는 얻지 못하는지) 과거의 역사로부터 뼈아픈 기억을 안고 있는 세대에게 매우 절실하게 다가온다. 나치 치하의 독일, 스탈린 치하의 러시아는 자연을 멋대로 재단할 수 있다는 무섭고도 비뚤어진 자만이 어떤 것인지 여실히 보여주고서 마치 이카루스처럼 각각 파멸을 예고했다.

게이츠재단의 무지막지한 오만에 하이에크나 스콧 등과 같은 방법으로 대응해보는 것도 괜찮을 것 같다는 생각이 든다. 경쟁과 지역중심주의를 강화하고 지역의 지식기반을 늘리면 자선분야에 대한 개혁 요구도 잠잠해지지 않을까? 자선분야에서 경쟁을 장려하면 어느 정도까지는 도움이 될 수도 있다. 지원을 '제한된 목적'만으로 혹은 비공개로 하지 않던 시대로 돌아가는 것도 괜찮을 것 같다. 마이클 에드워즈는 미국 전역에 등록된 140만 비영리단체 가운데 73퍼센트가 50만 달러 이하의 예산으로 버티고 있다고 지적했다. "진정한 시민사회는 미국의 100만 자원활동가 대다수가 땀 흘리고 있는 바로 그런 곳에서 실현되고 있다"[13]고 그는 말한다. 그의 말이 옳다. 이들 소규모 비영리단체를 지원함으로써 많은 것을 이룰 수 있다.

그렇지만 경쟁체제의 도입만이 소규모 비영리단체에 돌아갈 자원과 예산의 축소를 막을 수 있는 유일한 해결책인가? 그렇지는 않다. 정부가 지출해야 할 자원을 고갈시키는 현재와 같은 세제와 규제로는 불가능하다. 특히 경제적 불평등을 시정하겠다고 주장해 온 같은 자선가들에 의해 설계되고 강고하게 지지된 현행 세제 구조로는 더욱 더 그러하다.

바로 이 점이 테드헤드 세계의 주된 아이러니다. 테드헤드들은 종종 '시장' 지향적인 전략과 기회가 뒷걸음질 치는 정부의 빈자리를 메우는 데 반드시 필요하다고 주장한다. 마치 정부 재원이 줄어드는 데 자신들이

할 수 있는 일은 아무것도 없다는 듯 시치미를 떼지만, 실상은 다르다. 사회복지 예산이 줄어든 것은 국가의 비효율성을 개탄하는 바로 그들이 치밀하게 계획한 결과다.

구글Google의 에릭 슈미트Eric Schmidt가 좋은 예다. 예브게니 모로조프가 지적했듯이, 그는 워싱턴 정계에 대해, "입법은 로비스트에게 맡기고 의원직 지키기에만 급급한 기계"라고 맹렬히 비난했지만, 구글 역시 엄청난 기세로 정치 로비활동을 벌이고 있다.14)

페이팔PayPal의 창업자인 억만장자 피터 틸Peter Thiel의 행보 역시 이중적인 TED의 세계를 여실히 보여준다. 그는 정부의 개입을 최소화해야 한다고 목소리를 높이면서 한편으로는 자신에게 유리한 법이 제정되도록 막대한 돈을 쓰고 있다. 인간의 생명은 유한하다는 '이데올로기'를 수긍하지 않는다는 등의 허황된 주장을 내세우는 바람에 그의 자선 행보에는 좋지 않은 평판이 따라다닌다. 자신은 스탠퍼드에서 철학 학사를 받고 스탠퍼드 법학대학원을 졸업했으면서 고등교육의 가치를 폄하하는가 하면 급기야 '틸 펠로우'가 벤처 사업을 원할 경우 대학 교육을 포기하거나 중퇴한다는 조건으로 1인당 10만 달러씩을 지급하겠다고 제안했다.

그는 2010년 케이토연구소 기고문에서 자신의 신념을 피력한답시고 수수께끼 같은 말을 늘어놓았다. "나는 몰수 과세, 그리고 전체주의 공동체와 인간은 누구나 죽음을 피할 수 없다는 이데올로기에 반대한다." 그는 또 1920년대는 정치에 대해 낙관할 수 있었던 마지막 시대라고 말했다. 이후로는 (자신이 못마땅하게 여기는) 여성 참정권 등 다수의 정치적 변화 때문에 건전한 경제정책이 손상되기 시작했다는 것이다. "1920년 이후로 복지 지원대상자가 크게 늘었고 여성에게도 선거권이 주어졌고 ─ 복지 지원대상자와 여성은 리버테리언(libertarian)*이 상대하기

---

* (역주) 리버테리언(Libertarian): 자유지상주의, 자유의지론 등으로 번역되는 Libertarianism의 정치성향을 지닌 정치집단. 개인의 자유와 권리를 중요시하고, 정부는 개인의 권리 보호를 위한 최소한의 역할만 해야 하며, 관료주의, 세금에 대한 대안으로 개인의 책임과 자선을 장려해야 한다고 주장한다. 자유롭고 공정한 선거, 언론의 자유, 평등 등을 내세우는 자유주의자(Liberal)와 구별된다.

가장 어려운 유권자다—그 결과 '자본주의적 민주주의'는 모순된 개념이 되어버렸다."15)

피터 틸은 또 마리화나 흡연자를 영 못마땅해 한다. 트위터Twitter 경영진을 겨냥한 그의 발언은 인터넷에서 한동안 패러디 되었는데, 그는 트위터가 많은 잠재력을 가지고 있긴 하지만 기업으로서 성과를 논하기는 어렵다고 말했다. "제대로 관리가 이루어지지 않고 있기 때문이다. 아마도 그 회사 사람 중에는 마리화나를 피우는 사람들이 많을 것"이라는 그의 말에 대해 트위터의 딕 코스톨로Dic Costolo 당시 CEO는 "지금은 도리토스(과자) 큰 봉지 하나를 해치우느라 바쁘니 나중에 상대해 주겠다"고 응수했다.

정치를 대수롭지 않게 여긴다고 해서 피터 틸이 정치에 관여하지 않는 것은 아니다. 그는 티파티 모임의 지지를 한몸에 받는 론 폴의 2012년 대선 캠페인 비용의 상당 부분을 부담했고, 미국 정부의 국방 관련 기관을 위해 정보수집과 데이터 마이닝 서비스를 전문으로 하는 팰런티어Palantir 이사회의 의장직을 맡고 있다. 또 세계 엘리트 집단의 모임인 빌더버그 그룹Bilderberg Group의 운영위원이기도 하다. 빌더버그 그룹에 비하면 다보스 포럼은 동네 반상회 수준이다.16)

틸을 비롯한 박애자본주의자들에게 인지 부조화와 이중성은 공통으로 나타나는 증상이다. 자유방임적인 불간섭주의라는 이름 아래 정부 정책을 마음대로 주무르던 몽펠르랭의 열정가들의 이중성과도 다르지 않다. 박애자본주의자들은 '시장의 요구'로 인해 보건의료 자원의 투자가 가장 필요한 곳에 적절히 이뤄지지 못한다고 개탄하면서, 한편에서는 골드만 삭스와 같이 시장 왜곡에 관여했던 참여자의 시장 지배력을 의도적으로 고착화한다. 그들은 개도국에게 시장을 개방하라고 졸라대면서도 자신들의 특허에 대해서는 보호주의적인 정책을 옹호한다. 정부의 재정 보유고를 갉아먹는 세제의 허점을 악용하는 와중에도 국가가 세계 기아와 빈곤 문제를 해결할 능력이 없다고 불평한다. 이들이야말로 현대의 리미널 파이오니어(liminal pioneer), 더 정확히는 경계의 모호성을 악용해 잇속을 챙기는 리미널 프로피티어(liminal profiteer)다. 그들은 자신의 이데올로기를 정부와 지역민들에게 "베짱이가 허락하는 만큼 부르는 가격"에 팔려고 벼르던 19세기 사기꾼들만큼 주제넘고 뻔뻔스럽다. 그들은 세상을 구하겠다고 하지만 세상이 자신들의 이익에 부합한다는 전제하에서 만이다.

정치적 당파성을 막론하고 세간의 찬사를 누리는 빌 게이츠도 다를 바 없다. 게이츠재단은 환경에 나쁜 영향을 미치거나, 인권과 관련해 재단의 보건 목표와 상반되는 전력을 가진 회사를 걸러 냄으로써 조직의 미션에 근거한 투자를 할 수도 있지만, 대부분의 경우 그렇게 하지 않는다. 개도국에 대한 직접 투자를 늘릴 수도 있지만 역시 하지 않고 있다.

2014년 멜린다 게이츠는 연례 보건총회에 초대되었다. 세계보건기구가 제네바에서 매년 개최하는 보건총회에서는 국제보건문제와 관련한 고위 정책 토론의 의제가 결정된다. 매년 9월이면 전 세계 국가 원수들이 고급 세단 뒤 좌석에 앉아 뉴욕의 유엔 본부에 모이듯, 보건총회는 보건분야의 UN총회라고 할 수 있을 정도의 위상을 지녔다. 멜린다 게이츠는 연설 도중 (NGO들은 그녀의 보건 총회 연설에 대해 비판하고, 세계보건기구에 초청 인사를 재고하도록 요구하는 청원서를 돌렸다. 10년도 채 안 되는 기간 빌이나 멜린다 게이츠가 세 번이나 초청되는 영예를 누렸기 때문이다) 지나가는 말처럼 몇 마디를 던졌다. 얼핏 들으면 별 뜻 없이 들리지만 사실은 그렇지 않다. "우리 재단의 이름이 처음 알려진 이래로 우리의 핵심 가치는 변하지 않았고, 앞으로도 변하지 않을 것입니다. 우리는 앞으로도 계속 일할 것입니다. 우리는 불균등을 경멸하기 때문입니다. 그리고 우리는 문제를 해결하는 혁신의 힘을 믿기 때문입니다."

이 발언에는 일종의 경고가 내포되어 있다: 우리에게 변화를 요구하지 말라. 우리가 변하기를 기대하지도 말라. 우리는 변하지 않는다.

나는 불균등에 관한 그녀의 발언을 여러 번 곱씹어 보았다. 나는 그녀의 말에 진심이 담겨 있다고 생각한다. 마음에서 우러나온 발언이라고도 생각한다. 동시에 나는 그 발언이 매우 근시안적이라고 생각한다. 외부에 대해서, 즉 세계인들에게 가장 절실한 문제가 무엇인지를 판단하는 대외정책에만 근시안적인 것이 아니라, 내적으로, 즉 재단 자체의 활동에 대해서도 근시안적이라는 것이다. 그렇지 않다면 세계 가난한 지역의 인적 자원에 대한 직접 투자의 중요성을 제대로 인식하지 못하는 것을 어떻게 설명할 수 있겠는가?

진정한 균등이란 능력을 갖춘 현지 의료진을 직접 지원하고, 그들의 대학에도 더 많은 재원을 제공하고, 그들로 하여금 과학 연구에 전념하고 주요 학술지에 논문을 게재할 수 있도록 능력을 함양함으로써 도달할 수 있다. 그들의 연구로부터 부유한 국가들도 더 많은 정보를 얻을 수 있다. 우리도 그들의 도움을 받을 수 있다.

에머슨의 자선에 대한 경멸에서 역겨운 엘리트주의가 묻어나긴 하지만 그래도 자선으로 주어진 1달러는 "사악한 돈"이며, 수혜자가 자신의 자립을 위해 애쓸 권리를 가진 동등한 존재임을 인식하기보다 그들을 자선가의 발아래에 두려는 의지가 담긴 돈이라는 그의 주장은 시간이 흘러도 일리가 있다. 자신의 이름과 흔적이 남기를 바라고 기부하는 틸, 발실리, 게이츠 등 개인들이 자기 과시욕을 드러내는 것과 반대로, **최고의 기부는 가능한 무심함의 미덕을 발휘하는 것이다. 무심함은 말 그대로 개입하지 않고 주는 것이다.** 정말로 선물을 주고자 했다면, 선물을 주는 이가 앞으로도 그 선물에 대한 권리를 주장하지 못하도록 완전히 내주고자 했다면, 선물을 준 이는 개입할 권리가 없다. 선물을 받은 사람도 홀로 일어설 자격이 있다. 동정은 그들에게 가당치 않다. 동정은 받는 사람과 잘못된 관계로 엮이게 하기도 하고, 받는 이로 하여금 베푼 이의 선의의 무게에 짓눌리게 한다. 그들을 측은하게 여길 필요도 없다. 측은히 여기는 것은 권한을 부여하는 만큼이나 그들의 품위를 손상시키는 것이다. **타인을 종속과 의무로 계속 옭아매려는 의도가 아니라면, 진정한 선물은 스스로 뭔가 할 수 있도록 여유와 시간을 주는 것이다.**

빌 게이츠 일가는 시애틀 외곽 메디나에서, 8,000여 평 달하는 숲에 1,000여 평의 집을 짓고 산다. 100명을 수용할 수 있는 응접실, 아케이드, 볼링장, 사격장, 배구 코트, 하키 링크, 야구장, 축구장이 있는 갖추어져 있다고 알려져 있다. 30대를 세울 수 있는 차고에는 1988년형 포르세 989

쿠페가 세워져 있다. 포르셰 989는 배기가스와 미심쩍은 사고 기록으로 인해 도로에서 운행하지 못하도록 법으로 정해져 있었는데 1999년 빌 게이츠가 지지하는 법안이 빌 클린턴 당시 대통령에 의해 통과되면서 제한은 사라졌다.

집을 지을 때는 당연히 인부들이 필요했을 것이다. 보수가 높았을 수도 있고, 그렇지 않을 수도 있다. 그들 중 일부는 서재에서 작업했을 것이다. 어쩌면 로버트 누난Robert Noonan 같은 페인트공의 영적 후예일지도 모른다. 거대한 원형 천장에 새겨진 문구는 『위대한 개츠비』(The Great Gatsby, 민음사, 2003)의 한 구절이기 때문이다: "그는 이 푸른 잔디에 도달하기까지 먼 길을 왔다. 꿈에 너무나 가까워진 나머지 꿈을 실현시키지 못하리라고는 믿기 어려웠다."

스티브 잡스Steve Jobs는 언젠가 마이크로소프트의 문제점, 특히 애플이 마이크로소프트보다 시각적으로 보기 좋은 제품을 만드는 이유에 대해, 빌 게이츠는 기본적으로 "사업가다. … 마이크로소프트의 DNA에는 인문학적 요소도, 예술성도 전무하다"고 말했다.[17]

조금 가혹하다 싶기도 하다. 하지만 빌 게이츠는 아이러니에 둔감한 편인지도 모르겠다. 왜냐하면 피츠제럴드Fitzgerald의 주인공은 자신의 꿈을 움켜쥐지 못했고 그래서 이 이야기가 비극적인 것이다. 아무리 돈을 흥청망청 써도 데이지의 마음을 잡을 수 없었다. 그의 돈은 그저 꺾여버린 야망의 근원이며, 병든 장미를 좀먹는 벌레이며, 그의 어이없는 죽음의 원인이었을 뿐이다. 『위대한 개츠비』에는 재즈 시대의 부자들을 묘사한 작가의 가장 유명한 문구가 들어 있다. "그들, 톰과 데이지는 경솔한 사람들이었다. 물건이든 사람이든 박살 내버린 다음 자신들은 돈이든 대책 없는 무신경함이든 뭐든 둘을 하나로 묶을 수 있는 것 속으로 숨어버리면, 다른 사람들이 나서서 그들이 저질러 놓은 것들을 치운다."

피츠제럴드의 글을 보았다면 로버트 누난은 뭐라고 했을까? 그게 누구냐고 반문할 독자를 위해 설명하자면, 그는 페인트공으로 살다가 1911년 41세로 사망, 리버풀 극빈자 묘지에 묻힌 사람이다.[18] 『떨어진 바지를 입은 자선가』라는 작품을 쓴 그는 로버트 트레셀이라는 필명을 사용했다. 사회주의적인 성향 때문에 블랙리스트에 오를까 봐 염려했기 때문이다. 그는 생전에 작품을 출판하지 못했다. 자신의 책이 베스트셀러가 되는 것도, 1945년 영국 총선에서 노동당이 충격적인 승리를 거두는 데 일조하게 되는 것도 알지 못하고 죽었다. 자신이 쓴 이야기가 미래 노동자들의 마음에 분노를 심은 것도, 그들이 결코 선의의 행동이나 감사를 가장하지 않겠다고 결의하도록 만든 것도 알지 못하고 죽었다. 오스카 와일드가 언젠가 한 말처럼 노동자들에게 굳이 그럴 이유가 어디 있는가?

톰과 데이지 부캐넌과는 달리, 오늘날의 엘리트들은 절대 경솔하지 않다. 그들은 신중한 사람들이다. 고된 일과를 마치고 조심스럽게 배지를 챙기는 성실한 보이스카우트 단원처럼, 그들도 국제회의에 참석도 하면서 바쁘게 산다. 하지만 그들이 국내외 지배구조와 규칙을 결정할 힘을 갖는 한, 그들이 아닌 다른 이들, 즉 자신의 것을 선뜻 내놓는 본분에 충실한 전 세계 수많은 노동자 계급 자선가(working-class philanthropists)들은 영원히 그들이 저질러 놓은 쓰레기를 치워야 한다.

■ 감사의 말

나는 이 책을 쓰면서 수십 차례의 인터뷰를 했다. 나와 이야기를 나눈 많은 활동가들, 자원봉사자들, 학자, 언론인, NGO관계자들에게 감사드린다. 인터뷰의 내용은 동의를 전제로 실명과 함께 책에 실었다. 익명을 요청한 분들에 대해서는 가명을 사용했다. 특히 시루 발라수브라마니엄Thiru Balasubramaniam, 그레그 버나다Greg Bernarda, 낸시 햄Nancy Hamm, 아모스 라아르Amos Laar, 해럴드 록우드Harold Lockwood, 존 마하마, 알렉스 니컬스Alex Nicholls에게 시간을 내주고, 현장과 연결시켜 준 점에 대해 감사드린다.

이 책을 쓰기 시작할 무렵 나는 옥스퍼드대학에서 지리학과 경영학으로 각각 펠로 과정을 이수하고 있었다. 당시 많은 도움을 준 앤드루 배리Andrew Barry, 하비에르 르전Javier Lezaun, 스티브 레이너Steve Rayner, 스티브 울가Steve Wolgar에게도 감사드린다. 옥스퍼드에 있는 동안 스콜센터Skoll Centre for social Entrepreneurship로부터 현장 지원을 받았다. 에섹스대학도 여행관련 지원을 아끼지 않았다.

2012년 런던 정치경제대학교 위험 및 규제 분석센터Center for the Analysis of Risk and Regulation 방문연구원으로 있을 당시 나를 초대해 준 마이클 파워Michael Power에게 감사드리고, 2011년 제네바 브로쉐재단Brocher Foundation 관계자들과 동료들에게도 감사드린다.

이 책 제3장의 내용은 나의 초기 논문 "The Philanthropic State: Market-State Hybrids in the Philanthrocapitalist Turn", *Third World Quarterly*, vol.35, no.1(2014): 109-25에 실린 내용을 Taylor&Francis 사의 허락을 얻어 재인쇄한 것이다.

　버소Verso 출판사라는 올바른 선택을 해 준 존 엘렉Jon Elek, 작업하는 내내 많은 도움을 준 리오 홀리스Leo Hollis와 마크 마틴Mark Martin에게도 감사드린다.

　닉 올럼Nick Allum, 바네사 빌러Vanessa Biller, 빅토리아 보베어드Victoria Bovaird, 앤 코빗Anne Cobbett, 트로이 코크런Troy Cochrane, 윌 데이비스Will Davies, 제니퍼 디키Jennifer Dickie, 마이클 헤일우드Michael Halewood, 소피 하먼Sophie Harman, 에이미 힌터버거Amy Hinterberger, 폴 헌트Paul Hunt, 에밀리 잭슨Emily Jackson, 앤 켈리Ann Kelly, 다이드라 켈리Diedrah Kelly, 모니카 크라우제Monika Krase, 리-앤 린더-페르손Lee-Ann Leander-Pehrson, 누르티예 마스Noortje Marres, 테리 머피Teri Murphy, 제니퍼 파머Jennifer Palmer, 린 페팅어Lynne Pettinger, 바버러 프레인색Barbara Prainsack, 리디아 프라이어Lydia Prior, 니콜라스 로즈Nikolas Rose, 로이신 라이언-플러드Róisín Ryan-Flood, 사이먼 러시턴Simon Rushton, 이아세민 소이설Yasemin Soysal, 리사 스탬프니츠키Lisa Stampnitzky, 재키 터턴Jackie Turton, 아이오 월버그Ayo Wahlberg, 로빈 웨스트Robin West, 캐서린 윌Catherine Will, 린지 워더스푼Lindsay Wotherspoon에게도 역시 감사드린다.

　내 원고를 읽어주고 친구가 되어 준 스콧 브레코Scott Vrecko에게 특별한 감사의 말을 드린다.

　다이드라Diedrah, 슐Sule, 라스트코Rastko가 가나에서 베풀어준 환대에 감사드리고, 대런 틸Darren Thiel, 린다와 밥 소머빌Linda and Bob Sommerville, 조던Jordan, 제리Gerry, 캐시 맥고이Kathy McGoey를 비롯한 가족에게도 감사와 많은 사랑을 드린다. 클랙턴에 있는 대런의 가족에게도 감사드린다. 토론토, 런던, 루이스브라이턴의 친구들이 좋은 아이디어를 많이 주었다. 내 원고에 대해 날카로운 평을 해 준 대런에게 내 사랑과 진심 어린 감사를 보낸다.

■ 미주

서문

1) Charles Kenny, Andy Sumner, "How 28 Poor Countries Escaped the Poverty Trap", *Guardian*, 12 July 2011. 세계은행의 분류 체계에 대한 비판적 분석은 Lorenze Fioramonti, *Gross Domestic Problem : The Politics Behind the world's Most Powerful Number* (London: zed Books, 2013)을 참조.

2) Susan Lederer, *Subjected to Science : Human Experimentation in America Before the Second World War* (Baltimore: Johns Hopkins University Press, 1995), 84.

3) Olivier Zunz, *Philanthropy in America* (Princeton, NJ: Princeton University Press, 2012), 21.

4) Ron Chernow, *Titan : The Life of John d. Rockefeller Sr.*(New York: Vintage, 2004) 471-2, Christopher Levenick, "The Rockefeller Legacy", *Philanthropy Magazine* (Winter, 2013) 참조.

5) Gordon Frierson, "The Yellow Fever Vaccine: A History", *Yale Journal of Biology and Medicine*, vol.83(2010), 77-85과 'Funny Noguchi', *Time*, vol17, no.20(1931), 44 참조.

6) 여기에 소개된 수치는 게이츠재단 블로그 www.impatientoptimists.org에 게시된 "Seeing Ghana's Health Care System in Action", 29 March 2013에서 빌 게이츠의 회고를 인용한 것이다.

7) M.J. Smith, "Bill Gates the Unknown Explores Ghana's Health Progress", *Agence-France Press*, 27 March 2013.

8) Mathew Bishop and Michael Green, *Philanthrocapitalism : How the Rich Can Save the World* (Bloomsbury, 2008), 194.

9) 웹사이트 www.philantrocapitalism.net.의 FAQ 참조.

10) Bishop and Green, *Philanthrocapitalism,* x.(London: A&C Black, 2010).

11) Charles Clift, "What's the World Health Organization For?", Chatham House Report (2014), chathamhouse.org 참조. 그 이듬해인 2014년 미국 정부의 세계보건기구 후원금은 게이츠재단의 후원금을 약간 넘었다.

12) Michael Edwards, *Small Change: Why Business Won't Change the World* (New York and London: Demos, 2010)[『왜 기업은 세상을 구할 수 없는가』(다시 봄, 2013)]. 그 밖의 참고자료: Lisa Ann Richey and Stefano Ponte, *Brand Aid : Shopping Well to Save the World* (Minneapolis, MN: University of Minnesota Press, 2011); Gavin Fridell, Martijn Konings, eds., *Age of Icons: Exploring Philanthrocapitalism in the Contemporary World* (Toronto: University of Toronto Press, 2013); Robin Rogers, "Why Philanthro-policymaking Matters", *Society*, vol.48, 376-81; Ian Hay and Samantha Muller, "Questioning Generosity in The Golden Age of Philanthropy: Towards Critical Geographies of Super-Philanthropy", *Progress in Human Geography*, vol.38, no.5(2014), 635-53.

13) 이메일 인터뷰.

14) Michale E. Porter and Mark R. Kramer, "Philanthropy's New Agenda: Creating Value", *Harvard Business Review* (November/December 1999), 22.

15) Nicolas Guilhot, "Reforming the World: George Soros, Global Capitalism and Philanthropic Management of the Social Sciences", *Critical sociology*, vol.33(2007), 451.

16) 저자와의 인터뷰.

17) Stanley Katz, "What Does it Mean to Say That Philanthropy Is 'Effective'?", *Proceedings of the American Philanthropical Society*, vol.149, no.2(2005), 126. 그 밖의 참고자료: Paul Shervish, "The Spiritual Horizons of Philanthropy: New Directions for Money and Motives", *New Directions for Philanthropic Fundraising*, vol.29(2000), 17-32.

18) 마이클 에드워즈는 비숍, 그린의 주장과 애덤 스미스의 연관성을 지적한 몇 안 되는 학자 중 하나다. Michael Edwards, *Small Change : Why Business Won't Change the World* 참조.

19) Adam Smith, *The Wealth of Nations, Books* 1-3(Harmondsworth: Penguin, 1982 [1776]), 292.

20) Felix Salmon, "Philanthropy Can't be Outsourced to the Profit Motive", *Reuters*, 16 June 2011, 웹사이트 blogs. reuters.com.

21) Slavoj Žižek, "Liberal Communists of Porto Davos", *In These Times*, 11 April 2006.

22) Ray Maydoff, "5 Myths About Payout Rules for Donor-Advised Funds", *The Chronicle of Philanthropy*, 13 January 2014.

23) David Moor and Douglas Rutzen, "Legal Framework for Globla Philanthropy: Barriers and Opportunities", *The International Journal of Not-for-Profit Law*, vol.13, no.1-2 (2011), 웹사이트 icnl.org.

24) Emmanuel Saez, "Striking it Richer: The Evolution of Top Incomes in the United States"(2012), emlberkeley.edu. 업데이트 버전의 "Striking it Richer: The Evolution of Top Incomes in the United States"는 *Pathways Magazine*, Stanford Center for Study of Poverty and Inequality(Winter 2008), 6-7.

25) Rob Reich, "Philanthropy and Caring For the Needs of Strangers", *Social Research*, vol.80, no.2(2013), 517-38.

26) Heidi Blake, "Carlos Slim: Profile of the World's Richest Man", *Telegraph*, 11 March 2010.

27) Allen D. Schrift, eds., *The Logic of Gift: Toward an Ethic of Generosity* (London and New York: Routledge, 1997); 그 밖의 참고자료: Jaque Derrida, *Given Time: Counterfeit Money* (Chicago: University of Chicago Press, 1992).

28) Pierre Bourdieu, "Marginalia-Some Additional Notes on the Gift", Schrift의 *The Logic of the Gift*에 수록, 231-2.

29) Mark Dowie, *American Foundations: An Investigative History* (Cambridge, MA: MIT Press, 2001), ix.

30) Barry Ellsworth, "Koch Brothers' Lies Tear at Very Fabric of American Society", 2 August, allvoices.com.

31) Liza Featherstone, "On the Wal-Mart Money Trail", *The Nation*, 21 November 2005.

32) Foundation Center, "Top 100 US Foundations by Asset Size", 웹사이트 foundationcenter.org.

33) Clare O'Connor, "Report: Walmart's Billionaire Waltons Give Almost None of Own Cash to Foundation", *Forbes*, 6 March 2014.

34) 제임스 러브와의 인터뷰, 웹사이트 fireintheblood.com.

35) Francesca Sawaya, "Philanthropy, Patronage, and Civil Society: Experiences From Germany, Great Britain and North America", *American Quarterly*, vol.60, no.1(2008), 203.

36) 4.8킬로미터 길이의 울타리에 관한 부분은 Howard Zinn, *A People's History of the United States* (New York, Harper Perennial, 1980)[『미국 민중사』 1, 2 (이후, 2008)]에서 인용한 것임. 그 밖의 참고자료: David Nasaw, *Andrew Carnegie* (Harmondsworth: Penguin, 2007); Kevin Phillips, *Wealth and Democracy: A Political History of the American Rich* (New York: Broadway Books, 2002)[『부와 민주주의』(중심, 2004)].

37) David Nasaw, *Andrew Carnegie*, 456-7.

38) Andrew Carnegie, *The 'Gospel of Wealth' Essay and Other Writings* (Harmondsworth: Penguin,1996), xiii.의 서문에서 David Nasaw가 인용했다.

39) Ralph Waldo Emerson, *Self-Reliance and Other Essays* (New York: Digireads Books, 2013[1841]), 31.

40) Oscar Wild, *The Soul of Man Under Socialism and Other Essays* (Harmondsworth: Penguin 2001[1891]), 130. (국내에서는 『거짓의 쇠락』이라는 작품집에 수록. 은행나무, 2015). 때때로 오스카 와일드는 이 에세이에서 보여준 직관으로 과하다 싶을 정도의 찬사를 받았다. 노예 저항운동이나 노예제 폐지에 대한 그의 견해는 당시의 전형적인 태도이긴 하지만 역사적으로 틀렸음이 입증되었다. 노예 스스로 자유에 저항한다거나, 노예제의 폐지가 노예 자신이 아니라 선동가로부터 나온 것이라는 와일드의 견해를 바로잡고자 한다면 아이티 혁명에 관한 로빈 블랙번의 글을 참조할 것. 블랙번이 지적하듯, 노예폐지론은 영국이나 미국 폐지론자가 아니라 자코뱅 당원이나 프랑스령 생도밍그(이후 아이티)의 흑인 농부로부터 처음 시작되었다. Robin Blackburn, "Haiti, Slavery, and the Age of Democratic Revolution", *William and Mary Quarterly*, vol.63, no.4(2006), 643-74.

41) Michael Lopez, "The Conduct of Life: Emerson's Anatomy of Power"와 Joel Porte, Saundra Morris eds., *The Cambridge Companion to Ralph Waldo Emerson* (Cambrdige, UK: Cambridge University Press, 1999), 246에 인용됨.

42) 보들레르(Baudelaire)의 단편 『위조화폐』(*Counterfeit Money*)는 1869년에 처음 출간되었고, 자크 데리다(Jaque Derrida)의 『주어진 시간』[*Given Time* : 1. Counterfeit Money (Chicago: University of Chicago Press, 1992)]에 부록으로 전문이 게재되었다.

43) Mareike Schomerus; Time Allen, and Koen Vlassennott, "Kony 2012 and the Prospect for Change", *Foreign Affaris* (13 March 2012).

CH 1.

1) Alec MacGillis, "Scandal at Clinton Inc.," *New Republic*, 22 September 2013.
2) www.clintonfoundation.org에 인용.
3) 리처드 브랜슨의 기부 약속 불이행에 대해서는 나오미 클라인(Naomi Klein)의 흥미로운 저서 *This Changes Everything: Capitalism vs. the Climate* (London: Allen Lane, 2014)[『이것이 모든 것을 바꾼다. 자본주의 대 기후』(열린책들, 2016)]에 자세히 나와 있다. CGI는 얼마나 많은 기부약속이 지켜지고 있는지를 표시한 소위 '약속 이행표'라는 웹페이지를 운영하고 있지만, 약속을 이행하지 않는다고 해도 불이익을 당하는 일은 없다.
4) Nicholas Confessore and Amy Chozick, "Unease at Clinton Foundation over Finance and Ambitions", *New York Times*, 13 August 2013.
5) "Integrated Activist Defense," teneoholdings.com.
6) 본문의 지우스트라 관련 부분은 내셔널매거진어워드 수상 후보에 올랐던, 앤디 호프먼 기자의 클린턴-지우스트라 파트너십 분석기사를 참고했다. "Renessance Man", *Globe and Mail*, 27 June 2008.
7) Jonathon Gatehouse, "Peter Munk's Final Play: Barrick Gold Founder Fends off Revolt and Fights for a Legacy", *Maclean's*, 1 October 2013.
8) Jo Becker and Don Van Natta Jr., "After Mining Deal, Financier Donated to Clinton", *New York Times*, 31 January 2008.
9) 앤디 호프먼, "Renessance Man".
10) Rena Lederman "Big Men, Large and Small? Comparative Perspective," *Ethnology*, vol.29, no.1(1990); Rena Lederman, "Big Man, Anthropology of", in *International Encyclopedia of the Social and Behavioral Sciences* (Amsterdam: Elsvier, 2001), 1162-56.
11) Bronislaw Malinowski, *Argonauts of the Western Pacific* (London: Routledge, 2014 [1922]), 91.
12) Marcel Mauss, *The Gift : The Form and Reason for Exchange in Archaic Societies* (New York and London: W.W. Norton, 1990), 41, 18[『증여론』(커뮤니케이션북스, 2015)]; 또 다른 참고자료로는 Erika Bornstein, "The Impulse of Philanthropy," *Cultural Anthropology*, vol.24, no.4(2009), 622-51.
13) Mary Douglas, "Forward" in Mauss, *The Gift*, xiv.
14) Avner Offer, "Between the Gift and the Market: The Economy of Regard," *Economic History Review*, vol.50, no.3(1997), 450-76.
15) Chris Gregory, *Gifts and Commodities* (London: Academic Press, 1982), 51.
16) Dambisa Moyo, *Dead Aid: Why Aid is Not Working and How there is a Better Way for Africa* (New York: Farrar, Straus and Giroux, 2009)[『죽은 원조』(알마, 2012)]; 오늘날 국제 원조의 효과와 한계에 대해 더 알아보고 싶다면, Radhika Balakrishnan and Diane Elson eds, *Economic Policy and Human Rights : Holding Governments to Account* (London and New York: Zed Books, 2011); Monika Krause, *The Good Project: Humanitarian Relief NGOs and the Fragmentation of Reason* (Chicago: University of Chicago Press, 2014), 204; William Easterly, *The Tyranny of Experts : Economists, Dictators, and the*

Forgotten Rights of the Poor (New York: Basic books, 2014): Angus Deaton, *The Great Escape : Health, Wealth, and the Origin of Inequality* (Princeton, NJ: Princeton University Press, 2013).

17) Jeffrey Sachs, "Aid Ironies," *Huffington Post*, 24 June 2009.

18) 종속이론에 대한 폭넓은 논의는 Ilan Kapoor, "Capitalism, Culture, Agency: Dependency versus Postcolonial Theory," *Third World Quarterly*, vol.23, no.4(2002), 647-64. 랜트 프리쳇(Lant Pritchett)의 연구는 전 세계가 전반적으로 부유해졌다는 낙관론과는 반대로, 지난 세기에 '덜 발달된' 국가와 '발달된' 선진국 사이의 생활수준 격차가 그 어느 때보다 확대되었다는 것을 보여준다. 프리쳇은 이것을 '디버전스, 빅타임'이라고 부른다. Lant Pritchett, "Divergence, Big Time," *Journal of Economic Perspectives*, vol.11, no.3(1997), 3-17. William Easterly의 *The Tyranny of Experts* 역시 이러한 분열(divergence)에 대해 훌륭하게 분석했다.

19) Andy Beckett, "Inside the Bill and Melinda Gates Foundation", *Guardian*, 10 July 2010.

20) Jackson Lears, "Money Changes Everything", *New Republic*, 2 April 2007.

21) Dowie, *American Foundations*.

22) Carnegie, "The Gospel of Wealth" Essay, 11.

23) 위와 같음, 12.

24) Lears, "Money Changes Everything".

25) 위와 같음.

26) Carnegie, "The Gospel of Wealth" Essay, 12.

27) Zinn, *A People's History*, 270.

28) Philips, *Wealth and Democracy*, 238.

29) Zinn, *A People's History*, 271.

30) Philips, *Wealth and Democracy*, 238.

31) Nasaw, *Andrew Carnegie*, 459에 인용.

32) Zinn, *A People's History*, 252.

33) 위와 같음 254.

34) Ralph McGill, "W. E. B. Du Bois", *Atlantic Monthly* (November 1965).

35) 위와 같음.

36) Zinn, *A People's History*, 272.

37) Nasaw, "Introduction", xii.

38) *Social Statics, Abridged, Together with Man versus the State, Revised* (1896), 150.

39) Nasaw, *Andrew Carnegie* (London Penguin, 2007), 331.

40) 위와 같음, 522.

41) 위와 같음, 703.

42) "Plutocracy and Paternalism," *Forum* (November 1895), 303.

43) 러드로 사건과 미국 산업계 관행에 미친 영향에 대한 더 자세한 내용은, Andrea Tone, *The Business of Benevolence : Industrial Paternalism in Progressive America* (Ithaca, NY: Cornell University Press, 1997), 17을 참조.

44) Inderjeet Parma, *Foundations of American Century* (New York: Columbia University Press, 2012), 38에서 인용.

45) Tone, *The Business of Benevolence*, 117.

46) 취임연설(1913), millercenter.org; 윌슨 대통령의 '의회에 보내는 첫 번째 메시지'(first message to Congress)는 Kevin Philips, *Wealth and Democracy*, 47에 인용되었다.

47) Robert Arnove and Nadin Pinede, "Revisiting the 'Big Three' Foundations", *Critical Sociology*, vol.33(2007), 390.

48) 위와 같음, 391.

49) Max Weber, *The Protestant Ethics and the Spirit of Capitalism* (London: Routledge, 2001), 159-63[『프로테스탄티즘의 윤리와 자본주의정신』(문예출판사, 2010)].

50) Chernow, *Titan*, 191.

51) Levenick, "The Rockefeller Legacy".

52) Steve Weinberg, *Taking on the Trust : How Ida Tarbell Brought Down John D. Rockefeller and Standard Oil* (New York: W.W. Norton, 2008), 225.

53) 위와 같음, 233.

54) Chernow, *Titan*, 468.

55) 위와 같음.

56) 새뮤얼 크라우더, "Henry Ford: Why I Favor Five Days' Work with Six Days' Pay", *World's Work* (October 1926), 613-16.

57) Tone, *The Business of Benevolence*.

58) 기업보도자료는 Niel Baldwin, *Henry Ford and the Jews : The Mass Production of Hate* (New York: Public Affair Books, 2001), 37에 인용되었다.

59) Thomas Conely, *Toward a Rhetoric of Insult* (Chicago: University of Chicago Press, 2010), 104.

60) Baldwin, *Henry Ford and the Jews*, 172-3, 이 밖에 Victoria Saker Woeste, *Henry Ford's War on Jews and the Legal Battle Against Hate Speech* (Stanford: Stanford University Press, 2012)도 참고.

61) Pankaj Mishra, "Watch This Man: Review of *Civilization: The West and the Rest London Review of Books*", 3 November 2011, 10-12.

62) Peter Frumkin, "He Who's Got it Gets to Give it", *Washington Post*, 3 October 1999, B01; 이 밖에 Joel Fleishman, *The Foundation : A Great American Secret-How Private Money is Changing the World* (New York: Public Affair Books, 2007).

63) Dowie, *American Foundations*, 12.

64) Zunz, *Philosophy in America*, 198.

65) 위와 같음.

66) Dowi, *American Foundations*, 13.
67) Cristia Freeland, *Plutocrats : The Rise of the New Global Super-Rich and the Fall of Everyone Else* (London: Penguin 2012), 263[『플루토크라트』(열린책들, 2013)].
68) 위와 같음.
69) Dowi, *American Foundations*, 13.
70) John Simon, "The Regulation of American Foundations: Looking Backward at the Tax Reform Act of 1969", *Voluntas*, vol.6, no.3(1995), 243-4.
71) 이후 미국 자선재단에 대한 법적 규제는 1969년 조세개혁법만큼의 규모는 아니더라도, 몇 가지 중요한 변화를 거쳤다. 그중 한 가지 예가 재무부가 2002년 발표한 테러자금조달금지 가이드라인(Anti-Terrorist Financing Guidelines)이다. 의회는 민간재단의 최소지출한도를 상향조정하는 법안을 고려했지만 통과시키지는 못했다. 최근 미국 비영리/자선부문의 변화를 종합적으로 살펴보기 위해서는, William Damon, Susan Verducci, eds, *Taking Philanthropy Seriously : Beyond Noble Intentions to Responsible Giving* (Bloomington, IN: Indiana University Press, 2006) 가운데 특히, Leslie Lenkowsky, "The Politics of Doing Good" 참조. 이 밖에 Kerry O'Halloran, *The Profits of Charity* (Oxford: Oxford University Press, 2012)도 참조.

CH 2.

1) James Wallace and Jim Erikson, *Hard Drive : Bill Gates and the Making of the Microsoft Empire* (New York: Harper Collins, 1993).
2) Simon Atkinson, "Hedge Fund Hippies Have Trip Out," BBC, 8 June 2006, news.bbc.co.uk.
3) Freeland, *Plutocrats*, 58에 인용.
4) Simon Johnson, "Quiet Coup", *The Atlantic*, May 2009.
5) Freeland, *Plutocrats*, 67에 인용.
6) Zoe Williams, "Philanthro-Capitalism May Sound Ugly, But It Could Be the Future", *Guardian*, 30 March 2012.
7) John Elkington and Pamela Hartigan, *The Power of Unreasonable People : How Social Entrepreneurs Create Markets That Change the World* (Cambridge, MA: Harvard University Press, 2008), 3[『세상을 바꾼 비이성적인 사람들의 힘』(에너지21, 2008)].
8) 위와 같음, 12.
9) Barry Malone, "We Got This, Bog Geldof, So Back Off", *Al Jazeera*, 18 November 2004, aljazeera.com.
10) Jeffrey Skoll, "Preface", in Alex Nicholls, ed., *Social Entrepreneurship : New Models of Sustainable Social Change* (Oxford: Oxford University Press, 2006), vi.
11) Nicholls, ed., *Social Entrepreneurship*, 45에 인용.
12) Roger Martin, Sally Osberg, "Social Entrepreneurship: The Case For Definition", *Stanford Social Innovation Review* (Spring 2007), 38.

13) Ruth McCambridge, "Social Entreprneurship and Social Innovation: Are They Potentially in Conflict?", *Nonprofit Quarterly*, 25 December 2011, nonprofitquarterly.org.

14) 위와 같음.

15) Jason Reid, "Ayn Rand School for Tots: John Dewy, Maria Montessori, and Objectivist Educational Philosophy During the Postwar Years", *Historical Studies in Education/Revue d'histoire de l'éducation*, vol.25, no.1(2013), 87.

16) Goeff Mulgan, S. Tucker, Rushanna Alil, and Ben Sanders, "Social Innovation: What It Is, Why it Matters and How It Can Be Acclerated?", Report of Young Foundation (2007), eureka.bodleian.ox.ac.uk.

17) David Stuckler and Sanjay Basu, *The Body Economic : Why Austerity Kills* (London: Penguin, 2014), 133[『긴축은 죽음의 처방전인가』(까치, 2013)].

18) 영국 총리의 빅소사이어티 연설 원고, 19 July 2010, gov.uk.

19) "Is the Big Society Just a Big Joke?", *Guardian*, 29 December 2010.

20) James Meek, "Worse than a Defeat", *London Review of Books*, 18 December 2014. 영국 관련 부분은 근간될 틸(Thiel)의 영국복지개혁에 대한 연구를 참고했다.

21) Linda McQuaig and Neil Brooks, *The Trouble with Billionaires* (London, Onewolrd, 2013), 10.

22) Martin and Osberg, "Social Entrepreneurship: The Case for Definition", 35.

23) 필자는 제자였던 제랄드 파머가 학부시절 쓴 훌륭한 논문에서 수수(susu) 수금에 대해 처음 알게 되었다.

24) Alicia Herbert and Elaine Kepmson, *Credit Use and Ethnic Minorities* (London: Policy Studies Institute, 1996); Darren Thiel, *Builders : Class, Gender and Electricity in the Construction Industry* (London: Routledge, 2012).

25) David Bornsten, Susan Davis, *Social Entrepreneurship: What Everyone Needs to Know.* (Oxford: Oxford University Press, 2010), 17. 이 밖에, Berhanu Nega, Goffrey Schneider, "Social Entrepreunership, Microfinance, and Economic Development in Africa", *Journal of Economic Issues*, vol.48, no.2(2014), 367-76, 369.

26) David Roodman, *Due Diligence: An Impertinent Inquiry into Microfinance* (Washington, DC: Center for Global Development, 2012), 176. Nega, Schneider의 *Social Entrepreneurship*, 369에도 같은 내용이 인용되어 있다. 이 밖에 Abhijit Banerjee, Esther Duflo, Rachel Glennester, Cynthia Kinnan, "The Miracle of Microfinance? : Evidence from Randomized Evaluation", Poverty Action Lab Working Paper(2009)와 Hugh Sinclair, *Confessions of a Microfinance Heretic : How Microlending Lost its Way and Betrayed the Poor* (San Francisco: Berrett-Koehler Publishers, 2012)도 참고할 것.

27) "Microfinance: Leave Well Alone", *Economist*, 18 November 2010.

28) 연구에 대한 필자의 의견과 데이비드 루드먼이 보인 반응은 Center for Financial Inclusion 블로그에 게시된 Tylor Owen의 글을 참고했다. 소액대출에 관한 루드먼의 신중한 견해에 대해 더 알고 싶다면, David Roodman, *Due Diligence*를 참고할 것. 이 문제에 관한 또 다른 훌륭한 분석자료로는 Ananya Roy, *Poverty Capital : Microfinance and the Making of Development* (London: Routledge, 2010)이 있다.

29) 제드 에머슨과 앤터니 버그러빈의 발언은 Alex Goldmark와의 인터뷰, "Social Impact Investing", 20 October 2011에서 인용.

30) Harvey Koh, Ashish Karamchandani, Robert Katz, "From Blueprint to Scale: The Case for Philanthropy in Impact Investing", Monitor Group Report(April 2012), 10.

31) "Safaricom: Managing Risk in a Fronteir Capital Market", at fletcher.tufts.edu; 게이츠재단의 후원금 수치는 재단 웹사이트에 게시된 포럼 990(Forum 990) 관련 보고서를 참고했음.

32) Koh 외, "From Blueprint to Scale", 16.

33) Eleanor Whitehead, "Africa: Aiding Business", *All Africa*, 5 January 2012; 본문의 논의는 Linsey McGoey, "Philanthropic State: Market-State Hybrids in Philanthrocapitalist Turn", *Third World Quarterly*, vol.35, no.1(2014), 109-25에서 일부를 가져왔음. 보다폰의 조세 회피 관련 부분은 Richard Brooks, *The Great Tax Robbery* (London: Oneworld, 2014)를 참고했음.

34) Katie Collins, "Africa's First Bitcoin Wallet Launches in Kenya", *Wired*, 9 July 2013.

35) William Lazonick and Mazzucato Mariana, "The Risk-Reward Nexus in the Innovation-Inequality Relationship: Who Takes the Risks? Who Gets the Rewards", *Industrial and Corporate Change*, 22, no.4(2013), 1093-128,1099; 이 밖에 Marianan Mazzucato, *Entrepreneurial State : Debunking Public vs. Private Sector Myths* (London: Anthem Press, 2013). 새로운 사회적 투자 경향에 대해 분석한 자료로는 Alex Nicholls, "The Institutionalization of Social Investment: The Interplay of Investment Logics and Investor Rationalities", *Journal of Social Entrepreneurship*, no.1(2010), 70-100.

36) Lazonick and Mazzucato, "The Risk-Reward Nexus".

37) Koh 외, "From Blueprint to Scale", 8.

38) Ward, "Plutocrach and Paternalism".

39) Georgeia Levenson Keohane, "The Rise and (Potential) Fall of Philanthrocapitalism", *Slate*, 13 November 2008.

40) Vinay Nagaraju, "Skoll World Forum: Awards and Closing Ceremonies Set the Hight Points for the Venue", 31 March 2009, nextbillion.net.

CH 3.

1) 스티븐 크레스기의 지적대로 헤이에크는 버나드 맨더빌 박사의 에세이에서 "진화와 즉각적인 질서 형성이라는 서로 연관된 두 가지 개념에 관한 당대의 견해에 획기적인 변화가 일어났음을 깨달았다. 즉 질서는 인간 행동의 결과이지 인간이 의도한 것은 아니라는 점이다." F.A. Hayek, *The Trend of Economic Thinking : Essays on Political Economics and Economic History* (Routledge, 1999) 중 크레스기의 '서문' 참조.

2) Harold J. Cook, "Bernard Mandeville and the Therapy of 'The Clever Politician'," *Journal of the History of Ideas*, vol.60, no.1(1999), 101-24.

3) 위와 같음.

4) R.B. Kaye, "The Influence of Bernard Mandeville," *Studies in Philology*, vol.19, no.1

(1992), 90.

5) 위와 같음, 95.

6) Albert Hirschman, *The Passions and the Interests: Political Arguments for Capitalism Before its Triumph* (Princeton, NJ: Princeton University Press, 1997 [1977]), 18[『열정과 이해관계』(나남, 1994)].

7) Viviana Zeleizer, *Pricing the Priceless Child* (Princeton NJ: Princeton University Press, 1994); Albert Hirschman, "Rival Interpretations of Market Society: Civilizing, Destructive, or Feeble?', *Journal of Economic Literature*, vol.20(1982), 1463-84.

8) Christine Letts, William Ryan, and Allen Grossman, "Virtuous Capital: What Foundations Can Learn From Venture Capitalists", *Harvard Business Review* (March-April, 1997), 36-44; 이 밖에 Michel Moran, *Private Foundations and Development Partnerships: American Philanthropy and Global Development Agendas* (London: Routlage, 2013)도 참조할 것.

9) Porter and Kramer, "Philanthropy's New Agenda", 121-30.

10) Zunz, *Philanthropy in America*, 21.

11) Michale E. Porter and Mark R. Kramer, "The Competitive Advantage of Corporate Philanthropy", *Harvard Business Review* (December 2002), 5-16.

12) Michael Porter and Mark Kramer, *Strategy and Society: The Link Between Competitive Advantage and Corporate Social Responsibility*, *Harvard Business Review* (December 2006). 이 문제에 대한 비판적 분석은 Mark Aakhus, Michael Bzdak, "Revisiting the Role of 'Shared Value' in the Business-Society Relationship", *Business Professional Ethics Journal*, vol.31, no2(2012), 231-49을 참고할 것.

13) Steve Denning, "Why 'Shared Value' Can't Fix Capitalism", *Forbes*, 20 December 2011. David Cargill, "The General Electric Superfraud", *Harper's* (December 2009), 41-51.

14) Aakhus and Bzdak, "Revisiting the Role of 'Shared Value'", 231-46과 Alix Rule, "Good as Money", *Dissent* (Spring 2009) 86-9를 참고할 것.

15) Garry Jenkins, "Who's Afraid of Philanthrocapitalism", *Case Western Reserve Law Review*, vol.61 no.3(2011), 753-821.

16) Crutchifield et al., 11.

17) Katz, "What Does it Mean to Say That Philanthropy is 'Effective?'", 128.

18) Louise Armistead, "Children's Investment Fund Foundation Feels the Pain as City Power Couple Divorce", *Telegraph*, 9 June 2014.

19) James Meek, *Private Island: Why Britain Now Belongs to Someone Else* (London: Verso, 2014).

20) Sumit Moitra, "TCI Withdraws Case Against Coal India, Quits Battle to Change Government Ways", 24 December 2014, dnaindia.com.

21) Latha Jishnu, "A Treaty Too Many", *Down To Earth*, 15 May 2013.

22) Nina J. Crimm, "The Global Gag Rule: Undermining National Interests by Doing Unto Foreign Women and NGOs What Cannot be Done at Home", *Cornell International*

Law Journal, vol.40, no.587(2007) 이 밖에, Melinda Cooper, "The Theology of Emergency: Welfare Reform, US Foreign Aid and Faith-Based Initiative", *Theory, Culture and Society* (2014), 588-92도 참조할 것.

23) Julian Savulescue, "Thalassaemia Major: The Murky Story of Deferiprone", *British Medical Journal*, vol.328(2004), 358-9.

24) Norman Goldfarb, "Review of The Drug Trial: Nancy Olivieri and the Science Scandal that Rocked the Hospital for Sick Children", *Journal of Clinical Research Best Practices*, vol.5, no.33(2009).

25) Jeane Lenzer, "Manufacturer Admits Increase in Suicidal Behaviour in Patients Taking Paroxetine", *British Medical Journal*, vol.332(2006), 1175.

26) Marilyn Elias, "Psychiatrist: Company Hid Prozac Suicide Link", *USA Today*, 5 January 2005, usatoday30.usatoday.com.

27) David Roodman, "An Index of Donor Performance", Center for Global Development, Working Paper no.67(October 2009).

28) Eduardo Galeano, *The Book of Embraces* (New York: W.W. Norton, 1993)[『포옹의 책』(예림기획, 2007)], 이 문장은 Paul Farmer, *Pathology of Power* (Oakland: University of California Press, 2005)[『권력의 병리학』(후마니타스, 2009)]에도 인용되었다.

29) Jenkins, "Who's Afraid of Philanthrocapitalism?".

30) Tristan Hopper, "York University Rejects RIM Co-founder Jim Balsillie's $60million Deal", *National Post*, 3 April 20123.

31) Freeland, *Plutocrats*, 14-15; Philips, W*ealth and Democracy*; Claudia Goldin and Rorbert Margo, "The Great Compression: The Wage Structure in The United States at Mid-Century", *Quarterly Journal of Economics*, vol.107, no.1(1992) 1-34.

32) Joseph Stiglitz, *The Price of Inequality* (London: Penguin, 2013)[『불평등의 대가』(열린책들, 2013)]; James Galbraith, *Inequality and Instability : A Study of the World Economy Just Before the Great Crisis* (Oxford: Oxford University Press, 2012). Hacker의 발언은 Judith Warner, "The Charitable-Giving Divide", *New York Times*, 20 April 2010에 인용.

33) Freeland, *Plutocrats*, 246-7.

34) David Futrelle, "Was Nick H. Hanauer's TED Talk on Income Inequality too Rich for Rich People?", *Time*, 18 May 2012.

35) Warner, "The Charitable-Giving Divide".

36) Zunts, *Philanthropy in America*, 122.

37) Lears, "Money Changes Everything", *New Republic*, 2 April 2007, newrepublic.com.

38) Zunts, *Philanthropy in America*, 125.

39) Paul Krugman, "The Mellon Doctrine", *New York Times*, 31 March 2011.

40) Bishop and Green, *Philanthrocapitalism*, 14.

41) John Kenneth Galbraith, *The Affluent Society* (New York: Houghton Mifflin Harcourt, 1998 [1958])[『풍요한 사회』(한국경제신문, 2006)].

CH 4.

1) Phillips, *Wealth and Democracy*, 39.
2) "The Perverse Incentives of Private Prisons", *Economist*, 24, August 20.
3) Michel Foucault, *Discipline and Punish : The Birth of the Prison* (New York: Random House, 1995[1978]), 276-7[『감시와 처벌: 감옥의 탄생』(나남출판사, 2016)].
4) Abbe Smith, "Undue Process, 'Kids for Cash' and 'The Injustice System'", *New York Times*, 29 March 2013.
5) Henry George, *Progress and Poverty* (Memphis, TN: General Books: 2012 [1880]), 4[『진보와 빈곤』(비봉출판사, 2016)].
6) Michael Hudson, "Veblen, Capitalism and Possibilities of Rational Economic Order", 2012년 6월 6일, 터키 이스탄불 연설.
7) Bishop and Green, *Philanthrocapitalism*, 54에 인용.
8) Jean Strouse, "How to Give Away $21.8 Billion", *New York Times*, 16 April 2000.
9) Timothy W. Martin, "Atlanta School Scandal Sparks House Cleaning", *Wall Street Journal*, 13, July, 2011; Dana Goldstein, "How High-Stakes Testing Led to the Atlanta Cheating Scandal", 21 July, 2011; Dana Goldstein, *The Teacher Wars : A History of America's Most Embattled Profession* (New York, Doubleday, 2014)도 참고할 것.
10) John Cannel, "Lake Woebegone, Twenty Years Later", *Third Edition Group Review*, vol.2, no.1(2006), 2.
11) 던컨의 발언은 2011년 9월 30일 NBC 뉴스와의 인터뷰 도중 나왔다. 이 밖에 Motoko Rich, "'No Child' Law Whittled Down by White House", *New York Times*, 6 July 2012도 참고할 것.
12) 저자 인터뷰, 2012년 1월.
13) Jeffrey Young, "A Conversation with Bill Gates About the Future of Higher Education", *Chronicle of Higher Education*, 25 June 2012; Bill Gates, "How Good Schooling matters", *Washington Post*, 28 January 2009.
14) Bishop and Green, *Philanthrocapitalism*, 58.
15) 샌퍼드는 인터뷰 수개월 후, 게이츠재단을 떠나, 비영리 교육 단체인 칼리지보드(College Board)로 옮겼다.
16) Diane Ravitch, *The Death and Life of the Great American School System* (New York: Basic Books, 2011)[『미국 공교육의 개혁, 그 빛과 그림자』(지식의 날개, 2010)]; 다이앤 래비치, *Reign of Error : The Hoax of the Privatization Movement and the Danger to America's Public Schools* (New York: Vintage, 2014); Frederick Hess, ed., *With the Best Intentions : How Philanthropy is Reshaping K-12 Education* (Cambridge, MA: Havard Education Press, 2005).
17) Jack Buckley and Mark Schneider, *Charterschoos : Hope or Hype?* (Princeton, NJ: Princeton University Press, 2007).
18) Bob Tourtellotte, "Bill Gates Goes to Sundance, Offers an Education", *Reuters*, 23 June 2010.

19) Sean Coghlan, "Charter Schools: Winnng Tickets?", BBC, 14 April 2010, news.bbc.co.uk.
20) Dian Ravitch, "The Myth of Charter Schools", *New York Review of Books*, 11 November 2010.
21) Davis Guggenheim, "Repeat After Me: We Can't Have Great Schools Without Great Teachers", *Huffington Post*, 9 June 2010.
22) Dan Goldhaber and Roddy Theobald, "Managing the Teacher Workforce in Austere Times: The Implications of Teacher Layoffs", University of Washington, CEDR Working Paper 2011-1.3, 32.
23) "How Teacher Development Revolutionize Our Schools", *Washington Post*, 28 February 2011.
24) Sharon Otterman, "Lauded Harlem Schools Have Their Own Problems", *New York Times*, 12 October 2010.
25) 이 같은 연구 결과로는, Ronald Ehrenberg et al., "Class Size and Student Achievement", *Psychological Science in the Public Interest*, vol.2, no.1(2001), 1-30. US Department of Education Institute of Education Sciences, National Center for Education Evaluation and Regional, "Identifying and Implementing Educational Practices Supported by Rigorous Evidence: A User-Friendly Guide", December 2003.
26) Michael Powell, "A Mayor Sure of Himself, if Nothing Else", *New York Times*, 5 December 2011.
27) Paul Tough, "Teachers Aren't the Problem", *Slate*, 5 September 2011.
28) Micael Winerip, "Teachers Get Little Say in a Book About Them", *New York Times*, 28 August 2011.
29) Stephanie Saul, "Profits and Questions at Online Charter Schools", *New York Times*, 12 December 2011.
30) 위와 같음.
31) 교도소 산업에 대해서는 특히 Cindy Chang의 "Louisiana Incarcerated: How We Built the World's Prison Capital: An Eight-Part Series", *Times Picayune* (May 2012)을 참고할 것.
32) Stephanie Mencimer, "Jeb Bush's Cyber Attack on Public Schools", *Mother Jones* (November/December 2012).
33) Mike McIntire, "Conservative Nonprofit Acts as a Stealth Business Lobbyst", *New York Times*, 21 April 2012.
34) Colin Woodward, "The Profit Motivation Behind Virtual Schools in Maine", *Portland Press Herald*, 2 September 2012.
35) Stephanie Simon, "Private Firms Eyeing Profits From US Public Schools", *Reuters*, 2 August 2002.
36) Valerie Strauss, "Privacy Concerns Grow Over Gates-Funded Student Database", *Washington Post*, 9 June 2013.

37) Joanne Barkan, "Got Dough?: How Billionaires Rule our Schools", *Dissent* (Winter 2011).
38) Jason Riley, "Was the $5 Billion Worth it?", *Wall Street Journal*, 23 July 2011.
39) Daniel Golden, "Bill Gates's School Crusade", *Bloomberg Businessweek*, 15 July 2010.
40) Michael Klonsky, "Power Philanthropy", Philp E. Kovacs Ed., *The Gates Foundation and the Future of US Public Schools* (New York: Routledge, 2011), 26에 수록.
41) 위와 같음, 29.
42) Lindsey Layton, "How Bill Gates Pulled off Swift Common Core Revolution", *Washington Post*, 7 June 2014.
43) "A.G. Schneiderman Secures $7.7 Settlement With Pearson Charitable Foundation To Support Recruitment, Training and Hiring of K-12 Teachers", press release, 13 December 2013, ag.ny.gov. 참조.
44) Golden, "Bill Gates's School Crusade"에 인용.
45) Jason Felch, "Study Backs 'Value-Added' Analysis of Teacher Effectiveness", *LA Times*, 11 December 2010.
46) Jesse Rothstein, Review of "Learning About Teaching: Initial Findings from the Measures of Effective Teaching Project"(2011), National Education Policy Center, nepc.colorado.edu.
47) Peter Schochet and Hanley S. Chiang, "Error Rates in Measuring Teacher and School Performance Based on Student Test Score Giants", National Center for Education Evaluation and Regional Assistance, Institute of Education Sciences, US Department of Education(2010).
48) Bill Gates, "Shame is Not the Solution", *New York Times*, 22 Feb 2012.
49) David Labaree, "Targeting Teachers", *Dissent* (Summer 2010), 10; Kenneth Zeichner and Cesar Pna-sandoval, "Venture Philanthropy and Teacher Education Policy in the U.S. The Role of the New Schools Venture Fund", *Teacher Collage Record*, vol.117, no.6(2015) 참조.
50) Michael Cieply, "Bill Gates Stirs up the Educaiton Debate in Toronto", *New York Times*, 11 September 2012.
51) Kurt Eichenwald, "Microsoft's Lost Decade", *Vanity Fair*, (August 2012), vanityfair.com.
52) Joanne Barkan, "Firing Line: The Great Coalition Against Teachers", *Dissent*, 29 June 2011.
53) Michael Chandler, "Md. Teacher Evaluation Redesign Bogs Down", *Washington Post*, 5 June 2011.
54) Caroline Preston, "Gates Reorganizes Globla Staff and Listens to School Critics", *Chronicle of Philanthropy*, 16 October 2012.
55) Valrerie Strauss, "Gates Foundation Backs Two-Year Delay in Linking Common Core to Teacher Evaluation, Student Promotion", *Washington Post*, 10 June 2014.
56) Paul Wells, "Why Bill Gates is Stephen Harper's Favorite American", *Maclean's*, 4 March 2015.

57) Peter Singer, "The Why and How of Effective Altruism"(TED talk, March 2013), ted.com.

58) Valerie Strausse, "An Educator Challenges the Gates Foundation", *Washington Post*, 8 October 2010; Anthony Cody, *The Educator and the Oligarch : A Teacher Challenges the Gates Foundation* (New York: Garn Press, 2014).

59) 필자는 Michael Power, James Perguson의 저서를 참고로, "Philanthrocapitalism and Its Critics", *Poetics*, vol.40, 185-99에서 처음 이런 견해를 피력했다. 제임스 퍼거슨, *The Anti-Politics Machine* (Minneapolis, MN: University of Minnesota Press, 1990)와 마이클 파워의 *Audit Society : Rituals of Verification* (Oxford: Oxford University Press, 1997) 참고.

CH 5.

1) Jeremy Youde, "The Rockefeller and Gates Foundations in Global Health Governance", *Global Society*, vol.27, no.2(2013), 139-58; Anne-Emanuelle Birn, "Backstage: The Relation Between the Rockefeller Foundation and the World Health Organization, Part I: 1940s-1960s", *Public Health*, vol.128, no.2(2014), 129-40; Ann-Emanuelle Birn and Elizabeth Fee, "The Rockefeller Foundation and the International Health Agenda", *The Lancet*, vol.381(2013), 1618-19; 게이츠재단과 록펠러재단의 유사성에 대한 설득력 있는 자료로는, Anne-Emanuelle Birn, "Philanthrocapitalism, Past and Present: The Rockefeller Foundation, the Gates Foundation, and the Setting(s) of the International/Global Health Agenda", vol.12, no.1(2013), e8.

2) Lederer, *Subjected to Science*, 80-3.

3) Mathew Connolly, *Fatal Misconception : The Struggle to Control World Population* (Cambridge, MA: Harvard University Press, 2008), 171; Rebecca Williams, "Rockefeller Foundation Support to the Khanna Study: Population Policy and the Construction of Demographic Knowledge, 1945-1954", rockarch.org.

4) Connolly, *Fatal Misconception*, 173.

5) Institute for Health Metricsand Evaluation, *Financing Global Health 2012 : The End of the Golden Era?*, healthdata.org에서 보고서를 확인할 수 있다.

6) Jon Cohen, "Gates Foundation Rearranges Public Health Universe", *Science*, vol.295 (2002)에 인용.

7) Arthur Caplan, "Is Disease Eradication Ethical?", *The Lancet*, vol.373, no.9682(2009), 2192-3.

8) Neetu Vashisht, Jacob Puliyel, "Polio Programme: Let Us Decalre Victory and Move on", *Indian Journal of Medical Ethics*, vol.9, no.2(2002), 114-17.

9) Orin Levine and Laurie Garrett, "The Fallout from the CIA's Vaccination Poly in Pakistan", *Washington Post*, 15 July 2011.

10) Neil Teedie, "Bill Gates Interview:I Have No Use for Money. This is God's Work", *Telegraph*, 18 January 2013.

11) 인용문은 2013년 4월 헨더슨과의 전화 및 이메일 인터뷰 내용이다: William Muraskin, *Polio Eradication and Its Discontents : A Historian's Journey Through an International Public Health (Un)Civil War* (Telegram, India: Orient BlackSwan, 2012).

12) Donald McNeil, "Can Polio Be Eredicataed? A Skeptic Now Thinks So", *New York Times*, 14 February 2011.

13) Patricia Sellers, "Melinda Gates Goes Public", *Fortune*, 7 January 2008.

14) Sonia Shah, Live with It, *Le Monde Diplomatique*, October 2010; Ann H. Kelly and Ulie Beisel, "Neglected Malarias: The Frontlines and Back Alleys of Global Health", *BioSocieties*, vol.6, no.1(2011), 71-8.

15) Sonia Shah, "Learning to Live With Malaria", *New York Times*, 8 October 2010.

16) Nadimpally Sarojini, Anjali sheno, Sandhya srinivasan, and Amar Jesani, "Undeniable Violations and Unidentified Violators", *Economic and Political Weekly*, 11 June 2011.

17) Priya Shett, "Vaccin Trial's Ethics Questioned", *Nature*, vol.474(2011), 427-8; I. Mattheij, A.M. Pollock and P. Brhilkova, "Do Cervical Cancer Data Justify HPV Vaccination in India?: Epidemiological Data Source and Comprehensiveness", *Journal of the Royal Society of Medicine*, vol.105(2012), 250-62.

18) Sarojini 등 "Undeniable Violations and Unidentified Violators", 17.

19) Carolijn Terwindt, "Health Rights Litigation Pushes for Accountability in Clinical Trials in India", *Health and Human Rights Journal*, vol.2, no.16(2014), 84-95에 인용.

20) Barbara A. Slade et al., "Postlicensure Safety Surveillance for Quadrivalent Human Papillomavirus Recombinant Vaccine", *Journal of the American Medical Association*, vol. 302, no.7(2009), 750-7, 사례 보고 데이터는 Lucija Tomljenovic et al., "HPV Vaccines and Cancer Prevention, Science Versus Activism", *Infectious Agents and Cancer*, vol.8, no.6(2013)를 참고했음.

21) Richard Knox, "The Science Behind the HPV Controversy", *National Public Radio*, 19 September 2011에 인용.

22) 유럽헌법인권센터(ECCHR)와 에섹스대학 경영인권프로젝트가 명령 청원(민사) 제558호, 2012와 관련하여 2013년 11월 22일 인도 대법원에 제출한 임상시험에서 책임이 있는 비국가 당사자에 관한 법정의견서, 유럽헌법인권센터에 보관되어 있음.

23) Terwindt, "Health Right Litigation Pushes for Accountability", 91; Kaushik Sunder Rajan, "Experimental Machinery of Global Clinical Trials: Case Studies from India", Aiwha Ong and Nanch Chen, eds., *Asian Biotech: Ethics and Communities of Fate* (Durham, NC: Duke University(Press, 2010), 55-80에 수록.

24) Adrinana Petryna, "Clinical Trials Offshored: On Private Sector Science and Public Health", *BioSocieties*, vol.2(2007), 21-40.

25) Sonia Shah, *The Body Hunters : Testing New Drugs on the World's Poorest Patients* (New York: New Press, 2006), 8[『인체사냥, 세계에서 가장 가난한 환자들을 상대로 벌이는 거대 제약회사의 인체시험』(마티, 2007)]에서 인용.

26) Sheldon Krimsky, "Help, Harm and Human Subjects", *American Scientist* (January-February 2010).

27) 불확실성의 악용에 대해서는 Linsey McGoey, "The Logic of Strategic Ignorance", *British Journal of Sociology*, vol.63, no.3(2012) 553-76; Emily Jackson, *Law and Regulation of Medicines* (Oxford: Hart Publishing, 2012)를 참고할 것.

28) Andrew Buncombe and Nina Lakhani, "Without Consent: How Drugs Companies Exploit Indian 'Guinea Pigs'", *Independent*, 14 November 2011.

29) 발언자의 승낙을 얻어 인용함.

30) Michael Klonsky, "Power Philanthropy", 32.

31) 아프리카의 공공 의료 역사에 관한 입문서로서는 Ruth Prince and Rebecca Marsland, *Making and Unmaking Public Health in Africa: Ethnographic and Historical Perspectives* (Cambridge UK: Cambridge University Press 2013)를 참고할 것.

32) David Goldsborough, "Does IMF Constrain Health Spending in Poor Countries?: Evidence and an Agenda for Action", Report of the Working Group on IMF Programs and Health Spending, Center for Global Development(2007); Gopal Garuda, "The Distributional Effects of IMF Programs: A Cross-Country Analysis", *World Development*, vol.28(2000), 1031-51; James Raymond Vreeland, "The Effect of IMF Programs on Labor", *World Development*, vol.30(2001), 121-39.

33) Kammerle Schneider and Laurie Garette, "The End of the Era of Generosity?: Global Health Amid Economic Crisis", *Philosophy, Ethics, and Humanities in Medicine*, vol.4, no.1(2009); Laurie Garett, "The Challenge of Global Health", *Foreign Affairs*, January-February, 2007, 14-38; Sophie Harman, "Innovation and Perils of Rebranded Privatization: The Case of Neoliberal Global Health", Anthony Payne and Nicola Phillips, eds., *Handbook of the International Political Economy of Governance* (Cheltenham: Edward Elgar Publishing, 2014)에 수록; Simon Rushton, Owain Williams, eds., *Partnerships and Foundations in Global Health Governance* (Basingstoke: Palgrave, 2011).

34) Laurie Garett, "The Challenge of Global Health", *Foreign Affairs*, January-February, 2007; 그랜드 챌린지 사업에 대한 논의는 A. E. Birn, "Gates's Grandest Challenge: Transcending Technology as Public Health Ideology", *Lancet*, March 11, 2005를 참고할 것.

35) Yanis Varoufakis, *The Global Minotaur : America, Europe and the Future of the Global Economy* (London: Zed Books, 2013).

36) Joseph Stiglitz, *Freefall : America, Free Markets, and the Sinking of the World Economy* (London W.W. Norton, 2010), xiv[『끝나지 않은 추락』(2010, 21세기북스)].

37) "Survey: The IMF and World Bank", *Economist*, 12 October 1999, 46.

38) Charles Piller, Edmund sanders, and Robyn Dixon, "Dark Clouds Over Good Works of Gates Foundation", *LA Times*, 7 January 2007; Alex Park and Jaeah Lee, "The Gate Foundation's Hypocritical Investments", *Mother Jones*, 6 December 2013.

39) David Stuckler, Sanjay Basu and Martin McKee, "Global Health Philanthropy and Institutional Relationships: How Should Conflicts of Interest Be Addressed?", *PLoS Med*, vol.8, no.4(2011).

40) 2015년, 영국 가디언지는 이례적으로 게이츠재단과 웰컴재단에 화석연료기업에 대한 투자를 철회하도록 요구하는 청원운동을 벌였다. 웰컴재단은 공개적으로 투자철회

거부 의사를 밝혔고, 게이츠재단은 가디언지에 대한 어떠한 대응도 거절한 채 모든 투자결정은 별도의 자산운용기금에서 책임지고 있다며 이 기금은 "어떠한 공개적인 발언도 하지 않는 것이 원칙"이라고 해명했다. Daniel Carrington and Karl Mathiesen, "Revealed: Gates Foundation's 1.4 bn. in Fossil Fuel Investments", *Guardian*, 19 March 2015.

41) Robert Black et al., "Accelerating the Health Impact of the Gates Foundation", *Lancet*, vol.373(2009), 1584-5; Grieve Chelwa, "Economics Has an Africa Problem", on *Africa Is a Country* (10 February 2015), africasacountry.com, 해당 논문에서 Chelwa는 아프리카가 관련된 논의에서 아프리카를 제외시키는 경향을 비판하고 있다.

42) 인터뷰 시기는 2012년 4월이다. 연구원의 요구에 따라 가명을 사용했다.

43) 개인적 대화.

44) Adam Smith, *Wealth of Nations*, 490[『국부론』(동서문화사, 2016)]. Jeseph Schumpeter, *Capitalism, Socialism and Democracy* (New York: Harper & Row, 1975[1942]), 88[『자본주의, 사회주의, 민주주의』(2011, 한길그레이트북스)].

CH 6.

1) Gary Rivlin, *The Plot to Get Bill Gates* (New York: Three Rivers Press, 1999), 27.

2) 마이크로소프트 창업 초기의 빌 게이츠에 관해서는 다수의 자료를 참고했는데, 특히 Rivlin, *The Plot to Get Bill Gates*; Ken Auletta, *World War 3.0 : Microsoft and its Enemies* (New York: Random House, 2001); James Wallace and Jim Erickson, *Hard Drive*; Bill Gates, *The Road Ahead* (New York: Viking, 1995) 등을 주로 참고했다. Knowledge Ecology International의 웹사이트에는 마이크로소프트 및 게이츠재단과 관련한 주요 특허 판결이 시간순서대로 정리된 유용한 자료가 있다; keionline.org/microsoft-timline 참고.

3) Rivlin, *The Plot to Get Bill Gates*, 98.

4) David Bank, *Breaking Windows : How Bill Gates Fumbled the Future of Microsoft* (New York: The Free Press, 2001).

5) John Dvorak, "Microsoft, the Spandex Granny", *PC Magazine*, 17 July 2008.

6) Mitchell Kapor, "The Road Ahead Traverses Hollow Path", *USA Today*, 12 February 1999.

7) "Justice Department Files Antitrust Suit Against Microsoft", 법무부 보도자료, 18 May 1998, justice.gov.

8) Catherine Rampell, "Microsoft Yields to European Regulators", *Washington Post*, 23 October 2007.

9) Timothy Lee, "A Patent Lie", *New York Times*, 9 June 2007에 인용.

10) Jerome Reichman, "The Know-How Gap in the TRIPS Agreement: Why Software Fared Badly, and What Are the Solutions", *Hastings Communications & Entertainment Law Journal*, vol.17(1995), 763-94.

11) Melinda Cooper, *Life as Surplus : Biotechnology and Capitalism in the Neoliberal Era*

(Seattle: University of Washington Press, 2008); Stefan Ecks, "Global Pharmaceutical Markets and Corporate Citizenship: The Case of Norvatis' Anti-cancer Drug Glivec", *BioSocieties*, vol.3(2008), 165-81.

12) Alan Beattie, "Intellectual Property: A New World of Royalties", *Financial Time*, 23 September 2012. TRIPS의 역사를 한 눈에 살펴보려면 Ellen 't Hoen, *The Global Politics of Pharmaceutical Monopoly Power* (Netherlands: AMB Publishers, 2009)를 참고할 것.

13) Meredith Wadman, "Gore Under Fire in Controversy Over South African AIDS Drug LAW", *Nature* (June 1999)에 인용되었다.

14) James Love, "Patent vs. People", *Multinational Monitor*, vol.15. no.6(1994).

15) 유수프 하미드와 제임스 러브의 만남은 에이즈 치료약 가격 인하를 위한 시플라의 노력을 생동감 있게 보도한 Daniel Pearl and Alix Freedman, "Altruism, Politics and Bottom Line Intersect at Indian Generics Firm", *Wall Street Journal*, 12 March 2001에 근거했다.

16) Donald MacNeil, "New List of Safe AIDS Drugs, Despite Industry Lobby", *New York Times*, 21 March 2002.에 인용.

17) J. Cohen, "A Call for Drugs", *Science Now*, 6 April 2001.

18) Tom Paulson, "Prevention vs. Treatment: Gates Fights Group Pushing US to Buy AIDS Drugs for Africa", *Seattle Post-Intelligence*, 8 April 2001, /Seattlepi.com.

19) 게이츠재단 관계자의 요청에 따라 전화 인터뷰는 녹취하지 않았고, 통화 내용을 메모 했다가 다시 정리해서 인용했다.

20) Paulson, "Prevention vs. Treatment"에 인용.

21) Treatment Action Campaign, "Open Letter to WHO on Delayed Testing and Treatment Guidelines for Discordant Couples", tac.org.

22) Frédéric Bastiat, "A Petition", *Economic Sophism* (Irvbington, NY: Foundation for Economic Education, 2010), 56-60에 수록.

23) Frank Rich, "The Billionaires Backing the Tea Party Movement", *New York Times*, 8 August 2010.

24) William New and Catherine Saez, "Bill Gates Calls for 'Vaccine Decade': Explains How Patent System Drives Public Health Aid", *Intellectual Property Watch*, 17 May, 2011에 인용.

25) Dan Farber, "Bill Gates on Education, Patents, Microsoft Bob, and Disease", *CNET*, 16 July 2013, cnet.com.

26) 위와 같음.

27) Michele Boldrin and David Levine, "The Case Against Patents", Federal Reserve Bank of St. Louise Working Paper Series(2012); Michele Boldrin and David Levine, *Against Intellectual Monopoly* (Cambridge, UK; Cambridge University Press, 2010)[『지식 독점에 반대한다』(에코리브르, 2013)]도 참고할 것.

28) Freeland, *Plutocrats*, xiv; 이 밖에, Joseph Stiglitz, "How Intellectual Property Reinforces Inequality", *New York Times*, 14 July 2013; Peter Moser, "Patents and Innovation: Evidence from Economic History", *Journal of Economic Perspectives*, vol.27, no.1, 23-44

도 참고할 것.

29) Jordan Weissmann, "The Case for Abolishing Patents (Yes, All of Them)", *The Atlantic*, 27 September 2012.

30) Smith, *Wealth of Nations*, 490.

31) Ruth Lopert and Deborah Gleeson, "The High Price of 'Free' Trade: U.S. Trade Agreements and Access to Medicines", *Journal of Law, Medicine and Ethics*, vol.41, no.1(2013), 199-223. 국가별 사례가 궁금하다면 태국의 예를 참고할 것. 태국정부는 2006년 11월에서 2007년 11월까지 2가지 HIV 치료제에 대한 강제시행권을 발동했다가 미국 정부로부터 오랫동안 시달림을 받았다. keionline.org.

32) Leena Menghaney, "India's Patent Law on Trial", *British Medicine Journal*, 27 September 2012.

33) Angelina Godoy, *Of Medicines and Markets: Intellectual Property and Human Rights in Free Trade Era* (Stanford, CA: Stanford University Press, 2013).

34) 위의 자료, 60; Ellen Shaffer and Joseph Brenner, "A Trade Agreement's Impact on Access to Generic Drugs", *Health Affairs* (August 2009)도 참고할 것.

35) James Love, "Will UN Backtrack on Available Medicines?", *Al Jazeera*, 16 September 2011, aljazeera.com.

36) Tom Paulson, "Behind the scenes", Humanosphere.com, 14 February 2013; Robert Fortner, "How Ray Suarez Really Caught the Global Health Bug", *Columbia Journalism Review*, 7 October 2010.

37) Alastair Greig, David Hulme, and Mark Turner, *Challenging Global Inequality: Development Theory and Practice in the 21st Century* (Basingstoke: Palgrave Macmillan, 2007).

38) 위와 같음, 160.

39) Claire Provost, "$500m of US Food Aid Lost to Waste and Company profit, says Oxfam", *Guardian*, 20 March 2012.

40) Owen Barder의 블로그 게시글, "Wasting Food AID", 19 November 2012, owen.org.

41) Michael Robinson, "Tax Avoidance: Developing Countries Take on Multinationals", BBC, 24 May 2013, bbc.co.uk. Prem Sikka, Richard Murphy, John Christensen의 저술들도 세금회피와 그 사회적 비용에 대해 준엄한 학문적 진단을 내리고 있다. Prem Sikka, "Smoke and Mirrors: Corporate Social Responsibility and Tax Avoidance", *Accounting Forum*, vol.34(2010), 153-68; John Christensen and Richard Murphy, "The Social Irresponsibility of Corporate Tax Avoidance: Taking CSR to the Bottom Line", *Development*, vol.47, no.3(2004), 37-44; Nicholas Shaxson and John Christensen, *The Financial Curse: How Oversized Financial Sectors Attack Democracy and Corrupt Economics* (Margate: Commonwealth Publishing, 2013).

42) Nicholas Nielsen, "EU Multinationals Scamming Africa out of Billions, Tanzanian MP Says", *EU observer*, 31 October 2013, euobserver.com.

43) Joshua Keating, "Feud Watch, Dambisa Moyo Responds to Being Called 'Evil' by Bill Gates", *Foreign Policy*, 5 June 2011.

44) Claire Provost, "Bill Gates and Dambisa Moyo Spat Obscures the Real Aid Debate", *Guardian*, 31 May 2013.

CH 7.

1) "Timeliness and Cost Effectiveness of the Local and Regional Procurement of Food AID", Cornell University Working Paper, January 2012.
2) Oxfam, "Growing a Better Future", Oxford International, July 2011, 34; Felicity Lawrence, "The Global Food Crisis: ABCD of Food-How the Multinationals Dominate Trade", *Guardian*, 2 June 2011.
3) Gates Foundation, "Annual Letter 2012", (January 2012) gatesfoundation.org.
4) Marc Lacey, "Across Globe, Empty Bellies Bring Rising Anger", *New York Times*, 18 April 2008; *The Global Social Crisis : Report on the World social Situation 2011*, Department of Economic and Social Affairs, United Nations Secretariat, un.org.
5) Patrick Butler, "Britain in Nutrition Recession as Food Price Rise and Income Shrink", *Guardian*, 18 November 2012.
6) Cargeill media release, "Cargill Reports third-quarter Fiscal 2008 Earnings", 14 April 2008, cargill.com.
7) Greenberger의 발언은 Frederick Kaufman, "Want to Stop Banks Gambling on Food Prices? Try Clsing the Casino", *Guardian*, 10 May 2012에 인용되었다. 나머지 투기 관련 부분은 Frederick Kaufman, "The Food Bubble: How Wall Street Starved Millions and Got Away With it", *Harpers* (July 2010) 27-33를 참고했다; Frederick Kaufman의 "How Goldman Sachs Created the Food Crisis", *Foreign Policy*, 27 April 2011도 참고할 것.
8) Frederick Kaufman, "Food Bubble".
9) Catherine Boyle, "Oil Price Fall? Why You should Relax: OPEC Head", CNBC, 7 November 2014.
10) Kenneth Singleton, "Investor Flows and the 2008 Boom/Bust in Oil Prices", Graduate Business School, Stanford University, Working Paper, 2011; Marco Lagi, Yavni Bar-Yam, Karla Z. Bertrand, Yaneer Bar-Yam, "The Food Crisis: Predictive Validation of a Quantitative Model of Food Prices Including Speculators and Ethanol Conversion", Working Paper, New England Complex Systems Institute, 2012.
11) Olivier de Schutter, "Food Commodities Speculation and Food Price Crises", UN Briefing Note (September 2010), 3.
12) "Do Speculators Take Food from the Starving?",(20 July 2010), *This is Money*, thisismoney.co.uk.
13) Steve Schaefer, "Where Will Goldman Sachs Rank Among Buffet's Biggest Holdings", *Forbes*, 26 March 2013.
14) Thomas Philpott, "Warren Buffett's Son Schools Bill Gates on African Ag", *Mother Jones*, 14 December 2011; 워런 버핏의 자녀들은 대규모 자선 기부의 한계에 대해

공공연히 발언하곤 한다. 2013년, 하워드 버핏의 동생인 피터 버핏은 "(자신을 포함한) 사람들이 지역에 대한 특별한 지식도 없으면서 지역의 문제를 해결할 수 있다고 생각하는 경향"을 "자선 업계 콤플렉스"로 칭하며 통렬히 비난하는 글을 썼다. 해당 기사는 매우 솔직하게 쓰였고, 중요한 내용을 담고 있다. Peter Buffett, "The Charitable-Industrial Complex", *New York Times*, 26 July 2013.

15) Raj Patel, Eric Holt Gimenez, and Annie Shattuck, "Ending Africa's Hunger", *The Nation*, 21 September 2009.

16) Raj Patel, *Stuffed and Starved: Markets, Power and the Hidden Battle for the World's Food System* (London: Portobello Books, 2013)[『식량전쟁: 배부른 제국과 굶주리는 세계』(2008, 영림카디널)].

17) Somini Sengupta, "On India's Farms, A Plague of Suicide", *New York Times*, 19 September 2006.

18) Raj Patel, *Stuffed and Starved*.

19) Justin Gillis, "Norman Borlaug, Plant Scientist WHO Fought Famine, Dies at 95", *New York Times*, 13 September 2009; 이 밖에도 Patel et al., "Ending Africa's Hunger", Dowie, *American Foundations*, 특히 128-33 참고할 것.

20) David Rieff, "A Green Revolution for Africa?", *New York Times Magazine*, 10 October 2008에 인용.

21) "Is Africa Ready for GM?", IRIN, 27 November 2013; Friends of the Earth International은 최근 아프리카에서 GM 작물이 확산되는 데 게이츠재단의 역할에 관한 우려를 다룬 장문의 보고서를 발표했다; "Who Benefits From GM Crops?: The Expansion of Agribusiness Interests in Africa Through Biosafety Policy", FOEI Report, February 2015, foei.org.

22) 편집부, "Do Seed Companies Control GM Crop Research", *Scientific American*, 20 July 2009.

23) Diana Moss, "Transgenic Seed Platforms: Competition Between a Rock and a Hard Place?", Executive Summary, American Anti-Trust Institute, 23 October 2009.

24) Robert Langreth, "Forbes was Wrong on Monsanto. Really Wrong", *Forbes*, 10 December 2010.

25) Michael Haddon and Ian Berry, "Russia Suspends Use of Genetically Modifed Corn", *Wall Street Journal*, 25 September 2012.

26) Janice M. Muller, "Patent Controls on GM Crop Farming", *Santa Clara Journal of International Law*, vol.4(2006).

27) Maureen O'Hagan and Kristi Heim, "Gates Foundation Ties with Monsanto Under Fire from Activists", *Seattle Times*, 28 August 2010.

28) Duane Stanford and Noah Buhayar, "Buffet Steals Coke's Show Telling CEO to Study Failure", *Bloomberg Businessweek*, 25 April 2013.

29) "Africa: Coke's Last Frontier", *Bloomberg Businessweek*, 28 October 2010.

30) David Stuckler, Sanjay Basu, Martin McKee, "Commentary: UN High-Level Meeting on Non-communicable Diseases: An Opportunity for Whom?", *British Medical Journal*,

23 August 2011; David Stuckler, Marion Nestle, "Big Food, Food Systems and Global Health", *PLos Medicine*, vol.9, no.6(2012); Felicity Lawrence, "Alarm as Corporate Giants Target Developing Countries", *Guardian*, 23 November 2011.

31) Devi Sridhar and Larry Gostin, "Reforming the World Health Organization", *Journal of the American Medical Association*, vol.305, no.15(2011), 1585-6.

32) David Stuckler et al., "Politics of Chronic Disease", David Stuckler and Karren Siegel, eds., *Sick Societies : Responding to the Global Challenge of Chronic Disease* (Oxford: Oxford University Press, 2011), 136에 수록.

33) 위와 같음.

34) Stuckler et al., "Commentary: UN High Level Meeting on Noncommunicable Diseases", 2.

35) Robert Reich, *Supercapitalism : The Battle for Democracy in an Age of Big Business* (London: Icon Books, 2007), 191[『슈퍼 자본주의』(2008, 김영사)].

36) Margaret Chan, "The Rise of Chronic Noncommunicable Diseases: AN Impending Disaster", Opening remarks at the WHO Global Forum, 27 April 2011, who.int.

37) Duff Wilson and Adam Kerlin, "Special Report: Food, Beverage Industry Pays for Seat at Health-Policy Table", Reuters, 20 October 2012.

38) Wilson and Kerlin, "Special Report".

39) 모스크바 회담에서의 에피소드는 Wilson and Kerlin, "Special Report" 기사에 등장한다.

40) Elizabeth Woyke, "How NYU Chose Colombia over Coke", *Business Week*, 23 January 2006.

41) 테크노서브 보도자료, The Coca-Cola Company, "Technoserve and the Gates Foundation Partner to Boost Incomes of 50,000 Small-Scale Farmers in East Africa", 20 January 2010, at technoserve.org.

42) Stuckler et al., "Global Health Philanthropy and Institutional Relationships".

43) AFSA 정책 대변인 Bridget Mugambe는 2015년 3월 필자에게 게이츠재단으로부터 어떤 답변도 듣지 못했음을 확인했다.

44) Tony Leys, "IOWA Trial of GMO Bananas is Delayed", *Des Moines Register*, 12 January 2015.

45) 게이츠재단의 책임성 결여는 인도에서 강한 비판을 받았다. Arundhati Roy, *Capitalism: A Ghost Story* (Chicago: Haymarket Books, 2014)가 그 한 예다. 현재 해외 자선활동에 대한 세금 및 법적 규제에 대한 학술 연구는 턱없이 부족한 상황에서 그러한 제재가 최근 수년간 크게 늘어나고 있다는 정황이 보인다. 이 같은 변화에 대해 찬사와 비난이 동일한 수준이다. 2000년 런던정치경제대학 Center for Civil Society와 존스홉킨스대학 Center for Civil Society Studies 소속의 학자들이 "자선기금이 어떻게 한 국가에서 다른 국가로 분배되는지를 체계적으로 조사한 최초의 시도"로 불리는 연구 보고서를 발행했다. Helmut K. Anheier and Regina List eds., *Cross-Border Philanthropy : An Exploratory Study of International Giving in the United Kingdom, the United States, Germany and Japan* (Kent: Charities Aid Foundation, 2000); 이보다 최근 비영리기관을 위한 *International Journal of Not-for-Profit Law* 의 편집인들은 같은 주제를 집중적으로 다룬 특집호를 발간했다. Douglas Rutzen, "Aid Barriers and the Rise of Philanthropic

Protectionism", *The International Journal of Not-for-Profit Law*, vol.17, no.1(March 2015).
46) Pablo Eisenberg, "Less Elitism, More Equity", *Boston Review* (March-April 2013).
47) Dowie, *American Foundations*, 266.
48) Robert Reich, "Is Harvard Really a Charity?", *LA Times*, 1 October 2007.
49) 저자와의 인터뷰. Reich, "Philanthropy and Caring For the Needs of Strangers", Benjamin Soskis, "The Importance of Criticizing Philanthropy", *Atlantic Monthly*, 12 May 2014도 참고할 것.
50) Rob Reich, "Philanthropy and Its Uneasy Relation to Equality", Damon, Verducci, *Taking Philanthropy Seriously*, 28에 수록.
51) Kelly Holland를 인용한 부분은 모두 "Pros and Cons of Donor-advised Funds", CNBC, 15 December 2015에서 발췌한 것이다: Maydoff, "5 Myths about Payout Rules"도 참고할 것.
52) Soskis, "The Importance of Criticizing Philanthropy".

결론

1) John Gray, *Hayek on Liberty* (London and New York: Routledge, 1998), 15; 이 밖에, Jeffery Friedman, "Popper, Weber and Hayek: The Epistemology and Politics of Ignorance", *Critical Review*, vol.17(2005); Annelise Riles, *Collateral Knowledge : Legal Reasoning in Global Financial Markets* (Chicago: University of Chicago Press, 2011)도 참고할 것.
2) Frederich Hayek, "The Use of Knowledge in Society", *American Economic Review*, vol. 35, no.4(1945), 527; 이 밖에, Will Davies and Linsey McGoy, "Rationalities of Ignorance: On Financial Crisis and the Ambivalence of Neo-Liberal Epistemology", *Economy and Society*, vol.41, no.1(2012), 64-83.도 참고할 것.
3) Alan O. Ebenstein, *Fridrich Hayek : A Biography* (Chicago: University of Chicago Press 2003), 146에 인용.
4) Alexis de Tocqueville, *Democracy in America* (New York: Harper & Row, 1966), 295-7 [『미국의 민주주의』(에코리브르, 2014)].
5) "Founder's Story", atlasnetwork.org.
6) Lee Edwards, "Right on the Money", *Philanthropy* (Spring 2009).
7) Jamie Peck, "Remaking Laissez-faire", *Progress in Human Geography*, vol.32, no.1(2008), 30.
8) Phillips, *Wealth and Democracy*, xiv.
9) Michael Oakeshott, *Rationalism in Politics and Other Essays* (Indianapolis, IN: Liberty Fund, 1991), 26.
10) James Scott, *Seeing Like a State : How Certain Schemes to Improve the Human Condition Have Failed* (Princeton, NJ: Princeton Univeristy Press, 1998), 4[『국가처럼 보기』(에코리브르, 2014)]; 스콧의 비판이 오늘날의 대규모 자선 기부 행태의 맥락에서 어떤 의미를 갖는지는 Timothy Ogden, "Living with the Gates Foundation: How Much Difference

Is it Making?", *Alliance*, 16(2011), 29-45에서도 다루고 있다.
11) Evgeny Morozov, *To Save Everything, Click Here* (London: Allen Lane, 2013).
12) Rich, "'No Child!' Law Whittled Down by White House".
13) Edwards, *Small Change*, 25.
14) Morozov, *To Save Everything, Click Here*, 133.
15) Peter Thiel, "The Education of Libertarian", *Cato Unbounded*, 13 April 2009.
16) Morozov, *To Save Everything, Click Here* 참고.
17) Eichenwald, *Microsoft's Lost Decade*에 인용.
18) 트레셀(Tressell)의 전기 작가 F.C. Ball은 트레셀의 생전 이름인 누난(Noonan)도 본명이 아니라는 점을 발견했다. 출생 당시의 이름은 Robert Croker였을 것이다. 하지만 누난이 그가 선택한 이름이므로, 이 책에서도 그냥 누난이라는 이름을 사용했다.

■ 찾아보기

[ㄱ]

가나
    아크라 15-17, 19, 14, 172
    보건의료NGO연합 199
    게이츠재단에 대한 정서 37
    무상 공공의료 서비스 193
    금, 다이아몬드, 유전 개발로 부유해진 가나인 16
    가나 정부의 수도공급 체계 개발 200
    가나의 보건문제 16, 20
    외국계 NGO에서 일하는 보건 전문가들 193
    가나의 불균형 문제 16
    IRC 가나 200
    IMF, 세계은행의 융자 조건 강화 193
    중간소득 국가의 지위 16
    가나의 콜레라 창궐 16
    가나와 소아마비 20
개리 젠킨스 118
게이츠도서관재단 139, 140
게이츠재단
    게이츠재단과 적정 가격의 의약품 216-222
    게이츠재단과 농업 231-245
    게이츠재단과 아프리카 녹색혁명연대 240
    게이츠재단과 카길의 협력 239, 251
    게이츠재단과 코카콜라 246-251
    게이츠재단과 커먼 코어 160
    게이츠재단과 골드만삭스의 연관성 233-245
    게이츠재단 ALEC 후원금 155
    게이츠재단 세계보건기구 후원금 23, 176, 248
    게이츠재단과 고가의 백신 183-192
    게이츠재단에 대한 비판 192-196
    게이츠재단의 교원노조 후원금 160, 161
    게이츠재단의 미국상공회의소 후원금 161
    게이츠재단의 세계 에이즈, 결핵, 말라리아 퇴치기금에 대한 기부 217
    게이츠재단의 마이크로소프트 전략 차용 166
    게이츠재단의 저소득 국가 출신 과학자 배제 199, 200
    게이츠재단의 의학 실험 후원 199
    게이츠재단과 에이즈 퇴치 활동 216
    게이츠재단과 말라리아 퇴치 활동 217
    학생 정보 전자 데이터베이스 지원 157
    게이츠재단의 인도 HPV 백신 시험 후원 183-192
    게이츠재단의 언론사 후원 221
    게이츠재단의 수업능력평가기준 연구 지원 164
    게이츠재단과 백신과 면역을 위한 국제연대(GAVI) 199, 200
    게이츠재단의 개도국과 개도국 대학에 대한 후원금 198
    게이츠재단의 오길비, ABC 뉴스 후원금 100
    게이츠재단과 고소득 국가 단체 후원금 198, 199
    게이츠재단과 보다콤 지원금 106
    게이츠재단과 테크노서브 지원금 251
    게이츠재단과 HIV/AIDS 217
    게이츠재단의 정유회사 지분 194
    게이츠재단과 인도 보건정책에 대한 영향 196
    게이츠재단과 위생상태 향상 175
    게이츠재단과 IRC 가나 201
    게이츠재단과 작은 학교에 대한 투자 145
    게이츠재단 투자의 문제점 159, 233

게이츠재단의 책임성 결여 239
게이츠재단과 학습공동체 159
게이츠재단과 교육관련 빌 게이츠의 편지 145
게이츠재단과 언론 홍보활동 31, 36, 169
게이츠재단과 미션 투자 268
게이츠재단과 몬산토 233
게이츠재단과 다국적 파트너들 28, 227, 251
게이츠재단과 뉴스쿨스벤처펀드 166
게이츠재단과 하버드 HIV치료 제안 반대 216
게이츠재단의 녹색혁명연대 참여 240
브로드재단과 협력 24, 145, 162
착취 기업과 손잡는 게이츠재단 196
록펠러재단과 협력 216, 240
게이츠재단과 소아마비 퇴치 노력 175
게이츠재단과 사립 차터스쿨 146
게이츠재단과 프로그램연계투자 198
게이츠재단과 PATH 인도 연구 184
게이츠재단과 비전염성 질병 연구 247
게이츠재단과 맥도날드 지분 매각 197
게이츠재단과 솔루셔니즘 264
게이츠재단과 GEO 그룹 지분 196
게이츠재단과 스탠드포칠드런 166
게이츠재단과 표준평가 142
게이츠재단에 대한 세금 공제 혜택 106, 251, 256
수직적 접근 160
유전자변형 바나나 인체시험 252
게이츠재단과 부가가치 모델 164, 166
경제문제연구소 262
경제학
  농산품 237
  상품시장 105, 234-238
  자본이득세 256
  외환투기 32
  경제개발 127, 263
  국제 금융시장 32, 37, 235

헨리 조지 137, 138
임팩트투자 22, 99, 102, 103, 198
소득 불균형 258
자유방임주의 67, 110, 111, 202, 260-262
루드비히 폰 미제스 260
소액대출 22, 30, 83, 89, 99-102, 105
특허 11, 34, 36, 91, 117, 188, 191, 202, 203, 205-230
사회적기업 22, 23, 30, 81, 83-108
국가 주도 계획경제 263
암묵적 지식 259
영국의 부자를 위한 감세정책 97
빈국에 대한 IMF와 세계은행의 정책 193, 195, 229
골드만삭스
  골드만삭스 상품 지수 235
  골드만삭스와 포지션 한도 면제 235-237
  골드만삭스와 게이츠재단 233-245
  골드만삭스에 대한 워런 버핏의 투자 238
  골드만삭스와 시장 왜곡 267
  광산업계 49
교육
  아프리카계 미국인들의 교육 39, 71
  아메리칸 레지슬레이티브 익스체인지 카운실(ALEC)의 보수적 의제 155, 156, 225
  안 던컨 144, 162, 163, 168
  교육과 브로드재단 24, 145, 146, 162
  차터스쿨 140, 146-163
  대학 진학률 158
  커먼코어 (공통학습기준) 160, 161
  학급 크기에 대한 논의 151
  부가가치 모델 기반의 교사 평가 164, 166
  교사 해고 151, 162
  영리 추구 학교 156
  수업능력평가기준(Measure of Effective Teaching) 연구 164
  학생 개인정보 수집 157

정부의 교육부문 지출 163
존 듀이 93
미시건 주의 학교들 156
아동낙오방지 프로그램 141-145, 162, 264
온라인 학교 153, 154
동료 지원 및 평가 시스템 167
실적 기반 교사 연봉제 162
공교육 민영화 34, 136
국제 읽기능력 평가 151
교사들에게 공개적 망신을 주는 행위 165
레이스 투 탑(Race to Top) 개혁 장려책 163
마리아 몬테소리 93
윌리엄 베넷 153
구글 84, 105, 266
국경없는의사회 175
국제가버넌스센터(CIGI) 127, 128
국제연맹보건기구(LNHO) 172
국제연합(UN)
    아난드 그로버 187
    UN식량농업기구 28, 233
    UN과 소액대출 100
    UN재단 216
    UN세계식량계획(WFP)의 번영을 위한 구매 231, 232
    UN세계보건기구(WHO) 23, 28, 36, 171, 172, 176, 177, 179, 180, 183, 215, 217-221, 247-250, 268
    국제통화기금(IMF) 193-196, 228, 229
그라민은행 22, 99-100
그레그 페이지 234

[ㄴ]

나이지리아 89, 177, 180, 181
남아프리카 211-213, 215, 219, 225
낸시 올리비에리 124
네슬레 116, 117, 248, 250, 251
노구치 히데요 19, 172

녹색혁명 240-242, 247, 264
닉 하노어 129
닐 켈라드 237

[ㄷ]

다보스 23, 46, 84, 87, 108, 267
다이애나 모스 243
다이앤 래비치 31, 138
다이앤 하퍼 186
담비사 모요 55, 230
댄 골드헤이버 150
더그 밴드 45, 47, 48
데이비드 러빈 224
데이비드 루드먼 101
데이비드 맥코이 31, 198, 201
데이비드 스터클러 96, 197, 248
데이비드 힐리 125
데이비스 구겐하임 149
도널드 헨더슨 177
독일 76, 104, 121, 176, 225, 265
두뇌집단(ThinkTank) 34

[ㄹ]

랠프 월도 에머슨 40
레소토 219, 220
레스터 프랭크 워드 68, 106
레이 메이도프 27, 253, 255, 256
로널드 레이건 80
로버트 B. 라이시 249, 253, 254
로저 마틴 90
로터리 인터내셔널 177, 179
록펠러재단 18, 19, 38, 102, 171-174, 192, 216, 240, 264
론 폴 225, 267
롭 리시 253, 254

루스 맥캠브리지 92
리 스캇 88, 89

[ㅁ]

마거릿 대처 262
마거릿 챈 249
마르셀 모스 29, 53
마리아나 마주카토 105
마요클리닉 117
마이런 코언 220
마이크로소프트 24, 33, 128, 138, 139, 155, 156, 161, 165-167, 205-210, 216, 223, 224, 227, 230, 246, 270
마이클 그린 21, 235
마이클 매스터스 236
마이클 밀컨 85, 253
마이클 브즈댁 118
마이클 블룸버그 150
마이클 에드워즈 10, 23, 253, 265
마이클 영 94
마이클 오크숏 262, 264
마이클 클론스키 159, 193
마이클 포터 25, 109
마크 도위 78, 253
마크 저커버그 33
마크 크레이머 25, 109
마틴 맥키 197, 248
마하트마 간디 89
막스 베버 71
매슈 비숍 21
맥도널드 32
머크 184, 186, 211
멜린다 게이츠 23, 32, 107, 138, 158, 159, 169, 182, 196, 251, 268
몬산토 31, 36, 211, 230, 232, 233, 239-245, 252
몽펠르랭 소사이어티 78, 80, 259-261
무함마드 유누스 22, 94, 99
미국 질병통제예방센터 186, 216
미국 국제개발협력처(USAID) 100, 228, 240
미국 의회 18, 236, 255, 257
미국입법교류위원회(ALEC) 155, 156, 225
미국-중미 자유무역협정(CAFTA) 226
미셸 볼드린 224
미셸 푸코 136, 170
미치 카포 24, 198

[ㅂ]

반다나 시바 242, 253
버나드 맨더빌 26, 110, 111
버락 오바마 33, 36, 144, 152, 161, 162, 249
버크셔해서웨이 23, 196, 197, 238, 239, 251
베어풋칼리지 88, 89
보다폰 103, 104, 106, 227
부커 T. 워싱턴 39, 64
브라질 27, 116, 244
브로드재단 24, 145, 146, 162
비다 두티 200
비키 필립스 162, 168
빌 게이츠 9, 20, 21, 22, 24, 18, 32-36, 39, 58, 77, 83, 128, 129, 132, 138-130, 145, 148, 150, 157-161, 165, 166, 168-170, 175, 176, 179, 181, 182, 197, 198, 200, 205-208, 210, 216-218, 220, 221, 223, 227, 230, 233, 240, 242, 246-248, 268-270
빌 드레이턴 87, 89
빌 클린턴 22, 42, 45, 47, 50, 101, 249, 254, 270

[ㅅ]

산지트 벙커 로이 88, 89
샐리 오스버그 90
샤를 보들레르 41
선오일 컴퍼니 78
세계경제포럼 46, 87, 107
세계무역기구(WTO) 211, 213, 215
세계보건기구(WHO) 23, 28, 36, 171, 172, 176, 177, 179, 180, 183, 215, 217-221, 247-250, 268
세계식량계획(WFP) 231
세계은행 16, 100, 193, 195, 229
세금
    보다폰의 조세 회피 104
    세금과 자선 기부 128
    법인세 104, 106, 114, 131
    이중공제 106
    이중과세 106
    닉 하노어 세금정책 관련 발언 129
    자선부문에 대한 일반대중의 기여 256
    자선기관에 대한 세금감면 30, 107, 254
    세법 36, 70
    면세 국채 131
    자선재단에 대한 세제 혜택 114, 254, 255
    1969년 조세개혁법 70, 80, 256
센터 포 이펙티브 필란트로피(CEP) 98, 109, 119
셔먼 반독점법 63, 71
소냐 샤 183, 191
소스타인 베블런 138
소아마비 20, 171, 172, 175-183, 196
스콜재단 86, 90
스탠더드오일 18, 70-72
스티븐 하이먼 122
시카고대학 77, 260
시플라 214, 215

[ㅇ]

아룬다티 로이 253
아르헨티나 212
아마르 제사니 187
아쇼카 87, 89, 93
아시아 76, 117, 195, 232, 246, 250
아이다 타벨 18, 72
아포텍스 125
아프리카 16, 19, 31, 39, 49, 56, 63, 71, 89, 99, 103, 104, 193, 211-216, 219, 225, 229, 230, 232, 239, 240, 242, 245-247, 250, 252
안 던컨 144, 162
알렉시스 드 토크빌 131, 261
애덤 스미스 26, 27, 54, 110, 114, 200, 202, 224
애플 166, 270
앤드루 멜론 131
앤드루 카네기 39, 40, 57-69, 73, 75, 77, 79, 116, 131, 132, 140, 141
앨 고어 42, 83, 212, 213
아동낙오방지법(No Child Left Behind) 141, 142, 144, 145, 162, 264
에드 로버츠 205
에딘버러대학 190
에런 도프먼 197, 258
에릭 슈밋 84
엘리릴리 125, 126
영국 9, 15 16, 19, 52, 57, 67, 71, 73, 86, 94-97, 104-107, 110, 120, 121, 133, 135, 141, 171, 176, 193, 214, 219, 234, 262, 271
예브게니 모로조프 264, 266
오바마 행정부 36, 144
옥스퍼드대학 54, 83, 96, 273
올리비에 전츠 78, 131, 259
우드로 윌슨 70, 76, 258

워런 버핏 23, 33, 35, 139, 169, 196, 197, 238-240, 246
원조 효과성 제고를 위한 파리선언 200
월마트 33-35, 88
월시 노사관계위원회 70, 258
윌리엄 샘브러 25, 160
윌리엄 주잇 터커 40, 42
유니세프 177, 179, 181
유수프 하미드 214
의약품
    서바릭스 184
    임상시험 124-126, 183-186, 188-192, 201, 219
    데퍼리프론 124, 129
    엘리릴리의 프로작 125, 126
    글락소스미스클라인의 팍실 126
    글리벡 188
    HIV 치료제 214, 217-219
    머크의 가다실 184, 186
    넥사바르 225
    특허권 보호 의약품 36, 205
    바이옥스 184
의약품 시장 211
이타주의 30, 65, 110, 169
인도 27, 33, 49, 57, 61, 88, 89, 93, 116, 121, 122, 154, 173, 174, 178-181, 183-185, 187-192, 195, 201, 202, 214, 217, 225, 226, 229, 234, 236, 240-242, 252, 264

[ㅈ]

잠비아 229
정부 23, 30, 32, 34, 36, 39, 50, 55, 57, 62, 67-70, 78, 80, 89, 92, 95-97, 103-107, 113, 114, 118, 121-123, 126, 127, 131-133, 135-137, 142, 144, 147, 150, 153-155, 157, 161, 163, 164, 169, 171, 176-179, 183, 184, 188, 190, 193, 194, 200, 202, 203, 209, 211, 212, 217, 222-229, 234, 235, 237, 244, 249, 250, 254-256, 260, 262, 263, 265-267
정부 원조 132
정유업계 196
제드 에머슨 102
제시 로스틴 164
제임스 갤브레이스 34
제임스 러브 36, 212, 214, 215, 225
제임스 오빈스키 175
제프 레이크스 166, 168
제프 멀건 94
제프 스콜 83, 86, 89, 108
제프리 삭스 55
젭 부시 156
조앤 바컨 151, 162
조지 H.W. 부시 49
조지 소로스 24, 31, 83, 236
조지 워커샘 18, 116
존 D. 록펠러 Jr. 19, 69
존 D. 록펠러 Sr. 18,-20, 24, 25, 37, 38, 40, 58, 61, 69-73, 77, 102, 116, 140, 171-174, 192, 216, 240, 264, 265
존 드보락 207
존 셔먼 63
존 엘킹턴 87
줄리 웨스트호프 159
중국 27, 236, 242
질병
    암 101, 171, 185, 225, 226, 244, 247, 248
    콜레라 16
    만성질병 249
    DPT백신 180
    내성을 가진 변종 바이러스 216
    질병 퇴치 25, 180, 183, 231, 246, 248, 249
    세균이론 19
    C형 간염 226

HIV/AIDS 22, 50, 171, 176, 217, 247
십이지장충 172
질병에 대한 예방접종(면역화) 계획 177,
    178, 181, 183, 185
전염병 36, 171, 173, 177, 181, 196, 215, 247
말라리아 22, 171, 175, 177-217, 247
홍역 20, 181, 183, 187, 196
비전염성 질병 247-250
소아마비 20, 171, 172, 175-181, 196
천연두 177, 180
매독 172
베타 지중해빈혈 124
결핵 175, 179, 217, 247
황열병 19, 172, 173
짐 발실리 127

[ㅊ]

차터스쿨 140, 146-150, 152-158, 160, 162,
    163
철강산업 59, 67
칠드런즈 인베스트먼트 펀드 파운데이
    션(CIFF) 120

[ㅋ]

카길 228, 231-234, 236, 239, 251
카네기 철강 61, 68
칼 포퍼 259
캐나다 42, 48, 49, 124, 127, 128, 169, 176,
    224, 246
코카콜라 36, 196, 197, 231-258
코크 형제 31, 33, 222
크라프트 248, 251
크리스 혼 120
크리스티아 프릴랜드 84, 129, 224
클린턴재단 22, 46-48

[ㅌ]

탄자니아 104, 116, 229
TED(Technology Entertainment Design)
    행사 42, 83, 85, 130, 169, 251, 266
토론토 대학 90, 124-126, 175
토머스 케인 162, 167
토머스 페인 225
토머스 펜필드 잭슨 209
티키 판게스투 247
티파티 운동 222, 225

[ㅍ]

파멜라 하티건 87
파블로 아이젠버그 253, 258
파스퇴르연구소 19
파운데이션 스트레티지 그룹(FSG) 109
파키스탄 100, 177-181
펠릭스 새먼 26
펩시 250
포드재단 23, 32, 37, 73, 77, 79
포드모터컴퍼니 75, 79
포스터 프라이즈 129
폴 앨런 205, 206
프랑스 19, 53, 86, 135, 222, 244, 261
프랭클린 D. 루즈벨트 131, 132, 235
프레데릭 게이츠 72, 92
프레데릭 코프먼 236
프레데리크 바스티아 222
보건의료 적정기술 프로그램(PATH)
    184, 185, 187-190, 252
프리드리히 하이에크 78, 110, 259
피어슨 156, 161, 162
피에르 부르디외 29, 86
피터 틸 266, 267

[ㅎ]

하버드대학 공중보건대학원 173
하우드 섀퍼 244
하워드 버핏 240, 245
하워드 웨이너 158
허버트 스펜서 66
허버트 후버 131
헨리 웰컴 171
헨리 클레이 프릭 39
헨리 포드 40, 74, 76, 78, 79, 140
헨리 포드 2세 79
홈스테드 공장 39, 60-62, 90
J. 하워드 퓨 78, 259
W. E. B. 듀보이스 64, 65